资深HR教你
薪酬管理实操

Salary Management Practice

从入门到精通

冯宝珠 ◎主编

SPM 南方出版传媒 广东人民出版社

·广州·

图书在版编目（CIP）数据

资深HR教你薪酬管理实操从入门到精通 / 冯宝珠主编. —广州：广东人民出版社，2021.10
ISBN 978-7-218-15199-1

Ⅰ. ①资… Ⅱ. ①冯… Ⅲ. ①企业管理—工资管理 Ⅳ. ①F272.923

中国版本图书馆CIP数据核字（2021）第166817号

Zishen HR Jiaoni Xinchou Guanli Shicao Cong Rumen Dao Jingtong

资深HR教你薪酬管理实操从入门到精通

冯宝珠　主编

出 版 人：肖风华

责任编辑：陈泽洪　李幼萍
文字编辑：吴瑶瑶　文　敏
封面设计：范晶晶
内文设计：奔流文化
责任技编：吴彦斌

出版发行：广东人民出版社
地　　址：广州市海珠区新港西路204号2号楼（邮政编码：510300）
电　　话：（020）85716809（总编室）
传　　真：（020）85716872
网　　址：http://www.gdpph.com
印　　刷：广东鹏腾宇文化创新有限公司
开　　本：787毫米×1092毫米　1/16
印　　张：20.5　　**字　　数**：300千
版　　次：2021年10月第1版
印　　次：2021年10月第1次印刷
定　　价：78.00元

如发现印装质量问题，影响阅读，请与出版社（020-32449134）联系调换。
售书热线：020-32449123

前　言

我们先来看下面一个小故事！

一条猎狗在森林里追赶一只兔子，追了很久仍没有捉到，眼睁睁地看着兔子从自己的嘴边逃走了。牧羊犬正好看到了此情景，它讥笑猎狗说："你比兔子大那么多，结果却跑不过一只兔子，太给我们犬类丢脸了。"

猎狗回答说："你知道什么！我们两个完全为着不同的目的而奔跑。我仅仅为了一顿饭而跑，兔子却是为了性命而跑呀！"

这话被猎人听到了，猎人想："猎狗说得对啊！如果我要想得到更多的猎物，看来得想个好法子。"于是，猎人又买来几条猎狗，这些猎狗凡是能够在打猎中捉到兔子的，就可以得到几根骨头，捉不到的就没有饭吃。这一招果然有用，猎狗们每天都全力以赴地追着兔子，因为谁都不愿意看着别人有骨头吃，自己被冷落在一旁挨饿。

这样过了一段时间后，问题又出现了。大兔子非常难捉到，小兔子好捉，但捉到大兔子得到的骨头和捉到小兔子得到的骨头差不多。一些善于观察的猎狗发现这个漏洞后，便专门去捉小兔子。渐渐地，猎狗们都发现了这个漏洞，所有的猎狗都放弃大兔子专捉小兔子。猎人眼看着猎物越来越少，便对猎狗们说："最近你们捉的兔子越来越小了，为什么？"猎狗们说："反正捉到大兔子和小兔子得到的骨头是一样的，我们又何必费那么大的力气去捉那些大兔子呢？"

猎人经过思考后，决定不将分得骨头的数量与是否捉到兔子挂钩，而是采用一种奖赏与兔子重量挂钩的新制度，即每过一段时间，就定期统计猎狗捉到的兔子总重量，猎狗所获得的奖赏与兔子的重量成正比。新制度实施后，猎狗们的积极性非常高，捉到兔子的数量和重量都增加了。

然而，又过了一段时间后，猎人发现，猎狗们捉兔子的数量又少了，而且越有经验的猎狗，捉兔子的数量就下降得越厉害。于是猎人又去问猎狗们。猎狗们说："我们把最好的时间都奉献给了您，主人，但是我们随着时间的推移会变老，当我们捉不到兔子的时候，您还会给我们骨头吃吗？"

针对猎狗的担忧，猎人作出了论功行赏的决定，规定如果猎狗捉到的兔子超过了一定的数量，即使以后捉不到兔子，每顿饭也可以得到一定数量的骨头。猎狗们都很高兴，大家都努力去达到猎人规定的数量。一段时间过后，终于有一些猎狗达到了猎人规定的数量。这时，其中有一只猎狗说："我们这么努力，只得到几根骨头。而我们捉的猎物远远超过了这几根骨头，我们为什么不能为自己捉兔子呢？"于是，有些猎狗离开了猎人，自己捉兔子去了。

猎人意识到猎狗正在流失，并且那些流失的猎狗像野狗一般和自己的猎狗抢兔子。情况变得越来越糟，猎人不得已引诱了一条野狗，问它到底当野狗比当猎狗强在哪里。野狗说："猎狗吃的是骨头，吐出来的是肉啊！"接着它又道："也不是所有的野狗都顿顿有肉吃，大部分最后连骨头都没得舔！不然也不至于被你诱惑。"于是猎人进行了改革：除基本骨头外，每条猎狗还可获得其所猎兔肉总量的n％，而且随着服务时间加长、贡献变大，该比例还可递增，并有权分享猎人所得总兔肉的m％。就这样，猎人与猎狗们一起努力，将野狗们逼得叫苦连天，纷纷强烈要求重归猎狗队伍。

日子一天一天地过去，冬天到了，兔子越来越少，猎人的收成也一天不如一天。而那些服务时间长的老猎狗们已经老得不能捉兔子，但仍然在无忧无虑地享受着那些它们自以为应得的大份食物。终于有一天猎人再也不能忍受，把它们扫地出门，因为猎人更需要身强力壮的年轻猎狗……

被扫地出门的老猎狗们得了一笔不菲的赔偿金，于是它们成立了Micro Bone公司。它们采用连锁加盟的方式招募野狗，向野狗们传授猎兔的技巧，从猎得的兔子中抽取一部分作为管理费。当赔偿金几乎全部用于广告后，它们终于有了足够多的野狗加盟。公司开始盈利。一年后，它们收购了猎人的全部家当……

Micro Bone公司许诺给加盟的野狗n％的公司股份，这实在是太有诱惑力了。这些自认为是怀才不遇的野狗们都以为找到了知音：终于做公司的主人了，不用再忍受猎人的呼来唤去，不用再为捉到足够多的兔子而累死累活，也不用眼巴巴地为了乞求猎人多给两根骨头而扮得楚楚可怜。这一切对这些野狗来说，比多吃两根骨头更加受用。于是，野狗们拖家带口地加入了Micro Bone，一些在猎人门下的年轻猎狗也开始蠢蠢欲动，甚至很多自以为聪明实际愚蠢的猎人也想加入。好多同类型的公司雨后春笋般地成立了，"BoneEase""Bone.com""China Bone"……一时间，森林里热闹了起来。

天下熙熙皆为利来，天下攘攘皆为利往。老板创办企业是为了获取利润，员工到企业就职是为了获取收入。总之，一个"利"字，决定了企业与员工之间的合作与利益此消彼长的关系。然而，利益分配并不是无章可循，企业可以从人性的角度出发，通过实施有效的薪酬管理实现企业与员工之间的利益双赢。

▶ 本书特色

本书设置了【本章思维导图】【实例】【分析】【疑难解答】【温馨提示】等板块，在书中介绍薪酬管理理论知识的同时，结合笔者多年的工作经验，将实际工作中经常遇到的一些问题拿出来与大家分享。

▶ 读者人群

本书适合人力资源管理专业的毕业生、从事人力资源管理工作不久的工作人员以及企业的高层管理者参考使用。

▶ 参编人员

本书由冯宝珠主编，孙丽娜、李瑞、侯燕妮等参与了相关编写工作。

本书在编写与出版过程中，尽管编者精益求精，但书中难免还存在不足之处，在此敬请读者批评指正。

编　者

2021年9月

目 录

第十一章　特殊人员薪酬管理　　　　　　　/241

第十二章　员工福利管理　　　　　　　　　/261

第十三章　薪酬管理的相关法律法规　　　　/279

附　录　薪酬管理相关表格　　　　　　　　/310

第一章　薪酬与薪酬管理基础

本章思维导图

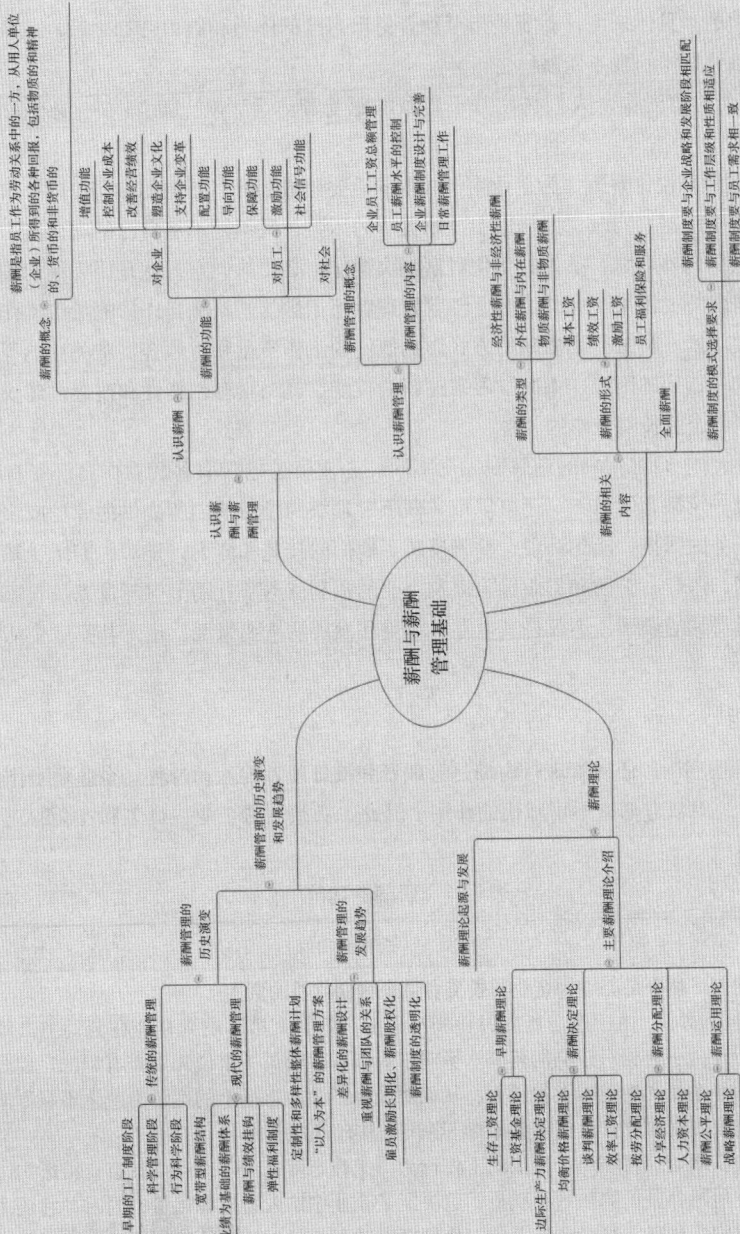

薪酬与薪酬管理基础

- 认识薪酬与薪酬管理
  - 认识薪酬
    - 薪酬的概念：薪酬是指员工作为劳动关系中的一方，从用人单位（企业）所得得到的各种回报，包括物质的和精神的、的、货币的和非货币的
    - 薪酬的功能
      - 对企业
        - 增值功能
        - 控制企业成本
        - 改善经营绩效
        - 塑造企业文化
        - 支持企业变革
        - 配置功能
        - 导向功能
        - 保障功能
        - 激励功能
      - 对员工
      - 对社会
        - 社会信号功能
  - 认识薪酬管理
    - 薪酬管理的概念
    - 薪酬管理的内容
      - 企业员工工资总额管理
      - 员工薪酬水平的控制
      - 企业薪酬制度设计与完善
      - 日常薪酬管理工作
  - 薪酬的相关内容
    - 薪酬的类型
      - 经济性薪酬与非经济性薪酬
      - 外在薪酬与内在薪酬
      - 物质薪酬与非物质薪酬
    - 薪酬的形式
      - 基本工资
      - 绩效工资
      - 激励工资
      - 员工福利保险和服务
    - 全面薪酬
    - 薪酬制度的模式选择要求
      - 薪酬制度要与企业战略和发展阶段相匹配
      - 薪酬制度要与工作层级和性质相适应
      - 薪酬制度要与员工需求相一致
- 薪酬管理的历史演变和发展趋势
  - 薪酬管理的历史演变
    - 早期的工厂制度阶段
    - 科学管理阶段
    - 行为科学阶段
    - 宽带型薪酬结构
    - 以技能与业绩为基础的薪酬体系
    - 弹性福利制度
    - 现代的薪酬管理
      - 传统的薪酬管理
      - 现代的薪酬管理
        - 薪酬与绩效挂钩
  - 薪酬管理的发展趋势
    - 定制化和多样性的整体薪酬计划
    - "以人为本"的薪酬管理方案
    - 差异化的薪酬设计
    - 重视激励的长期化、薪酬股权化
    - 薪酬制度的透明化
- 薪酬理论
  - 主要薪酬理论介绍
    - 早期薪酬理论
      - 生存工资理论
      - 工资基金理论
      - 边际生产力薪酬决定理论
    - 薪酬决定理论
      - 谈判价格薪酬理论
      - 效率工资理论
    - 薪酬分配理论
      - 按劳分配理论
      - 分享经济理论
      - 人力资本理论
    - 薪酬运用理论
      - 薪酬公平理论
      - 战略薪酬理论
  - 薪酬理论总概与发展

第一节 认识薪酬与薪酬管理

一 认识薪酬

1. 薪酬的概念

薪酬是指员工作为劳动关系中的一方，从用人单位（企业）所得到的各种回报，包括物质的和精神的、货币的和非货币的。具体来说，薪酬是指劳动者付出自己的体力和脑力劳动之后，从企业一方所获得的货币收入，以及各种具体的服务和福利之和。

然而，从全社会的角度看，人们往往基于自身的感受和体会，对"薪酬"一词有着不同的理解和诠释。

对企业经营管理者来说，薪酬作为企业生产成本的重要组成部分，是他们参与国内外市场竞争、占领市场"制高点"的重要武器。同时，他们迫于市场竞争的压力，又不得不从自己的支付能力出发，谨慎地作出薪酬决策，并根据内外环境、条件的变化对薪酬决策作出必要的调整，这是因为他们确信合理的薪酬决策是企业取得竞争优势的源泉。此外，企业经营管理者还把员工的薪酬当作影响员工工作态度、工作方式和工作绩效的重要因素。员工得到薪酬的方式影响他们的工作质量和对顾客需求关注的程度，也会影响到他们灵活处理工作中遇到的困难、不断学习掌握新的技能、提出具有创新性和改进性建议的积极性和主动性，甚至影响他们与企业长期合作的关系。

对企业员工来说，他们对薪酬的理解则完全不同。企业员工把获取薪酬看作自己安身立命的重要手段和基本保障。受过一定教育的员工，还可以把"薪酬"理解为是对他们所提供的劳动或服务的交换，是对圆满地完成工作任务的回报。换句话说，薪酬反映了他们的技艺和能力，是对他们所受教育和培训的报偿。诸如生育、养老、医疗、工伤和失业保险以及企业的福利待遇，有助于保障员工及其家属的生活。因此，员工在工作中所得到的薪酬，不仅是其生存、享受和发展的主要来源，也是其家庭生活富足、幸福的一个重要标志。

2. 薪酬的功能

根据现代企业管理理论，任何管理行为都是管理者和被管理者的互动过程。企业薪酬作为连接雇主和雇员劳动关系的纽带，对双方都有不可替代的作用。因此，必须从对企业、员工和社会的三个角度来考量薪酬的功能，见表1-1。

表1-1 薪酬的功能

考量角度	薪酬的功能
对企业	①增值功能。薪酬是能够为企业和投资者带来预期收益的资本 ②控制企业成本。由于企业所支付薪酬水平的高低会直接影响到企业在劳动力市场上的竞争能力，企业保持一种相对较高的薪酬水平对于吸引和保留员工来说无疑是有利的。但是较高的薪酬水平又会使企业产生成本上的压力，从而对企业产品在市场上的竞争力产生不利影响。因此，有效地控制薪酬成本对于大多数企业的经营来说具有重大意义 ③改善经营绩效。薪酬对于员工的工作行为、工作态度以及工作业绩具有直接影响。薪酬不仅决定了企业所招募员工的数量和质量，也决定了企业中的人力资源存量；同时，它还决定了现有员工受到激励的状况，影响到员工的工作效率、缺勤率、对组织的归属感以及组织承诺度，从而直接影响到企业的生产能力和生产效率

（续上表）

考量角度	薪酬的功能
对企业	④塑造企业文化。合理和富有激励性的薪酬制度有助于企业塑造良好的企业文化，或者对已经存在的企业文化起到积极的强化作用 ⑤支持企业变革。薪酬可以通过作用于员工个人、工作团队和企业整体来创造出与变革相适应的内部和外部环境，从而有效推动企业变革 ⑥配置功能。薪酬是企业合理配置劳动力并提高企业效率的杠杆。企业通过报酬机制，可以将组织目标和管理者的意图传递给员工，促使员工个人行为与组织行为相融合；也可以通过薪酬结构的变动，调节各生产和经营环节的人力资源流动，实现企业内部各种资源的有效配置 ⑦导向功能。企业可以将战略目标和计划，通过薪酬战略和薪酬计划表达出来。薪酬不仅是企业当前管理的有效工具，也是未来管理的导向器
对员工	①保障功能。交换是薪酬的主要功能。在市场经济条件下，员工通过在企业的生产和劳动行为，换取劳动收入，以满足个人及其家庭的生活需求。薪酬仍是企业员工获取本人及其家庭生活费用、满足物质生活需要的主要来源 ②激励功能。激励功能是指企业用来激励员工按照其意志行事而又能加以控制的功能。现实生活中，员工一方面要追求自身的价值，获得主人翁感和认同感；另一方面员工更重视追求实在的利益，而劳动则是员工获取收入以提高自己生活水平的基本手段。在这种情况下，企业通过各种具体工资（包括奖金）形式，把员工收入与对企业提供的劳动贡献联系起来，劳动收入（包括工资收入）就能发挥激励功能 ③社会信号功能。在现代社会中，由于人员在企业之间甚至在地区之间频繁流动，因此在相对稳定的传统社会中用来确定一个人的社会地位的那些信号，如年龄、家族势力等，逐渐变得衰弱，而薪酬作为流动社会中的一种市场信号则很好地说明了一个人在社会上所处的位置。人们可以根据这种信号来判定员工的家庭、朋友、职业、受教育程度、生活状况甚至宗教信仰以及价值取向等信息。不仅如此，在一个企业内部，员工相对薪酬水平的高低往往也代表了员工在企业内部的地位和层次，从而成为对员工的个人价值进行识别的一种信号。因此，员工对这种信号的关注实际上反映了员工对于自身在企业内部以及社会中所具有的价值的关注
对社会	薪酬对社会的功能体现在对劳动力资源的再配置上。薪酬作为劳动力价格的信号，调节着劳动力的供求和劳动力的流向。当某一职业及工种、部门和某一地区的劳动力供不应求时，薪酬会上涨，促使劳动力从行业、部门和其他地区向紧缺的领域流动，进而趋向平衡；反之亦然。通过薪酬的调节，实现劳动力资源的优化配置；此外，薪酬也调节着人们对职业和工种的评价，协调着人们择业的愿望和就业的流向

温馨提示

关于薪酬的一些基本结论

1. 员工对薪酬的最大不满来自强烈的不公平感，薪酬水平及其决定机制和分配机制对员工而言同等重要。

2. 极少有人认为自己的薪酬过高，约80%的员工认为自己的绩效超过组织平均水平。

3. 员工在组织中的层级越高，对自己的薪酬就越满意。

4. 员工对薪酬的满意度越高，对组织的整体满意度及对管理者的信任度也越高。

5. 在薪酬水平很低的情况下，对薪酬的满意度主要取决于薪酬的多少，而在另一些极端情况下，薪酬满意度在很大程度上取决于各种比较所产生的结果。

6. 在企业经营状况良好且员工感觉自己能够从公司的成果中分享到好处时，他们对较大的薪酬差距的接受度更高。

7. 员工并非为公司工作便要获得极高的薪酬，绝大多数员工都是现实的和通情达理的，经营形势好时他们期待更多的薪酬和薪酬增长，经营形势不佳则要求较少，经营很糟糕时甚至愿意接受降薪，尤其是可以因此避免或降低被解雇风险时。

8. 员工对薪酬的满意度主要取决于：与其他公司员工的薪酬对比情况；薪酬是否随着时间而增长；薪酬增长程度能否反映本人的实际贡献；薪酬增长能否反映生活费用上涨程度；薪酬之外的福利的丰富性；普通员工与高层管理者之间的薪酬差距。

二 认识薪酬管理

1. 薪酬管理的概念

薪酬管理是指在组织发展战略指导下，对员工薪酬支付原则、薪酬策略、薪酬水平、薪酬结构、薪酬构成进行确定、分配和调整的动态管理过程。薪酬管理要为实现组织目标服务，薪酬管理目标是基于人力资源战略设立的，而人力资源战略服从于企业发展战略。

2. 薪酬管理的内容

总体来说，薪酬管理包括薪酬体系设计和薪酬日常管理两个方面。薪酬体系设计主要是指薪酬水平设计、薪酬结构设计和薪酬构成设计；薪酬日常管理则是由薪酬预算、薪酬支付、薪酬调整组成的循环，这个循环也被称为薪酬成本管理循环。

薪酬体系设计是薪酬管理最基础的工作，如果薪酬水平、薪酬结构、薪酬构成等方面有问题，企业薪酬管理就不可能达到预定目标。薪酬预算、薪酬支付、薪酬调整是薪酬日常管理的重点，应切实加强薪酬日常管理工作，以便实现薪酬管理的目标。薪酬体系建立后，应密切关注薪酬日常管理中存在的问题，及时调整企业薪酬策略，调整薪酬水平、薪酬结构以及薪酬构成以实现薪酬的三个目标：效率、公平、合法，从而保证企业发展战略的实现。

薪酬管理的具体内容包括：企业员工工资总额管理、员工薪酬水平的控制、企业薪酬制度设计与完善、日常薪酬管理工作。

（1）企业员工工资总额管理

工资总额管理包括工资总额的计划与控制，以及工资总额调整的计划与控制。工资总额＝计时工资＋计件工资＋奖金＋津贴和补贴＋加班加点工资＋特殊情况支付的工资。

工资总额的管理方法，首先要权衡确定合理的工资总额需要考虑的因素，如企业支付能力、员工的生活费用、市场薪酬水平以及员工现有薪酬状况等，然后计算合理的工资总额。可以采用工资总额与销售额比的方法推算合理的工资总额，或采用盈亏平衡点方法推算合理的工资总额，也可以采用工资总额占附加值比例的方法来推算合理的工资总额。

（2）员工薪酬水平的控制

企业要明确界定各类员工的薪酬水平，以实现劳动力与企业之间公平的价值交换。也就是说，员工对企业的贡献越大，他们从薪酬中得到的回报就应当越多；员工对企业的贡献越小，他们从薪酬中得到的回报就应当越少，以示公平。

另外，为了体现薪酬管理对外、对内公平的基本原则，还必须根据劳动力市场的供求关系以及社会消费水平的变化，及时对企业员工的总体薪酬水平适时地进行调整，以最大限度调动企业内各个方面的工作积极性、主动性和创造性。

（3）企业薪酬制度设计与完善

企业薪酬制度设计与完善包括：工资结构设计完善，即确定并调整不同员工薪酬项目的构成，以及各薪酬项目所占的比例；工资等级标准设计、薪酬支付形式设计，即确定薪酬计算的基础是按照劳动时间，还是按照生产额、销售额计算。不同的企业薪酬制度有不同的适用对象和范围，关键是要选择与企业总体发展战略以及实际情况相适应的薪酬制度。

（4）日常薪酬管理工作

①开展薪酬的市场调查，统计分析调查结果，写出调查分析的报告。

②制定年度员工薪酬激励计划，对薪酬计划执行情况进行统计分析。

③深入调查了解各类员工的薪酬状况，进行必要的员工满意度调查。

④对报告期内的人工成本进行核算，检查人工成本计划的执行情况。

⑤根据企业薪酬制度的要求，结合各部门绩效目标的实现情况，对员工的薪酬进行必要调整。

疑难解答

1. 在人力资源盘点中，从哪些维度分析薪酬更有价值？

很多公司都会开展人力资源盘点、人才盘点工作，只是每个公司操作的目的、方式、方法不尽相同。因此，如果要问从哪些维度分析薪酬更有价值，就要看盘点的真正目的了。一般而言，人才薪酬的内部公平、外部竞争分析是最基本的分析目的。另外，很多公司还会考虑所谓的人力资源管理效能，如销售收入（或利润）与销售人员奖金的比例关系、利润和支持人员薪酬的比例关系等。

2. 公司薪酬管理基础薄弱，如何抓住关键点，支持薪酬体系"从零到一、再到十"的过程？

对于薪酬管理基础比较薄弱的公司，首先要"保稳定"，然后才能"求发展"。"保稳定"就是确保当前涉及薪酬福利正常运行的流程性工作有效率。然后，考虑建立薪酬架构，确保公司的基本工资结构逐步走入正轨。由此延伸下去，再处理好短期激励、长期激励、员工保留等项目，不断丰富薪酬福利管理体系。

3. 应聘外资企业的薪酬福利经理，需要具备哪些素质？

应聘薪酬管理职位时，求职者可以从以下几方面进行准备：（1）语言方面的准备；（2）培养了解业务的思维习惯；（3）扎实的Excel等软件的操作技巧。

4. 一名招聘专员希望向薪酬管理领域发展，可行吗？

薪酬管理和招聘工作关系密切。从事招聘工作的人员会比较熟悉外部人才市场的变化，熟悉公司相关部门的用人需求，这些都是未来从事薪酬管理工作的基础。招聘专员需要多参与一些薪酬福利管理的项目，多了解一些管理的体系框架，这样才能为日后顺利转型做好准备。

第二节　薪酬的相关内容

一　薪酬的类型

按照薪酬的发放形式、作用机制、内容实体的属性，可以将薪酬分为以下几种类型：

1. 经济性薪酬与非经济性薪酬

按是否以货币的形式支付，薪酬可分为经济性薪酬和非经济性薪酬。

经济性薪酬又可分为直接经济性薪酬与间接经济性薪酬。其中，直接经济性薪酬是单位按照一定的标准以货币形式向员工支付的薪酬，包括基本工资、奖金、绩效工资、激励工资、津贴、加班费、佣金、利润分红等。间接经济性薪酬是指所有不直接以货币形式发放给员工，但通常可以给员工带来生活上的便利，减少员工额外开支或者免除员工后顾之忧的薪酬。

非经济性薪酬是指个人对工作本身或者对工作环境在心理上的满足感，是指无法用货币等手段来衡量，但会给员工带来心理愉悦效用的一些因素。与工作本身相关的因素包括工作兴趣、工作挑战性、工作责任感、工作成就、发展机会等；与工作环境相关的因素包括合理的政策、称职的管理、人际关系、社会地位、工作条件、工作时间等。

2. 外在薪酬与内在薪酬

按照作用机制，薪酬可分为外在薪酬和内在薪酬。外在薪酬是企业对员工从事生产劳动和工作而支付的货币或非货币形式的薪酬，如工资、奖金、津贴、股票期权以及各种形式的福利待遇。内在薪酬是员工从企业生产劳动和工作过程本身获得的利益，如挑战性、趣味性、个人成长和发展的机会、参与决策管理权、弹性的工作时间等。

3. 物质薪酬与非物质薪酬

按内容实体的属性，薪酬可分为物质薪酬和非物质薪酬。物质薪酬又可分为激励性物质薪酬和保健性物质薪酬。激励性物质薪酬主要包含工资、奖金、股利等报酬形式；保健性物质薪酬主要包含津贴、福利、保险等报酬形式。非物质薪酬又称为精神薪酬，可分为发展因素和生活因素两方面，其中发展因素包含发展机会、培训学习、学习环境、公司荣誉等，生活因素包含工作条件、俱乐部、工作氛围、假期等。

温馨提示

如何看待"报酬"

报酬（Reward）是一个比总薪酬外延更大的概念，一般情况下，我们将一位员工为某个组织工作而获得的所有本人认为有价值的要素统称为报酬。很显然，员工在一个组织工作的时候，除了能够获得薪酬和福利这样一些经济报酬，还能够获得一些心理方面的收益或非经济报酬，如组织中的地位、得到的尊重、个人能力的提升以及成就感等。因此，首先可以将报酬划分为经济报酬和非经济报酬。经济报酬通常包括各种形式的薪酬与福利（其中，薪酬称为直接经济报酬，福利称为间接经济报酬）；非经济报酬则包括上级和同事的认可、个人成长与发展、富有挑战性的工作、决策参与、良好的工作环境和办公地点等。其次，报酬还可以划分为内在报酬和外在报酬，主要的区别在于报酬对劳动者而言究竟是一种来自外部的刺激，还是一种来自内心的激励。可以说，所有的经济报酬都属于外在报酬。而在非经济报酬中，一部分（如良好的办公环境、诱人的头衔等）属于外在报酬，另一部分（如认可与尊重、工作的挑战性、成长和进步的机会等）则属于内在报酬。

二 薪酬的形式

从广义上讲，企业员工的薪酬范围既包括直接的货币收益，也包括间接的非货币收益、相关性收益。其中，货币收益是员工薪酬中的主要部分，即直接以现金形式支付的工资。企业设计员工的薪酬分配方案时，可以采用多种不同的薪酬形式，主要包括：基本工资、绩效工资、短期和长期的激励工资、员工福利保险和服务。

1. 基本工资

基本工资是指企业支付给员工的基本现金薪酬，它反映了员工的工作岗位或技能的价值，而往往忽视了员工之间的个体差异。

2. 绩效工资

绩效工资是指企业根据员工过去的工作行为和已取得的工作业绩，在基本工资之外增加支付的工资。绩效工资一般随员工的工作表现及其业绩的变化而调整，因此有突出业绩的员工，可以在基本工资之外获得一定额度的绩效工资。

3. 激励工资

激励工资可以被看作可变性薪酬，它可以是长期的，也可以是短期的；它可以与员工的个人业绩挂钩，也可以与员工的团队或整个企业的业绩挂钩，还可以与个人、团队、企业混合为一体的业绩挂钩。激励工资按照其具体内容，又可分为短期激励工资和长期激励工资两种形式。

温馨提示

激励工资与绩效工资的区别

激励工资和绩效工资是两种不同的薪酬形式。虽然二者对员工的业绩都有影响，但激励工资以特定的工资方式影响员工将来的行为，而绩效工资则侧重于对过去突出业绩的认可。激励工资制度在实际业绩达到之前就已经确定，激励工资是一次性付出，对劳动成本也没有永久的影响，员工业绩下降时，激励工资也会自动下降；而绩效工资通常是基本工资的辅助形式，它是对基本工资持久性的补充和增加。

---

4. 员工福利保险和服务

企业员工福利保险的待遇，以及企业为其提供的各种服务，已成为企业薪酬的一种重要的补充形式。

除了上述四种基本形式之外，企业员工的非货币收益也对员工工作态度、行为和绩效具有同等重要的影响力。具体包括：各种名义的赞扬、表彰和嘉奖，职业安全和工作条件的改善，创新性的工作和学习的机会，成功地接受新挑战，与优秀同事一起工作的自我满足感等。

三　全面薪酬

全面薪酬是指企业为达到组织战略目标对作出贡献的个人或团队的系统奖励。它关注的对象主要是那些帮助组织达到组织目标的态度、行动和成就，它不仅包括传统的薪酬项目，也包括对员工有激励作用的能力培养方案、非物质的奖励方案等。

全面薪酬不仅包括企业向员工提供的货币性薪酬，还包括为员工创造良好的工作环境及工作本身的内在特征、组织特征等所带来的非货币性的心理效应。如图1-1所示，在全面薪酬框架中，企业向员工提供的全面薪酬包括非货币性薪酬和货币性薪酬两部分。货币性薪酬又包括直接薪酬与间接薪酬。

```
                          ┌──────────────┐
                          │  全面薪酬框架  │
                          └──────┬───────┘
              ┌──────────────────┴──────────────────┐
    ┌─────────────────┐                    ┌──────────────────┐
    │ 来自工作本身的薪酬 │                    │ 外在的薪酬（货币性薪酬）│
    │（非货币性薪酬）    │                    └─────────┬────────┘
    └─────────────────┘              ┌───────────────┴──────────┐
              │                ┌──────────────┐        ┌──────────────┐
       ┌──────────┐           │ 直接薪酬（薪资）│        │ 间接薪酬（福利）│
       │ 工作本身  │           └──────┬───────┘        └──────┬───────┘
       │ 工作环境  │        ┌─────────┴────────┐       ┌──────────────┐
       │ 身份标志  │    ┌──────────┐  ┌──────────┐    │ 社会基本保险  │
       │ 组织特征  │    │ 基本薪资  │  │ 奖金（变动 │    └──────────────┘
       └──────────┘    │（固定     │  │ 薪资）    │    ┌──────────────┐
                       │ 薪资）    │  │ 股票期权  │    │ 各类休假      │
                       │ 基本工资  │  └──────────┘    └──────────────┘
                       │ 绩效工资  │                  ┌──────────────┐
                       │ 津贴      │                  │ 企业补充保险  │
                       └──────────┘                  └──────────────┘
                                                     ┌──────────────┐
                                                     │ 其他福利      │
                                                     └──────────────┘
                                                     ┌──────────────┐
                                                     │ 培训发展      │
                                                     └──────────────┘
```

各类福利项目：
五险一金：养老保险、医疗保险、失业保险、工伤保险、生育保险、住房公积金
各类休假：带薪年休假、生育假、节假日、探亲假、病假、事假等
补充保险：补充商业养老保险、补充医疗保险、补充意外保险等
其他福利：各类费用报销、特殊福利、健康疗养、车辆住房补贴等
培训发展：年度培训费、在职脱产学习进修、内部培训机会、职业生涯发展

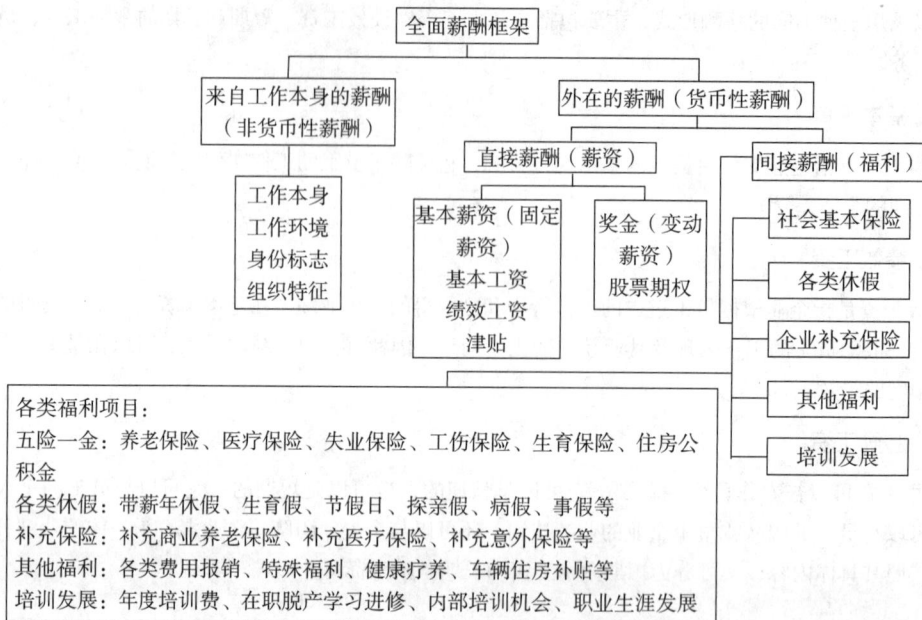

图1-1　全面薪酬框架

温馨提示

全面薪酬战略与传统薪酬战略的区别

全面薪酬战略与传统薪酬战略的区别见表1-2。

表1-2　全面薪酬战略与传统薪酬战略的区别

战略类型	全面薪酬战略	传统薪酬战略
目标	①企业目标与员工目标协调发展 ②吸引和留住员工	以企业发展为重点
员工定位	员工是增加企业竞争力的核心资源	把员工视为工具性资源
薪酬定位	薪酬是企业对人力资源的投资	将薪酬作为成本、支出
薪酬内涵	①外在薪酬 ②内在薪酬	外在薪酬为主
方法	弹性设计，适应企业经营战略变化	高度结构化设计，弹性空间少
具体规定	①内外统一 ②职员的作用 ③战略匹配	内外统一
特点	①奖励关键行为 ②重视员工参与权与责任 ③鼓励交流价值观和期望	①强调任务 ②员工被动接受薪酬安排 ③严格控制沟通

四　薪酬制度的模式选择要求

由于每个企业所处的发展阶段、内外部环境以及所采取的经营战略不同，所以各企业的薪酬管理模式也不尽相同。企业在选择适合自己的薪酬管理模式时，既要注重内部公平性，又要加强外部竞争性；在注重对员工的激励作用的同时，还要加强对员工的约束。薪酬制度的模式选择，应做到以下几点：

（1）薪酬制度要与企业战略和发展阶段相匹配

企业战略是制定薪酬制度的指导方向，薪酬制度的制定和实施不能偏离企业战略的要求，薪酬制度是企业战略能否实现的一个至关重要的驱动因素。只有与企业战略相匹配的薪酬制度才能够保留现有人才，吸收外部优秀人才，为战略实施提供人才保障，同时提高战略实施的运营效率。此外，企业薪酬管理是一个动态管理过程，处于不同发展阶段的企业，其薪酬策略、薪酬水平及薪酬结构都是不同的，都要随着企业的发展而作出相应的调整。

（2）薪酬制度要与工作层级和性质相适应

企业薪酬制度中的薪酬水平及薪酬结构与工作层级及其工作性质密切相关，不同的工作层级和工种都有与其相对应的薪酬结构。

（3）薪酬制度要与员工需求相一致

成功的企业薪酬制度要与员工需求相一致，从而发挥薪酬制度对员工的激励作用。企业薪酬制度的设定要尽可能地满足员工的各种需求，最大限度地挖掘人的潜力，从而提高工作效率。从企业薪酬管理的发展趋势来看，员工需求已成为企业薪酬制度设定的重要影响因素。

第三节　薪酬理论

一　薪酬理论起源与发展

薪酬理论起始于18世纪末19世纪初的生存工资理论，该理论在19世纪中叶逐渐被工资基金理论取代，19世纪末20世纪初的边际革命带来了边际生产力薪酬决定理论。英国著名经济学家阿弗里德·马歇尔在吸收边际生产力薪酬决定理论等成果的基础上，提出了均衡价格薪酬理论，该理论成为薪酬理论的又一个新代表。

随着工会和劳动市场的发展，分别产生了集体谈判薪酬理论、效率工资理论。随着激励理论、人力资本理论和信息经济学的发展，在薪酬分配和运用上，除传统的按劳分配理论有了较大发展外，薪酬公平理论、分享经济理论、整体薪酬理论、"委托—代理"薪酬理论和战略薪酬理论逐步产生并日益呈现出多元化格局。

二　主要薪酬理论介绍

薪酬理论的发展主要经历了早期薪酬理论、薪酬决定理论、薪酬分配理论、薪酬运用理论几个理论阶段。

1. 早期薪酬理论

（1）生存工资理论

在现代西方薪酬理论的发展史上，形成的第一种薪酬理论是生存工资理论，也叫作糊口工资论或者工资铁律、工资铜律。生存工资理论的要点是：从长远看，在工业化社会中，工人的工资等于他的最低生活费用。工资按这样一个规律运动，是因为如果某种原因导致工资提高到维持生存的水平之上，即资本家付给工人的劳动价格高于劳动的自然价格，就会出现工人的生活资料的增加；而工人的生活资料多了，就会使工人生的孩子增多，从而刺激工人人口的增长。

西方资本主义经济是一种自由竞争型市场经济，劳动力供给增加，劳动力需求就相对减少，就一定会导致工资下降。换句话说，被雇用的工人人数多了，资本家就可以而且必然会压低工资。

生存工资理论作为工资理论史上的第一个里程碑式的理论，尽管在一定程度上反映了历史的真实性，并为最低工资的确立提供了理论框架，但总的看来它是一种粗糙的理论：它不但没能深刻揭示工资的本质，而且也没有为工人生活条件的改善留下任何余地。

（2）工资基金理论

19世纪中叶，工资基金理论开始登上舞台。工资基金理论的主要倡导者约翰·穆勒提出，工资基金理论主要是为了弥补生存工资理论的不足。工资基金理论的要点是：工资不是由生存资料决定的，而是由资本决定的；在工资基金确定后，工人的工资水平就取决于工人人数的多少。

工资基金理论强调，一个国家在一定时期内的资本总额是一个固定的量，其中用来支付工资的部分也是一个固定的量，而工资是资本的函数。

穆勒认为，每年的产品收入中，必须先扣除用于补偿和追加的生产资料、资本及利润后，剩余部分才可用于支付劳动者的工资。如果支付劳动者的工资多了，工资的增长影响了资本的增加，就必然影响生产的发展，从而使用于下一个生产周期的资本和工资减少。

显然，这个工资基金理论提出了这样一种思想，即工人所能得到的工资总量是固定不变的，这个不变量构成了工资基金。这就意味着，工人阶级为提高工资所做的任何努力都是没有意义的。约翰·穆勒提出的这种理论虽然指出工资可以不受生存资料的限制，但是工资增长却要受到工资基金的限制。这种理论所承认的工资增长是以不减少资本的增长为前提的。所以，工资基金理论实际上是生存工资理论的"翻版"。

2. 薪酬决定理论

（1）边际生产力薪酬决定理论

19世纪末20世纪初，美国著名经济学家约翰·贝茨·克拉克运用边际分析的方法，创立了边际生产力薪酬决定理论。

克拉克将"资本生产力论"与"边际效用论"相结合，提出了边际生产力论，并以此作为薪酬分析的理论基础。克拉克认为，劳动和资本都有生产力，劳动的生产力遵循生产递减规律，即在资本量不变的条件下，劳动的生产力随劳动者的增加而递减，最后增加的单位劳动者就是边际劳动者，他所生产的产品就是劳动的边际生产力。由于边际劳动者处于资本集约利用的边界上，因此，若在此基础上再增加劳动者，则雇主支付的薪酬将不能从劳动者提供的产品中得到补偿，所以边际劳动者生产的产品产量是决定劳动者薪酬的自然基础。

边际生产力薪酬决定理论不仅将薪酬研究的视线从致力于总体薪酬问题的一般分析转到了对厂商层次的微观分析上，而且建立了薪酬与生产力的本质联系，这一思想对于薪酬理论和实践都具有十分重要的参考意义。

（2）均衡价格薪酬理论

均衡价格薪酬理论是马歇尔经济学说的核心。均衡价格，就是当商品的需求和供给达到一致，需求价格和供给价格相等时的价格。一般地说，需求价格是指买者（消费者）对某种商品所愿意支付的价格，它取决于这种商品对买者的边际效用。供给价格是指卖者（生产者）对提供某种商品所愿意接受的价格，它取决于卖者生产这种商品所付出的边际生产费用。

马歇尔认为，无论是劳动的需求曲线还是劳动的供给曲线，都不能单独决定薪酬水平，薪酬水平取决于两者的均衡，也就是说，是由这两条曲线的交点，即供需均衡点决定的。马歇尔还对劳动供给价格的影响因素进行了分析。他认为，在现代复杂的技术条件下，各种劳动客观上存在较大的差别，每一种劳动都具有不同的薪酬均衡点。同时，劳动者的生活费用既包括生活必需品，也包括一些习惯必需品，而这些习惯必需品可能受非经济因素的影响而变动。因此，劳动的供给价格是变动的，由劳动的供给价格和劳动的需求价格共同决定的薪酬均衡点也是处于不断变化之中的，这有效论证了均衡价格水平的决定因素。

（3）谈判薪酬理论

集体谈判也称集体交涉，是指以工会为代表的工人集团为一方，与以雇主或雇主集团为另一方进行的劳资谈判。集体谈判薪酬理论的产生与发展是工会发展的产物。

集体谈判薪酬理论就如何确定短期货币薪酬而言，是迄今能做出最好解释的一种理论。这种薪酬理论与边际生产力薪酬决定理论之间是内在统一并相互补充的。集体谈判确定的短期薪酬水平有时会高于或低于边际生产力水平，但边际生产力是现实薪酬水平运动的中线。

（4）效率工资理论

20世纪70年代后期，效率工资理论诞生。效率工资理论是一种有关失业的劳动理论，其核心概念是员工的生产力与其所获得的报酬（主要是指薪资报酬，但也能轻易地推广到非金钱报酬）呈正向关系，是为了解释非自愿性失业现象所发展出来的相关模型的通称。这种研究不是将薪酬视为生产力的结果，而是倾向于将薪酬视为促进生产力提高的手段。效率工资理论的基本观点是，薪酬与生产力之间是相互依赖的。传统的薪酬决定模型是建立在劳动同质并隐含薪酬水平不改变劳动的边际产出和劳动力需求曲线位置的基础上的。因此，任何薪酬水平的变化只会导致劳动力需求量的变化，而不会导致需求曲线本身位置的移动。然而在劳动是异质的和薪酬与生产力之间相互依赖的情况下，厂商降低薪酬，不一定会增加利润；提高薪酬，也不一定会减少利润。进一步讲，厂商可以通过支付较高的薪酬来降低每单位有效劳动的费用，薪酬可作为增加利润的有效手段。

效率工资理论认为，工人工作的效率与工人的工资有很大的相关性，高工资使工人效率更高。目前，主要存在四种效率工资理论的解释：

第一种效率工资理论适用于贫穷国家，该理论认为工资影响营养。多给工人工资，工人才吃得起营养更丰富的食物，而健康的工人生产效率更高。

第二种效率工资理论适用于发达国家，该理论认为，高工资减少了劳动的流动性。工人由于许多原因离职，如接受其他企业更好的职位、改变职位，或者迁移到其他地方。企业向工人支付的工资越高，使工人留在企业的激励越大，通过支付高工资减少了离职的频率，从而减少了雇用和培训新工人的时间和费用。

第三种效率工资理论认为，劳动力的平均素质取决于企业向雇员所支付的工资。如果企业降低工资，最好的雇员就会到其他企业工作，而留在企业里的是那些没有其他机会的低素质员工。

第四种效率工资理论认为，高工资提高了工人的努力程度。这种理论认为，企业不可能完全监督其雇员的努力程度，而且雇员必定自我决定是否努力工作。雇员可以选择努力工作，也可以选择偷懒，并有被抓到、被解雇的风险。这里引起了工人的道德风险，企业可以通过高工资减少工人的道德风险，提高工人的努力程度，进而提高工人效率。

怠工模型（或偷懒模型）

怠工模型（由夏皮罗和斯蒂格利茨于1984年提出）是效率工资理论假定中最有代表性的模型。它从雇佣关系中激励的角度来研究工资和劳动生产率之间的关系。该模型认为，传统的劳动力供给理论以小时单位或一些其他个人供给时数作为测度量并不符合现实。企业需要的从本质上说不是劳动小时，而是雇佣工人的某种服务。

怠工模型认为，由于劳动力市场上信息的不对称，工人对他们提供的劳动服务总有某种程度的控制力，而这种对其自身劳动服务努力程度的控制力在合同上很难加以规定，因此，就应以效率单位来测度劳动服务。如果在完全信息条件下，努力可以被观察，激励问题就有一个直接的解，企业简单地提供一份与努力一致的合同就可以了。然而，由于信息的不完全和不确定性，订立这样一份合约并不可能。在绝大多数工作中，由于企业不能对工人的努力程度进行完美的监督，工人在其工作业绩完成的好坏上都有一定的自由，因此，劳动合同不可能准确规定员工绩效的所有方面。由于监督成本太大或者不准确，再加上劳动产品不可能单独被计量（现代生产一般是团队生产），因此计件工资也不能有效解决这一问题。在这种情况下，企业支付高于市场出清水平的工资就是一种激励工人努力工作而不是偷懒的有效手段。

怠工模型表明，解雇的威胁为工人不偷懒提供了激励。如果所有的企业都支付相同的工资，不存在失业的话，工人偷懒就不会有任何损失，那么所有的工人都会偷懒。在这种情况下，每个企业为了杜绝偷懒，就会提高本企业的工资。当所有企业都提高工资，平均工资水平就会上升，就业率随之下降。市场均衡条件下，所有企业都支付高于市场出清的工资水平，失业（使被解雇的工人面临损失）就自动成为惩罚工人怠工的手段。失业工人即使愿意在较低工资水平下工作，也不可能得到就业机会，因为如果企业以较低工资雇佣他们，这些工人一定会怠工。企业明白这一点，而工人没有可信的办法来证明他们一旦被雇佣就会努力工作。

虽然这四种解释在细节上不同，但它们都有一个共同的理论观点：由于企业向内部工人支付高工资就能更有效地运行，所以企业使工资高于供求均衡的水平是有利的。

3. 薪酬分配理论

（1）按劳分配理论

马克思的按劳分配理论包含两个部分：一是对社会主义分配方式的本质概括，即按劳分配原则；二是依据对未来社会特定经济环境的分析所构成的按劳分配模式实现分配，即消费品的具体分配形式。

马克思确定按劳分配原则的前提为：①全部生产资料归社会共同占有，社会成员在生产资料占有关系上处于完全平等的地位；②商品经济已经消亡，整个社会生产都直接按计划有组织地进行，每个人的劳动都直接构成社会总劳动的一部分；③旧的社会分工和劳动的本质差别依然存在，劳动还仅仅是个人的谋生手段；④不仅同一部门的劳动生产力的高低取决于本部门劳动者的劳动强度和熟练程度，而且不同部门的不同的复杂劳动较容易转化为简单劳动，并能用劳动时间直接计量；⑤按劳分配的对象是做了必要社会扣除之后的社会总产品。

（2）分享经济理论

分享经济，是一种劳动的单位成本随着就业的增加而下降的经济，也是一种劳动的边际成本小于劳动的平均成本的经济。

分享经济理论是马丁·魏茨曼在1984年提出来的一个新的经济学理论。分享经济理论的核心是：传统的资本主义经济的根本弊病不在于生产，而在于分配，特别是在雇员薪酬制度上。魏茨曼认为，要摆脱滞胀，就需要新的手段，必须对导致滞胀的根源——工资制度"动大手术"，把工资制度改为分享制度，把工资经济改为分享经济，非如此不能使现代西方经济从根本上摆脱困境。

（3）人力资本理论

人力资本理论不是薪酬决定理论，但是它对薪酬的决定具有影响。西方经济学家认为资本有两种形式，即体现在物质形式方面的物质资本和体现在劳动者身上的人力资本。劳动者的知识、技能、体力（健康状况）等构成了人力资本。人力资本对经济增长起着十分重要的作用，能促进国民收入的明显增加，人力资本投资也必然影响薪酬收入。

人力资本是通过人力资本投资形成的，其投资是多方面的，包括教育（培训）支出、保健支出、劳动力国内流动（移居）支出或用于移民入境的支出（为了寻找工作）等多种形式，其中最主要的是教育支出（包括在职培训）。人力资本投资还包括为了补偿劳动力消耗，在衣、食、住、行等方面的支出。不过这种支出并非仅仅为了工作，而是人的生理需要所必要的经常性支出，所以一般不计算在内。这些人力资本投资都有初始支出，都希望未来获得投资报酬。劳动者的知识和技能形成一种生产资本储备，这种生产资本的价值派生于劳动力市场上技能的报酬，寻找职业与迁移等会提高技能储备的价格（薪酬），从而增加人力资本的价值。

人力资本投资的目的，对国家及企业等来说是为了经济的增长，对劳动者个人来说是为了现在获得效用，得到满足，也是为了未来获得效用，得到满足。如果得不到效用，不论是国家、企业还是个人，都是不会进行投资的。一般情况下，只有当预期收益的现值大于现在支出的现值时，人们才更加愿意投资。从薪酬角度来说，只有未来得到的薪酬现值等于或大于现在的教育投资等支出的现值时，人们才愿意投资。也就是说，人力资本投资必须得到补偿。

4. 薪酬运用理论

（1）薪酬公平理论

薪酬公平理论是由斯塔西·亚当斯提出的，他认为公平感与满足感既有区别又有联系。满足感取决于已经获得奖励的数量和仍然希望进一步获得奖励的数量。公平感取决于员工所获得的奖励和他所做出的贡献之比与某一衡量标准相比是高还是低。

这里的"公平"指的是员工对自己在工作中的投入与自己从工作中得到的收益两者之间的平衡。员工的投入包括教育、工作经验、特殊技能、努力程度和花费的时间；员工得到的收益包括薪酬、福利、成就感、认同感、工作的挑战性、工作的名声和任何其他形式的薪酬。

（2）战略薪酬理论

从战略角度看，薪酬不只是对员工贡献的承认和回报，它还是一套把组织的战略目标和价值观转化为具体的行动方案，以及支持员工实施这些行为的管理流程。它是连接雇主与雇员的纽带，薪酬体系不但能帮助组织吸引和留住成功所必需的人才，还能够影响员工的责任感和他们为组织付出努力的程度。薪酬体现的是组织内全新的价值观和实践方法，它是组织战略和文化的组成部分，它以自己特有的方式改变着组织的精神面貌，改变着雇主与雇员的关系以及组织的竞争力和活力。薪酬通过创造新的方法和形式让员工分享其成果，推动组织变革，使员工成为组织竞争与发展的战略伙伴。

战略性薪酬政策的要点是：①组织内的薪酬水平是高于、低于还是正好处于普遍接受的水平；②薪酬水平能否获得员工的认同，同时激励员工发挥他们的最大努力；③员工的起薪以及新员工与资深员工相差的幅度；④调薪的间隔期以及员工的绩效与资历对加薪的影响；⑤薪酬水平能否对实现好的财务状况以及产品或服务有所推进。

第四节 薪酬管理的历史演变和发展趋势

一 薪酬管理的历史演变

1. 传统的薪酬管理

（1）早期的工厂制度阶段

在工业革命的前期，当时的工人习惯于家庭或个人生活，不喜欢被工厂的管理所约束，工作时间的随意性大，工厂面临的最大困难在于培养"工业习惯"。雇主们一方面尽可能地降低工人的工资，让工资稳定在最低水平上，使工人刚刚能够维持生计，迫使工人到工厂做工；另一方面，为了吸引熟练的技术工人，雇主又不得不为工人提供稳定的、较高水平的工资。雇主们采用了各种不同的物质刺激方法。在这个时期，工厂薪酬的支付沿用了家族制简单的计件付酬办法，当时也有部分企业采用团体计件计划。为了充分发挥工资的激励作用，巴比奇提出了利润分享计划：一是工人的部分工资要根据工厂的利润而定；二是工人如果能提出任何改进建议，就应获得另外的好处，即"建议奖金"。按照利润分享计划，工人在作业组合时将会采取行动，淘汰那些使他们减少分红的不受欢迎的工人。在工厂制度逐步成熟的过程中，企业主已经意识到薪酬在管理中的地位和作用。

（2）科学管理阶段

1895年，弗雷德里克·W·泰罗提出了差别计件工资制度，他认为如果采用差别计件工资，一旦工作标准确定下来，差别计件工资制度就能产生两方面的作用，即使达不到标准的工人只能获得很低的工资，同时付给确实达到标准的工人以较高的报酬。在此基础上，甘特发明"完成任务发给奖金"的制度，来实现"泰罗制"所无法达到的鼓励工人相互合作的目的。甘特认为，给工长这种额外奖金是为了"使能力差的工人达到标准，并使工长把精力用在最需要他们帮助的那些人身上"。可以说，这是最早关于管理者薪酬激励的表述。1938年，约瑟夫·N·斯坎伦针对团体激励提出薪酬计划，又称斯坎伦计划，其核心是建议以计划和生产委员会为主体寻求节省劳动成本的方法和手段，并强调以团体为目标。

这个时期完成了从"低薪"到"高薪"理念的根本转变。当时流行的观点是：如果雇主支付低工资，产量就会下降；但如果工人得到了高工资，并且与机器相结合，产量就会提高。

（3）行为科学阶段

詹姆斯·F·林肯的林肯计划试图使职工的能力得到最大的发挥，然后按照他们对公司做出的贡献发给奖金。结果表明，员工个人的生产率大幅提高，产品价格稳定下降，工人的奖金保持在高水平上。怀延·威廉斯认为，从工人的角度看，重要的并不在于一个人所得到的绝对工资，而在于他所得到的相对工资。到20世纪60年代，埃利奥特·雅克与约翰·斯泰西·亚当斯等人的公平激励理论发展了这种观点，即工资分配的公正是社会比较的结果。他们认为，一个人对薪金的感觉至少基于两种比率：一是所得工资相对于他人工资的比率；二是其"投入"（即所付出的努力、受教育水平、技术水平、培训、经验）相对于"产出"（薪金）的比率。因此，他们强调了薪酬调查在薪酬决策中的地位。

2. 现代的薪酬管理

（1）宽带型薪酬结构

宽带型薪酬结构是对传统上那种带有大量等级层次的垂直型薪酬结构的一种改进或替代。它是指对多个薪酬等级以及薪酬变动范围进行重新组合，从而变成只有相对较少的薪酬等级以及相对较宽的薪酬变动范围的结构。这种薪酬结构将原来报酬各不相同的多个职位进行大致归类，每类的报酬相同，使同一水平工资的人员类别增加，一些下属甚至可以享受与主管一样的工资待遇，薪酬浮动幅度加大，激励作用加强。这种薪酬结构突破行政职务与薪酬的联系，有利于改善职业管理，有利于增强集体的凝聚力，可适应组织扁平化所造成晋升机会减少的客观现实。它是为配合组织扁平化而量身定做的，它打破了传统薪酬结构所维护的等级制度，有利于现代企业引导员工将注意力从职位晋升或薪酬等级晋升转移到个人的发展和能力的提高方面上，给予了绩效优秀者比较大的薪酬上升空间。薪酬的等级减少，使各种职位等级的薪酬之间可以交叉。

（2）以技能与业绩为基础的薪酬体系

面对技术人才的独立性，美国各公司的对策就是制定有竞争力的薪酬计划来与其他公司竞争，吸引更多人才。为了适应新的环境，一些公司开始改变传统的以职务或工作价值确定报酬的做法，采用以"投入"（包括知识、技能和能力）为衡量依据的薪酬制度来鼓励员工自觉掌握新的工作技能和知识。这种做法适应了知识的本质与特征。为了更好地激励员工，大量企业采用了以业绩为基础的收益分享薪酬体系。这种政策的出发点不仅是为了降低成本，更多的是为了强化员工的归属感和团队意识。

（3）薪酬与绩效挂钩

在经济全球化的趋势下，企业之间的竞争日趋激烈，大多数企业都试图通过降低成本来提高竞争力，很多企业都把注意力放在了基于组织绩效的薪酬计划上。这些薪酬计划将员工收入的多少与企业经营业绩的好坏直接挂钩，让员工与企业在共享成功的同时也共同承担相应的风险责任。从薪酬结构上看，绩效工资的出现丰富了薪酬的内涵，出现了与个人绩效和团队绩效紧密结合的灵活的薪酬体系。实践证明，只有与绩效紧密结合的薪酬制度才能充分调动员工的积极性，增强企业的凝聚力和竞争力。

（4）弹性福利制度

弹性福利制度也称为"自助餐式的福利"，即员工可以从企业所提供的一份列有各种福利项目的"菜单"中自由选择其所需要的福利。弹性福利制度强调的是让员工依照自己的需求从企业所提供的福利项目中来选择组合属于自己的一套福利"套餐"，让每个员工都有自己"专属的"福利组合。弹性福利制度还强调了员工参与的过程，希望员工从别人的角度来了解他人的需要。

灵活的弹性福利制度不仅能节约公司花费在员工不需要的福利上的成本，而且能满足员工个性化的需要，把传统的单一福利由保健因素转变为激励因素，增加了员工的满意度和忠诚度，达到了"福利比高薪更有效"的功效。

温馨提示

薪酬管理在人力资源管理体系中的位置

越来越多的公司，特别是世界500强公司的人力资源部都在采用"三支柱"的管理模型。"三支柱模型"将人力资源部的工作划分成三个模块。这三个模块不一定是三个部门，而是分成三个主要功能。

第一个模块是人力资源战略伙伴（HR Business Partner，HRBP）。也就是我们常说的人事经理，他们为业务部门提供"一站式服务"。业务部门在涉及到人力资源管理方面的工作时，可以直接与人事经理联系。

第二个模块是人力资源解决方案（HR Solution）。这个模块一般包含薪酬管理、组织发展、战略培训等。这个模块的主要功能是站在公司管理的角度，提供专业的解决方案。

第三个模块是人力资源运营（HR Operation）。这个模块提供各项操作规范，如工资的发放、员工社保公积金的缴纳等。

三个模块之间是互相配合、互相支持的关系。"三支柱模型"既让人事经理更加贴近业务，又把所有事务性管理工作集中起来，提高了工作效率，还有一个统一的"智慧中心"——人力资源解决方案，管理公司所有的人力资源政策。

二 薪酬管理的发展趋势

1. 定制性和多样性整体薪酬计划

薪酬不仅仅是指纯粹货币形式的报酬，还包括非货币形式的报酬对精神方面的激励。内在薪酬和外在薪酬应该全面结合，把基本工资、附加工资、福利工资、工作用品补贴、额外津贴、晋升机会、发展机会、心理收入、生活质量和个人因素等统一起来，作为整体薪酬体系来考虑。

2. "以人为本"的薪酬管理方案

传统的、以等价交易为核心的雇员薪酬管理方案，正在被"以人为本"的、人性化的、以对雇员的参与和潜能开发为目标的管理方案所代替。这种薪酬管理方案的实质是将薪酬管理作为企业管理和人力资源开发的一个有机组成部分，作为一种激励的机制和手段，其基本思路是将企业的工资计划建立在四个原则之上：薪酬、信任、缩减工资分类和基于业绩，目的是通过加大工作中的激励成分，换取雇员对企业的认同感和其敬业精神。在主要基于脑力劳动的知识经济时代，薪酬不再是纯粹经济学的计算问题，而主要是人的心理学问题。薪酬的含义将更加注重人的价值，而不是工作的经济价值。

3. 差异化的薪酬设计

薪酬设计的差异化首先表现在薪酬构成的差异化，计划经济时代那种单一的、僵死的薪酬构成已不再适应现代企业的需要，取而代之的是多元化、多层次、灵活的、新的薪酬构成。其次是专门人员薪酬设计专门化，销售人员在公司中的作用巨大，在设计他们的薪酬时不应该采取和其他部门人员相同的薪酬体系。再次，一些指标的制定过程也应该差异化，尽量避免"一刀切"的做法。职务评价、绩效考评应该分别制定标准。

4. 重视薪酬与团队的关系

随着现代化大生产的发展，管理者认识到企业的发展必须依赖全体员工的真诚合作和参与。在增加员工工作弹性的尝试中，越来越多的企业采用了团队化的工作方式。在以工作团队为基本单元的生产管理模式下，以团队或组织为基础开展项目，强调团队内协作的工作方式越来越流行，与之相适应地，应针对团队设计专门的激励方案和薪酬计划，其激励效果比单人激励效果更好。企业采用以团队或组织绩效为基础的薪酬管理制度成为一种必然趋势。

5. 雇员激励长期化、薪酬股权化

企业要吸引和留住人才，保持员工对组织的忠诚度，只依靠短期激励是不够的，还需要借助长期激励手段，长期的员工激励计划日益受到关注。其方式主要有：员工长期激励计划、员工股票选择计划、股票增值权、虚拟股票计划、股票期权等。这些激励计划一方面将员工的收入与企业的长期业绩相结合，使员工不仅关注企业的短期利益，更重视企业的长期发展；另一方面通过所有权激励，增加了员工对组织的承诺，有助于留住关键的技术人才，稳定员工队伍，为企业持续发展提供动力。

6. 薪酬制度的透明化

实行薪酬透明化，就是要向员工传达这样一个信息：公司的薪酬制度没有必要的隐瞒，薪酬高的人有

其高的道理，低的人也自有其不足之处；欢迎所有员工监督其公正性，如果对自己的薪酬有不满的地方，可以提出意见或者申诉，透明化是建立在公平、公正和公开的基础上的。

温馨提示

薪酬管理者的素质和角色

薪酬管理工作在人力资源管理中属于比较神秘的"工种"，很多人力资源从业者并不了解薪酬管理者应该具备哪些能力素质。总体来说，薪酬管理者首先要具备敏锐的战略眼光，要善于观察公司业务模板的变化；其次要具备全面的逻辑思维能力，能够把薪酬各个模块的细节内容关联在统一的逻辑之下；最后要具备良好的数学运算能力。

在人力资源管理大师戴维·尤里奇的《人力资源转型》中，他认为人力资源从业者如果想创造价值，不能只关注六大模块的"活动"，而要关注"成果和产出"。人力资源管理工作应该在以下四个方面做出贡献：推动战略执行、助推组织变革、打造敬业员工队伍、提升人力资源管理职能效率。

为此，尤里奇提出四个主要的人力资源角色：（1）战略性人力资源管理；（2）基础事务流程管理；（3）员工贡献管理；（4）转型与变革管理。在这几个人力资源角色中，除了"基础事务流程管理"之外的三种角色，都是薪酬管理者应该担任的。

第二章　战略性薪酬管理

本章思维导图

中心：战略性薪酬管理

薪酬战略简介

- 薪酬战略的含义
- 薪酬战略的目标
  - 效率目标
  - 公平目标
  - 合法目标
- 薪酬战略的构成
  - 内部一致性
  - 外部的竞争力
  - 员工贡献率
  - 薪酬体系管理
- 影响薪酬战略的因素
  - 企业文化与价值观
  - 社会、政治环境和经济形势
  - 来自竞争对手的压力
  - 员工对薪酬制度的期望
  - 工会组织的作用
  - 薪酬在整个人力资源管理中的地位和作用
- 薪酬战略的设计技术

薪酬战略与企业战略

- 公司战略与薪酬战略
  - 成长战略
    - 稳定战略或集中战略
    - 收缩战略或者精简战略
    - 创新战略
    - 成本领先战略
    - 客户中心战略
- 竞争战略及其薪酬战略
- 企业生命周期中的薪酬战略
  - 企业初创期及其薪酬战略
  - 企业成长期及其薪酬战略
  - 企业成熟期及其薪酬战略
  - 企业衰退期及其薪酬战略
- 整体薪酬与战略
  - 整体薪酬理论

薪酬战略的相关内容

- 薪酬战略管理中存在的问题
  - 薪酬战略与企业经营战略脱钩的问题
  - 薪酬设计不科学
  - 薪酬支付缺乏公平性、透明性
- 存在问题的原因分析
  - 薪酬战略管理与企业文化的内在关系
- 构建薪酬战略的步骤
  - 评价整体性薪酬战略和环境相适应
  - 使薪酬战略与企业经营战略的目标具体化，即策略出薪酬与薪酬体系解决决策相适应
  - 将企业整体性薪酬战略的目标具体化，设计出具体薪酬制度以及实施的步骤、技术和技巧，使薪酬战略更其具体，转变为实践活动
  - 重新审最薪酬战略与企业战略之间的适应性，应根据实施过程中发现的问题和不足，及时进行必要的修正，并根据企业发展战略体系的变化进行必要的调整，保持企业薪酬制度体系的动态性和适应性

薪酬战略的构建、定位与实施

- 薪酬战略的定位
  - 薪酬战略所提出的各种决策能否为企业创造价值
  - 企业薪酬管理体系与经营战略之间是否相互适应、相互促进、相互影响
- 薪酬战略的实施
  - 企业薪酬体系与人力资源活动之间的适应性和配套性
  - 企业薪酬体系与运行的系统性和可靠性

18

第一节 薪酬战略简介

一 薪酬战略的含义

战略性薪酬管理是以企业发展战略为依据，根据企业某一阶段的内部、外部总体情况，正确选择薪酬策略、系统设计薪酬体系并实施动态管理，使之促进企业战略目标实现的活动。

战略性薪酬管理包括薪酬策略、薪酬体系、薪酬结构、薪酬水平、薪酬关系及其相应的薪酬管理制度和动态管理机制。从企业战略层面研究并实施薪酬管理，有利于正确把握建立健全人力资源开发管理体系的方向，充实体系的内容，提升体系的效能；而人力资源开发管理体系的健全，也有利于薪酬管理制度的改进完善，更好地发挥薪酬管理的作用。

薪酬战略的中心任务就是确立科学的薪酬管理体系，制定正确的薪酬政策，采取有效的薪酬策略，支持并帮助企业赢得并保持人力资源竞争的优势。

在市场经济条件下，成功的企业灵活地运用整体性薪酬战略的思想，设计出适合于企业内部与外部、主观与客观环境条件的薪酬管理政策和策略的支持体系，承受了来自社会、竞争对手、劳动力市场以及法律法规等各方面的压力，最终有效地帮助自身实现了经营战略的目标，赢得并保持住了竞争的优势。企业的薪酬管理体系应随着企业总体发展战略的改变而改变。

企业薪酬战略的基本前提是：薪酬制度体系必须服从并服务于企业经营战略，并将其与企业发展总方向和总目标密切地结合起来。因此，不同的经营战略就会具体化为不同的薪酬制度。一般来说，创新战略强调冒险，其方式是不再过多地重视评价和衡量各种技能和岗位，而是把重点放在激励工资上，以此鼓励员工在新的生产流程中大胆创新，缩短从产品设计到顾客购买产品之间的时间差。成本领先战略以效率为中心，强调少用人、多办事，其方式是降低成本、鼓励提高生产率、详细而精确地规定工作量。以顾客为核心的战略强调取悦顾客，按照顾客满意度支付员工的工资。总之，不同的发展战略要求有不同的薪酬制度体系相配合，并不存在放之四海而皆准的薪酬制度。

温馨提示

战略性薪酬管理的特征

1. 战略导向性

战略性薪酬管理的核心在于通过选择一系列报酬策略，帮助企业赢得并保持竞争优势，从而支撑企业战略的实现。

2. 沟通性

通过战略性薪酬管理系统，企业将组织的价值观、使命、不同阶段的战略以及组织的未来发展规划传递给员工，增强员工对组织价值观和目标的认同感，规范员工的行为。

3. 权变性

战略性薪酬管理是权变的，会因企业的战略、发展阶段、文化背景、业务发展的不同而发生变化。

4. 系统性

战略性薪酬管理是一个系统性的框架体系，涵盖战略、制度和技术三个层面的内容。其中，战略层面是战略性薪酬管理体系设计的整体指导思想，一般认为企业战略驱动人力资源战略，进而影响薪酬战略；制度层面是战略性薪酬管理体系的具体内容，包括薪酬水平、薪酬结构、绩效奖金、福利、管理与调整机制等；技术层面则是指构建战略性薪酬体系时所涉及的一些具体的技术方法，如岗位分析与评价、薪酬调查方法、薪等薪级设计方法等。

二 薪酬战略的目标

构建企业薪酬战略应当强调三大基本目标，即效率、公平、合法。

1. 效率目标

效率是企业制定整体性薪酬战略优先考虑的目标，它等于企业工作产出与员工劳动投入的比值。企业员工同等的劳动投入带来的工作产出越多，说明企业的效率也就越高，反之亦然。效率可分为局部效率与总体效率、企业效率与个体效率、生产效率与工作效率、设备效率与劳动效率、当前效率与长远效率等多种表现形式。

在确立企业薪酬战略时，薪酬的效率目标可分解为：（1）劳动生产率提高的程度；（2）产品数量和质量、工作绩效、客户的满意度等；（3）劳动力（人工）成本的增长程度。

2. 公平目标

实现公平是实行薪酬制度的基础，也是企业制定整体性薪酬战略必须保证的目标。公平应当体现在对外的公平、对内的公平和对员工的公平这三个方面上。"对外的公平"是指体现在员工薪酬总水平上的公平性，企业薪酬战略应当确保员工在一段较长的时期内，获得等于或者高于劳动力市场价格的薪酬水平。"对内的公平"是指体现在员工基本薪资上的公平性，企业薪酬战略应当确保员工一岗一薪、同岗同薪。"对员工的公平"是指体现在员工绩效与激励工资上的公平性，应当秉持员工"多劳多得，少劳少得，不劳不得"的原则，即员工的绩效与激励工资能充分体现员工的贡献率。

薪酬战略的确立除了确保对外、对内和对员工三个方面的公平性之外，还必须运用科学合理的方法技术，确保薪酬分配工作程序的公平性。

薪酬制度设计和管理程序的公平性与企业薪酬的决策过程有关。对员工来说，这就意味着薪酬的决策方式和决策结果具有同等重要的意义。

【实例2-1】

李经理是一家企业的人力资源经理，最近遇到了一件非常棘手的事情。事情的起因是这样的：春节刚过，和往年一样又有一批员工离职，公司出现了岗位空缺的情况，特别是一些基础岗位的空缺非常严重。起初李经理并没有觉得困难，毕竟这样的情况每年都会出现，于是按照惯例开始在各类招聘渠道上进行人员招聘。但今年却与往年不同，以前是劳动力供大于求，但今年不知何故劳动力供应明显不足，出现了企业间"抢人"的局面。根据市场规律的作用，各企业开出的薪资也明显上浮。好在李经理及时提高了底薪，招聘到了一批新员工上岗，才没有出现企业由于人员短缺而停产的情况。

但由于工资调整只针对新员工，老员工的工资并没有进行相应的调整，最终形成了薪资差额。老员工在得知这一情况后，都觉得不公平，要求参照新员工的工资方案进行薪资调整，否则就要辞职。李经理马上制订了新的薪资方案，并向企业领导进行了汇报，可方案并没有获得认可。就在李经理还在找寻"更好的办法"的时候，因薪资差额而产生的不良影响已经开始显现出来了。老员工的工作热情明显不高，除此之外，过去老员工对新员工"传、帮、带"的优良传统也没有了，有的老员工甚至故意为难新员工，新员工也由于受到老员工的排挤而与老员工产生了对立。没过多久，陆续有老员工递交了辞职报告。

李经理所面对的问题是什么原因造成的？

分析

老员工之所以消极怠工甚至提出辞职，都是由于觉得自己受到了不公平的待遇。暂且不论老员工为企业发展所贡献的功劳和苦劳，单就工作内容相同却享受不同待遇而言就已经足以让人丧失热情了，他们觉得这对自己是不公平的，自己的付出和所得并没有形成对等关系。一切的对立矛盾皆来源于不对等关系，而这种不对等的差异是影响稳定的根源。此案例中的差异，不仅仅在于新老员工之间存在薪资差额，更有老员工自身价值被忽略甚至被否定的因素。这种差异直接导致了老员工的满意度降低，并最终形成了消极怠工和辞职的结果。由此可见，公平对员工工作态度及其满意度的影响是非常大的。

3. 合法目标

合法目标就是企业的薪酬战略决策应遵守国家和地方的法律法规。一旦这些法律法规发生变化，薪酬制度也应做出相应的调整，以继续保持其合理合法性。

我国在薪酬管理方面的法律法规不断健全和完善，企业除了需要执行本地区政府规定的最低工资标准等一系列基本法规之外，还必须按照有关规定为企业员工缴纳或代缴各种社会保险费用，并为员工提供安全生产的作业条件和良好的工作环境，以及日常工作、学习、休息和生活所必需的福利和服务。

现实中，由于企业总体发展战略的方向以及内外资源环境和条件的不同，各类企业在确定薪酬目标时，往往会存在很大的差异。一般来说，薪酬目标的确立应当服从于企业人力资源总体战略的方向和目的。

三 薪酬战略的构成

企业薪酬战略所采用的具体政策和策略是建立企业薪酬制度的基石，也是指导薪酬管理达到既定的战略目标的行动纲领。企业的薪酬战略具体包括以下四个方面的基本内容：

1. 内部一致性

内部一致性是指在同一企业内部不同岗位之间或不同技能水平的员工之间的比较。这种比较是以各自对完成企业目标所做的贡献大小为依据。

企业内部的薪酬差距决定着员工的去留，决定着他们是否愿意额外地进行培训以提高自己的工作适应性，也决定着他们是否愿意承担更大的工作责任。保持薪酬内部的一致性，有利于鼓励员工参加更多的专业培训，提高他们的综合素质，使他们承担起更重要的岗位工作。薪酬差距间接地影响着工作效率，进而影响整个企业的效率。

2. 外部的竞争力

外部竞争力是指企业参照外部劳动力市场和竞争对手的薪酬水平，给自己员工的薪酬水平做出正确定位的过程。

视外部竞争情况而定的薪酬决策对薪酬目标具有双重影响：一是确保薪酬足够吸纳和维系员工，一旦员工发现他们的薪酬低于企业内其他同行，他们就很有可能会离开；二是控制劳动力成本，以使本企业的产品或服务具有较强的竞争力。

可见，外部竞争力直接影响着企业的效率和内部公平。当然，企业必须在有关法律允许的范围内参与劳动力市场的竞争。

3. 员工贡献率

员工贡献率是指企业相对重视员工的业绩水平。企业在确定整体性薪酬战略时，如果将员工贡献率作为一项重要的薪酬政策，那么它将直接影响到员工的工作态度和工作行为，从而有利于三大薪酬目标的定位，也从根本上保障薪酬效率目标和公平目标的实现。

4. 薪酬体系管理

薪酬政策和策略是保持企业薪酬战略方向正确、促进薪酬战略目标实现的基本保障。企业有可能设计出一套完整的包括内部一致性、外部竞争力、员工贡献率在内的薪酬管理制度体系，但如果管理不善，则不可能达到预定目标。如果没有有效的管理，再完美的薪酬制度体系也会毫无用处。关键是通过科学化的管理，促进企业薪酬体系的良性循环。

企业经营管理者必须从薪酬的三大目标出发，有的放矢地制定和选择正确的薪酬形式、薪酬政策和策略。在强调薪酬制度内部一致性、外部竞争力和员工贡献率的基础上，将基本工资、绩效工资、短期和长期激励工资等形式有效地结合在一起，并纳入薪酬管理制度体系的战略规划之内，才能充分发挥薪酬管理在企业人力资源开发中的所具有的战略性、引导性和整体性的积极作用。

温馨提示

制定薪酬战略时应回答的问题

在确立薪酬战略的发展方向和目标时，作为企业薪酬战略的制定者和执行者，需要正确地回答以下几个基本问题：

1. 企业所确立的薪酬方向和目标，是否能够在未来5年甚至更长的时期内，吸引并留住企业所需要的、具有良好职业品质的、经验丰富的、技艺娴熟的业务骨干和专业人才？

2. 企业的薪酬战略政策和策略是否能最大限度地激发员工的积极性？是否有利于提高个体和总体的劳动效率？

3. 企业的员工是否感受到了薪酬制度体系的公平性和合理合法性？他们对薪酬决策的形成过程是否有所了解？绩效较好、收益丰厚、市场占有率较高的企业是如何向员工支付薪酬的？与同行比较起来，本企业的劳动成本是高了还是低了？

四 影响薪酬战略的因素

1. 企业文化与价值观

企业文化是其在长期的社会实践活动中逐步形成的行为方式、经营理念和价值观。因此，企业在构建薪酬战略过程中，应当使薪酬政策和策略充分体现企业文化的内涵和价值观。

2. 社会、政治环境和经济形势

企业外部的环境包括社会环境、政治环境和经济条件等多方面的因素，这些企业外部环境因素同样也会影响企业薪酬战略的选择。外部环境因素会对企业产生多方面的压力，包括产品市场的竞争、本地劳动力市场供求关系的变动、劳动法律及其相关法律法规的约束、社会消费水平的提高、各类专业人才的素质状况、员工价值观和期望的变化等。

3. 来自竞争对手的压力

当确立薪酬战略时，评价企业竞争对手所带来的压力显得日益重要。企业为了保持自己的竞争优势，必须定期或不定期地收集竞争对手的薪酬资料并进行分析，当企业员工薪酬水平明显落后于劳动力市场同行业水平时，应适时地做出调整，才能吸引并留住企业所需要的各类专业人才。企业在制定未来薪酬战略规划时，应当充分考虑同行业竞争对手的变化趋势，并据此提出未来企业员工总体薪酬水平递增的速度。

4. 员工对薪酬制度的期望

企业制定薪酬制度时，往往容易忽视员工个人在薪酬问题上各种不同的态度和偏好。员工薪酬结构形式的多元化，员工个人的态度、偏好和需求的多样性，使企业在薪酬结构形式的决策上面临诸多的困难和问题，这些都需要认真地解决。

5. 工会组织的作用

企业制定薪酬战略时，一定要重视工会的作用，要把它当作企业外部环境压力的重要组成部分。在我国，工会组织一直在企业员工薪酬管理方面发挥着积极的作用。在《中华人民共和国工会法》《中华人民共和国劳动法》《集体合同规定》《工资集体协商试行办法》等一系列法律法规中，对工会组织在集体合同的订立、工资集体协商、劳动者合法权益保护、工作条件、安全生产、劳动卫生和劳动保护等方面的权利和义务，从法律方面做了明确的规定。因此，企业在制定薪酬战略、决定薪酬水平时，一定要严格依法守法，必须充分考虑工会组织的要求，并认真地听取工会代表或员工代表的意见。

6. 薪酬在整个人力资源管理中的地位和作用

我国企业的改革是从三大制度（即工资分配制度、劳动人事制度和社会保险制度）的改革开始的。而这三大制度的改革，最早又是从企业工资制度开始的。其改革重点主要是要解决国家与企业、企业与员工的两级分配问题。我国企业在长期工资制度改革的实践活动中积累了丰富的经验，并创造了一系列新型的企业工资分配制度。企业工资制度改革的实践也充分证明，员工的薪酬问题是企业人力资源管理中最具战略性和挑战性的一个重要问题，它不仅涉及企业全员的切身利益，也关系到企业产品和服务的成本与竞争能力。企业员工的薪酬问题如果解决得好，就有利于调动员工积极性、主动性和创造性，挖掘各种生产的潜力，提高劳动生产率；如果解决得不好，就会影响企业员工队伍的稳定性，难以吸引并留住优秀专业人才和业务骨干，丧失企业人力资源的竞争优势。

此外，企业薪酬制度体系在某种程度上还受到企业其他人力资源体系的制约和影响。例如，由某一部门的少数人操纵的高度集权的和保密的薪酬体系，在一个高度分权和自由的企业中就很难有效运作。

温馨提示

人性假设理论

美国管理学家道格拉斯·麦格雷戈在《企业的人性面》中说道：每项管理的决策与措施，都是依据有关人性与其行为的假设。

美国行为科学家埃德加·沙因在《组织心理学》一书中，将人性的假设归纳为"经济人假设""社会人假设""自我实现人假设""复杂人假设"四种假设理论。

经济人假设——人们工作的主要动机是经济诱因，即为了获得最大的经济收益而工作；组织可以控制经济诱因，来激励和控制员工的工作。

社会人假设——人们工作的主要动机是社会需要，人们需要良好的工作氛围、人际关系。

自我实现人假设——人们的需要有不同的层次，工作的最终目的是满足自我实现的需要。因此，员工力求在工作上有所成就，提升自己的技能。

复杂人假设——每个人有不同的需要和不同的能力，因此人们的工作动机复杂多变。这种多样化的动机、能力，会对统一的管理方式产生不同的反应。

之所以提到人性的假设理论，是提醒大家：我们在讲公司薪酬战略的时候，一定要关注公司的管理文化。在不同的管理文化之下，薪酬战略会存在很大的区别。

五 薪酬战略的设计技术

薪酬内部一致性策略的推行从工作岗位分析开始，需要采集相关工作岗位的有关信息，并在收集、整理、处理岗位信息的基础上，进行工作岗位的评价、设计、分类和分级，从而构建起以岗位相对价值为依据的基本工资框架体系。这里所要应用的技术技巧属于工作岗位研究的范畴。同时，为了正确描述企业内部各类各级工作岗位与员工的技能或者能力之间的关系，还需要借助于员工绩效考评、人员素质测评等相关技术和技巧。

工作岗位分析与评价技术是以某项工作在完成企业既定目标的过程中所体现出的重要性为基础的，根据工作岗位的责任权限、劳动强度、工作条件和技能要求四个基本要素，经过科学的测定和评价，从而确立了企业各个岗位的相对价值和相互之间的层级关系。以这种框架设计的基本薪酬制度，不但能够支持企业生产经营活动正常运行，从根本上确保企业薪酬目标的实现，同时又能维护企业内部员工基本工资分配的客观性和公平性。薪酬制度的公平性反过来又影响员工的工作态度和工作行为，有利于企业各种规章制度的贯彻和落实。

企业在分析研究外部劳动力市场的工资价位时，首先应界定同业相互竞争的劳动力市场及其调查范围，进行薪酬的市场调查，需要弄清竞争对手如何支付员工薪酬以及其薪酬变动的范围和浮动幅度究竟如何；其次，利用上述信息，根据企业自身的财力和预算，对被调查岗位的薪酬水平做出正确的定位；最后，根据综合分析和评价，对某一类岗位的薪酬水平提出具有吸引力和竞争力的报价。企业采用这种专门技术设计出来的薪酬框架，不仅提高了企业吸纳和留住人才的竞争能力，也增强了企业正确把握劳动力成本的能力。

另外，企业对员工贡献率的衡量和兑现，也需要借助一些专门的技术技巧，如绩效或工龄加薪、激励方案、股票期权等方面的设计经验和技巧。

【实例2-2】

某公司的薪酬战略见表2-1。

表2-1　不同层级员工、不同职能部门的薪酬市场定位

员工层级	部门/职能	薪酬市场定位 （年度基本工资、年度总现金）
管理层	所有	相似行业、全国市场75分位
专业人员（一）	技术部门（如研发、工程等）	行业对比组、相关职能数据65分位
专业人员（二）	支持性部门（人力资源、财务、信息技术等）	全行业、当地市场50分位
非专业人员	所有	全行业、当地市场50分位

在这样的安排下，这家公司的薪酬定位是否清晰？

分析

这家公司的薪酬战略体现在不同层级、不同职能部门的员工具有不同的薪酬市场定位，非常清晰。

1. 公司的年度基本工资和年度总现金的定位趋势是一致的。

2. 公司的薪酬分配向管理层"倾斜"。换言之，管理层被视为公司的骨干员工、关键职位员工，在薪酬的外部竞争力上更受重视。

3. 考虑到管理层职位的稀缺性，在一个城市的薪酬报告中可能无法获得这样的数据。因此，对于管理层的薪酬定位数据，薪酬管理人员可以参考全国其他城市的工资情况。

4. 在专业人员中，公司重视技术部门员工的外部薪酬竞争力。因此，他们的薪酬定位是65分位。

5. 考虑到技术部门员工的专业独特性，他们的外部薪酬数据主要来自相关职能部门的报告。

6. 对于其他支持性专业人员和非专业人员，薪酬管理人员要参照当地的薪酬水平。因为这类支持性人员的流动不仅仅局限在本行业，因此这里不再强调专业性。

第二节 薪酬战略与企业战略

企业战略是基于企业内外部环境和条件，为了实现自己的历史使命，造福社会和消费者，对未来发展的基本方向和目标所做出的选择和规划。企业在选择经营领域和方向、提供产品或服务的过程中确立了自己的总体发展战略。在企业总体发展战略的统领之下，人力资源管理职能部门层面的战略选择，就是回答"应当如何构建包括规划、培训、绩效、薪酬在内的整体性人力资源战略，有力地支持和帮助企业赢得并保持竞争的优势"这一问题。

一 薪酬战略与企业战略的匹配

在不考虑具体的职能战略的情况下，企业战略通常可以划分为两个层次：一是企业的发展战略或公司战略；二是企业的经营战略或竞争战略。前者所要解决的是企业是扩张、稳定还是收缩的问题；后者所要解决的则是如何在既定的领域中，通过一定的战略选择来战胜竞争对手的问题。公司战略一般包括成长战略、稳定战略、收缩战略；竞争战略则可以划分为创新战略、成本领先战略和客户中心战略。企业所采取的战略不同，其薪酬水平和薪酬结构也必然会存在差异。

1. 公司战略与薪酬战略

（1）成长战略

成长战略是一种关注市场开发、产品开发、创新以及合并等内容的战略，它可以划分为内部成长战略和外部成长战略两种类型。其中，内部成长战略是通过整合和利用组织所拥有的所有资源来强化组织优势的一种战略，它注重的是自身力量的增强和自我扩张；外部成长战略则试图通过纵向一体化、横向一体化或者多元化来实现一体化战略，这种战略往往是通过兼并、联合、收购等方式来扩展企业的资源或者强化其市场地位。

对于追求成长战略的企业来说，它们所强调的重要内容是创新风险的承担以及新市场的开发等，因此与此相联系的薪酬战略是：企业通过与员工共同分担风险、共同分享企业未来的成功来帮助其实现自己的目标。实施这种战略的企业使员工有机会在将来因企业的经营成功而获得较高的收入。这样企业需要采用的薪酬方案应当是：在短期内提供水平相对较低的固定薪酬，但是同时实行奖金或权股等计划，从而使员工在长期中能够得到比较丰厚的回报。成长型企业在很大程度上需要具有灵活性，因此它们在薪酬管理方面往往会比较注重分权，赋予直线管理人员较大的薪酬决定权。同时，由于公司的扩张导致员工所从事的工作岗位本身在不断变化，因此薪酬系统对员工的技能比对员工所从事的具体职位更为关注。

当然，内部成长战略与外部成长战略之间的差异决定了两者在薪酬管理方面也存在一定的不同。其中，采用内部成长战略的企业可以将薪酬管理的重心放在目标激励上，而采用外部成长战略的企业却必须注意企业内部薪酬管理的标准化和规范化。

（2）稳定战略或集中战略

稳定战略是一种强调市场份额或者运营成本的战略。这种战略要求企业在自己已经占领的市场中选择出自己能够做得最好的部分，然后把它做得更好。采取稳定战略的企业往往处于较为稳定的环境之中，企业的增长率较低，企业维持竞争力的关键在于能否维持自己已经拥有的技能。从人力资源管理的角度来说，主要是以稳定已经掌握相关工作技能的劳动力队伍为出发点，因而这种企业对于薪酬的内部一致性、薪酬管理的连续性以及标准化都有比较高的要求。因此在薪酬管理方面，薪酬决策的集中度比较高，薪酬确定的基础主要是员工所从事的工作本身。从薪酬的构成来看，采取稳定战略的企业往往不强调企业与员工之间的风险分担，因而较为稳定的基本薪酬和福利所占的比例较大。就薪酬水平来说，这种企业一般追求与市场持平或者略高于市场水平的薪酬。但是从长期来看，由于增长速度不快，这种企业在长期的薪酬水平中不会有太大的增长。

（3）收缩战略或者精简战略

收缩战略一般会被那些由于面临严重的经济困难，因而想要缩减一部分经营业务的企业所采用。这种战略往往与裁员、剥离以及清算等联系在一起。根据采用收缩战略的企业本身的特征，不难发现，这种企业对于将员工的收入与企业的经营业绩挂钩的愿望是非常强烈的。除了控制稳定薪酬那部分所占的比重之外，许多企业还力图实行员工股份所有权计划，以鼓励员工与企业共担风险。

2. 竞争战略与薪酬战略

（1）创新战略

创新战略是以产品的创新以及产品生命周期的缩短为导向的一种竞争战略。采取这种战略的企业往往强调风险承担和新产品的不断推出，并把缩短产品由设计到投放市场的时间看成是自身的一个重要目标。这种企业的一个重要经营目标在于充当市场上的领袖，并且在管理过程中常常会特别强调客户的满意度和客户的个性化需要，而对于企业内部的职位等级结构以及相对稳定的职位评价等不是很重视。因此，这种企业的薪酬体系往往特别注重对产品创新和新的生产方法以及技术的创新给予足够的报酬或奖励，其基本薪酬通常会以劳动力市场上的通行水平为基准并且会高于市场水平，以帮助企业获得勇于创新、敢于承担风险的人。同时，这种企业会在工作描述方面保持相当的灵活性，从而要求员工能够适应不同环境的工作需要。

（2）成本领先战略

成本领先战略实际上就是低成本战略，又称"总成本领先战略"，是指企业在产品本身质量大体相同的情况下以低于竞争对手的价格向客户提供产品的一种竞争战略。因此，追求成本领先战略的企业是非常重视效率的，对操作水平的要求尤其高。它们的目标是用较低的成本去做较多的事情。为了提高生产率、降低成本，这种企业通常会比较详细地对员工的岗位进行描述，强调员工在工作岗位上的稳定性。在薪酬水平方面，这种企业会密切关注竞争对手所支付的薪酬状况，本企业的薪酬水平既不能低于竞争对手，最好也不要高于竞争对手，宗旨是在可能的范围内控制总的薪酬成本支出。在薪酬构成方面，这种企业通常会采取一定的措施来提高浮动薪酬或奖金在薪酬构成中的比重。一方面是为了在订单不足而导致工作量不饱和的情况下，企业不至于承担较大的人工成本压力；另一方面是为了让员工在工作量较大甚至负重较大的情况下能够获得超出正常情况的薪酬，从而不至于让员工因工作量太大而滋生强烈的不满情绪。此外，采用这种战略的企业还会制定专门的成本节约奖励计划，以鼓励员工个人以及工作群体帮助组织寻找提高生产率以及降低成本的方法和措施。

值得注意的是，采用成本领先战略的企业未必将压低薪酬成本作为实现低成本的一种手段。相反，一些成本领先型企业为员工提供的薪酬水平不仅不低于市场水平，反而会明显高出市场水平。这些企业之所以能够消化高薪酬带来的人工成本，保持产品或服务的更低价格，一个主要的原因就是企业的运营效率足够高。员工的薪酬水平尽管较高，但他们的生产效率也更高。在这种情况下，这种成本领先战略，也称为运营卓越战略。

（3）客户中心战略

客户中心战略是一种通过提高客户服务质量、服务效率、服务速度等来赢得竞争优势的战略。采取这种战略的企业关注的是如何取悦顾客，它们希望自己以及自己的员工不仅能更好地满足顾客的需要，而且能够帮助顾客发现一些他们尚未明晰的潜在需要，然后设法去满足顾客的这些潜在需要。为鼓励员工持续发掘顾客的各种不同需求，以及提高员工对顾客需求做出反应的速度，这类企业往往会根据员工的客户服务能力来确定员工的基本薪酬，同时根据员工对客户提供服务的数量和质量来支付薪酬，或者根据客户对员工或员工群体所提供服务的评价来支付奖金。

温馨提示

波特五力分析模型

波特五力分析模型，又称波特竞争力模型，是哈佛大学商学院的迈克尔·波特于1979年创立的用于行业分析和商业战略研究的理论模型。该模型在产业组织经济学基础上推导出决定行业竞争强度和市场吸引力的五种力量。

1. 供应商的议价能力

供方主要通过其提高投入要素价格与降低单位价值质量的能力，来影响行业中现有企业的盈利能力与产品竞争力。供方力量的强弱主要取决于它们所提供给买主的是什么投入要素，当供方所提供的投入要素的价值构成了买主产品总成本的较大比例、对买主产品生产过程非常重要或者严重影响买主产品的质量时，供方对于买主的潜在讨价还价力量就大大增强。

2. 购买者的议价能力

购买者主要通过其压价与要求提供较高的产品或服务质量的能力，来影响行业中现有企业的盈利能力。

3. 新进入者的威胁

新进入者在给行业带来新生产能力、新资源的同时，将希望在已被现有企业瓜分完毕的市场中赢得一席之地，这就有可能会与现有企业产生原材料与市场份额的竞争，最终导致行业中现有企业盈利水平降低。严重的话，还有可能危及这些企业的生存。竞争性进入威胁的严重程度取决于两方面的因素，即进入新领域的障碍大小与预期现有企业对于进入者的反应情况。

4. 替代品的威胁

两个处于同行业或不同行业中的企业，可能会由于所生产的产品互为替代品，从而在它们之间产生相互竞争的行为。这种源自替代品的竞争会以各种形式影响行业中现有企业的竞争战略。

5. 同业竞争者的竞争程度

大部分行业中的企业，相互之间的利益都是紧密联系在一起的。作为企业整体战略一部分的各企业竞争战略，其目标都在于使自己的企业获得相对于竞争对手的优势。所以，在实施中就必然会产生冲突与对抗现象，这些冲突与对抗就构成了现有企业之间的竞争。

波特五力分析模型用于竞争战略的分析，可以有效地分析客户的竞争环境。将大量不同的因素汇集在一个简便的模型中，以此分析一个行业的基本竞争态势。

二 企业生命周期中的薪酬战略

企业的生命周期一般可划分为初创期、成长期、成熟期和衰退期四个阶段。经历四个阶段之后，企业通常会面临消亡、稳定以及转向三种结局。

1. 企业初创期及其薪酬战略

大多数企业在初创阶段都处于资源匮乏的状态，无论是资金、人力资源还是技术、产品，往往都没有太多的竞争优势，更谈不上什么市场份额。这时的企业还处于寻找生存空间的阶段，企业人员数量通常不多，决定往往由少数高层管理人员做出，决策的速度和效率比决策的程序和一致性更为重要。企业里往往没有职位说明书，员工的工作职责和工作内容不确定，通常根据需要做出调整，一个人承担多种角色是很正常的。员工雇用、培训以及绩效管理等工作要么比较随意，要么根本就没有开展。由于企业仍然面临生存危机，产品销售或者客户需求往往不稳定，这时企业经常会遇到资金短缺的问题，企业领导者或创办者甚至有时不得不通过不领工资或推迟领工资的方式满足公司的现金需要。

在初创期，企业提供的基本薪酬和福利水平往往都比较低，非现金性的报酬也很少，短期激励即使有，也不会很多，企业的薪酬决策比较随意。在薪酬水平不高的情况下，有些企业要么暂时只能依靠知识技能和经验不多的员工来维持运营，要么通过雇用亲戚、朋友、同学等有特殊人际关系的员工来运作，还有一种选择就是通过提供股份这样的长期激励措施来吸引并在一定时期内留住员工。

2. 企业成长期及其薪酬战略

企业成长阶段，企业的市场份额不断扩大，产品线可能会不断增加，客户数量不断上升，业务活动的多样化和复杂性程度上升，人员数量上升，沟通和协调的成本增加，高层管理者的时间和精力越来越不够用，对企业管理的规范性和程序性要求的需求越来越迫切。这时候，企业往往会开始通过编写职位说明书来规范每个人的工作职责和所承担的具体工作任务，同时开始对员工的绩效进行考核培训，工作也逐渐开展起来。

成长期往往是企业业务发展最为迅速的时期，也是企业规模和收入增长最快的时期。利润的逐渐增加使企业可以逐渐适度地提高基本薪酬，福利也有所改善，但与劳动力市场上的竞争对手相比，这一时期的企业提供的基本薪酬和福利的竞争力并不是很强。但在这时候，企业的短期激励计划，如针对某些特殊目标实现的激励计划以及年度性的激励计划逐渐开始出现，而且在薪酬中的重要性逐步上升。由于仍然处于快速发展期，企业提供的非经济性报酬不会很多；若企业的经营势头良好，股权等长期激励手段也会更有吸引力。这个时期，企业的薪酬体系开始变得层次分明，也更加复杂。

3. 企业成熟期及其薪酬战略

企业进入成熟期，市场地位逐渐稳定，重点通过对现有产品进行改良或价值延伸来获利，企业从市场进攻者转变为市场防守者，服务现有客户而不是开发新客户成为企业关注的重点。企业通常通过规模经济来获利，有时候也采用降价销售的方式维护市场地位，尽管现金流比较宽裕，但管理费用在经营成本中所占的比重逐渐上升，人员膨胀速度加快，官僚特征日渐明显。企业管理的规范性得到进一步加强，职位说明书更加详细明确，组织结构图清晰，财务制度更加严格，人力资源管理体系变得完整且规范。企业的决策也更加程序化和规范化，但决策速度变慢，各部门之间经常推诿扯皮。处于成熟期的企业在这个时候往往会进行适度的内部变革或调整，调整组织结构、减少管理层级、收缩市场范围、放弃不盈利的业务或产品、集中做好高利润的产品或市场、精益求精以及提高生产率和减少服务差错等成为企业关注的重点。

进入成熟期的企业，一方面变得更加规范，实力更为雄厚，所以基本薪酬开始明显变得具有市场竞争力，福利水平也与竞争对手不相上下，甚至更好，但由于企业扩张速度放慢，员工晋升的机会减少，每个人在本职岗位上停留的时间延长；另一方面，由于投资机会明显减少，加强成本控制成为提高盈利水平的主要手段，这样企业就开始更为重视短期激励而不是长期激励。此外，由于企业此时已经有较强的市场实力和较好的市场声誉，管理也非常规范，形成了较强的企业文化，因此非经济性报酬开始增加。

4. 企业衰退期及其薪酬战略

企业往往会由于各种外部因素和内部因素的影响而进入衰退期。外部因素包括新竞争者、新产品、新技术或新兴市场的出现，因原材料或人工等原因造成的企业成本上升；内部因素则包括高层决策失误、内部人事斗争、人浮于事等各种问题。进入衰退期的企业，原有的产品和市场仍然能够带来一些现金流，但前景比较暗淡。这时候企业一方面注重削减成本，另一方面开始重视新产品开发或为现有产品开拓新的市场，企业重新面临如何活下去的问题。这时的企业已经高度结构化，官僚主义严重，工作程序复杂而详细，大家的关注点更多地在于过程而不是结果。

发展到成熟期之后，企业在研发费用以及营销费用方面的投入很可能不如过去那么多，再加上进入衰退期之后对新设备投资不足而积累下来的资本折旧，以至于企业的现金尽管依然充裕，但持有成本很高。鉴于原来的市场或行业中存在的发展障碍，企业此时可能不得不采取多元化经营或进入新的领域，或者是在本领域中进一步拓展业务范围。企业所有者或经营者开始努力寻找最佳的转向机会，试图引领企业进入第二次创业阶段。在理想的情况下，企业应当在成长阶段即将结束或者进入成熟期的初期就开始考虑转向问题，等到进入衰退期才开始转向，风险要大得多，因为这时不仅企业的经营收入开始下降，组织也变得更加僵化，人员的活力不足、年龄老化，难以应对急速的变化或者转变的成本过高。

因此，在实践中有些进入衰退期的企业可能会发现新的产品或市场，开拓新的经营领域，重新走上增长的轨道，而另一些企业则几经挣扎之后逐渐衰落直至倒闭或清算。进入衰退期的企业尽管可以预见到未来岌岌可危，但只要公司的现金还足以支撑，已经形成的基本薪酬和福利较高的情况就仍会维持一段时间，而员工依然享受着企业提供的工作保障、社会地位等各种非经济性报酬。由于可改善的短期成果并不多，所以短期激励的水平有所下降，长期激励计划则进一步失去价值。当然，如果进入深度的衰退期，企业很可能会通过裁员、降薪、削减非生产性资产等方式自救，这时候企业的薪酬福利水平会下降，企业要么经过努力获得重生，进入新一轮的创业期，要么走向消亡。

三 整体薪酬与战略

1. 整体薪酬理论

整体薪酬理论是由约翰·E·特鲁普曼提出的。它是对薪酬体制和投资体系的重新构思，它将十种反映当今员工期望的不同类型的薪酬意向（即基本工资、附加工资、间接工资、工作用品补贴、额外津贴、晋升机会、发展机会、心理收入、生活质量、私人因素）综合起来，让员工在其中扮演重要角色，突出薪酬的定制性和可选择性。整体薪酬方案的产生代表了业界在此领域的最新尝试。

整体薪酬方案的实质是一个投资和回报体系，它包含投资和奖励两部分，而且是投资在前，奖励在后。投资或称为超前奖励，包括基本工资、福利等。投资是在员工做出业绩之前支付的，其目的一是为了提高员工的技术和工作热情；二是为了员工个人和整个企业的将来。

2. 整体薪酬与战略

整体薪酬能够保持与组织战略、人力资源战略和薪酬战略的一致性。整体薪酬在系统分析组织内、外部环境的基础上，将多种激励方式有机地整合在一起，以此吸引、激励和保留员工，提高员工对组织的满意度和对工作的投入程度，从而提高企业的绩效、完成企业的经营目标。整体薪酬模型是在组织整体发展战略中支持组织人力资源战略实现的重要工具。

相对于传统薪酬理念，整体薪酬更加重视组织中人的价值，将多种激励方式有机地整合在一起。因此，对于组织而言，整体薪酬具有以下明显优势：

（1）整体薪酬强调薪酬战略、人力资源战略和组织战略的一致性，基于战略对人才进行吸引、激励和保留，更加有利于组织战略的实现。

（2）整体薪酬能够真正满足员工的多样化需求，能够针对员工需求制定不同的薪酬组合，增加对人才的吸引力，支持企业获得人才竞争优势。

（3）整体薪酬可以使薪酬管理更加具有弹性。整体薪酬包括针对员工需求的多种激励要素，各种构成要素和要素之间的比例可以根据组织战略变化或组织面临的紧急情况及时进行调整，以支持组织及时应对外部环境的变化。

总之，任何有助于吸引、激励和保留员工的有价值的东西，都可以作为整体薪酬的内容。

第三节 薪酬战略的构建、定位与实施

薪酬战略是一种行动计划，企业可以通过引导和投入资源来塑造其期望的行动。薪酬战略为企业提供了一个固定的框架，这个框架决定了怎样以及在哪里投入这些资源，反映企业在人力资源方面的投资策略。要制定一套合适的薪酬战略，必须有根有据，并能够取得各利益相关者的广泛赞同和认可。

一 构建薪酬战略的步骤

（1）评价整体性薪酬战略的内涵。这个阶段需要明确掌握的信息是：企业文化与价值观、企业的外部环境、社会政治与经济形势、全球化竞争的压力（国外与国内市场的状况）、员工或工会组织的需要、企业总体战略对人力资源战略以及薪酬的影响、现行人力资源管理制度体系以及薪酬管理的现状等。

（2）使薪酬战略与企业经营战略和环境相适应、薪酬战略与薪酬决策相适应。即如何保障薪酬目标、企业内部一致性、外部竞争力、员工贡献率和薪酬管理体系等策略与企业发展的总方向和总目标保持配套性、统一性和协同性，在此基础上，确立企业薪酬发展的总方向和总目标，并提出相应的企业整体性薪酬战略规划。

制定整体性薪酬战略，应从企业总体发展战略出发，根据企业的内外部环境、企业文化价值观、不同的发展战略、不同的市场地位和发展阶段选择不同的薪酬策略，达到有力地支持企业总体发展战略的目的。

（3）将企业整体性薪酬战略的目标具体化，即提出薪酬的具体政策和策略，设计出具体薪酬制度以及实施的步骤、技术和技巧，使薪酬战略更具操作性，从而转变为实践活动。

（4）重新衡量薪酬战略与企业战略和环境之间的适应性，应根据实施过程中发现的问题和不足，及时进行必要的修正，并根据企业发展战略的变化进行必要的调整，保持企业薪酬制度体系的动态性和适应性。

二 薪酬战略的定位

一般来说，任何企业的薪酬战略都有一个基本前提，即将薪酬体系与企业战略、企业文化和价值观紧密地联系起来，对外部环境和内部员工的需求做出灵敏反应，最大限度地调动员工的积极性，不断增强企业核心竞争力。在这一理论命题中，着重强调了经营战略决定薪酬计划。企业经营管理者的任务就是使外部环境、经营战略、薪酬计划三者达成一致、相互匹配，它们之间的匹配度越高，企业的竞争优势就越突出、越持久。因此，在三者之中薪酬战略的地位如图2-1所示。但有人对这一命题提出异议：难道经营战略和薪酬计划之间较好的匹配就能提高企业的绩效？难道就不能找到一套可以提高企业战略绩效的最佳做法？难道人力资源与薪酬战略必须辅助于经营战略，而不能成为主导性战略？

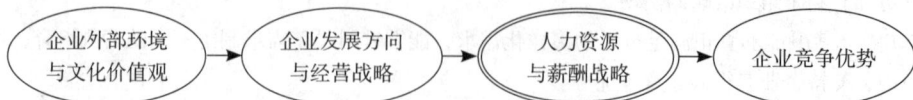

企业外部环境与文化价值观 → 企业发展方向与经营战略 → 人力资源与薪酬战略 → 企业竞争优势

图2-1 薪酬战略的地位

持不同观点的专家认为，经营战略寻求的是市场的制高点，薪酬等人力资源战略寻求的是人才的制高

点。现代企业的竞争，表面上看是产品的竞争，而产品的竞争实际上是技术水平、资本实力和人力资源的竞争。企业在产品、技术、资本和人才的竞争中，谁占领了人才的制高点，谁就掌握了主动权，这是因为产品是人生产的，技术是人发明的，资本是人创造的。

那么，人力资源、薪酬决策与经营战略，究竟哪一个在先，哪一个在后？从某种意义上说，企业在制定和实施薪酬战略时，应当从若干个方案中，选择出一个最佳的方案，它应当更有利于企业吸引和获取各类高级专门人才，赢得智力资本竞争制高点。这些高级人才反过来也会影响企业所采纳的战略决策，并增强其竞争优势。选择这种以人力资源为基础的竞争策略，解除了企业与公众关系中常见的种种束缚，能够最大限度地推动企业其他资源的开发和利用，因为人力资源是企业价值创造的源泉，也是企业最宝贵的财富。因此，可以将薪酬战略的位置做出调整，如图2-2所示。

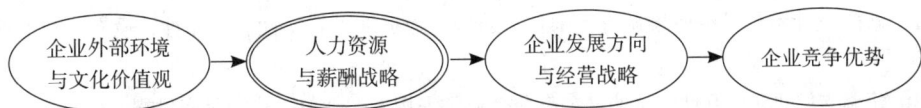

企业外部环境与文化价值观 → 人力资源与薪酬战略 → 企业发展方向与经营战略 → 企业竞争优势

图2-2 薪酬战略地位的转变

总之，在诸多薪酬方案中，最优或最好的方案可能一时找不到，或者难以选择，但总可以找到比较适合自己企业的方案。最佳的方案应当是最适合自己企业的方案。

三 薪酬战略的实施

设计并实现一个能增强企业竞争优势的薪酬战略规划并不容易，因此在企业薪酬战略方案提出之后，应从以下几方面对薪酬战略能否增强企业的竞争优势进行全面的检测和判断。

（1）薪酬战略所提出的各种决策能否为企业创造价值。它主要是通过吸纳和留住关键人才、控制人工成本、激励员工努力学习、不断提高绩效来实现。

（2）企业薪酬管理体系与经营战略之间是否相互适应、相互促进、相互影响。它主要是通过各种具体的薪酬政策和策略，从人力资源管理的角度，支持、帮助和促进企业经营战略目标的实现。

（3）企业薪酬体系与人力资源其他活动之间的适应性和配套性。它主要表现在薪酬管理体系与企业人力资源规划（包括战略规划、组织规划、人员规划、制度规划和费用规划），人员的招聘与配置，员工的培训和技能开发，员工的绩效考评与管理，员工劳动关系的确立与调整等各个工作环节之间能否相互协调、相互配合、相互影响、相互促进。

（4）企业薪酬体系运行的系统性和可靠性。不同的薪酬战略要求有不同的薪酬制度体系相配合，如果薪酬管理与制度体系不能体现和满足企业薪酬战略的要求，或者运行不畅、困难重重，难以得到顺利的贯彻和实施，那么再好的薪酬战略也不能转化为企业实践。

如果说企业整体性薪酬具有战略意义，那么企业竞争优势的产生不仅取决于企业薪酬战略的形成，更取决于它的贯彻与实施。

虽然企业可以从多个角度对企业的经营战略、薪酬等人力资源支持性战略进行检测、分析和评价，但更为重要的是如何寻求最佳途径和方法，通过这些战略的实施，赢得企业竞争的优势。

事实上，企业将精心设计的薪酬战略付诸实施，在人力资源管理的活动中始终坚持"实践—认识—再实践—再认识"的原则，不断地对薪酬体系做出必要修正、调整，才能保持正确的战略方向，实现预定的战略目标。

第四节 薪酬战略的相关内容

我国企业的薪酬战略管理中存在着与文化脱节的现象，这是导致企业薪酬战略不能很好地为企业战略服务的一个重要因素，也是我国企业在薪酬战略管理中普遍存在的一个问题。

一 薪酬战略管理中存在的问题

（1）薪酬战略与企业经营战略脱钩或错位。企业经营战略不同，薪酬战略也应不同，但目前我国企业大多实行统一的薪酬战略，在很大程度上与企业经营战略脱钩。

（2）薪酬设计不科学。薪酬调查范围狭窄，调查数据缺乏真实性、可靠性；没有科学的职位评价体系。

（3）薪酬支付缺乏公开性、透明性。有些企业常采用发"红包"式的秘密付酬方式，进而衍生出目前已具有一定普遍性的"模糊薪酬制"。

二 存在问题的原因分析

薪酬战略管理制度往往将目标界定在"吸引、激励和保留"员工方面，所采取的"战略"通常是"支付市场化薪酬工资"这种竞争性目标，其结果往往是无法在组织中保持目标的一致性。此外，薪酬战略管理制度下的薪酬系统大多以利润最大化为单一目标，只关注于生产率和市场占有率这样一些可量化的指标，这对于处于激烈竞争环境中需要达成多元目标的现代企业来说存在一定的局限性。

我国的薪酬战略管理中，在薪酬制度的制定和薪酬的发放上都存在着很大问题，虽然问题的出现是由多种因素造成的，但是有一个共同的原因——缺乏企业文化强有力的支持，也就是与企业文化脱节。管理以企业文化为基础，如果没有了企业文化这个坚实的基础，管理就不能顺利地进行。企业内在薪酬的实现都是通过建立与企业发展相一致的企业文化来实现的。随着人们的生活水平的不断提高，人们对内在薪酬的要求也不断上升，所以企业文化上的不足，会导致薪酬的激励作用减弱。

三 薪酬战略管理与企业文化的内在关系

企业文化是企业全体成员共有的信念、期望值和价值观体系，它确定了企业行为的标准和方式，规范了员工的行为。其中，价值观是它的核心和基础。优秀的企业文化是企业战略制定获得成功的重要条件，它能够突出企业的特色，形成企业成员共同的价值观念，而且如果企业文化具有鲜明的个性，将有利于企业制定出与众不同的、克敌制胜的战略。

企业文化是战略实施的重要手段，企业战略制定以后，需要全体成员积极有效地贯彻实施。正是企业文化所具有的导向、约束、凝聚、激励及辐射等作用，激发了员工的热情，统一了企业成员的意志及欲望，从而为实现企业的目标而去努力奋斗。薪酬战略作为企业战略中的一个重要的部分，当然也会受到来自企业文化的影响。

随着社会的不断发展，知识经济的日益兴起，人们的需求也在发生变化。所以，在制定薪酬战略时就不能只是满足员工的一个或几个方面的需求，而要根据员工的实际情况来改变薪酬战略。

文化因素与薪酬管理具有共生性。即薪酬战略管理要随着一定的社会文化的发展而变化，文化的变化方向、水平和模式都会影响薪酬战略管理，同时薪酬管理制度也会反过来影响文化。一个好的薪酬战略可以成为一个公司（组织）文化和价值观的一个信号，对企业文化的形成起着强烈的作用，有助于将公司内部的多元文化整合为新的组织文化。

第三章 薪酬体系设计

本章思维导图

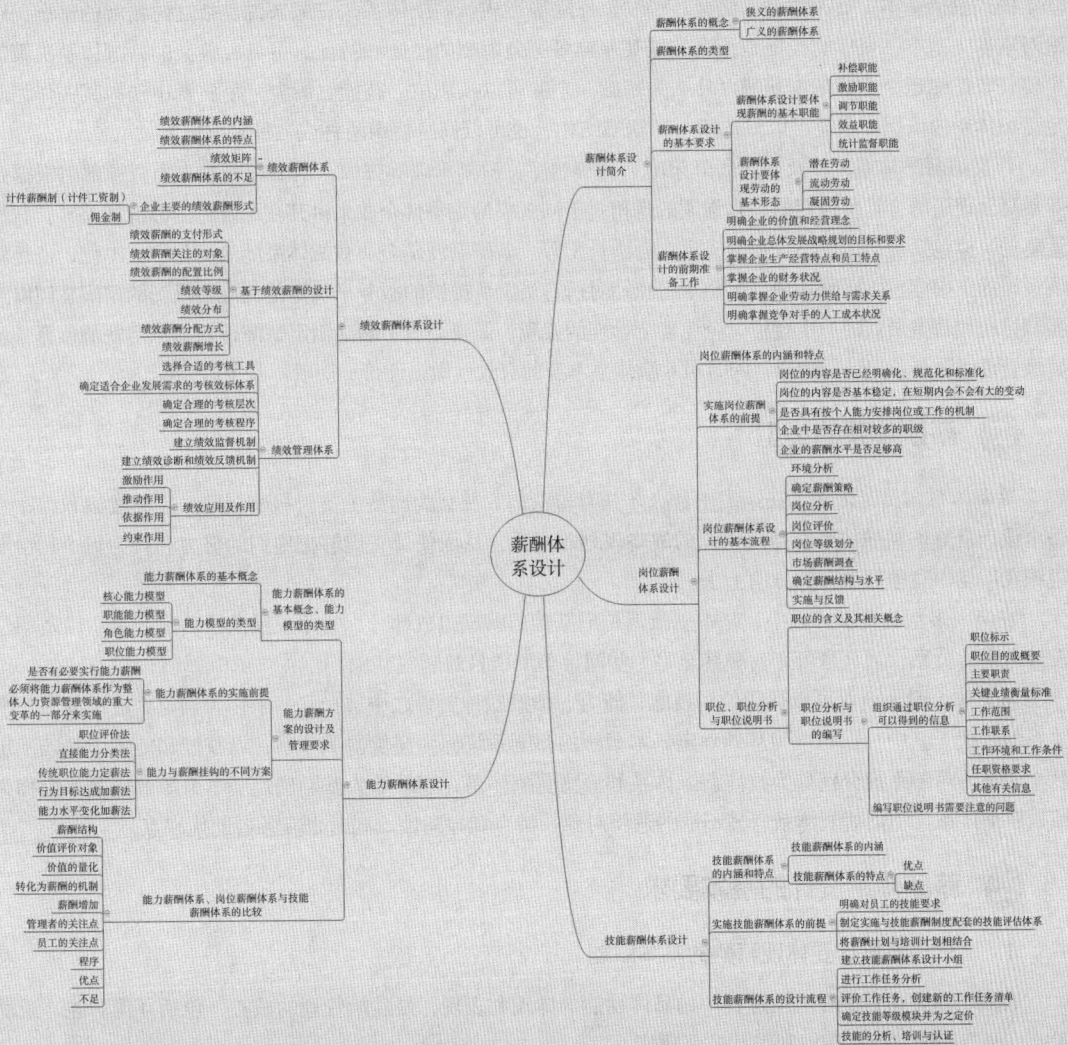

薪酬体系设计

薪酬体系设计简介
- 薪酬体系的概念
  - 狭义的薪酬体系
  - 广义的薪酬体系
- 薪酬体系的类型
- 薪酬体系设计要体现薪酬的基本职能
  - 补偿职能
  - 激励职能
  - 调节职能
  - 效益职能
  - 统计监督职能
- 薪酬体系设计的基本要求
  - 薪酬体系设计要体现劳动的基本形态
    - 潜在劳动
    - 流动劳动
    - 凝固劳动
- 薪酬体系设计的前期准备工作
  - 明确企业的价值和经营理念
  - 明确企业总体发展战略规划的目标和要求
  - 掌握企业生产经营特点和员工特点
  - 掌握企业的财务状况
  - 明确掌握企业劳动力供给与需求关系
  - 明确掌握竞争对手的人工成本状况

绩效薪酬体系设计
- 绩效薪酬体系
  - 绩效薪酬体系的内涵
  - 绩效薪酬体系的特点
  - 绩效矩阵
  - 绩效薪酬体系的不足
  - 企业主要的绩效薪酬形式
    - 计件薪酬制（计件工资制）
    - 佣金制
  - 基于绩效薪酬的设计
    - 绩效薪酬的支付形式
    - 绩效薪酬关注的对象
    - 绩效薪酬的配置比例
    - 绩效等级
    - 绩效分布
    - 绩效薪酬分配方式
    - 绩效薪酬增长
- 绩效管理体系
  - 选择合适的考核工具
  - 确定适合企业发展需求的考核指标体系
  - 确定合理的考核层次
  - 确定合理的考核程序
  - 建立绩效监督机制
  - 建立绩效诊断和绩效反馈机制
- 绩效应用及作用
  - 激励作用
  - 推动作用
  - 依据作用
  - 约束作用

能力薪酬体系设计
- 能力薪酬体系的基本概念、能力模型的类型
  - 能力薪酬体系的基本概念
  - 能力模型的类型
    - 核心能力模型
    - 职能能力模型
    - 角色能力模型
    - 职位能力模型
- 能力薪酬方案的设计及管理要求
  - 能力薪酬体系的实施前提
    - 是否有必要实行能力薪酬
    - 必须将能力薪酬体系作为整体人力资源管理领域的重大变革的一部分来实施
  - 能力与薪酬挂钩的不同方案
    - 职位评价法
    - 直接能力分类法
    - 传统职位能力定薪法
    - 行为目标达成加薪法
    - 能力水平变化加薪法
- 能力薪酬体系、岗位薪酬体系与技能薪酬体系的比较
  - 薪酬结构
  - 价值评价对象
  - 价值的量化
  - 转化为薪酬的机制
  - 薪酬增加
  - 管理者的关注点
  - 员工的关注点
  - 程序
  - 优点
  - 不足

岗位薪酬体系设计
- 岗位薪酬体系的内涵和特点
- 实施岗位薪酬体系的前提
  - 岗位的内容是否已经明确化、规范化和标准化
  - 岗位的内容是否基本稳定，在短期内金不会有大的变动
  - 是否具有按个人能力安排岗位或工作的机制
  - 企业中是否存在相对较多的职级
  - 企业的薪酬水平是否足够高
- 岗位薪酬体系设计的基本流程
  - 环境分析
  - 确定薪酬策略
  - 岗位分析
  - 岗位评价
  - 岗位等级划分
  - 市场薪酬调查
  - 确定薪酬结构和水平
  - 实施与反馈
- 职位、职位分析与职位说明书
  - 职位的含义及其相关概念
  - 职位分析与职位说明书的编写
    - 组织通过职位分析可以得到的信息
      - 职位标示
      - 职位目的或概要
      - 主要职责
      - 关键业绩衡量标准
      - 工作范围
      - 工作联系
      - 工作环境和工作条件
      - 任职资格要求
      - 其他有关信息
    - 编写职位说明书需要注意的问题

技能薪酬体系设计
- 技能薪酬体系的内涵和特点
  - 技能薪酬体系的内涵
  - 技能薪酬体系的特点
    - 优点
    - 缺点
- 实施技能薪酬体系的前提
  - 明确对员工技能要求
  - 制定实施与技能薪酬制度配套的技能评估体系
  - 将薪酬计划与培训计划相结合
  - 建立技能薪酬体系设计小组
- 技能薪酬体系的设计流程
  - 进行工作任务分析
  - 评价工作任务，创建新的工作任务清单
  - 确定新技能等级模块并为之定价
  - 技能的分析、培训与认证

第一节 薪酬体系设计简介

一 薪酬体系的概念

薪酬体系的概念有狭义与广义之分。

狭义的薪酬体系是指薪酬中相互联系、相互制约、相互补充的各个构成要素所形成的有机统一体，其基本模式包括基本工资、津贴、奖金、福利、保险等形式。薪酬体系，一般来说是指支付薪酬的基准，即绝对本薪（基本工资）的根据是什么，按其差异可区分薪酬的性质和特征。可见，狭义的薪酬体系决策的主要任务是确定企业的基本薪酬以什么为基础。企业可以从职位、技能、能力三个要素中选择其一作为确定薪酬体系的依据。企业可以只选用一种薪酬结构，也可以同时使用两种或三种薪酬体系。

广义的薪酬体系，涉及企业薪酬策略、薪酬制度、薪酬管理等方面。薪酬策略是人力资源部门根据企业最高管理层的方针所拟定的，它强调的是相对于同规模的竞争性企业来讲其薪酬支付的标准和差异。薪酬策略的目标包括提高生产率、控制成本、激励员工等。薪酬制度是企业薪酬体系的制度化、文本化，也是薪酬策略的集中体现。薪酬管理是指一个组织针对所有员工所提供的服务来确定他们应当得到的薪酬总额以及薪酬结构和薪酬形式的一个过程。企业薪酬管理的实现，需要企业不断地制定薪酬计划、拟定薪酬预算、就薪酬管理问题与员工进行沟通，同时对薪酬体系本身的有效性做出评价，而后不断予以完善。

二 薪酬体系的类型

薪酬体系向员工传达了在组织中什么才是有价值的，并且为向员工支付报酬制定一定的政策和程序。一个设计良好的薪酬体系直接与组织的战略规划相联系，从而使员工能够把他们的努力和行为集中到帮助组织在市场中竞争和生存的方向上去。

在绝大多数的薪酬体系中，基本薪酬都是最基础的薪酬组成部分，它不仅反映了薪酬与组织以及职位设计之间的关系，而且是可变薪酬甚至是一些间接薪酬项目的制定基础。

从总体上看，企业可以从职位、技能、能力、绩效四种要素之中选择其一来作为确定企业中某一薪酬体系的依据。其中，以职位为基础确定基本薪酬的薪酬系统称为岗位薪酬体系；以技能和能力为基础确定基本薪酬的薪酬系统分别称为技能薪酬体系和能力薪酬体系；以绩效为基础确定基本薪酬的薪酬系统称为绩效薪酬体系。不同薪酬体系有其不同的适用对象、特点和导向性，同时也有各自的优缺点。

三 薪酬体系设计的基本要求

1. 薪酬体系设计要体现薪酬的基本职能

薪酬职能是指薪酬在运用过程中的具体功能的体现和表现，是薪酬管理的核心，包括补偿职能、激励职能、调节职能、效益职能和统计监督职能。

（1）补偿职能

职工在劳动过程中的体力与脑力消耗必须得到补偿。保证劳动力的再生产，劳动才能得以继续，社会才能不断进步、发展。同时，职工为了提高劳动力素质，要进行教育投资，这笔费用也需要得到补偿，否则就没有人愿意对教育进行投资，劳动力素质就难以提高，进而影响社会发展。在市场经济体制下，对以上两方面的补偿不可能完全由社会来承担，有相当一部分要由个人承担。对职工来说，通过薪酬的取得，以薪酬换取物质、文化生活资料，就可保证对劳动力消耗与劳动力生产费用支出的补偿。

（2）激励职能

薪酬制定的公平与否，直接影响员工积极性的调动。薪酬的激励功能的典型表现是奖金的运用，奖金是对工作表现好的员工的一种奖励，也是对有效超额劳动的报偿，对员工有很大的激励作用。

（3）调节职能

薪酬的调节职能主要表现在引导劳动者合理流动。劳动力市场中劳动供求的短期决定因素是薪酬。薪酬高，劳动供给数量就大；薪酬低，劳动供给数量就小。因此，科学合理地运用薪酬这个经济参数，就可以引导劳动者向合理的方向流动，使其从不急需的产业（部门）流向急需的产业（部门），从发挥作用小的产业（部门）流向发挥作用大的产业（部门），达到劳动力的合理配置。薪酬的调节职能还表现在通过对薪酬关系、薪酬水平的调整来引导劳动者努力学习和钻研企业等经济组织所急需的业务（技术）知识，从人才过剩的职业（工种）向人才紧缺的职业（工种）流动，既满足了各行各业的需要，又平衡了人力资源结构。

（4）效益职能

薪酬对企业来说是劳动的价格，是所投入的可变成本。所以，不能将企业的薪酬投入仅看成是货币投入。它是资本金投入的特定形式，是投入活劳动这一生产要素的货币表现。因此，薪酬投入也就是劳动投入，而劳动是经济效益的源泉。此外，薪酬对劳动者来说是收入，是生活资料的来源。在正常情况下，一个劳动者所创造的劳动成果总是大于他的薪酬收入，剩余部分就是薪酬经济效益。也正因为薪酬的效益职能，社会才有可能扩大再生产，经济才能不断发展，人们的生活水平也才会不断提高。

（5）统计监督职能

薪酬是按劳动数量与质量进行分配的。所以，薪酬可以反映出劳动者向社会提供的劳动量（或劳动贡献）大小。薪酬是用来按一定价格购买与其劳动支出量相当的消费资料的。所以，薪酬还可以反映出劳动者的消费水平。因此，通过薪酬就能把劳动量与消费量直接联系起来。通过对薪酬支付的统计与监督，实际上也是对活劳动消耗的统计与监督，进而也是对消费量的统计与监督。这有利于国家从宏观上考虑合理安排消费品供应量与薪酬增长的关系以及薪酬增长与劳动生产率增长、国内生产总值增长的比例关系。

2. 薪酬体系设计要体现劳动的基本形态

薪酬管理对员工行为具有内在的驱动力，因而在确定薪酬分配依据和进行薪酬体系设计时必须从企业生存与发展的根本命题——价值的产生与分配出发来进行系统思考。价值来源于劳动，价值的分配也必须取决于劳动的付出。因此，薪酬体系设计要体现劳动的基本形态。

（1）潜在劳动

潜在劳动是指蕴涵在个体身上的劳动能力。它是企业在人力资源招聘和配置时对个体价值进行预测的基本依据，也是区分不同人力资源对企业未来贡献大小的重要指标。然而，个体的劳动能力毕竟不能等同于个体的实际劳动付出，也不能等同于个体所创造的实际价值，企业在利用该指标作为薪酬决定的基本依据时必须十分谨慎，必须注意实际创造价值与预付价值之间的"结算"。

（2）流动劳动

流动劳动是指人力资源个体在工作岗位上的活动是已经付出的劳动。企业用它作为发放劳动报酬的依据，显然比以潜在劳动为依据要好。但是，个人虽然付出了劳动，但由于个人、组织或者市场的原因可能最终不能实现其价值，因而把流动劳动作为价值分配的依据也有一定的局限性。

（3）凝固劳动

凝固劳动是指劳动付出后的成果。它是劳动创造价值的具体表现，因而应当是劳动价值衡量的最好方式。在大部分组织和工作岗位中，都应当以此为基本依据来计量和发放员工的薪酬。然而，在实际工作中，一些员工的工作难以与业绩直接对应，或者难以进行准确评价，这些情况在客观上制约着这类劳动价值衡量方式的运用。

温馨提示

三种劳动形态的优势和不足

按潜在劳动计量薪酬，有利于鼓励员工进行人力资本投资，也在一定程度上能够增强组织对人才的吸引能力；按流动劳动计量薪酬，适用于那些难以计算或者不必计算工作定额、不存在竞争关系而只要求按时出勤的工种或岗位；按凝固劳动计量薪酬，能够比较准确地表明劳动价值的大小，也便于发挥薪酬管理的激励功能，但其适用的范围有限。因此，企业组织在考虑薪酬分配依据和制定薪酬制度时，应该综合考虑，取长补短，配合使用。

【实例3-1】

某公司研发部门需要同时参与研发工作与现场技术实施，该部门员工薪酬分为基本工资和计时工资两部分，基本工资约占50%。除了研发部经理，所有员工的基本工资均相同。该公司将员工的研发工资和现场技术工资分开核算，都是按工作时间计算薪酬，工作时间由研发部经理进行记录。研发计时工资标准为50元/小时，现场技术支持的计时工资标准为45元/小时，如果员工参与现场技术支持，还可以在项目净利润中计提一定比例作为浮动薪酬，具体标准根据利润额确定。该公司研发部的薪酬体系存在哪些问题？

分析

研发部的薪酬体系存在以下问题：

1. 薪酬构成不合理。研发部门员工分为基本工资和计时工资两部分，缺少激励工资和福利保险，薪酬构成不合理。

2. 薪酬结构不合理。基本工资占比50%，比重不合理。

3. 除研发部经理外，所有员工基本工资均相同不合理。应根据各岗位的工作价值、员工的技能设定岗位工资。

4. 研发工资按照工作时间计算不合理。

5. 研发工资对应的工作时间由研发部经理进行记录不合理。

6. 研发计时工资与现场技术计时工资相比不合理。研发计时工资50元/小时，现场技术计时工资45元/小时，差距过小，应适当提高研发计时工资标准，突出研发工作的重要性。

7. 计提浮动薪酬的标准不合理。

四 薪酬体系设计的前期准备工作

1. 明确企业的价值观和经营理念

企业价值观和经营理念统领着企业的全局，指导着企业经营管理的诸多方面，对企业薪酬管理及其策略的确定具有重大的影响，其中最主要的是企业对薪酬作用、意义的认知，它要通过薪酬形式决定向全体员工传递何种信息和指引，同时薪酬也反映企业对员工特征、本性和价值的认知程度。

2. 明确企业总体发展战略规划的目标和要求

企业薪酬管理的目的是实现企业战略，使薪酬管理成为实现企业战略成功的关键因素，薪酬管理原则的制定应以企业战略为导向。因此应掌握企业战略规划的以下内容：

（1）企业的战略目标。即企业在行业中的角色定位、财务目标、产品的市场定位等。

（2）企业实现战略目标应具备的和已具备的关键成功因素。

（3）实现战略的具体计划和措施。

（4）对企业实现战略有重要驱动力的资源（人、财、物），明确实现企业战略时需要的核心竞争力。

（5）根据企业战略，确定激励员工具备企业所需要的核心竞争力的方法论；确定员工实现战略、激励员工产生最大绩效的方法论。

3. 掌握企业生产经营特点和员工特点

企业生产经营特点和员工特点也影响企业薪酬管理。如果企业是劳动密集型企业，大多数员工是生产工人，每个工人的工作业绩不受其他人的影响，可以采用量化的指标来考核。工作业绩完全取决于个人的能力和主动性，那么企业薪酬管理的原则将是主要以员工的生产业绩（生产量、生产值或生产质量）来决定其薪酬。如果企业是知识密集型企业，员工大多是高素质的人才，对于企业来说，员工所承担的岗位的重要程度并不是非常重要，重要的是员工能力的大小，如果员工能力强，则会给企业带来更多的收益，这些企业在薪酬管理时可以以提高员工能力、吸引能力强的人才为目的，制定基于员工能力的薪酬制度。

4. 掌握企业的财务状况

根据企业战略目标、企业价值观等方面的总方针和总要求，从企业的财务实力状况出发，切实合理地确定企业员工的薪酬水平。

采用什么样的薪酬水平，不仅要根据薪酬市场调查的结果，明确把握不同地区、同业同类或者不同行业同类岗位薪酬的市场总水平，还要充分分析各类岗位的实际价值，最终决定企业某类岗位薪酬水平的定位。

5. 明确掌握企业劳动力供给与需求关系

了解企业所需要的人才在劳动力市场上的稀缺性，如果供大于求，薪酬水平可以低一些；如果供小于求，薪酬水平可以高一些。

6. 明确掌握竞争对手的人工成本状况

为了保持企业产品的市场竞争力，应进行成本与收益的比较，通过了解竞争对手的人工成本状况，决定本企业的薪酬水平。

疑难解答

1. 互联网企业如何设置更具有市场竞争力的薪酬体系？

互联网企业大多发展迅速，为了确保其薪酬体系具有市场竞争力，薪酬管理人员需要随时掌握外部市场薪酬管理的变化情况。因此，参加薪酬调研是非常必要的。另外，企业的薪酬管理体系需要适应业务不断变化带来的管理压力。因此，薪酬体系设计应该体现简洁明了、易操作、易管理的特点。如不要设定过多名目的补贴，可以考虑设置宽带薪酬体系，重视长期激励等。

2. 在企业内部管理中，先设计薪酬体系还是先设计岗位体系？

人力资源管理的每个模块之间既有联系又相互独立。无论是理论还是实际操作，薪酬体系或设计岗位体系的设定顺序并不存在冲突。薪酬管理是以岗位为基础的管理模式。因此，最好的实践是先建立岗位体系，把公司内部职位的状况梳理清楚之后，再开展薪酬调整工作。但是，也可以不建立内部的岗位体系，直接利用外部市场数据来管理薪酬体系。这样就可以等公司需要岗位体系的时候，再去建立岗位体系。

3. 企业现有薪酬体系不健全，导致同岗位工资差异巨大，企业内部利益关系较为复杂，请问如何设计薪酬？

梳理组织架构、部门设置、层级设置、岗位设置；做岗位价值评估，根据市场数据做出岗位的薪酬标准；评估员工，确定其岗位。

4. 企业新成立一个部门，专管新产品的研发，为了保证项目的成功，应该怎么制定合理的薪酬体系呢？

（1）在基本薪酬内容上，可以考虑项目预算制。根据项目需要投入的时间、人力做出预算，如提前完成，将超过的部分作为奖金。

（2）项目管理制，在基本薪酬的内容里设立出一定比例的绩效挂钩部分，根据项目进度计划给予评估，与薪酬挂钩。

第二节　岗位薪酬体系设计

一　岗位薪酬体系的内涵和特点

1. 岗位薪酬体系的内涵

岗位薪酬体系是应用最广泛，同时也是最稳定的薪酬体系类型。不同岗位承担着不同的职责，要求具有不同的知识、技能和能力特征，拥有不同的工作量和不同的工作环境，因而其对企业的价值和贡献也不一样。

岗位薪酬体系是根据员工在组织中的不同岗位特征来确定其薪酬等级与薪酬水平。岗位薪酬体系以岗位为核心要素，建立在对岗位的客观评价基础之上，对事不对人，能充分体现公平性，操作相对简单。如果企业岗位明晰、职责清楚、工作程序性较强，那么就比较适合采用岗位薪酬体系。

2. 岗位薪酬体系的优缺点

岗位薪酬体系既有明显的优点，同时也存在一定的不足，见表3-1。

表3-1　岗位薪酬体系的优缺点

优点	缺点
①实现了真正意义上的同工同酬，因此可以说是一种真正的按劳分配体制 ②有利于按照岗位系列进行薪酬管理，操作较简单，管理成本较低 ③晋升和基本薪酬增加之间的连带性增强了员工提高自身技能和能力的动力 ④根据岗位支付薪酬的做法比基于技能、能力、绩效支付薪酬的做法更容易客观公正，对岗位的重要性进行评价要比对人的技能、能力和绩效进行评价更容易达成一致	①由于薪酬与岗位直接挂钩，当员工晋升无望时，也就没有机会获得较大幅度的加薪，其工作积极性必然会受挫，甚至会出现消极怠工或者离职的现象 ②由于岗位相对稳定，与岗位联系在一起的薪酬也就相对稳定，这不利于企业对多变的外部经营环境做出迅速反应，也不利于及时激励员工 ③强化岗位等级间的差别，可能会导致官僚主义滋生，使员工更为看重得到某个级别的岗位，而不是提高个人的工作能力和绩效水平，不利于提高员工的工作适应性 ④可能会引导员工更多地采取有利于得到岗位晋升机会的行为，而不鼓励员工横向流动以及保持灵活性

【实例3-2】

Z公司是一家大型的电子企业。2019年该公司实行了企业工资与档案工资脱钩，与岗位、技能、贡献和效益挂钩的"一脱四挂钩"工资、奖金分配制度。

一是以实现劳动价值为依据，确定岗位等级和分配标准，岗位等级和分配标准经职代会通过形成。公司将全部岗位划分为科研、管理和生产3大类，每类又划分出10多个等级，每个等级都有相应的工资和奖金分配标准。科研人员实行职称工资，管理人员实行职务工资，工人实行岗位技术工资；科研岗位的平均工资是管理岗位的2倍，是生产岗位的4倍。

二是以岗位性质和任务完成情况为依据，确定奖金分配数额，每年对科研、管理和生产工作中有突出贡献的人员给予重奖，最高的达到10万元。总体来看，该公司加大了奖金分配的力度，进一步拉开薪酬差距。

Z公司注重公平竞争，以此作为拉开薪酬差距的前提，如对科研人员实行职称聘任制，每年一聘。这样既稳定了科研人员队伍，又鼓励优秀人员脱颖而出，为企业长远发展提供源源不断的智力支持。

Z公司薪酬体系的优势主要体现在哪些方面？要完善Z公司的薪酬体系有哪些建议？

分析

1. Z公司薪酬体系的优势。

（1）Z公司的"一脱四挂钩"工资、奖金分配制度，同时考虑了岗位特点、员工技能水平、员工贡献和企业效益4个方面，可见该薪酬体系是一种平衡的薪酬体系。

（2）Z公司将企业的全部岗位划分为科研、管理和生产3大类，岗位分类比较合理。

（3）Z公司将每类岗位细分出10多个等级，每个等级都有相应的工资和奖金分配标准，可见Z公司的薪酬体系细节明确，为新的薪酬体系奠定了坚实的基础。

（4）Z公司的薪酬体系重点突出，偏重于科研人员，使关键技术人才的薪酬水平高于一般可替代性强的员工薪酬水平，在市场中具有竞争力。

（5）Z公司通过加大奖金分配力度的做法来拉开薪酬差距，有利于企业效益的增长。

（6）Z公司注重公平竞争，如对科研人员实施聘任制，为拉开薪酬差距提供前提。

2. 完善Z公司薪酬体系的建议。

Z公司的薪酬制度虽然有很大优势，但要保证其有效运行，还需做到以下几点：

（1）掌握市场薪酬水平变化，及时进行薪资调整，提高薪酬制度的对外竞争力。

（2）不断完善绩效管理制度，为薪酬制度的运行提供依据，保证薪酬制度的公平合理。

（3）在贯彻薪酬制度的过程中会遇到各种问题，因此需要建立并完善沟通平台，不断发现问题，提出对策，完善薪酬制度。

（4）注意长期激励与短期激励相结合，对高层管理者、核心技术人员和有突出贡献的员工推行长期激励，如年薪制、期权和股权计划等。

二 实施岗位薪酬体系的前提

企业在实施岗位薪酬体系前，必须对以下情况做出评价，以考察本企业的环境是否适合采用岗位薪酬体系。

1. 岗位的内容是否已经明确化、规范化和标准化

岗位薪酬体系要求纳入本系统中的岗位本身必须是明确、具体的。因此，企业必须保证各项工作有明

确的专业知识要求、明确的责任，同时这些岗位所面临的工作难点也是具体的、可以描述的。换句话说，必须具备进行岗位分析的基本条件。

2. 岗位的内容是否基本稳定，在短期内会不会有大的变动

只有当岗位的内容保持基本稳定的时候，企业才能使工作的序列关系有明显的界线，不至于因为岗位内容的频繁变动而使岗位薪酬体系的相对稳定性和连续性受到破坏。

3. 是否具有按个人能力安排岗位或工作的机制

由于岗位薪酬体系是根据岗位本身的价值来向员工支付报酬的，如果员工本人的能力与其所担任岗位的能力要求不匹配，必然会导致不公平的现象发生。因此，企业必须保证按照员工个人的能力来安排适当的岗位，既不能存在能力不足者担任高等级岗位的现象，也不能出现能力较强者担任低等级岗位的情况。当个人的能力发生变化时，他们的岗位也能够随之发生变动。

4. 企业中是否存在相对较多的职级

在实施岗位薪酬体系的企业中，无论是比较简单的工作还是比较复杂的工作，岗位的级数应该足够多，从而确保企业能够为员工提供一个随着个人能力的提升从低级岗位向高级岗位晋升的机会。否则，如果岗位等级很少，大批员工在上升到一定的岗位之后就无法继续晋升，其结果必然是堵塞员工的薪酬提升通道，加剧员工的晋升竞争，影响员工的工作积极性以及进一步提高技能和能力的动机。

5. 企业的薪酬水平是否足够高

即使是处于最低岗位级别的员工，也必须能够依靠其薪酬来满足基本的生活需要。如果企业的总体薪酬水平不高，岗位等级又很多，处于岗位序列最底层的员工所得到的报酬就会非常少。

三 岗位薪酬体系设计的基本流程

岗位薪酬与组织结构、岗位设置、岗位特征紧密相连，实质上是一种等级薪酬。岗位薪酬体系首先要对每个岗位所要求的知识、技能以及职责等因素的价值进行评估，根据评估结果将岗位分成不同的薪酬等级，每个薪酬等级包含若干个综合价值相近的岗位，再经过市场薪酬调查来确定适合本企业的薪酬水平，按职位的权重对应不同的薪酬等级，从而形成"薪酬金字塔"。这种薪酬体系的设计要以企业战略为导向，以符合国家法律规定为底线要求，力求在形式上体现内部公平性和外部公平性、在效果上体现对外的竞争性和对内的激励性。

一般来说，岗位薪酬体系的设计包括以下几个步骤：

1. 环境分析

环境分析就是要通过调查分析，了解企业所处的内外环境的现状和发展趋势，它是薪酬设计的前提和基础。环境分析是一项复杂而重要的工作。因为企业所处的环境非常复杂，不仅包括经济社会生活水平、国家政治法律、产业政策、劳动力供给、失业率等因素构成的外部环境，还包括企业的性质、规模、发展阶段、企业文化、组织结构、工作特征、员工素质等因素构成的内部环境。而且，每一种环境因素又处于一种动态的发展过程之中。这就要求企业不仅要清楚这些环境因素的现实状况，还要根据各自变化的规律对其未来的情况做出准确的预测。环境分析是岗位薪酬体系设计的首要步骤，它为后面几个步骤提供了重要的基础性材料，所以环境分析的质量直接影响到薪酬策略选择、工作分析以及岗位评价等重要过程的工作质量。一个好的薪酬体系必须表现出与环境之间的动态适应性，可以说，薪酬环境分析关系到企业薪酬目标的实现。尤其是对于那些处在创业期的企业，能否准确地分析和预测环境，不仅关系到能否吸引和留住人才，更决定着企业的发展命运。

2. 确定薪酬策略

薪酬策略是有关薪酬分配的原则、标准，以及薪酬总体水平的政策和策略。在对组织环境进行系统分析的基础上，通过对薪酬体系设计的必要性和可行性、激励重点和设计目标的分析论证得出怎样的薪酬策略才符合企业的实际情况和企业战略要求的结论。

3. 岗位分析

岗位分析是全面了解某一特定工作的任务、责任、权限、任职资格、工作流程等相关信息，并对其进行详细说明与规范的过程，是人力资源管理最基础的活动之一，能为招聘、培训、绩效考核、薪酬设计提供依据。岗位分析一般通过问卷调查法、参与法、观察法、访谈法、关键事件法、工作日志法等方法获取相关岗位信息，并据此编制包含该岗位基本信息、工作环境、任职资格等内容的岗位说明书，从而为确定每个岗位的相对价值提供重要的依据。

4. 岗位评价

岗位评价就是通过工作分析在获取相关岗位信息的基础上，对不同岗位工作的难易程度、职权大小、任职资格高低、工作环境优劣、创造价值多少等进行比较，确定其相对价值的过程。在薪酬体系设计中，岗位评价可使特定岗位的相对价值得以公示，为薪酬等级的划分建立基础，体现薪酬分配的公平性原则。另外，通过岗位评价可以明确不同岗位的等级、所属系统以及各个岗位之间的联系，确定各个岗位的地位和作用，形成组织岗位结构。常用的岗位评价方法包括排序法、归类法、因素比较法、计点法、海氏评估法等。

5. 岗位等级划分

通过岗位评价，企业可以得出组织不同岗位的价值的大小，从而为组织确定岗位结构奠定基础。岗位结构设计的一个重要方面就是岗位等级划分。等级划分的数目受组织的规模和工作性质的影响，没有绝对的标准。一般来说，等级数目少，薪酬宽度大，员工晋升慢，激励效果差；等级数目多，岗位层次多，管理成本就会增加。可见，薪酬等级与组织结构密切相关。薪酬等级的确定必须考虑组织的结构因素。

6. 市场薪酬调查

如果说岗位评价解决了薪酬内部公平性问题，那么外部竞争性就需要通过市场薪酬调查来解决。市场薪酬调查主要就是通过收集、分析市场薪酬信息和员工关于薪酬分配的意见、建议，来确定或者调整企业的整体薪酬水平、薪酬结构、各具体岗位的薪酬水平的过程。市场薪酬调查是企业薪酬战略实施的有效工具。通过调查，企业能更加明确薪酬的发展趋势，据此不断调整和优化薪酬结构和水平，以提高企业薪酬的竞争力和员工的满意度。

7. 确定薪酬结构与水平

市场薪酬调查的目的就是为企业确定薪酬结构和薪酬水平提供参考。薪酬结构有广义和狭义之分。狭义的薪酬结构是指同一组织内部不同岗位薪酬水平的对比关系，广义的薪酬结构还包括不同薪酬形式在薪酬总额中的比例关系，如基本薪酬与可变薪酬、福利薪酬之间的不同薪酬组合。薪酬水平是指组织整体平均薪酬水平，包括各部门、各岗位薪酬在市场薪酬中的位置。

8. 实施与反馈

薪酬体系设计完成之后，必须制度化、标准化为企业薪酬管理制度，通过实施才能实现薪酬的战略及目标。在正式实施之前企业要对将要实施的薪酬结构、水平、形式进行必要的宣传，并且注重和员工，特别是中层人员进行有效沟通，以广泛征求意见，为薪酬制度的实施做好充分的准备。

【实例3-3】

某知名重型机械工业公司，目前有员工400余人，生产工人占80%，公司的发展策略是以过硬的质量占领市场，因此公司的价值观强调质量第一。公司在人力资源管理方面起步较晚，原有的基础比较薄弱，尚未形成完整的体系，特别是在员工的薪酬方面存在的问题比较突出：如一线工人工资3年未进行调整，一直低于当地平均工资水平；同类岗位员工干好干坏、干多干少一个样，一线工人工资明显低于行政管理人员等。创业初期，公司人员较少，公司领导主要靠经验判断解决企业发展中的各种问题，在薪酬方面从未进行过全面深入研究，但现在公司一线员工人数增加了许多，如果还靠过去的老办法进行管理，采用单一的薪酬制度，显然会挫伤员工的积极性和主动性。为此，人力资源部聘请专家进行了"会诊"，专家们建议公司应建立以岗位薪酬制为基础的、以多种激励方式相结合的薪酬制度。

请结合本案例说明岗位薪酬体系设计的步骤。

分析

一般来说，岗位薪酬体系的设计包括以下步骤：（1）环境分析；（2）确定薪酬策略；（3）岗位分析；（4）岗位评价；（5）岗位等级划分；（6）市场薪酬调查；（7）确定薪酬结构与水平；（8）实施与反馈。

温馨提示

岗位体系的维护问题

相比岗位体系的建立工作，岗位体系的维护和更新工作会更加持久。完整的岗位体系维护工作是从启动岗位评估开始，到新的信息录入系统结束，其中包括几个关键问题：

1. 什么时候进行岗位评估

出现以下几种情况时，即可启动新的岗位评估工作。

（1）组织重组，包括公司、业务线、区域、部门重组，这样的重组会影响某些岗位，导致该岗位层级需要进行调整。

（2）岗位重组，由于某种原因，该岗位的主要职责产生变化，导致该岗位层级需要进行重新评估。

（3）一个全新的岗位产生，需要评估该岗位的层级。

（4）一个全新的项目引发项目组内的岗位需要进行层级评定。

2. 什么人参与评估过程

一般来说，该岗位的上级业务经理、人力资源业务经理、职位评估人员参与整个职位评估过程。最后，将评估结果提交给相关层级审批。

3. 什么人来审批新的岗位评估结果

不同公司的岗位评估结果审批的机制不同。相同的是：（1）一般公司都会组建审批委员会；（2）根据不同层级设定不同的审批委员会。不同的是：多数公司的审批委员会由业务经理和人力资源管理人员组成；少数公司的审批委员会由人力资源管理人员组成（职位审批委员会不能完全由业务经理组成）。

一个完整的岗位体系维护机制，还包括岗位审批的周期、系统维护等工作。有些公司专门建立审批委员会，定期召开审批会议。有些公司则是根据当期需要评估岗位的数量来决定何时开会。

四 职位、职位分析与职位说明书

1. 职位的含义及其相关概念

在生活中，我们经常将"工作""职位""岗位"等概念混在一起使用。英文中与职位有关的概念主要有两个：一个是job（直译为工作，通常译为职位），另一个是position（直译为岗位）。严格来讲，这两个概念应有所区别：岗位与人严格对应，即每个人占据一个岗位，企业雇用多少人，就有多少个岗位；而职位则是对所有相同岗位的统称。但在大多数情况下，job和position之间的区分并不那么明显，经常会被不加区别地使用。

可将职位或岗位界定为一位全日制员工在工作满负荷情况下需要完成的、具有一定内在联系且便于任职者完成的各种职责及其相应工作任务的集合。职位或岗位是由若干项（通常为7~8项）重要职责组成的，而每一项职责又包含若干项重要的工作任务。

此外，为了管理上的方便，企业往往会将职位划分为不同的职位族。职位族是由具有非常广泛的相似的工作内容，但在任职资格条件要求方面可能存在较大差异的各种职位构成的，有时也被称为职群或者职族。企业中的职位族通常被划分为市场营销类、职能管理类、生产操作类、工程技术类等。由于不同职位族中的职位在工作性质方面较为接近，因而在员工管理方法以及薪酬设计方面往往具有一定的相似性。

温馨提示

常用的关于职位管理的英文缩写及其释义

1. JA——Job Analysis（职位分析）

2. JC——Job Clarification（职位梳理、职位澄清）

3. JD——Job Description（职位描述、职位说明书）

4. JE——Job Evaluation（职位评估）

5. JF——Job Family（职位族群），Job Function（职位职能）

6. JG——Job Group（职位组），Job Grade（职位级别）

7. JH——Job Holder（任职者）

【实例3-4】

某跨国公司拥有不同的销售部门，其销售的产品具有很大的差异。向一个国家分公司的总经理汇报的销售部门一把手、部门经理管理的人员数量、业务收入可能会有数量级的差距。例如，最大的销售部门，部门经理管辖团队大约有千人，年销售收入达百亿元；最小的销售部门，销售经理管辖团队只有百人，销售收入仅几十亿元。但是，两个业务部门的领导都向一个国家分公司的总经理汇报，都参加总经理办公会议。

公司采用窄带的职位体系。职位评估人员发现：大业务部门的一把手的层级往往高于小业务部门一把手。这样在职位名称管理上就有点尴尬。例如，大部门的区域销售经理，在级别上等于小部门的部门总经理。但是，职位的统一管理只能给予其一个名称，小业务部门的一把手只能称为高级经理，而不能称为总经理，见表3-2。

表3-2 重叠的职位名称体系

级别	层级	销售1部	销售2部
总经理	7	总经理	—

（续上表）

级别	层级	销售1部	销售2部
区域经理	6	区域经理	总经理
高级经理	5	高级销售经理	区域经理
经理	4	销售经理	销售经理
主管	3	销售主管	销售主管
专员	2	销售专员	销售专员
助理	1	销售助理	销售助理

在实际工作中，小业务部门的一把手会向总经理抱怨："我作为部门的一把手，负责中国区这么大的一块业务，为什么不能给我一个总经理的名称？为什么要给我高级经理的职位名称？"这样的抱怨是有道理的。

于是，该公司采用了重叠的职位名称体系，有效地解决了这个问题，如图3-1所示。

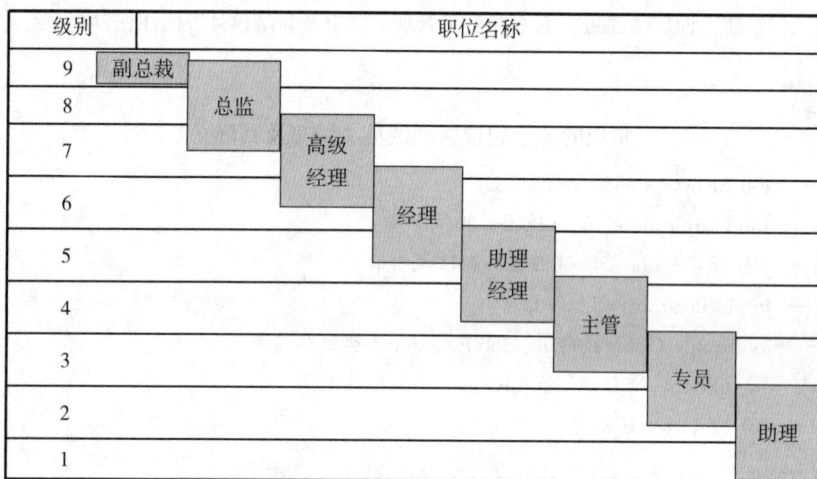

图3-1　实际应用的、重叠的职位体系

该公司这样的职位体系有哪些优点？

分析

该跨国公司的职位体系有以下几个优点：

1. 打破了职位名称和级别"一对一"的惯例，让员工不易从职位名称中猜测出职位级别。

2. 部门管理者有更大的灵活性处理部门内部的职位名称，同样的层级或者不一样的层级都有可能采用同样的职位名称。

3. 跨部门的职位名称可以实现统一，同一个部门的职位名称由部门管理者确定。

4. 员工的晋升演变为两种形式：职位名称的晋升和职位层级的晋升，给予部门经理更多的管理自由度。换言之，由于采用了重叠的职位名称体系，一个职位层级内就允许两个职位名称的存在。经理可以在不提升员工级别的情况下提高员工的职位名称，然后在提高员工级别的同时不再提高职位名称。经理也可以先提高员工的层级，但是不改变职位名称，等待日后再调整职位名称。

2．职位分析与职位说明书的编写

职位分析是指了解一个职位并以一种格式把这种信息描述出来，从而使其他人能了解这个职位的过程。它所要回答的主要是两大问题：第一，某个职位上的任职者应该做些什么？怎样做？为什么要做？第二，由什么样的人来承担这个职位上的工作才是最合适的？

职位分析始于20世纪初的科学管理之父弗雷德里克·温斯洛·泰勒的动作研究和时间研究。此后，职位分析一直是现代企业人力资源管理活动的基石。几乎所有的人力资源规划和管理活动，包括职位设计、人力资源规划、招募、甄选、培训开发、职业生涯规划、绩效评价、薪酬决策等，都要通过职位分析来获取相关信息。从薪酬管理的角度来说，职位分析是职位评价最重要的信息来源。组织只有获得关于职位的综合性信息，才能相对准确地判断出职位本身在组织中的相对重要程度或相对价值大小，从而确定职位的价值等级结果，奠定基本薪酬确定的基础。

（1）组织通过职位分析可以得到的信息

第一类信息称为职位描述。它是对经过职位分析得到的关于某一特定职位的职责和工作内容进行的一种书面记录。它所阐明的是一个职位的职责范围及其工作内容。职位描述并不列举每一个职位的职责和任务细节。相反，它只提供关于一个职位的基本职能及其主要职责的总体脉络。第二类信息称为职位规范。它是对适合承担被分析职位的人的特征所进行的描述，又称为任职资格条件。它主要阐明适合从事某一职位的人应当具备的受教育程度、技术水平、工作经验、身体条件等。在我国，企业通常将职位分析产生的职位描述和任职资格条件两个方面的信息合称为职位或岗位说明书，即在职位说明书中包括职位描述和任职资格条件两个方面的内容。更为具体地说，在职位说明书中包括以下几个方面的要素：

①职位标示：包括职位名称、任职者、上级职位名称、下级职位名称等。

②职位目的或概要：用一句话说明为什么需要设置这一职位，即设置这一职位的目的或者意义何在。

③主要职责：职位所要承担的每一项工作责任的内容以及要达到的目的是什么。

④关键业绩衡量标准：应当用哪些指标和标准来衡量每一项工作职责的完成情况。

⑤工作范围：本职位对财务数据、预算以及人员等的影响范围有多大。

⑥工作联系：职位的工作报告对象、监督对象、合作对象、外部交往对象等。

⑦工作环境和工作条件：工作的时间、地点、噪声、危险等。

⑧任职资格要求：具备何种知识、技能、能力、经验条件的人能够承担这一职位的工作。

⑨其他有关信息：该职位所面临的主要挑战、所要做出的重要决策或规划等。

温馨提示

职位分析的方法

访谈法——与职位的上级主管或者任职者面谈，收集职位信息。

问卷法——将关于职位信息的问题制作成问卷，让员工填写。

关键事件法——用表格记录员工在工作过程中特别有效或者特别无效的关键行为。

工作日志法——让任职者根据各自的工作时间顺序记录工作内容，然后归纳提炼。

观察法——观察、记录和提炼任职者的工作情况。

（2）编写职位说明书需要注意的问题

在编写职位说明书的过程中，对职责的描述应当尽量按照做什么、如何做、对谁做、为什么要做等要素的顺序来编写。最重要的是注意以下三点：

①要准确使用描述行为的动词，以明确任职者承担的具体角色。

②要尽可能地揭示出工作流程以及信息的流向。

③要尽可能地指明工作活动的目的或所要产生的结果。任何一项工作都不是没有目的的，如果能够在职位说明书中将每一项关键职责所要实现的结果描述出来，那么无疑会增强职位描述的结果导向性，强化职位所要实现的绩效结果。

疑难解答

1. 在填写职位说明书"工作职责"一栏时，很多业务部门都要在最后增加一条"执行领导安排的工作"。这样空洞的职责是否适合写进职位说明书呢？

从理论上讲，这样的工作职责肯定不适合写进职位说明书。但是在实际工作中，下属的工作安排会受到上级领导的影响，并且具有很强的"随机性"和"突发性"。从工作时间的占比看，"执行领导安排的工作"所占比例并不小。如果这属于公司管理文化的一部分，就应该在职位说明书里列明。当然，最好在该项目中适当列出一些具体的工作内容。

2. 规模较小的公司，是否一定要用岗位评估的办法来划分内部的层级？

岗位评估仅仅是一种管理工具，其目的是根据不同职位在公司内部的相对价值不同，划分出不同的层级。如果公司规模较小，同时缺乏专业人员进行岗位评估管理，可以采用其他管理手段来处理内部层级。其中一个非常简单易行的方案就是根据公司内部的汇报层级划分。虽然岗位管理可以避免由于内部汇报层级管理带来的弊端，但是如果公司规模不大，岗位之间的汇报关系也就非常接近于实际的岗位层级体系了。

3. 是不是所有大型跨国公司都有成型的岗位体系？

从管理实践上看，很多成熟稳定的跨国公司都有成型的岗位体系。即便有些跨国公司在很长时间里没有统一的岗位层级划分方案，也会采用另外的办法来解决这个问题。其主要思路是：没有明确的岗位体系的公司会有明确的管理汇报关系，利用汇报管理来"替代"岗位体系。具体到每一次操作的时候，人力资源部首先在公司汇报关系里找到一个"标杆"，然后用这个"标杆"沿着管理层级向上或者向下实施某个政策。

第三节 技能薪酬体系设计

一 技能薪酬体系的内涵和特点

1. 技能薪酬体系的内涵

随着人力资源被提升到战略地位，人才的市场竞争日趋激烈，企业的生存越来越取决于员工的素质能力和其聪明才智的发挥。为了增强对人才的吸引力，充分发挥各类人才的工作积极性和潜力，一些企业转而把与企业发展息息相关的员工技术和能力水平作为薪酬等级和水平决定的基本依据，技能薪酬制度便应运而生。技能薪酬又可分为技术薪酬和能力薪酬两种类型。

技术薪酬体系是指组织根据员工所掌握的与工作有关的技术或知识的广度和深度来确定员工薪酬等级和水平。由于这种薪酬体系根据员工的技术状况来决定个人的薪酬等级与水平，因而能够吸引和留住高技能水平的员工，也有利于激发这些员工的学习积极性和潜力。对于科技型企业或专业技术要求较高的部门和岗位，这种薪酬体系具有较强的适用性。

能力薪酬体系也是以员工个人能力状况为依据来确定薪酬等级与薪酬水平的。这种制度适用于企业中的中高级管理者和某些专家，他们所从事的工作往往难以用职位说明书进行清晰的描述，工作具有很强的创造性、不可预测性和非常规性，工作目标的实现更多地依赖于个人的综合能力。这里说的能力是一种抽象的、综合性的概念，在不同的组织会具体体现为领导力、组织协调能力、控制能力、决策能力等各种具体能力特征的组合，因而在实际工作中，要设计和建立比较完整的能力薪酬体系是比较困难的。

温馨提示

技能或能力薪酬体系与岗位薪酬体系的比较

与岗位薪酬体系相比，技术或能力薪酬体系的最大特征体现在薪酬决定的依据上。前者主要依据岗位特征来确定员工的薪酬等级和水平，后者主要根据个人的技能特征来确定其薪酬的等级与水平。薪酬确定依据上的这种差异也决定了两种薪酬体系的基本功能。岗位薪酬体系更有利于组织内部公平性的实现，而技能薪酬体系则更有利于人才积极性和潜力的发挥，更有利于员工个人技能或能力的提升，更有助于个人发展目标与组织目标的统一。

2. 技能薪酬体系的特点

（1）技能薪酬体系的优点

①技能薪酬体系向员工传递的是关注自身发展和不断提高技能的信息，它能够激励员工不断获取新的知识和技能，促使员工在完成同一层次以及垂直层次的工作任务方面具有更大的灵活性和多功能性，从而不仅有利于组织适应市场上快速的技术变革，而且有利于培养员工的持续就业能力，增强其劳动力市场价值。技能薪酬实际上是根据员工按照组织要求所掌握的工作技能，而不是某一特定职位所要求的技能来提供报酬。

②技能薪酬体系有助于达到较高技能水平的员工获得对组织的全面理解。这是因为，员工掌握的技能越多，他们就越能成为一种弹性的资源——不仅能够扮演多种角色，而且能够获得对整个工作流程甚至整个组织的全方位理解。一旦员工能够更好地理解整个工作流程以及自己对组织做出的贡献的重要性，就会更好地提供客户服务，更努力地去帮助组织实现其战略目标。

③技能薪酬体系在一定程度上有利于鼓励优秀专业人才安于本职工作，而不是去谋求报酬虽然很高但不擅长的管理职位。技能薪酬体系有利于防止组织出现两个方面的损失：一是因为失去优秀技术专家所遭受的损失；二是由于接受了不良的管理者而遭受的损失。事实上，我国企业中过去长期存在官本位思想，大批优秀的工程技术人员最后以当官而不是技术水平的持续领先作为自己事业成功的重要标志，结果导致企业在技术和管理方面遭受双重损失。其中最重要的原因就是企业的薪酬体系设计是以职位等级或行政级别为导向的，而不是以技能为导向的。

④技能薪酬体系在员工配置方面为组织提供了更大的灵活性，这是因为员工的技能区域扩大能够使他们在自己的同伴生病、流动或者其他原因而缺勤的情况下替代他们工作，而不是被动等待。同时，由于技能薪酬为员工所获得的新的知识和技能支付报酬，因此技能薪酬体系对于新技术的引进非常有利。此外，在实行工作分享和自我指导工作小组的组织中，员工的这种灵活性和理解力是至关重要的。

⑤技能薪酬体系有助于高度参与型管理风格的形成。由于薪酬是与员工对组织的价值而不是所完成的任务联系在一起的，因此，员工的关注点是个人以及团队技能的提高，而不是具体的职位，并且技能薪酬体系的设计本身需要员工的高度参与。这种薪酬体系有助于强化高度参与型的组织设计，提高员工的工作满意度和组织承诺度，从而在提高生产率、降低成本、改善质量的同时，降低员工的缺勤率以及离职率。

（2）技能薪酬体系的缺点

①技能薪酬体系的投资回报率可能会很低。由于企业往往要在培训以及工作重组方面进行投资，员工的技能会普遍得以提高，很有可能导致薪酬在短期内上涨。由于技能薪酬体系要求企业在培训方面给予更多的投资，如果企业不能通过管理将这种人力资本转化为实际的生产力，就可能无法获得必要的利润。技能毕竟是一种潜在的生产力，如果不能通过有效的管理使这种潜在的生产力变成实际的生产率和绩效，企业根据技能支付薪酬也同样无法实现自己的目标。

②技能薪酬体系可能导致管理的复杂化甚至官僚主义。这是因为技能薪酬体系的设计和管理要比岗位薪酬体系更为复杂，它要求企业有一个更为复杂的管理机构，其中至少要包括制定和管理资格认证体系，对每一位员工的原有技能水平以及在不同技能层级上取得的进步进行评估和记录，同时还要设计和管理技能开发体系等，这些可能会导致一个大型官僚主义机构的产生。

③技能等级的评估比较困难。因为不同类型的职位所要求的技能的内容及其层次会有很大的差别，所以必须针对不同类型的职位和人员分别制定技能等级评价标准，这就会导致对员工的技能进行评估需要消耗大量的时间和精力。此外，对技能水平评估的客观性和准确性往往要低于对职位的重要性进行评估时所能达到的水平，因而技能评估的公平性更难以保证。在实践中，对于技能水平明显较高和较低的员工的技能等级评定比较容易，但是对于处于中间状态的员工的技能水平，在评定时有可能会出现一些争议。

④为技能评价要比为职位评价更困难。为不同的技能组合进行市场定价十分困难，除非企业界普遍实施了技能薪酬。否则，要想从其他企业获得可比数据会非常困难。这显然加大了技能薪酬体系的成本。

温馨提示

技能薪酬体系与组织中的工作设计

技能薪酬体系带来的绝不只是薪酬决定机制的变化。事实上，许多企业的技能薪酬体系设计的过程同时也是组织中的工作再设计过程。传统的岗位薪酬体系的工作设计方式强调的是每一个人做好自己分内的工作，不过问别人的事情。在这种情况下，人是严格与岗位或工作相适应的。而在实行技能薪酬体系的组织中，企业所强调的已经不再是每一个人完成自己的职位描述所严格界定的工作内容；相反，它更强调员工完成多种不同工作的能力。这种新的工作设计方式打破了传统本位主义思考问题的方式，鼓励员工从工作流程的角度去看待自己所从事的工作，以及自己所从事的工作与同事所从事的工作之间的关系，同时鼓励员工不断学习新的技能。

二 实施技能薪酬体系的前提

企业在决定制定或实行技能薪酬时，必须考察自身的生产经营情况、管理体制的环境。一般来说，企业还应该考虑企业的文化、企业的岗位与人员结构、企业的经营目标等几个因素。除此之外，企业还需要做好以下工作。

1. 明确对员工的技能要求

实行以技能为基础的薪酬制度，企业必须清楚地表明企业对员工发展的要求，并且给员工更多的发展机会与空间。总体来说，就是要求尽量要少，而机会尽量要多。企业应该让员工了解获得各种技术和能力所需的时间，也就是获得相应薪酬所需的时间。企业通常是将复杂的技术和能力进行集合、分解，形成各种比较简单的技能来降低要求，增加员工获得薪酬的可能性，从而提高员工学习新技能的积极性。但是，如果企业的技术和能力标准非常简单，员工通过短期的学习或培训就可以达到，那么管理者最好将若干种类的技能进行捆绑以提高获得的难度，否则员工可能每获得一点新技能就能获得一定的薪酬，使得这种薪酬制度的要求过于松散、难以管理，并且使企业的薪酬成本迅速增加。

2. 制定实施与技能薪酬制度配套的技能评估体系

任何薪酬计划都要对员工是否有资格获得相应的薪酬进行考察，技能薪酬制度也不例外。由于技能薪酬的支付标准比较抽象，所以更有必要对员工的技能水平进行认真的评估以检验员工是否具有获得某种薪酬的资格。这一过程相当复杂，需要运用各种测试方法，每个企业都要根据自身的实际情况选择合适的测试方法。

在技能薪酬制度中，对员工的技能水平进行再评估也是十分重要的。定期的再评估能够保证员工不会忘记已经获得的知识与能力，并进一步加深印象。再评估的期限不宜过长或过短，一般一年一次或两次。

3. 将薪酬计划与培训计划相结合

在实行技能薪酬制度时，企业必须给员工学习新技术、新知识的机会，只有这样才能调动员工的积极性。企业的培训计划是最适合的方式。实践证明，只要将员工的薪酬与其技能相联系，员工参加企业培训的积极性就会大大提高，这是薪酬激励功能的一种表现。所以，企业在实施薪酬计划之前就要制定一个与之相对应的、较为固定的培训计划。

三 技能薪酬体系的设计流程

技能薪酬体系设计的重点在于开发一种能够使技能和基本薪酬联系在一起的薪酬计划。其基本流程如下。

1. 建立技能薪酬体系设计小组

制定技能薪酬体系通常需要建立两个层次的组织：一是由企业高层领导小组组成的指导委员会；二是具体执行任务的设计小组。此外，还有必要挑选出一部分员工作为主题专家，他们的作用是在设计小组遇到各种技术问题时提供协助。

一种典型的技能薪酬体系通常只是在一个组织的一个或多个单位中实行，而不是在整个组织中实行。因此，为了确保技能薪酬体系与组织整体薪酬哲学之间的一致性，就需要建立一个由企业的高层管理人员组成的委员会。这个委员会的主要作用包括：

（1）确保技能薪酬体系的设计与组织总体的薪酬管理哲学以及长期经营战略保持一致。

（2）制定技能薪酬体系设计小组的章程并且批准计划。

（3）对设计小组的工作进行监督。

（4）对设计小组的工作提供指导。

（5）审查和批准最终的技能薪酬体系设计方案。

（6）批准和支持技能薪酬体系。

设计技能薪酬体系的一个关键点在于要把技能薪酬体系所覆盖的那些人吸收进来。一个典型的技能薪酬体系设计小组应当由那些将要执行这种薪酬体系的部门的员工组成。小组成员应当能够反映出总体劳动力队伍中的性别比例以及其他的一些人口特征。除了这些人之外，设计小组还应当包括来自人力资源管理部门、财务部门、信息管理部门的代表。在存在工会的情况下，设计小组还应当就可能会影响雇佣合同条件下的所有问题向作为员工法定代表的工会进行咨询。

虽然设计小组中的一些成员也可能充当问题专家，从而在技能薪酬体系的设计过程中提供信息和资源，但是设计小组仍然有必要到小组之外寻找能够对方案设计过程中涉及的各种技术问题提供咨询的大量专家。这些专家可以包括员工、员工的上级、人力资源管理部门的代表、组织开发和薪酬方面的专家以及其他一些具备工作流程知识的人。设计小组的规模取决于准备采用技能薪酬体系的每一类职位或者工作的数量。一般情况下，某一种职位或工作中的员工数量越多，则这种类型的员工在设计小组中的人员数量也就越多。通常设计工作小组至少应当由来自不同层次和部门的五个人组成，才能开展工作。

2. 进行工作任务分析

技能薪酬体系准备支付报酬的对象，应当是对于有效完成任务至关重要的技能。因此，开展技能薪酬体系设计的首要工作是详细、系统地描述所涉及的各种工作任务。如有必要，还需要将工作任务进一步分解为更小的工作要素。根据这些详细的工作描述，就可以分析出与不同层次的绩效水平相对应的技能水平。

为了清楚地了解在一个组织中所要完成的所有工作任务，有必要依据一定的格式规范将这些工作任务描述出来。根据这些标准化的任务描述，我们就能理解为了达到一定的绩效水平所需的技能层次。在描述工作任务时，分析者所面临的一个关键决策是——在任务描述中到底应当使信息详细到什么程度。作为一个一般性的规则，在一份任务描述中所列举的细节的数量取决于编写任务描述的目的。详细的工作任务信息对于培训活动来说是最适合的，但是为了开始进行一项技能分析活动，工作任务描述可以相对简单一些，只要强调所需完成的工作以及完成这些工作所需的必要行为就可以了。

温馨提示

工作任务分析的"5W1H"内容

要做什么？（What）——对所包括的活动进行简要的概括。

为什么要做？（Why）——所要达成的结果。

对谁做？（Who）——行动的对象。

在哪里做？（Where）——行动的地点。

什么时候做？（When）——行动的时间。

如何做？（How）——详细说明完成工作活动的方法、原材料以及指南。

---

3. 评价工作任务，创建新的工作任务清单

这是要求设计小组在对工作任务进行分析的基础上，评价各项工作任务的难度和重要程度，然后重新编排任务信息，对工作任务进行组合，从而为技能模块的界定和定价打下基础。

技能薪酬体系设计小组通过外部的出版物或者自己进行的工作分析获得了相关职位或工作的工作任务描述以后，还要根据需要重新对工作任务信息进行编排。

在对工作任务进行评价时需要用到主题专家。例如，在开始运用任务重要性这一尺度对组合起来的任务清单进行评价时，就应当由一位受过训练的工作分析人员去与主题专家进行面对面的交谈。工作分析人员应当原原本本地向主题专家说明工作任务评价的程序，然后促使他们思考还有哪些工作任务需要增加到工作任务清单中去。如果遇到的新的工作任务特别多，那么让主题专家将工作任务加以扩充或者对任务再次进行评价就很有必要。评价结束以后，还需要对工作任务进行重新组合，以便将组合好的工作任务模块分配到不同的技能等级中去，然后再设法对它们进行定价。

对工作任务进行组合的方法有两种：统计方法和观察方法。统计方法是指通过要素分析的方法，运用重要性或者难度两者之中的至少一个评价要素来对工作任务进行分组。观察方法是指由受过训练的工作分析专家和主题专家一起将工作任务分配到不同的组别之中。

在对工作任务进行类别区分时，一般需要遵循以下几个步骤：

（1）陈述每一项工作任务并分别写在一张纸片或者卡片上。

（2）根据一种规则将具有某些共通性的工作任务陈述归并到一起。主题专家应当重点考虑与工作有关的描述性字句，包括技术的和人际的、管理的和非管理的、体力工作和脑力工作等。这项工作必须由主

题专家来完成，并且至少要有两名以上的主题专家参与。

（3）每一名主题专家都分别对完成归类的工作任务陈述进行比较，从而确定他们对这种分类是赞同还是不赞同。

（4）将主题专家召集到一起来讨论这些任务组合，判断阐述将这些工作任务划分到或不划分到某些任务类别中去的理由是否充分。

（5）根据讨论结果，通过将工作任务在不同的任务类别之间进行转换或者新建任务类别来重新界定工作任务类别。这一过程应当一直持续到大家的意见一致时为止。

（6）根据每一个工作任务类别所代表的任务类型给每一个任务类别起一个名字。这些工作任务类别所代表的就是不同等级的技能。

4. 确定技能等级模块并为之定价

技能等级模块是指员工为了按照既定的标准完成工作任务而必须能够执行的一个工作任务单位或者一种工作职能。我们可以根据技能模块中所包括的工作任务的内容来对技能模块进行等级评定。

对技能模块的定价实际上就是确定每一个技能单位的货币价值。目前还没有一种标准的技能等级定价方法，即并不存在一种能够将技能模块和薪酬联系在一起的标准方式。尽管如此，在对技能模块定价的时候，任何组织都需要做出两个基本决定：一是确定技能模块的相对价值；二是确立对技能模块定价的机制。一般情况下，可以按照以下几个维度来确定技能模块的相对价值：

（1）失误的后果，指由于技能发挥失误所导致的财务、人力资源以及组织后果。

（2）工作相关度，指技能对完成组织认为非常重要的那些工作任务的贡献程度。

（3）基本能力水平，指学习一项技能所需要的基本的数学、语言以及推理方面的知识。

（4）工作或操作的水平，指工作中所包括的各种技能的深度和广度，其中包括平行工作任务和垂直工作任务。

（5）监督责任，指该技能等级涉及的领导能力、小组问题解决能力、培训能力以及协作能力等的范围大小。

当然，在实际操作中，很多企业可能并不会去费力地对每一个技能模块进行定价。更常见的情况是，企业根据一定的规则确定员工的技能水平，然后根据这种技能水平的总体评估来确定员工的薪酬。

5. 技能的分析、培训与认证

设计和推行技能薪酬体系的最后一个阶段是关注如何使员工置身于该计划之中，对员工进行培训和认证。在对员工的现有技能进行分析的同时，还要制定出培训计划、技能资格认证计划以及追踪管理工作成果的评价维度。

（1）员工技能分析

对员工进行技能分析的目的是确定员工当前处于何种技能水平上。员工技能的评价者应当由员工的直接上级、同事、下级以及客户共同构成。这些人主要从各自不同的角度向被评价员工的上级提供评价意见。但有时同事之间的相互评价要慎用，特别是在同事之间人际关系紧张的时候。同时，在进行实际的技能评价之前，评价各方应当能够对评价标准达成共识。

（2）培训计划

员工培训计划需要确定两个要点：一是员工的培训需要；二是采取何种方法进行培训最合适。培训计划的第一个要素是通过技能评价来确定培训需求。要形成一个完善的培训计划，首先要对与工作相关的各项技能进行分析。对培训需求的确定还需要了解员工希望提高的一些其他不足之处。第二个要素是确定培训方法，包括在职培训、公司内部培训、师傅辅导计划、工作轮换、供应商提供的培训、大学或学院培训等。

（3）技能等级或技能资格的认证与再认证

技能认证计划应该包含三个要素：认证者、认证所包含的技能水平以及员工通过何种方法表现出自己具备某种技能水平。

在技能薪酬体系中，认证者可以来自内部，也可以来自外部。内部认证者主要是员工的上级和同事以及员工所从事工作领域的专家。通常情况下，在技能薪酬体系中都会组织这样一个认证委员会，因为这种由委员会进行的技能评价与仅仅由上级来主持的技能分析和评价相比会更加公正和客观。外部评价主要是指一些由大学、商业组织以及政府发起的考试和认证计划。这些外部认证机构通常也是比较公正和客观的。但是，由于外部评价者缺乏对员工所处工作环境的了解而可能导致评价失真。此外，员工在工作场合以外的地方获得了某种知识和技能并不意味着他一定能够将其应用到企业的具体工作环境中去。

技能等级认证和评定很重要，而在技能认证完成以后，每隔一段时间对员工的技能进行重新认证同样重要，因为只有这样才能确保员工继续保持已经达到的技能水平。与此同时，随着技术的更新，技能等级的含义本身也在发生变化，因此，企业需要根据自身技术水平的更新以及进步情况，随时修订自己的技能等级定义，并且进行技能等级的重新认证。缺乏重新认证规定的技能薪酬体系会很容易遇到机会主义的问题，即已经达到某种技能等级的员工在实际工作中并未发挥相应技能等级的作用，但是他们可以得到与自己曾经达到的技能水平相对应的薪酬。

第四节 能力薪酬体系设计

一 能力薪酬体系的基本概念、能力模型的类型

1. 能力薪酬体系的基本概念

能力薪酬体系是根据特定职位员工的胜任能力高低（知识、技能、能力的广度、深度和类型）及员工对公司忠诚度的高低来确定薪酬支付水平。能力薪酬体系的设计基础是对员工的工作胜任能力进行的评价，即通过衡量与高绩效相关的素质与行为，以及基于职业发展通道的任职资格与职业化行为评价来替代对工作产出（绩效）的衡量。这种薪酬体系适合研发、市场等特殊领域的专业人员。

温馨提示

胜任能力

20世纪70年代初期，哈佛大学心理学教授戴维·麦克利兰首先引入了"胜任能力"这一概念，后逐渐成为成功经营战略的一个关键组成部分。特别是进入20世纪90年代以后，随着许多企业的风光不再，兼并、流程再造、精简裁员等随之而来，企业不得不密切关注如何激励员工以及使他们关注企业的战略。在这种背景下，强化能力成为企业实现价值的一个重要途径。许多企业发现，自己对这样一些员工的需求变得越来越紧迫：他们不仅具有很强的能力，而且能够与团队共同工作，能够自己做出决策，同时也能承担更多的责任。此外，对于现代企业中的员工而言，他们需要掌握的不再只是传统的、单纯的知识和技术，更重要的是那些无法显性化的能力——团队协同工作的能力、实现特定目标的能力、快速解决问题的能力、理解并满足客户需要的能力。

2. 能力模型的类型

在实践中，企业可以为整个组织建立一个能力模型，也可以仅为某些特定的领域建立一个能力模型。建立哪一种能力模型，关键取决于企业的需要以及希望达到的目标。能力模型一般包括以下四种类型：

（1）核心能力模型

核心能力模型实际上是适用于整个组织的能力模型，它往往与一个组织的使命、愿景和价值观保持高度一致。这种能力模型适用于组织中各个层级以及各种职位上的员工，非常有利于辨认以及明确与组织的核心价值观相符的那些行为。如果一个组织希望向全体员工强调自己的核心价值观，那么这种核心能力模型可能是最合适的。此外，这种核心价值观还可以用于引入一种很可能会对整个组织产生深刻影响的大范围的文化变革，它可以向员工清楚地展示出即将塑造出来的新文化和新组织最看重的行为是什么。

（2）职能能力模型

职能能力模型是一种围绕关键业务职能，如财务管理、市场营销、信息技术、生产制造等建立起来的能力模型。它适用于同一职能领域中的所有员工，无论这些员工在职能中处于哪一个级别。这种能力模型的意义在于，即使在同一个组织中，在不同的职能领域中取得成功所要求的行为往往也是不一样的。职能能力模型有很强的针对性，它使一个组织可以非常明确具体地说明自己期望看到的行为，从而推动行为的快速改变。

（3）角色能力模型

角色能力模型适用于一个组织中的某些人所能扮演的特定角色，而不是这些人所在的职能领域。一种比较有代表性的角色能力模型是经理人员的能力模型，这种模型涵盖了对财务管理、市场营销、人力资源管理、生产制造等各种职能领域的管理人员的能力要求。由于这种能力模型是跨职能领域的，因此它特别适合于以团队为基础组建的组织。团队领导适用于一套能力模型，而团队成员则适用于另外一套能力模型。

（4）职位能力模型

职位能力模型是一种适用范围最狭窄的能力模型，它只适用于单一类型的职位。这种能力模型所针对的通常是在一个组织中有很多人从事的那一类职位。

上述几种能力模型并不是对立的，而是相互交叉的。在建立能力模型的同时，还必须将能力指标与一系列可观察的关键行为联系起来，从而将能力指标转换为不同级别的可观察行为。企业需要通过观察和直接询问绩效优异者是如何完成工作或解决问题的来确定达成优秀绩效的行为特征有哪些，或者说哪些行为表明员工具备某种能力。

二　能力薪酬方案的设计及管理要求

1. 能力薪酬体系的实施前提

企业在实施能力薪酬体系之前，必须非常慎重地考虑以下两个问题：

（1）是否有必要实行能力薪酬

企业应当从经营的角度认真考虑，自己是否真的需要从原来的薪酬体系转变成能力薪酬体系。如果现有的薪酬体系运转良好，能够满足组织和员工两个方面的需要，企业可能就没有必要实行能力薪酬体系。因为能力薪酬体系的效果到底如何还没有定论，从目前的情况来看，它只适合于某些特定的行业和企业。通常情况下，能力薪酬体系比较适合技能和行为对于强化组织的竞争力至关重要的一些行业或企业，如药品研发、计算机软件以及管理咨询等行业。在这些行业中，知识型员工以及专业人员占了较大的比重，传统的绩效薪酬体系往往无法在这些员工身上非常有效地发挥作用。同时，这些行业的组织结构往往比较扁平，对灵活性的要求非常高，并且注重强调员工的持续开发和能力的不断提升。

另外，向能力薪酬转变会导致企业必须进行多项重大变革，而变革本身是要付出代价的。因为存在额外的管理和人力资源方面的其他要求，所以如果管理不善，能力薪酬体系的优点很可能会被抵消。

（2）必须将能力薪酬体系作为整体人力资源管理领域的重大变革的一部分来实施

整个人力资源管理体系必须同时向以能力为中心转移，而不能仅仅靠薪酬方案"单兵突进"，直接把它嫁接在原有的人力资源管理系统之上。对能力的强调必须贯穿企业的员工招募、晋升、绩效管理、培训开发以及薪酬管理的各个人力资源管理环节当中。单纯采用能力薪酬或以能力薪酬为先导进行能力模型建设，成功的可能性都是非常小的。

如果以能力为中心的整体人力资源管理模式（包括能力薪酬体系）导致能力更强的人得到雇用和晋升，并且受到不断学习和改善绩效的激励，那么，它不仅能够使员工带到工作中或角色上来的附加价值得到报酬，而且有助于组织更好地关注其使命以及卓越绩效对组织使命所产生的重要价值。即使在成本增加的情况下，企业仍然有可能获得更高的利润。

2. 能力与薪酬挂钩的不同方案

企业常常采取多种不同的形式将能力与薪酬挂钩，主要有以下五种模式：

（1）职位评价法

将能力与薪酬挂钩的最常见方法是借助职位评价过程来实现，即在传统的要素计点法中，用与能力相关的部分或全部要素替代传统的报酬要素。传统评价要素在衡量管理责任时往往只根据管理职位下属的人数或管理的预算规模来进行判断，而与能力有关的职位评价要素则会考虑管理方面的要求以及需要具备什么样的技能才能满足这些管理要求。

（2）直接能力分类法

直接能力分类法完全根据个人的能力情况而不是职位情况来进行基本薪酬等级的划分，是真正意义上的能力薪酬体系。在这种情况下，分类者往往根据员工所扮演的角色把他们放进某个单一的薪酬宽带中。在每个薪酬宽带中都划分出三四个高低不同的区域，每个区域代表着一种不同的能力水平并且对应着一个特定的薪酬浮动上限和下限。

（3）传统职位能力定薪法

在传统职位能力定薪法中，员工依然会因为开发能力而获得报酬，但是关于职位和薪酬的概念都更为传统，即某一个职位仍然会被确定在某一个薪酬等级之中，这个薪酬等级的薪酬浮动范围不会超过50%或60%。在这样一种狭窄的薪酬区间中，组织会根据员工的能力决定员工的薪酬水平处于这一区间的哪一个位置上。员工如果没有机会进入职位等级的更高阶段，那他们可能获得的薪酬增长的空间就要小得多。这样，能力就只能在一个较小的薪酬浮动范围内发挥作用，但薪酬与能力之间的关系仍然是直接的。

（4）行为目标达成加薪法

这种是根据基于能力的行为目标达成度来确定加薪水平的做法。在这种情况下，组织是通过现实拟定的行为目标，而不是整体能力评价结果来对能力进行评价的，然后根据评价结果确定加薪幅度。这种方法实现了利用多种评价来源进行人力资源开发的目的，同时避免了利用多种评价来源得到的评价结果直接与薪酬挂钩时通常会存在的一些问题，其中主要是评价者在考虑到评价结果会影响被评价人的薪酬时，很可能会刻意扭曲评价结果。

（5）能力水平变化加薪法

这种是将员工的薪酬水平直接与对其总体能力水平的变化情况所做的评价相挂钩，即企业首先通过多位评价者对员工的总体能力水平进行评估，然后根据员工的能力水平变化情况直接决定员工的加薪幅度。这可能是将能力和薪酬进行挂钩的最为明显的形式，同时可能也是问题最多的一种挂钩方式，将加薪这样一件严肃的事情建立在这样一种过于主观的评价结果之上，会导致一些个人偏见进入评价过程。对于那些将多位评价者的评价结果用于人力资源开发目的的企业来说，这种挂钩方式的问题尤其突出，因为一旦能力变化情况直接与薪酬挂钩，评价者可能会有意控制评价结果。

三 能力薪酬体系、岗位薪酬体系与技能薪酬体系的比较

能力薪酬体系、岗位薪酬体系与技能薪酬体系的比较见表3-3。

表3-3 能力薪酬体系、岗位薪酬体系与技能薪酬体系的比较

类别	能力薪酬体系	岗位薪酬体系	技能薪酬体系
薪酬结构	以能力开发和市场为依据	以市场和所完成的工作为基础	以经过认证的技能以及市场为基础
价值评价对象	能力	报酬要素	技能模块
价值的量化	能力水平	报酬要素等级的权重	技能水平
转化为薪酬的机制	能力认证以及市场定价	赋予反映薪酬结构的点数	技能认证以及市场定价
薪酬增加	能力开发	晋升	技能的获得
管理者的关注点	确保能力能够带来价值增值，提供能力开发的机会，通过能力认证和工作安排来控制成本	员工与工作的匹配晋升与配置通过工作、薪酬和预算控制成本	有效地利用技能提供培训，通过培训、技能认证以及工作安排来控制成本
员工的关注点	寻求能力的改善	寻求晋升以挣到更多薪酬	寻求技能的提高
程序	能力分析、能力改善	岗位分析、岗位评价	技能分析、技能认证
优点	持续学习，灵活性水平流动	清晰的期望进步的感觉，根据所完成的工作的价值支付薪酬	持续性学习，灵活性人员使用，数量的精减
不足	潜在的官僚主义，对成本控制的能力要求较高	潜在的官僚主义，潜在的灵活性不足问题	潜在的官僚主义，对成本控制的能力要求较高

疑难解答

1. 构建基于能力的薪酬体系的原因是什么？

基于能力的薪酬体系的构建原因主要从以下两个方面进行分析：一是企业长久发展的保证。在如今知识大爆炸的新时代，员工的能力愈发成为企业能力的重要体现，企业必须不断实现自我革新，吸引新型员工的加入，不断提升企业自身综合实力，才能增强或保持企业在市场中的竞争力。与此同时，信息技术的迅猛发展使得组织形式愈发呈现扁平化的特征，网络状分布的组织团队跨越了职能、部门的界限，工作的逐渐透明化使得员工直面顾客。因此，企业需要不断提升员工能力以应对瞬息万变的市场环境，激发员工的创新性，推动他们创造性地完成工作。二是员工提升自我的动力。如今多数员工已不再把追求更高的职位作为职业生涯发展的主要目标，他们期盼更大的工作自主性和工作弹性，期望更好地实现个人价值。传

统的以职定薪的方式已经不能满足员工自我实现的需求。在以能力定薪的方式下，员工能够更加积极地参与到工作中，并努力实现自我价值的提升。

2. 任何企业采用能力薪酬体系都会成功吗？

能力并不等于现实的业绩，因此基于能力的薪酬体系，在激励员工通过提高自身技能来获得更多报酬的同时，可能会增加企业的成本，最终使得企业在整体上并没有获得相应的经济价值，这也是大多数企业以能力为基础的薪酬体系失败的主要原因。能力评价本身具有软性的特点，主观性较强，因此很难保持这种工资模式下的内部一致性，使得员工对这类工资模式的负面评价较多。此外，适用基于能力的薪酬体系的企业和职位比较少，一般用于以知识为主要竞争力的企业，或者研发类、技术类的职位。

第五节　绩效薪酬体系设计

一　绩效薪酬体系

1. 绩效薪酬体系的内涵

绩效薪酬体系将员工个人或者团体的工作绩效与薪酬联系起来，根据绩效水平的高低确定薪酬结构和薪酬水平。员工工作绩效主要体现为完成工作的数量、质量，所产生的收益以及对企业的其他可以测评的贡献。在绩效薪酬体系下，企业需要建立一套客观、公正的绩效考核体系，因此这种薪酬体系主要适用于工作程序性、规则性较强，绩效容易量化的岗位或团队，以便能够清楚地将绩效与薪酬挂钩。目前，绩效薪酬体系多以个人绩效为基础，这种模式操作简便，有利于促进个人工作积极性的提高。企业也可以团队为基础建立绩效薪酬模式，这种做法既体现了组织发展的趋势和要求，又有利于强化组织内部的沟通与合作。

2. 绩效薪酬体系的特点

（1）注重个人绩效差异的评定。绩效薪酬假定这种绩效的差异反映了个人能力和工作动机方面的差异。

（2）关于个人绩效的大多数信息都是由主管人员搜集上来的，同级评定和下级评定的做法比较少，即使企业使用了同级评定和下级评定，这两种评定方式所占的分量也是比较轻的，不如上级评定所占的分量重。

（3）在这种薪酬制度下，反馈的频率不是很高，通常是每年绩效考评阶段才会出现，而且反馈的方向大部分是单方向的——从管理人员向下属员工反馈。

温馨提示

绩效考评的基本原则

1. 客观评价原则。应尽可能进行科学评价，使之具有可靠性、客观性、公平性。

2. 全面考评的原则。要多方面、多渠道、多层次、多角度、全方位地进行立体考评。

3. 公开原则。应使考评标准和考评程序科学化、明确化和公开化。

4. 差别原则。考评等级之间应当产生较鲜明的差别界限，才会有激励作用。

5. 反馈原则。考评结果要反馈给被考评者本人，否则难以起到绩效考评的教育作用。

3. 绩效矩阵

多数企业的绩效薪酬制度都形成了绩效矩阵的形式，以此作为员工薪酬增长的依据。在绩效矩阵中，员工薪酬增长的规模和频率取决于两个方面的因素：一是个人的绩效评价等级；二是个人在薪酬浮动范围中的位置，即员工个人的实际薪酬与市场薪酬之间（或在企业内部的平均薪酬水平）的比较比率。下面通过一个绩效矩阵来说明这两个因素的变化情况对员工增加薪酬的影响（表3-4）。

表3-4　绩效矩阵

薪酬增长幅度（%）　绩效评价等级	员工薪酬与市场薪酬的比较比率				
	0.85 ~ 0.95	0.95 ~ 1.0	1.0 ~ 1.05	1.05 ~ 1.15	1.15 ~ 1.25
A（好）	12 ~ 15	11 ~ 13	10 ~ 12	9 ~ 11	增长上限
B（较好）	10 ~ 12	9 ~ 11	8 ~ 10	7 ~ 9	—
C（一般）	8 ~ 10	6 ~ 9	—	—	—
D（差）	5 ~ 8	—	—	—	—
E（极差）	—	—	—	—	—

在这个绩效矩阵中，员工的绩效评价等级与员工的薪酬与市场薪酬的比较比率共同决定了员工的薪酬增长幅度。根据员工的绩效评价等级增加薪酬比较好理解，下面看一看薪酬的市场比率对薪酬增长幅度的影响。

如果一位员工的绩效评价等级是A级，比较比率是0.9，那么他能获得的薪酬增长幅度将会是12% ~ 15%；而如果他的比较比率是1.1，那么他只能得到大约9% ~ 11%的薪酬增长。根据比较比率进行等级分解的一个原因是控制薪酬费用以及维持薪酬结构的完整性。如果一个比较比率为1.2的员工获得了12% ~ 15%的加薪，那么他的薪酬很快会超过企业薪酬范围的最高界限。因此，在员工绩效等级一定的情况下，企业要首先考虑员工薪酬的市场比率的范围，然后再决定其薪酬增长的幅度。

绩效矩阵除了可以给企业在员工的加薪方面提供依据外，还可以帮助企业确定并维持员工的市场薪酬水平（市场薪酬比率）。例如，在表3-5中，对于一位绩效评价等级连续达到A级的员工，应该按照市场薪酬水平的115% ~ 125%来支付薪酬，即他的薪酬的市场比较比率应达到1.15 ~ 1.25的水平。如果这位员工的薪酬水平还未达到这一水平，那么就有必要以较大的增长幅度把这位员工的薪酬提升到相应的位置。如果这位员工的薪酬已经在这一水平上了，那么只需要对其提供较小幅度的加薪就可以了。在后一种情况下，薪酬增长的主要目的就应当是将员工的薪酬水平维持在目标比较比率上。

表3-5　绩效评价等级的薪酬市场比率

绩效评价等级	薪酬的市场比率
A	1.15 ~ 1.25
B	1.05 ~ 1.15
C	0.95 ~ 1.05
D	0.8 ~ 0.95
E	<0.8

为了有效地控制报酬成本，还需要特别地关注绩效评价等级的分布。在许多企业中，60% ~ 70%的员工都处于级别较高的几个绩效等级之中。这就意味着，报酬成本增长大都是因为多数员工的薪酬最终超过薪酬浮动范围的中点，从而导致比较比率超过1.0。为避免这种情况，许多企业对于多大比重的员工能够进入某一绩效评价等级提供了一条指导线，通常对能够进入前两个绩效评价等级的员工人数的百分比进行严格的限制。

4. 绩效薪酬体系的不足

（1）绩效薪酬制的基础缺乏公平性。

（2）绩效薪酬过于强调个人的绩效。

（3）如果员工认为绩效评价的方式方法不是公平的、精确的，整个绩效薪酬制度就有崩溃的危险。

【实例3-5】

某公司以前一直都按照员工的层级来发放工资，可久而久之，公司管理层发现那些基层员工的工作积极性很差，经过调研之后发现，这些较低层级的员工由于收入增长受到了限制，自然对工作就没什么兴趣了。为了改变这种局面，公司董事长决定在公司全面推行绩效考核制度，以取代过去单纯依靠职级来发工资的办法。

公司决定每半年进行一次绩效考核，考核结果直接与奖金挂钩，绩效考核结果最好的普通员工可以获得其考评前6个月平均工资5倍的奖金，绩效考核结果最好的主管及以上人员可获得其平均工资3倍的奖金。这项决定一经公布，基层员工都是欢呼雀跃，工作积极性立刻就高涨了起来，只要自己努力干，说不定比主管的收入还要高。这样一来，公司的生产效率得到了显著的提高。

6个月之后，公司董事长迫切地想知道新制度的实施效果，于是立即要求人力资源部开始进行绩效考核，并根据考核结果发放奖金。人力资源部本以为这一举措肯定会受到员工的欢迎，毕竟发奖金是一件让人兴奋的事情。然而，事与愿违，在新制度实行的过程中，人力资源部面临的压力越来越大。首先是有很多的普通员工对绩效考核持抵触情绪，接着一些新来的员工也做出了离职的决定。此外，管理层对绩效考核制度的情绪也很大。最后，公司董事长不得不叫停了新制度的实施，让人力资源部修改和完善之后再推行。

为什么公司上下对绩效考核的态度前后差别这么大呢？

分析

公司上下对绩效考核的态度前后差别这么大，实际上就是源于一种认识上的偏差所导致的结果。上到董事长，下到人力资源部，在推行绩效考核时，让员工误认为"绩效考核=发奖金"，以为考核就是公司走个形式，大家基本上可以考核优秀，人人都能拿到高额的奖金。在这样一种认识下，员工的工作积极性肯定能被调动起来。

但公司却不是这么想的，有奖肯定也要有罚，那么绩效不达标的员工必须要被扣奖金。这样一来，那些考核不合格的员工肯定会怨恨绩效考核、怨恨公司，有的中层干部为了所谓的稳定和安抚下属，只能牺牲那些新员工了，他们选择离职也不足为怪。

所以，公司在推行绩效考核前，一定要在公司上下产生统一认识：为什么要推行绩效考核？绩效考核的作用与推行目的是什么？只有在思想上达成一致，才能有利于后期的工作。

另外，公司把绩效考核简单地与发奖金联系起来，对于企业未来的发展是有问题的。因为，企业是希望通过绩效考核最终能够提升企业的业绩和达到目标，那么这个员工奖金和企业目标之间有多大的关联程度呢？员工拿到的绩效奖金是越来越多，但是企业自己的目标却没有达成，这就和企业当初推行绩效考核的目的南辕北辙。

5. 企业主要的绩效薪酬形式

（1）计件薪酬制（计件工资制）

计件薪酬制是根据员工生产的合格产品的数量或完成的作业量，按照预先规定的计件单价支付劳动报酬的薪酬形式。因为计件薪酬的计算标准是在劳动之后确定的，较为客观、准确地反映员工实际付出的劳动量和不同的员工之间的劳动差别，所以生产性的企业或部门大多采用计件薪酬制。

（2）佣金制

佣金制也称提成制，是主要用于营销人员的薪酬支付制度。它直接按照营销人员营销额的一定比例确定其薪酬报酬，是一种典型的绩效薪酬形式。

决定营销人员薪酬量的变量主要有两个：一个是营销人员在一定时期内的销售量，这一销售量可以是销售产出量，可以是销售收入量，也可以是实现的利润量；另一个是提成比例。提成比例的确定需要考虑的因素主要有：一定的销量或一定的销售收入中包含的利润、企业产品销售的主要门路、企业产品与相关企业产品的竞争强度等。

> **温馨提示**
>
> ### 佣金制的缺点不容忽视
>
> 佣金制可以充分地调动营销人员的营销积极性，可以使营销人员觉察到自己的工作投入对企业的重要性，从而对营销人员有一定的激励作用。但是，佣金制也使营销人员和企业之间产生了较大的离心力。营销人员似乎成了企业与客户之间的中介商。营销人员为了追求自己利益的最大化，他们可以将订单给企业甲，也可以将订单给企业乙，甚至可以将自己到手的订单转给其他企业。由于在市场竞争中订单对企业的生存与发展有着特殊的重要意义，营销人员的上述做法会造成两种对企业极为不利的后果：一是企业创造的收入过多地依赖营销人员的工作，从而造成了企业生存和发展潜力的弱化；二是增大了企业生存和发展的不可控制性。

二　基于绩效薪酬的设计

绩效薪酬设计的要素包括绩效薪酬的支付形式、关注对象、配置比例、绩效等级、绩效分布、分配方式以及绩效薪酬的增长方式等。

1. 绩效薪酬的支付形式

绩效薪酬的支付形式表现为企业以怎样的薪酬支付形式来建立与绩效的联系，这种联系有很多种，而且不同的企业差别很大。可能包括常见的业绩工资、业绩奖金和业绩福利，也可能包括股票或利益共享计划等形式。就实施绩效薪酬不同层次的员工来讲，也存在很大差别。企业可以支付许多不同类型的绩效薪酬，如员工可以因销售的增长、产量的提高、对下属的培养、成本的降低等得到绩效薪酬。一般来讲，企业高层可能更倾向于中长期绩效薪酬激励，而低层员工更倾向于短期的绩效薪酬激励。依据不同的支付形式，企业提供绩效薪酬的频率各不相同，可能是每月进行一次支付，也可能是一季度或一年进行一次支付。

2. 绩效薪酬关注的对象

绩效薪酬关注对象的确定受到企业文化价值观和不同发展阶段的战略等因素的影响，如绩效从个人层面上得到衡量，那么每个人得到的绩效薪酬是建立在他的绩效基础上的，个人绩效在企业中得到最大化体现，有利于强化个人的行为与结果，但可能不太能满足团队协作和最大化团队绩效的要求。绩效薪酬也可以向一个团队或单位的每一个员工提供一种群体绩效薪酬，即基于团队、业务单位或整个组织的绩效；还可以先衡量团队或单位的绩效来确定绩效薪酬总额，然后依据员工个人绩效对绩效薪酬总额进行划分，员工所获得的绩效薪酬是基于自身绩效的。

3. 绩效薪酬的配置比例

因为绩效薪酬种类很多，所以绩效薪酬在不同部门或不同层次岗位中的配置标准也不一样。以业绩工资为例，业绩工资的配置标准与各个岗位的工资等级和对应的外部薪酬水平相关；与个人或团队的业绩联动，使得员工或团队可以通过对业绩的贡献来调节总体工资水平。具体配置有两种方法：第一种是切分法，先依据岗位评价和外部薪酬水平确定不同岗位的总体薪酬水平，即各个岗位的总体薪酬水平

（100%）＝基本固定工资（50%）＋业绩工资（50%）；第二种是配比法，先依据岗位评价和外部薪酬水平确定各个岗位的基本固定工资水平，这时应考虑薪酬水平的市场定位。在这种情况下，基本工资水平应定位于市场薪酬水平的相对低位，再在各个岗位基本工资的基础上上浮一定比例，使各个岗位薪酬的总体水平处于市场薪酬水平的中高水平，如某岗位的薪酬总体水平＝基本固定工资＋业绩工资（业绩工资为基本工资的40%）。这样，在员工没有达到或低于预期业绩标准时，其总薪酬水平低于市场水平；而当达到或高于业绩标准时，其总薪酬水平就会持平或高于市场薪酬水平，从而达到让员工依业绩控制自己的薪酬而激励绩效的目的。

4. 绩效等级

绩效等级是依据绩效评估后对员工绩效考核结果划分的等级层次。一方面，它与具体的绩效指标和标准有关，也与企业考核的评价主体和方法有关；在做到公正、客观地对员工绩效进行评价的基础上，绩效等级的多少和等级之间的差距将会对员工绩效薪酬的分配产生很大影响。另一方面，在设计绩效等级时还要考虑绩效薪酬对员工的激励程度，等级过多造成差距过小，将会影响对员工的激励力度；等级过少造成差距过大，将会影响员工对绩效薪酬的预期，使员工丧失向上的动力。

5. 绩效分布

确定了企业绩效等级之后，还应明确不同等级内员工绩效考核结果的分布情况，即每一等级内应有多少名员工或有百分之几的员工。一般来讲，企业员工的绩效分布基本符合正态分布规律，即优秀的占10%～20%，中间的占60%～70%，而差的占10%左右。严格的绩效分布，既有利于对员工的绩效进行区分，也有利于消除绩效评价各方面的模糊业绩，使评价结果趋中。

6. 绩效薪酬分配方式

绩效的分配是指绩效薪酬如何在个人或团队中进行分配，常见的有两种方式。一种是绩效薪酬先在团队间进行分配，然后再依据个人绩效进行分配。这又包含完全分配和不完全分配两种形式：完全分配是将企业计提的绩效薪酬总额在团队与员工中进行彻底划分，一分不剩；而不完全分配是在控制绩效薪酬总量的情况下，在团队与员工之间依考核等级进行层次分配，绩效薪酬总量存在一定剩余。另一种是绩效薪酬直接依据个人绩效进行分配。

7. 绩效薪酬增长

员工薪酬增长不同是由于企业执行标准各不一样，主要表现为职务晋升调薪、岗位调动调薪、资历（工龄或任职资格等）提高调薪以及绩效调薪等。就绩效薪酬增长来讲，主要有两种方式：一是增加工资标准，二是一次性业绩奖励。增加工资标准将长久地提高员工的工资水平，随着时间的推移，就变成了员工对薪酬的一种权利，考虑到薪酬刚性的特点——易上难下，这不利于企业薪酬的灵活决策。一次性业绩奖励是对达到或超过企业业绩标准的员工一次性进行的奖励支付，在数量上可以与企业的当期收益挂钩，既可以使员工感受到激励的效果，也有利于企业薪酬的灵活决策。

总之，绩效薪酬设计必须明确需要达到的目标，有效利用薪酬策略和绩效与薪酬的密切关联，使企业不必为所有的工作支付高薪，只为那些具备关键技能并能为企业创造高绩效的员工支付高薪，从而使企业能够吸引所需的拥有关键技能的人才和留住高绩效员工以满足战略需要，又能够对企业的成本进行控制。

三　绩效管理体系

基于绩效的薪酬体系设计要关注绩效的管理，绩效管理体系应包括以下内容。

1. 选择合适的考核工具

　　根据现在的企业情况，采用关键绩效指标法（KPI）与平衡计分卡（BSC）相结合的办法更为合适。在绩效方案实施初期，可以采用动态KPI指标考核，在KPI指标选择逐步成熟后再采用静态KPI指标。采用KPI对部门业绩进行考核，便于保证各单位工作与公司目标相适应，采用KPI结合平衡计分法对个人绩效进行考核，有利于从多角度反映员工对企业的贡献。

【实例3-6】

　　某公司人力资源部王经理，在外面接受了平衡计分卡（BSC）的相关培训之后，认为BSC是一个非常好的工具，于是向领导汇报准备把BSC引入到公司，领导批准了。王经理把平衡计分卡作为公司的一项绩效考核制度，开始在这家3 500人规模、年产值数亿元的企业内实施，他作为人力资源部的经理全权负责平衡计分卡的推广事宜。王经理将企业原有的考核指标按照BSC的设计分成了四个层面，然后每个指标与员工的工资和奖金进行挂钩。

　　然而，平衡计分卡实施了将近一年，并不顺利，反而在公司内部有不少抱怨和怀疑。有的员工甚至说："企业是变着法儿地折腾我们，就是为少发工资和奖金找借口。"最后，由于反对和质疑的声音太大，公司领导决定停止了平衡计分卡的实施，改回了原有的绩效考核方案。

　　该企业实施平衡计分卡失败的主要原因是什么？

分析

　　该企业实施BSC失败的主要原因是对BSC认识不足。BSC是衔接企业战略与绩效之间的工具，它最终的目的是使KPI与企业战略之间实现紧密的关联，从而帮助企业达成自己的战略。因此，BSC更多来讲应该是一项企业战略管理工具，而不只是一个绩效管理工具。如果把BSC只应用在绩效考核上来分配员工的工资和奖金，明显是大材小用。

　　就是因为该企业对BSC认识不足，只让人力资源部王经理全权负责BSC的相关工作。作为一个职能部门的经理，他能独自制定公司整体的发展战略吗？显然不行，同时他也无法且没有能力将公司的战略分解到每个部门头上。平衡计分卡的实施必须要有公司领导或者高层管理者的参与才能得以展开，仅仅把它推给人力资源部明显是不对的。

温馨提示

平衡计分卡

　　平衡计分卡是从财务、客户、内部运营、学习与成长四个角度，将组织的战略落实为可操作的衡量指标和目标值的一种新型绩效管理体系。设计平衡计分卡的目的就是要建立"实现战略制导"的绩效管理系统，从而保证企业战略得到有效的执行。因此，人们通常称平衡计分卡是加强企业战略执行力的最有效的战略管理工具。平衡计分卡能有效解决制定战略和实施战略脱节的问题，堵住了"执行漏斗"。平衡计分卡系统包括战略地图、平衡计分卡以及个人计分卡、指标卡、行动方案、绩效考核量表。在直观的图表及职能卡片的展示下，抽象而概括性的部门职责、工作任务与承接关系等，显得层次分明、量化清晰、简单明了。

　　凭借着对上述四项指标的衡量，组织能以明确和严谨的手法来诠释其策略，它一方面保留了过去传统的衡量绩效的财务指标，另一方面兼顾了促成财务目标的绩效因素之衡量。在支持组织追求业绩之余，也监督组织的行为，兼顾学习与成长指标，并且通过一连串的互动因果关系，把产出和绩效驱动因素串联起来，以衡量指标与其量度作为语言，把组织的使命和策略转变为一套前后连贯的系统绩效考核量度，把复杂而笼统的概念转化为精确的目标，借以寻求财务与非财务的衡量之间、短期与长期的目标之间、落后的与领先的指标之间，以及外部与内部绩效之间的平衡。

2. 确定适合企业发展需求的考核效标体系

考核效标体系包括指标、标准、权重及考核的数据来源，这个体系必须具有合理性，必须能够体现岗位工作重点并且能够为大部分员工通过努力实现。所有数据来源必须真实、准确，有可靠的数据来源才能言之有据，让被考核者认可考核的公正性。

3. 确定合理的考核层次

在实践中，一方面，可以考虑采用单层次考核，即考核直接针对个人，对于部门的考核即为对部门负责人的考核，这样有利于增强部门负责人的责任感，考核过程、核算过程较为简单、便于操作，对个人的激励性比较强；另一方面，也可以考虑采用多层次考核，即首先对部门进行考核，再对个人进行考核，部门考核结果将通过某种规则影响个人的绩效。

4. 确定合理的考核程序

确定合理的考核程序，即谁考核谁，谁对谁负责。小组考评和360度考评都存在着数据量大、难以操作、容易造成单位内部紧张的问题。因此，对于个人的考核，采用直接上司负责制是当前的首选；对于部门考核，要采用逐级考核与协作部门考核相结合的方式。

5. 建立绩效监督机制

绩效监督机制包括对绩效计划执行的监督，也包括对绩效考核结果的监督。在坚持客观公正、注重实绩、员工公认原则的基础上，使考核机制不断改进和完善，有效地激发员工的积极性，推动各项工作的落实。在具体实施过程中应注意以下几点：

（1）在考核内容上，坚持注重实绩，全面考核，把实绩考核考实，在确定考核目标时，坚持把握全局，突出重点，通过重点目标的考核，带动工作任务的全面完成。

（2）在考核方法上，坚持考察、核实和员工评议相结合，充分体现员工公认的原则，落实员工的"知情权、参与权、选择权、监督权"。

（3）在考核评价上，坚持分类比较，好中选优，限定比例。

（4）在考核结果的运用上，坚持严格奖惩和员工选拔任用相结合，考核结果的运用是考核激励约束作用的关键。

【实例3-7】

某公司是改制企业，原来是国有建筑设计院，后改制为骨干员工持股的有限责任公司。公司改制后发展很快，员工收入得到较大增长，但公司发展也面临着隐忧，主要问题是项目质量越来越得不到保证，客户经常抱怨项目质量问题，有些设计人员屡次犯同样的错误，虽然每次会议都提到改善设计质量问题，但一直没有明显改观。

公司发展一方面得益于市场的快速发展，同时得益于良好的激励机制，公司对业务骨干以及绩效突出者给予丰厚奖励，同时也制定了项目质量责任追究制度。在制度执行过程中，在奖励方面做得很到位，严格按照制度规定执行；但在质量问题处理上，从来没有真正处罚过个人，都只是提出存在的问题，并没有在经济上进行处罚。造成这种现象的原因一方面是原事业单位企业文化特点，另一方面也与现任总经理倡导的人性化管理风格有关。

那么，该公司发展面临隐忧是什么原因造成的呢？

分析

本案例就是组织信用出现问题的典型例子，组织信用出现问题的后果很严重，会对组织带来严重损害，组织信用恢复也不是很容易的事情。

维护组织信用对激励机制发挥作用是非常重要的，组织信用一旦丧失，会给组织带来严重损害，因此管理者一定要言必信、行必果。一方面，管理者承诺的奖励事项一定要如期兑现，不能打折扣，有些企业领导在员工业绩大大超过预期的情况下，会以各种理由折减员工相应的奖励，其实这是非常不可取的；同样，在处罚员工方面，也不能太碍于情面，经常对员工网开一面，长此以往，惩罚就不会对员工起到警示作用了。

6. 建立绩效诊断和绩效反馈机制

建立绩效诊断和绩效反馈机制，即对绩效结果的全面分析判断，推广优秀经验，改善落后绩效，形成良性循环，同时包括员工绩效申诉制度。

7. 绩效应用及作用

绩效管理体系的建立不是为了奖惩，而是为了提高个人乃至整个组织的绩效。绩效可以应用在工资、奖惩、内部人才筛选、组织学习与培训等方面。具体作用是：

（1）激励作用

绩效考核目标明确、责任到人、注重实绩、奖罚分明，可有效地激发员工的工作热情，增强团队的凝聚力和战斗力，形成良好的工作和用人导向。

（2）推动作用

考核目标涵盖主要工作任务，通过明确责任目标、跟踪监控、考核奖惩，推动工作绩效的进一步提升。

（3）依据作用

实绩考核可以为准确了解、评价和使用员工提供一个比较客观公正的衡量标准，能较好地克服以往的考察评价凭印象、想当然等主观因素的缺点。

（4）约束作用

只讲约束，没有激励，难以调动积极性；只讲激励，没有约束，难免会出问题。在考核实践中，考核的标准本身就是对员工的一种教育、一种约束，通过制定考核目标，使员工明确应该做什么、应该达到什么样的要求。

【实例3-8】

A公司是一家新成立的化妆品网络销售公司，目前正处于创业阶段，现有员工92人。公司职位分为5级，分别为普通员工级、主管级、部门经理级、总监级和总经理级。公司希望能在两年内冲进国内化妆品网络销售平台的前三甲，当前最重要的目标是扩大市场占有率。为了尽快实现目标，公司绩效考核采取的是业绩考核与品行考核相结合的考核方式，两类考核指标各占50%的权重，由员工直接上级进行考核。业绩考核指标是根据公司的战略分解到部门再到岗位而来的，以量化指标为主。品行考核指标全公司自上而下完全一样。由客户至上、团队合作、积极乐观、善于沟通和正直诚信5个指标构成。每个指标又划分为5个评价等级，以团队合作指标为例，见表3-6。

表3-6　团队合作指标的评价等级

评价等级	团队合作指标
1分	积极融入团队，尽一切努力完成团队任务
2分	为团队献计献策，服从团队的决定

（续上表）

评价等级	团队合作指标
3分	主动帮助其他团队成员，乐于分享经验
4分	能以自己的工作投入感影响其他团队成员
5分	能带领团队完成艰难的工作，实现业绩突破

除了这两大类指标外，该公司还有一项规定，如果员工出现收受厂商回扣、在销售平台上知假贩假、故意对公司或客户隐瞒信息等违背诚信原则的行为，一经证实，便与员工解除劳动合同。

根据上述资料，请回答以下问题：

（1）该公司在品行考核方面存在哪些问题？

（2）对该公司而言，绩效薪酬是否要与品行考核结果挂钩？为什么？

分析

（1）该公司在品行考核方面存在的主要问题：

①公司绩效考核采取的是业绩考核（KPI）与品行考核相结合的方式，并考虑了否决指标（NNI）的设定，但这里的品行考核设定得太过宽泛，应具体将品行考核细化为品质+行为。品质考核侧重于员工是怎样的一个人，可以设定为岗位胜任特征指标（PCI）；行为考核侧重于员工是怎么做的，可以设定为岗位职责指标（PRI）和工作态度指标（WAI）。

②此品行考核指标全公司自上而下完全一样是不妥的，其中WAI指标可以不论职位高低和职位特性而保持一致，考评的重点是工作的认真度、责任度、工作的努力程度等；但涉及PCI和PRI的部分则需要做好进一步的拆分和细化。

③公司现有的5个品行考核指标（客户至上、团队合作、积极乐观、善于沟通和正直诚信）这种"一刀切"的设定也是有问题的。其中客户至上归于KPI或PRI为宜；团队合作和善于沟通归于PCI为宜；积极乐观可归为WAI；正直诚信应归于NNI为宜。

④业绩考核与品行考核各占50%权重，这是不妥的，应依据岗位特点、职级划分有所区别。对于工作结果不能立竿见影、更需要重视工作过程的研发岗位，可以向品行考核倾斜；但对于更重视工作结果的岗位，如销售，应以业绩考核为主，这部分所占权重要高。同样，部门经理及以上级别的岗位，也应以业绩考核为主。

⑤一律采用上级考核的方式也有待改进，应根据岗位的特点适当考虑引入多元化的考评主体。如销售人员，客户服务人员等密切和外部客户打交道的岗位，就可以引入外部客户作为其中的考评主体，参与考评意见。

⑥以团队合作为例的5个评价等级偏于主观，缺乏必要的行为指引，应以绩效指标设计的SMART原则为出发点，重新细化。

（2）对该公司而言，绩效薪酬需要与品行考核结果挂钩。从直接原因上看，公司处于创业期，并希望能在两年内冲进国内化妆品网络销售平台的前三甲，这个阶段应采用投资促进发展的战略，薪酬结构应是以绩效为导向的高弹性类型。绩效薪酬是企业根据员工过去工作行为和已取得的工作业绩，在基本工资之外增加支付的工资，绩效薪酬往往随员工的工作表现及其业绩的变化而调整。对该公司而言，品行考核作为对员工工作过程的重要衡量指标，如果其考核结果不与绩效薪酬挂钩，则该项考核将变得形同虚设，无法起到对员工的约束和指引作用。从间接原因上看，公司当前最大的目标是扩大市场占有率，这个目标的达成需要公司上下积极主动，全力投入。从期望理论的视角来看，弗鲁姆认为人的动机取决于三个因素：效价（一个人需要的报酬数量）、期望（个人对努力所能产生成功绩效的概率估计）、工具（个人对绩效与得到的薪酬之间的估计），用公式表示为：动机＝效价×期望×工具。由此公式可以看出，将绩效薪酬与品行考核结果挂钩，可以相应提升效价和期望，从而促进员工形成更强的工作动机，做出最佳的业绩。

疑难解答

1. 绩效考核的目的是对组织、个人绩效进行准确识别和有效区分，为激励机制的应用提供基础依据。如何理解"准确识别"和"有效区分"？

准确识别，是指对组织贡献大、支撑公司发展战略的行为和结果给予肯定；对工作不力或出现问题，没有对组织做出贡献，不能支撑公司发展战略或给公司带来损失的行为和结果给予否定。

有效区分，是指考核结果等级划分有效，不同考核结果等级之间的绩效有显著差别，考核等级为"优良"的一定比考核等级为"合格"的绩效水平高，同样考核等级为"不合格"一定比考核等级为"合格"的绩效水平低。绩效考核的有效性依赖于绩效考核体系以及绩效考核指标体系的科学合理性。

2. 绩效管理是人力资源部门的事情，与业务部门无关？

持"绩效管理是人力资源管理部门的事"这种观点的人不在少数，甚至某些企业决策领导都这么认为。那么，造成这种认识的深层次原因是什么呢？其实，这和公司的发展阶段以及员工的能力素质有关。

首先，在企业规模不是很大的情况下，业务人员在企业具有举足轻重的地位，无论在收入还是地位上，业务人员比职能人员往往受到更多重视，业务人员总认为绩效管理是虚的东西，因此绩效管理得不到业务人员的重视。

其次，做业务出身的业务部门经理，往往习惯了简单、粗放的管理方式，对定期搜集考核数据信息、填写绩效考核表格等工作会非常厌烦，同时由于还没有看到绩效管理带来的好处，因此会极力抵制绩效考核工作。

最后，业务部门领导往往对管理之责认识不到位，事实上业务部门领导从本质上讲，应该将更多精力放在管理而不是具体业务运作上，以及更好地激励、辅导下属运作业务，而不是自己亲力亲为，管理的基本职能是计划、组织、领导和控制，这在绩效管理循环各个环节中都会得到体现。

人力资源部门只是绩效管理的组织、协调部门，各级管理人员才是绩效管理的主角；各级管理人员既是绩效管理的对象（被考核者），又是其下属绩效管理的责任人（考核者）。

3. 绩效管理就是绩效考核，绩效考核就是挑员工毛病？

很多企业启动绩效管理项目时，对绩效管理并没有清楚的认识，认为绩效管理就是绩效考核，把绩效考核作为约束、控制员工的手段，通过绩效考核给员工增加压力，把绩效考核不合格作为辞退员工的理由。有些企业盲目采用末位淘汰制，如果企业文化、业务特点和管理水平并不支持采用这种方法，那么绩效考核自然就会受到员工的抵制。

事实上，绩效管理和绩效考核是不同的，绩效考核只是绩效管理的一个环节。绩效管理是一个完整的循环，由绩效计划制定、绩效辅导沟通、绩效考核评价以及绩效结果应用等环节构成。

绩效管理的目的不是为了发绩效工资和奖金，也不是为了涨工资，这些仅仅是绩效管理的手段。绩效管理的目的是持续提升组织和个人的绩效，从而保证企业发展目标的实现。绩效考核是为了正确评估组织或个人的绩效，以便有效地进行激励，是绩效管理最重要的一个环节。绩效管理如果要取得成效，上述几个环节的工作都要做好，否则就无法得到绩效提升的效果。

本章思维导图

薪酬水平设计
- 薪酬水平的内涵和政策
  - 薪酬水平的内涵
  - 薪酬水平的政策
    - 薪酬领袖政策
    - 市场追随政策
    - 拖后政策
    - 混合政策
- 薪酬水平的影响因素
  - 劳动力市场运行的基本原理
    - 劳动力需求
    - 劳动力供给
  - 劳动力市场对薪酬水平的影响
    - 劳动力参与率
    - 人们愿意提供的教育训练及其技能水平
    - 员工受过的教育训练中的实际劳务水平
    - 员工在工作过程中的补充与修正
    - 劳动力市场理论的补充与修正
      - 补偿性工资差别理论
      - 效率工资理论
      - 保留工资理论
      - 工作搜寻理论
      - 信号模型理论
  - 产品市场及企业特征对薪酬水平的影响
    - 产品市场对企业薪酬的影响
      - 产品市场上的竞争程度
      - 企业产品市场的需求水平
    - 企业特征因素对企业薪酬政策的影响
      - 行业因素
      - 企业规模因素
      - 企业经营战略与价值观因素
- 薪酬水平的外部竞争性和衡量
  - 薪酬水平的外部竞争性
    - 薪酬水平的外部竞争性概念
    - 薪酬水平外部竞争性的作用
      - 吸引、保留和激励员工
      - 控制劳动力成本
      - 塑造企业形象
    - 外部竞争与确定薪酬水平的方法
      - 根据企业经济能力确定薪酬水平
      - 根据市场薪酬水平确定企业薪酬水平
  - 薪酬水平的衡量
    - 薪酬平均率
      - 平均薪额
      - 平均增薪率

第一节　薪酬水平的内涵和政策

一　薪酬水平的内涵

薪酬水平是指组织如何根据竞争对手或劳动力市场的薪酬水平给自身的薪酬水平定位，从而与之相抗衡。这类战略性决策对员工吸引和保留以及劳动力成本控制目标有关键影响。

薪酬水平包括企业内部各岗位薪酬水平和企业在劳动力市场上的薪酬水平。内部岗位薪酬水平指组织之间的薪酬关系，组织相对于其竞争对手的薪酬水平的高低；薪酬的外部竞争力实质上是指薪酬水平的高低以及由此产生的企业在劳动力市场上所形成的竞争能力大小。

二　薪酬水平的政策

几种常见的市场薪酬水平政策如下所述。

1. 薪酬领袖政策

薪酬领袖政策又称为领先型薪酬政策。采用这种政策的企业一般具有规模较大、投资回报率较高、薪酬成本在企业经营总成本中所占的比例较低、在产品市场上的竞争者少等特点。首先，大型企业或投资回报率高的企业之所以能够向员工提供较高的薪酬，一方面在于它们往往具有更多的资金和相应的实力，因而不会因为员工薪酬水平高而造成资金周转不灵；另一方面，这种做法能够提高组织吸引和保留高质量劳动力的能力，同时还可以利用较高的薪酬水平来抵消工作本身所具有的种种不利特征，如工作压力大或者工作条件差等。其次，当薪酬成本在企业总成本中所占的比例较低时，薪酬支出实际上只是企业成本支出中一个相对不那么重要的项目。在这种情况下，企业很可能会乐意通过提供高水平的薪酬来减少各种相关劳动问题的出现，从而把更多的精力投入到那些较薪酬成本控制更为重要和更有价值的项目中去。最后，在产品市场上的竞争者少，一般意味着企业面临的产品或服务需求曲线是弹性较小的甚至是无弹性的，就是说企业可以提高产品价格，而不用担心消费者会减少对自己的产品或者服务的消费。换言之，这种企业实际上可以通过提高产品价格的方式将较高的薪酬成本转嫁给消费者。在这种情况下，企业支付较高的薪酬水平自然就是可行的。

但是，充当薪酬领袖的企业往往面临很大的管理压力。这是因为，企业通过支付较高的薪酬雇用了大批有能力的员工，如果企业不能通过工作的组织与设计以及对员工的管理实现较高的利润，即将高投入转化为高回报，那么高薪给企业带来的就不是资本，而是一种负担。

温馨提示

较高薪酬水平的可能收益

充当薪酬领袖的企业往往期望从自己的高成本支出中获得相应的收益。较高薪酬水平的可能收益包括：

（1）较高的薪酬往往能够很快为企业吸引来大批可供选择的求职者。因此，高薪一方面有利于企业在较短时间内获得大量需要的人才，缓解紧缺的人员需求；另一方面还使得企业可以提高招募标准，提高所能够招募和雇用的员工质量。

（2）高薪能减少企业在员工甄选方面所支出的费用，这是因为求职者清楚较高的薪水往往意味着企业对员工的能力有较高要求，或者未来的工作压力会比较大，因此，那些低素质的和达不到任职资格要求的求职者往往会在自我选择之后回避这种支付较高薪酬的企业。这样，企业在甄选方面所需要花费的人力物力就可以相应减少。

（3）较高的薪酬水平增加了员工离职的机会成本，有助于改进员工的工作绩效，从而降低员工的离职率并减少对员工的工作过程进行监督而产生的费用。

（4）较高的薪酬水平使得企业不必跟随市场水平经常性地为员工加薪，从而节省薪酬管理的成本。

（5）较高的薪酬有利于减少因为薪酬问题而引起的劳动纠纷，同时有利于提高公司的形象和知名度。

2. 市场追随政策

市场追随政策又称为市场匹配政策，实际上就是根据市场平均水平来确定本企业的薪酬定位的一种常用做法。这是一种最为通用的薪酬政策，大多数企业都是这种政策的执行者。

实施这种薪酬水平政策的企业往往既希望确保自己的薪酬成本与竞争对手的成本基本一致，从而不至于在产品市场上陷入不利地位，同时又希望自己能够维持一定的员工吸引和保留能力，不至于在劳动力市场上输给竞争对手。采取这种薪酬政策的企业面临的风险可能是最小的，它能够吸引到足够数量的员工为企业工作，只不过在吸引那些非常优秀的求职者方面没有什么优势。

一般来说，在竞争性的劳动力市场上，实施市场追随政策的企业由于没有独特的优势，因此往往会经由大型的招聘会，通过多花时间、广泛搜寻、精挑细选的方式来招募和雇用优质的员工。此外，采用这种薪酬政策的企业还要注意随时根据外部市场的变化调整薪酬水平，使之与市场薪酬水平保持一致。然而，这种调整在很多情况下是存在时滞的，企业往往在一些优秀的员工离职后才发现自己的薪酬水平已经落后于市场。因此，这种力图确保本企业薪酬水平与市场薪酬水平保持一致的企业必须坚持做好市场薪酬调查工作，以确切掌握市场薪酬水平。

【实例4-1】

某大型连锁超市采购人员的薪酬由基本工资、奖金和福利构成，薪酬水平在行业中处于领先地位，基本工资占总体薪酬的80%，其中工龄工资的比重较高，奖金是根据采购次数进行核算，次数越多，奖金越高。如果采购的产品出现质量问题，奖金全都扣除。福利方案按国家规定缴纳"五险一金"。另外，采购人员出差期间会有相应的出差补助，不同地区的补助标准有所区别。请对该岗位的薪酬方案进行评价，并针对问题提出改进建议。

分析

1. 该公司薪酬方案的优点：

（1）薪酬构成较为合理。薪酬分为基本工资、奖金和福利三部分，较为全面地涵盖薪酬的各种形式。

（2）奖金核算方法简单易行。案例中奖励核算按采购次数进行，核算起来较为简单。

（3）奖金核算在采购次数的基础上，考虑了采购质量，能较为全面地考核采购人员工作质量。

（4）企业按国家规定缴纳"五险一金"，符合薪酬设计的合法原则。

（5）企业在薪酬制度设计时，考虑到了采购人员出差较多的工作实际，对出差设置了出差补助，并按出差地区对出差补助标准予以区别。

2. 该公司薪酬方案的缺点：

（1）薪酬水平处于领先地位，容易造成企业人工成本过高，建议采用薪酬追随策略。

（2）基本工资占总体薪酬80%明显偏高，且工龄工资在基本工资中所占比重太不合理。基本工资需根据岗位性质、责任支付，工龄工资体现年龄和资历所占比重应小一些。

（3）奖金核算完全按采购次数进行，出现质量问题全部扣除奖金，这个不合理。采购人员工作质量包括采购次数和质量，但应根据质量问题差错大小，设定合理的扣除标准，而不是一出现质量问题，不管大小，全额扣除。

（4）出差补助标准只考虑了出差差别，考虑不全面。

3. 改进建议：

（1）建议企业采取市场追随型的薪酬策略，降低薪酬支出成本。

（2）建议调整基本工资、奖金和福利在薪酬构成中的比例，基本工资占50%、奖金占40%、福利占10%。

（3）建议基本工资核定时降低工龄工资比重，注重考虑岗位的工作性质、工作责任、工作压力等因素。

（4）建议在核定奖金时，除采购次数和采购质量外，增加采购及时等指标。

（5）建议在奖金扣除时，能对采购质量予以细分，不同级别的采购质量事故扣除不同的奖金比例。

（6）福利设置方面，建议在国家法定"五险一金"的基础上，采取弹性福利计划，提高员工满意度。

（7）在出差补助设计上，除考虑地区差别外，可参考出差时间等因素对出差补助标准予以细化。

3. 拖后政策

采用拖后政策的企业往往是规模较小的中小型企业，大多处于竞争性的产品市场上，边际利润率比较低，成本承受能力很弱。由于产品的利润率较低，这类企业没有能力为员工提供高水平的薪酬，这是实施拖后型薪酬政策的一个主要原因。当然，有时拖后型薪酬政策的实施者并不是真的没有支付能力，而是没有支付意愿。

拖后型薪酬政策对于企业吸引高质量员工来说是非常不利的，而且在实施这种政策的企业中，员工的流失率往往比较高。这是因为，较低的工资率水平在短期内可能会由于信息不对称或信息流动速度较慢等原因而不为员工知晓，但是从长期看，员工早晚会掌握这种信息。此外，员工由于存在获取收入的迫切需要，可能会临时接受一些比市场水平要低的薪酬，一旦他们的这种需要变得不那么迫切，就会试图寻找有更高薪酬待遇的企业。

虽然滞后于竞争性水平的薪酬政策会削弱企业吸引和保留潜在员工的能力，但如果企业以提高未来收益作为补偿，那么这种做法反而有助于提高员工对企业的组织承诺度，培养他们的团队意识，进而改善绩效。此外，这种薪酬水平政策还可以通过与富有挑战性的工作、理想的工作地点、良好的同事关系等其他因素相结合而得到适当的弥补。

4. 混合政策

混合政策是指企业根据职位或员工的类型或者是总薪酬的不同组成部分来分别制定不同的薪酬水平决策，而不是对所有的职位和员工均采用相同的薪酬水平决策。例如，为企业的关键人员如高级管理人员、技术人员提供高于市场水平的薪酬，对普通员工实施匹配型的薪酬政策，为那些在劳动力市场上随时可以找到替代者的员工提供低于市场价格的薪酬。

混合政策最大的优点是其灵活性和针对性。对于劳动力市场上的稀缺人才以及企业希望长期保留的关键职位上的人员采取薪酬领袖政策，对于劳动力市场上的富余劳动力以及鼓励流动的低级职位上的员工采取市场追随政策甚至拖后政策，既有利于公司保持自己在劳动力市场上的竞争力，又有利于合理控制公司薪酬成本开支。此外，通过对企业薪酬构成中的不同组成部分采取不同的市场定位战略，还有利于公司传递自己的价值观以及达到经营目标。

第二节　薪酬水平的影响因素

一　劳动力市场对薪酬水平的影响

1. 劳动力市场运行的基本原理

劳动力市场是企业为了生存而必须参与的三大市场之一（见图4-1）。企业在劳动力市场上对既定的具备技术和能力的劳动者展开的竞争，是对企业的薪酬水平进而对薪酬的外部竞争性产生影响的一个非常重要的因素。

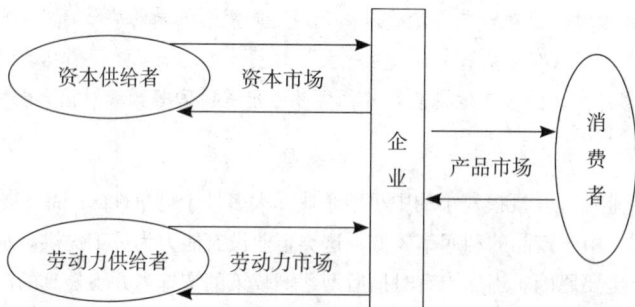

图4-1　企业参与运行的三大市场

劳动力市场的作用在于将稀缺的人力资源配置到各种不同的生产用途上去，其运行结果就是薪酬水平以及雇佣水平等。正如任何市场都要有买方和卖方一样，劳动力市场也不例外。在劳动力市场上，买方即需求方，是企业或雇主，卖方即供给方，是员工或劳动者。在正常情况下，劳动力市场上总是有众多的供给者和需求者，所以劳动力市场上任何一方做出的决策都会受到他人的决策和行为的影响。此外，劳动力供求双方的相互作用会产生一个均衡工资率或市场通行工资率，而市场工资率的变动又会对未来的劳动力需求和劳动力供给产生影响。

与产品市场相比，劳动力市场具有一定的特殊性：一是劳动力无法储存，在劳动力的质量一定的情况下，劳动者的唯一资源是他的时间，这种时间如果不能利用，是无法储存下来的；二是劳动力每时每刻都在变化，它是随着劳动者的工作能力而变化的；三是劳动力供给者与劳动力是无法分离的，劳动力供给者能够在工作的过程中控制自己实际提供的劳动力服务的数量和质量。在这种情况下，劳动力市场上的供求双方就劳动力的买卖所达成的契约即劳动合同实际上是一种不完善的供求契约，而劳动力价格也是一种不完善的价格。

温馨提示

劳动力买卖双方的困境

　　购买劳动力的企业遇到的困境是：劳动力服务的实际成本是由单位产出成本决定的，因而无法事先定价，然而对于劳动力供给者而言，又要求必须事先定价，因此企业必须在实际讨价还价之前确定一个价格。这种价格取决于购买者对劳动力服务的数量和质量进行的一种估算，估算的准确性可以从今后的单位产品成本中推导出来。劳动力供给者在决定接受何种价格时同样面临困难，因为他们最多只能知道某个特定职位的通行工资率是多少，但对于企业能够提供的工作条件、上下级关系、具体工作完成方式等往往不是很清楚。

2. 劳动力需求

企业对劳动力的需求是从消费者对产品或服务的需求中派生出来的，因而劳动力需求是关于劳动力价格和质量的函数。在短期劳动力需求决策中，最重要的两个概念是边际成本和边际收益（或边际收益产品）。劳动力的边际收益，是指在其他条件保持不变的情况下，增加一个单位的人力资源投入所产生的收益增量，而劳动力的边际成本则等于劳动力的市场工资率。所以，利润最大化的劳动力需求水平就存在于企业所雇用的最后一个单位劳动力的边际收益等于为雇用这名劳动力所支付的薪酬水平时这一点上。当雇用一位员工的边际收益大于边际成本时，企业就应该继续雇用员工；而当雇用一位员工的边际成本高于雇用这位员工所能够产生的边际收益时，企业就不应该再雇用员工了。也就是说，企业劳动力需求的原则是雇佣的边际成本等于边际收益。

具体到薪酬管理的实际工作中，企业在利用该模型确定应雇用的员工数量时，需要做到两点：一是确定市场薪酬水平；二是确定每一位潜在新员工可能产生的边际收益。换言之，企业只有明确了员工的边际成本和边际收益，才可以确定自己究竟需要雇用多少员工。然而，实际操作远非理论中所假设的那样简单。一方面是市场薪酬水平的确定问题，由于劳动力市场上的供给方与需求方之间的竞争程度很不确定，劳动力也不可能是完全同质的，此外，并非所有的企业都是利润最大化的追求者，因此，对市场薪酬水平的把握很难做到非常精确。另一方面是对员工的边际收益的预测问题，管理者不可能明确地知道一位尚未进入企业的员工的边际收益到底是多少。这种困难主要表现在：其一，为每一位员工生产出来的产品或服务定价很困难，因为许多产品和服务是经过具有各种不同能力的劳动者共同努力才生产出来的。在劳动力不同质的情况下，要想确定单个员工创造的价值很困难。其二，创造价值的除了劳动力之外，还有资本和其他生产要素，要想分离出在生产过程中共同创造了价值的其他生产要素所产生的价值是非常困难的。

正是因为对边际产品和边际收益进行直接衡量比较困难，所以企业常常使用其他一些要素来估计员工给企业带来的边际收益。报酬要素、职位评价、技能以及能力评价等内容，反映了企业为评价某种工作或技能、能力能够给企业带来的价值所做出的努力，这种评价实际上是对员工的边际收益的评价的一种近似替代。只不过利用报酬要素或者技能、能力水平来进行评价，实际上是从投入的角度来确定边际价值，而不是从产出的角度来确定边际价值。此外，限定某等级职位的最高薪酬水平以及采取绩效加薪等做法，实际上是企业力图对员工给企业带来的边际收益进行评价的又一种尝试。虽然企业可能并未从理论的高度去把握自己的薪酬决策，但是他们实际上很清楚，某一等级的员工所能够获得的最高薪酬水平不能高于他们带来的边际收益，员工薪酬水平的增长不能超过其生产率的增长。

3. 劳动力供给

劳动力供给是指特定的人口群体所能够承担的工作总量。一般来说，整个经济或社会中的劳动力供给受四个方面因素的影响。

（1）劳动力参与率

劳动力参与率是指一个国家或社会中16岁以上人口中的经济活动人口总量。计算公式为：

$$劳动力参与率 = \frac{有工作的人数 + 目前正在找工作的人数}{16岁以上的总人口} \times 100\%$$

劳动力参与率的高低主要取决于单个家庭做出的劳动供给决策，其影响因素主要包括家庭经济状况、年龄、性别、受教育程度等。

（2）人们愿意提供的工作小时数

在实践中，虽然工作时间的安排通常都是法定的或是由企业确定的，且周工作时间基本固定，但由于市场上存在越来越多的工时制度安排，因此劳动者实际上可以通过选择企业或职业表达自己对于工作时间的偏好。劳动经济学认为，工作决策实际上是一种时间利用方式的选择，即劳动者就工作时间的决策可以视为在工作和闲暇之间进行选择的结果。市场工资率的上升会给劳动者带来两种效应：一是替代效应，它鼓励员工增加劳动力供给时间；二是收入效应，它鼓励员工减少劳动力供给时间。一般情况下，当工资率的绝对水平比较低时，工资率上升的替代效应大于收入效应，但当工资率水平达到比较高的程度时，收入效应大于替代效应的可能性就会增加。

（3）员工受过的教育训练及其技能水平

劳动力供给不仅有数量的问题，还有质量的问题，而且质量要求比数量要求更重要。决定劳动力质量的最重要因素是劳动力队伍所受过的教育以及训练，即劳动力队伍的人力资本投资状况。人力资本投资的具体形式包括积累经验、接受正规教育、在职培训、健康投资、居住地迁移等，劳动者及其家庭的教育投资决策以及企业的培训投资决策。研究结果表明，希望毕生都待在劳动力队伍里的劳动者在进行教育投资时会有相对较强的动机；接受过在职培训的员工通常能工作更长的时间；在人力资本方面进行过大额投资之后，员工的退休时间一般会相应推后等。在其他条件类似的情况下，员工的受教育程度越高、所接受的训练越多、积累的经验越多，他的收益能力就会越强，所得到的报酬水平就会越高。

（4）员工在工作过程中的实际努力水平

劳动力的数量和质量都是一种静态的存量，这种存量如何转化为流量，即劳动者在实际工作过程中能否将其具备的知识和技能充分发挥出来并转化为生产率，还取决于企业的总体制度安排尤其是激励水平。其中涉及员工与工作之间的匹配性、绩效管理制度是否完善以及薪酬水平和薪酬制度是否合理等，这些实际上是企业人力资源管理工作的核心问题。

4. 劳动力市场理论的补充与修正

由于劳动力市场最终并不能保证同种劳动力只有一个市场价格，也不能保证所有的劳动力供给或需求都能获得满足，因此，简单的劳动力市场模型无法解释现实中的许多具体问题。这样，就有必要在基本的劳动力市场模型基础上做进一步的探讨。下面介绍几种对劳动力市场理论具有修正和补充意义的理论：

（1）补偿性工资差别理论

补偿性工资差别，是指在知识技能水平方面没有本质差异的劳动者因所从事工作的条件和社会环境优劣不同而产生的薪酬水平差异。补偿性工资差别理论实际上否认了在劳动力市场上寻找劳动者的企业是同质的这一假设，承认不同的企业在工作条件等方面是存在差异的，而那些工作本身或工作环境会导致劳动者在心理以及生理方面产生较高"负效用"的企业，在同等条件下必须向员工支付更高薪酬水平作为一种补偿；否则，这些企业就无法吸引到足够多的可以胜任工作的员工。

（2）效率工资理论

效率工资，是指一家企业支付高于市场通行工资率的薪酬水平。效率工资战略也可以称为高工资战略。效率工资的基本假设是，高于市场水平的薪酬会通过吸引绩效高且不愿意离开的员工，同时弱化员工的偷懒动机而给企业带来利益。例如，当企业难以观察和监督员工的工作绩效时，企业可以通过提供高于市场平均水平的薪酬来激励员工尽最大努力工作，因为当员工在当前企业获得的薪酬高于他们在其他任何企业中可能获得的薪酬时，为保住目前的工作，他们不会消极怠工。效率工资理论实际上否认了在市场经济条件下，作为劳动力需求方的企业一定是根据市场通行工资率水平来确定本企业薪酬水平的这一假设，指出了企业支付较高的工资率可能会产生一些管理方面的优势。

但高于市场水平的薪酬必定会给企业带来成本压力，所以只有当企业支付的高于市场水平的薪酬可以换取同样高于市场水平的收益时，效率工资才能够持续执行下去。这就要求企业的员工甄选和配置系统必须有助于挑选出最好的员工，企业的工作结构安排和绩效管理系统必须能够充分发挥高素质员工的潜在生产率优势。

（3）保留工资理论

保留工资，是指每一位劳动者心目中都有一个能够促使其接受市场工作而不是不出去工作的最低工资水平。如果市场工资率低于劳动者的保留工资，则其宁愿不出去工作；一旦市场能够提供的工资率超过了劳动者的保留工资，他就会考虑从事工作而不是享受闲暇。保留工资是一种心理概念。即使是两个客观条件几乎完全相同的劳动者，他们的保留工资水平也有可能不同。这是因为，不同的人对于自己失去一小时闲暇时间的价值判断是不一样的。或者说，不同的人对闲暇和收入的偏好是不同的。当然，过去的收入水平、受教育程度、技能水平高低、家庭生活状况以及社会经济形势等诸多因素都会影响员工的保留工资水平。

保留工资理论实际上是对劳动力市场上存在唯一通行工资率的结论所做的一种修正，劳动者未必能够准确地了解在自己所处的劳动力市场上，通行的市场工资率水平到底是怎样的，因而他们的保留工资率会与标准的市场工资率有差异。在现实中，市场工资水平的数据越准确、越容易获得，劳动者的保留工资率与通行的市场工资率之间的差异就会越小。从薪酬管理的角度来说，劳动力市场上的信息越充分、流动越迅速，劳动者和雇主就越能够及时准确地获得市场工资率水平的信息。这样，企业就可以根据通行的市场工资率来确定自己的薪酬水平，而劳动者也可以根据市场工资率来调整自己的保留工资率，于是劳动力市场上的交易能够很顺利地完成；反之，劳动力供求双方之间的交易成本就会很高。

（4）工作搜寻理论

简单的劳动力市场模型假定，劳动力供给者和劳动力需求者之间的相互搜寻活动以及交易达成活动是一蹴而就的，既不需要太多的时间，也不需要花费太大的代价，只要双方在工作条件和薪酬待遇等方面具有匹配性，交易就会在瞬间完成。然而在现实中，即使劳动力供给方所要求的条件和劳动力需求方所提供的条件非常接近，也有可能由于信息的不对称而导致理想的劳动力交易无法完成。也正是出于这个原因，劳动力市场上才会存在所谓的摩擦性失业，即在劳动力市场均衡状态下仍然会存在失业。所以，工作搜寻理论所要关注的正是劳动力市场上雇佣双方之间的相互寻觅和相互匹配过程。

从理论上说，劳动者和企业之间持续不断的相互搜寻活动有利于实现人力资源的最佳配置，但双方的搜寻活动都是有代价的。因此，过度的搜寻对于双方来说没有太大的益处。所以在现实中，比较稳定的雇佣关系大多数可能是令人满意的一种匹配关系，而不是理论上的最佳配置关系。双方共同接受的薪酬也只能是一种令人满意的水平，而不是所谓的最佳水平。工作搜寻理论对于薪酬管理的启示是，虽然存在信息流动障碍，劳动者在短期内可能无法了解企业所支付的薪酬水平是否属于市场平均水平，但是劳动者的搜寻活动必然会导致这种信息越来越清晰。因此，薪酬的市场化是一种不可避免的趋势，企业长期支付低于市场水平的工资率的愿望是不切实际的。同时，这也要求企业必须及时了解外部市场上的薪酬水平变化情况，并相应调整本企业的薪酬水平，以保证其外部竞争性。

（5）信号模型理论

信号模型实际上是对劳动力市场上的信息不对称问题所做的一种补充解释。在信息不对称的情况下，劳动力供求双方都会力图向对方发送一些信号，以使对方能够从自己所发出的信号中得到更多的信息，从而强化对方对自己的认识和把握度。当然，这种信号不是带有蒙蔽性质的烟幕弹，而是一些比较客观的证书、制度等，这些证书和制度本身能够反映一些相关的信息，能够帮助企业及员工实现信息交换的信号系统，包括员工的人力资本投资、企业的薪酬水平以及薪酬组合等。

从劳动者的角度来说，求职者受过较多培训、取得比较高的学历、具备较多相关工作经验这些条件实际上就是向潜在的雇主发送的一种信号。这种信号告诉企业，自己在未来的工作中很有可能实现较高绩效，因而值得企业为自己提供较高的职位或者较高水平的薪酬。此外，一个可能会被其他企业挖墙脚的高级员工在原有企业中的薪酬水平和职位高低实际上也向潜在的挖墙脚者发送了一种信号，即本人能力很强，对目标企业的贡献很可能是比较大的。

从企业的角度来说，企业同样在利用各种途径向潜在的员工发送信号。例如，企业可能会刻意把薪酬政策作为企业战略的一个组成部分来进行设计。这种设计的意图是向当前的以及潜在的员工发出信号，告诉他们企业期望的行为和价值观。如果一家企业提供的基本薪酬低于市场水平，但是所提供的奖金和培训机会比较慷慨，而另一家企业乐于支付市场薪酬水平，但不提供与绩效挂钩的薪酬，那么这两种薪酬政策所发出的信号就是不同的，能够吸引来的员工类型也会有很大的差异。此外，提供一定的员工持股份额的企业吸引来的求职者多数是看重长期利益、愿意以合作者的身份加入企业的人；而那些提供高额的绩效薪酬、对福利和长期所得并不重视的企业吸引来的员工往往是关注现期收益的人。

二　产品市场及企业特征对薪酬水平的影响

1. 产品市场对企业薪酬水平决策的影响

产品市场上的变化会通过市场传导机制影响劳动力市场，从而对企业薪酬的外部竞争性产生影响。一般来说，劳动力市场因素确定了企业所支付的薪酬水平的下限，而产品市场则确定了企业可能支付的薪酬水平的上限。一般情况下，产品市场上的以下两种情况会影响企业的实际支付能力：

（1）产品市场上的竞争程度

企业所在的产品市场的结构通常划分为完全竞争、垄断竞争、寡头垄断以及完全垄断四种类型。完全竞争的市场和完全垄断的市场是两种极端的市场结构，在现实中比较少见。最常见的是垄断竞争性的市场结构，即企业的产品既与其他企业的产品有一定差异，因而具有一定的垄断性，又与其他企业的产品之间互相存在一定的可替代性，因而具有一定的竞争性。处于完全竞争或接近完全竞争市场上的企业必须要有提高自己产品价格的能力，否则就会面临销售量迅速下滑的命运；而在产品市场上处于垄断或接近垄断地位的企业在一定范围内可以随心所欲地确定产品价格，然而，如果产品定价过高，远远超出其成本，其他企业就会在利益的驱使下想方设法进入这一市场，促使这一产品市场向自由竞争演变，那么原有企业的垄断优势也就不复存在了。

显然，产品市场的竞争程度对薪酬水平决策的影响是相当大的。如果企业在产品市场上处于垄断地位，就能够获得超出市场平均利润水平的垄断利润，利润的增加为企业在劳动力市场上的薪酬决策提供了强有力的保障，足以保证企业向员工提供高出市场水平的薪酬；然而一旦垄断地位丧失，企业无法将因高水平薪酬所产生的成本负担通过较高的价格转嫁给消费者，企业支付高薪的基础就不复存在了。而当企业处在完全竞争或类似完全竞争的环境中时，所支付的薪酬水平往往与市场平均水平甚为接近。

（2）企业产品市场的需求水平

假定企业可以利用的技术、资本和劳动力供给保持不变，如果产品市场对某企业所提供的产品或服务的需求增加，那么在产品或服务价格不变的情况下，企业能够出售更多的产品或服务。为了实现对利润最大化的追求，企业自然会相应提高自己的产量水平、规模（或产出）效应，在给定的薪酬水平下增加对劳动力的需求量（只要资本和劳动力的相对价格不变，就不存在替代效应），而这必将进一步带来企业支付实力的增强和员工薪酬水平的提高。

在竞争性的市场上，产品市场对某企业产品的需求增加可能出于多种原因。一种原因是，企业通过广告或者其他手段来宣传本企业产品或服务与竞争对手所提供的同类产品或服务的差异性，从而培养消费者对本企业产品或服务的偏好。另一种原因可能是，虽然市场上存在多个同类产品竞争者，但是这种产品属于畅销产品或者新产品，其市场容量足够大。在这种情况下，一方面产品生产者之间存在竞争，另一方面大家又共同做大了市场，共同从市场的培育中获利。

2. 企业特征要素对企业薪酬水平决策的影响

产品市场和劳动力市场的状况为企业薪酬水平决策提供了一个基本的可行空间，但是具体的组织要素，如企业的规模、所处行业、经营战略以及所在的地理区域等则会直接影响到企业的支付能力，进而决定其实际薪酬水平的高低。

（1）行业因素

企业所能够支付的薪酬水平显然会受到企业所在行业的影响，而行业特征中对薪酬水平产生最大影响的因素可能是不同的行业所具有的技术经济特点。一般情况下，在规模大、人均占有资本投资比例高的行业中，如软件开发、生物医药、电信技术等，人均薪酬水平会比较高。这是因为：第一，越是资本密集的产业，对资本投资的要求就越高，这会对新企业的进入造成一种限制，易于形成卖方垄断的结构；第二，高资本投入的行业往往要求从业者本人具有较高水平的人力资本投资，即资本越昂贵，则企业越需要雇用具有高人力资本投入从而具有较高知识技能的人来运用这些资本，只有如此，才能保证这些资本产生最大的效益；第三，资本对劳动力的比率较高，意味着劳动报酬在企业总成本支出中所占的比例相对较小，资本的利润较高，从而有能力支付较高的薪酬。相反，那些对资本投资的要求低、新企业容易进入和以竞争性市场结构为特征的行业，其人工成本占总成本的比例也较高，所以一般属于低工资行业，如服装加工业、纺织品、皮革制品生产行业等。

此外，在工会化国家，不同行业的工会化程度也会影响企业的薪酬水平决策。在工会势力强大的行业中，企业往往会被迫维持一定的薪酬水平；而在工会势力弱小的行业中，企业所面临的这种压力较小。为了防止本企业的员工加入工会或者为了保持自己在外部劳动力市场上的竞争性，非工会化的企业往往会追随工会化企业的薪酬动向来调整自己的薪酬水平。尽管如此，这些非工会化的企业仍然可以因不必与工会纠缠而节约大量的时间与费用。

（2）企业规模因素

在其他因素类似的情况下，大企业所支付的薪酬水平往往要比中小企业支付的薪酬水平高。在大企业中工作的员工不仅获得的薪酬较高，他们的薪酬随工作经验上升的速度也更快。

（3）企业经营战略与价值观因素

企业经营战略对薪酬水平决策的影响是非常直接的。如果选择实施低成本战略，企业必然会尽一切可能去降低成本，其中包括薪酬成本。这样的企业大多处于劳动密集行业，边际利润偏低，盈利能力和支付能力都比较弱，因而它们的总体薪酬水平不会太高。相反，实施创新战略的企业为了吸引有创造力、敢于冒风险的员工，必然不会太在意薪酬水平的高低，它们更关注薪酬成本可能会给自己带来的收益，只要较高的薪酬能够吸引来优秀的员工，从而创造出高水平的收益就行。从企业的薪酬战略来看，采用高工资战略的企业比采用广泛搜寻战略和培训战略的企业有支付更高工资的倾向。

此外，企业的薪酬支付意愿对企业的薪酬水平决策也有很大的影响。如果企业仅仅将员工看成是为自己创造价值的不可或缺的一种生产要素，则通常不会主动提高员工的薪酬待遇。但如果企业将员工看成是自己的合作伙伴，那么，企业在经营比较好的时候往往会在能力范围内主动适当地提高员工的薪酬待遇，以体现共享企业经营成果的思想。

> **温馨提示**
>
> ### 为什么大企业支付的薪酬水平较高
>
> 1. 在大企业中采用长期雇佣的做法往往比在中小企业中更有优势，也更有必要。这是因为，大企业通常更多地采用具有较高相互依赖性的生产技术，如果在大企业中出现了一项没有人做的工作或者预料之外的辞职，那么必然会影响到整个企业的生产过程，甚至造成大量资本的闲置或浪费。此外，员工流动率过高，尤其是熟练程度较高、熟悉公司运行规则的员工的流失，必然会给企业带来双重生产率损失（即资深员工流失造成的生产率降低加上雇用新员工的成本以及新员工的适应成本）。因此，降低员工的辞职率以及确保空缺职位能够得到迅速填补是大企业非常关心的问题。由于提供高水平的薪酬对于上述目标的实现无疑是很有帮助的，所以，大企业会向员工支付较高水平的薪酬。
>
> 2. 由于大企业有更大的动力来维持与员工之间的长期雇佣关系，因而大企业员工的稳定性也更高。大企业会有更大的动力去培训员工，而员工的人力资本投资增加必然会强化他们的收入能力。
>
> 3. 企业规模越大，对员工的工作进行监督就越困难，因而企业就越希望能够找到其他的方式来激励员工。在这种情况下，效率工资理论所揭示的原理很容易导致大企业采用高于市场水平的薪酬，以激励员工在没有严密的直接监督的情况下也能努力工作。总之，大企业为员工提供职业保障的能力加上这种效率工资的制度安排，无论是对于员工的保留还是对于员工的激励来说，都是非常有效的。
>
> 4. 大企业更偏重于资本密集型生产，具有较高的薪酬支付能力，出于公司形象方面的考虑有更强烈的薪酬支付意愿，是导致大企业支付较高水平薪酬的重要原因。

第三节　薪酬水平的外部竞争性和衡量

一　薪酬水平的外部竞争性

1. 薪酬水平的外部竞争性概念

薪酬水平的外部竞争性，是指一家企业薪酬水平的高低以及由此产生的企业在劳动力市场上的竞争能力的大小。在现代市场竞争中，薪酬的外部竞争性不是一个笼统的概念，而是一个具体的概念。也就是说，把一个企业所有员工的平均薪酬水平与另一家企业的全体员工的平均薪酬水平进行比较的意义越来越小，薪酬的外部竞争性的比较基础更多地要落在不同企业中的类似职位或者类似职位族之间。

2. 薪酬水平外部竞争性的作用

（1）吸引、保留和激励员工

如果企业支付的薪酬水平过低，企业将很难招募到合适的员工，而勉强招到的员工往往在数量和质量方面也不尽如人意；过低的薪酬水平还有可能导致企业中原有的员工忠诚度下降。如果企业的薪酬水平比较高，企业可以很容易招募到自己所需要的人员，同时也有利于员工流动水平的下降，这对于企业保持自身在产品和服务市场上的竞争优势是十分有利的。较高水平的薪酬还有利于防止员工的机会主义行为，激励员工努力工作，同时降低企业的监督管理费用。这是因为，一旦员工偷懒或消极怠工的行为以及对公司不利的其他行为被公司发现并导致员工被解雇，员工就很难再在市场上找到其他能够获得类似薪酬的新职位。

（2）控制劳动力成本

薪酬水平的高低和企业的总成本支出密切相关，特别是在一些劳动密集型的行业和以低成本作为竞争手段的企业中。显然，在其他条件一定的情况下，薪酬水平越高，企业的劳动力成本就会越高；而相对于竞争对手的薪酬水平越高，则提供相同或类似产品、服务的相对成本也就越高，在市场上的竞争地位也就会越不利。

（3）塑造企业形象

薪酬水平不仅直接体现了企业在特定劳动力市场上的相应定位，同时也显示了企业的支付能力以及对于人力资源的态度。支付较高薪酬的公司不仅有利于树立在劳动力市场上的良好形象，而且有利于公司在产品市场上的竞争。公司的薪酬支付能力会增强消费者对企业以及企业所提供的产品和服务的信心，从而在消费者的心目中造成一种产品差异，起到鼓励消费者购买的作用。

3. 外部竞争与确定薪酬的方法

企业在确定具备对外竞争力的薪酬水平时通常采用以下方法：

（1）根据企业经济能力确定薪酬水平

以企业的经济承受能力为主导确定薪酬水平，主要是指结合劳动力市场的薪酬调查数据，从企业的实际经营状况出发进行调整。

市场对产品的需求是企业对劳动力需求的根源，市场对产品的需求决定了企业的薪酬水平。产品的需求价格弹性越大，企业越注意与竞争对手采取一定的价格策略，对产品进行成本控制，意味着对人工成本也要控制，进而需要对企业内部薪酬水平进行控制。

（2）根据市场薪酬水平确定本企业薪酬水平

以市场薪酬水平为导向来确定企业的薪酬水平，关键是对本企业竞争对手的薪酬水平进行摸底。竞争对手主要是指同行业生产同类或类似产品、替代品的企业，使用类似技术的企业，因为他们对劳动力市场的需求是相似的、有竞争的，因此只有这样的企业才有可竞争性。

通过市场调查获取相关数据并在分析后确定本企业的薪酬策略，进而测算每个岗位的薪酬水平，结合企业的经济承受能力确定本企业的总体薪酬水平。

所以，在确定企业薪酬水平时，首先要考虑企业薪酬水平的对外竞争力和企业的实际承受能力，其次要考虑员工的基本生活费用和人力资源市场行情等。

⚫ 二　薪酬水平的衡量

1. 薪酬平均率

薪酬平均率是指实际平均薪酬与薪酬幅度中间数的比值。薪酬平均率的数值越接近于1，则实际平均薪酬越接近于薪酬幅度的中间数，薪酬水平越理想；当薪酬平均率等于1时，说明用人单位所支付的薪酬水平符合平均趋势；当薪酬平均率大于1时，表示用人单位支付的薪酬水平过高。

薪酬平均率的计算公式为：

$$薪酬平均率 = \frac{实际平均薪酬}{薪酬幅度的中间数}$$

2. 平均增薪额

平均增薪额是指组织全体员工薪酬平均增长的数额。其计算公式为：

平均增薪额＝本年度的平均薪酬水平－上一年度的平均薪酬水平

平均增薪额越大，说明组织平均薪酬水平增加的强度越大；反之，说明组织平均薪酬水平增加的强度越小。强度的大小应充分考虑组织的经济实力和竞争的要求以及调动劳动者积极性的需要，要注意将平均增薪额控制在组织所能承受的范围内。

3. 平均增薪率

平均增薪率又称增薪幅度，指薪酬水平递增的速率。其计算公式为：

平均增薪率＝平均增薪额÷上年平均增薪水平

平均增薪率越大，说明组织的人工成本增长得越快；平均增薪率越小，则说明组织的平均薪酬水平比较稳定，人工成本变化很小，但这也可能意味着该组织是一个处于停滞中的组织，仅是维持了生存，而没有发展。在这种情况下，必须弄清原因，采取有效的措施激励员工提高绩效，促进组织的不断发展。因此，将企业的增薪幅度控制在合理的范围内，使其既不超出企业的承受能力，又能激励员工努力工作，为企业的发展做出贡献，应作为薪酬水平确定的重要目标。

温馨提示

做好薪酬管理必备的数学知识

1. 平均数

平均数分为算术平均数和加权平均数。算术平均数是一组数据的总和除以这组数据的个数所得的商。加权平均数是不同比重数据的平均数，就是把原始数据按照合理的比例加以计算。如果n个数中，x_1出现f_1次，x_2出现f_2次……x_k出现f_k次，那么"$x_1f_1+x_2f_2+\cdots+x_kf_k$"叫作"$x_1，x_2，\cdots，x_k$"的加权平均数，"$f_1，f_2，\cdots，f_k$"是"$x_1，x_2，\cdots，x_k$"的权。用公式表示就是：

$$\bar{x} = \frac{x_1f_1+x_2f_2+\cdots+x_kf_k}{n}$$

2. 分位数

简单地说，分位数就是：有这样一串数字，把它们按照从小到大的顺序排列之后，排在第几个位置的数字，就是几分位。在薪酬管理工作中，最常使用的分位数就是中位数（也叫50分位）。

3. 回归分析

回归分析是确定两种或两种以上变量间相互依赖的定量关系的一种统计分析方法。在薪酬管理的实际工作中，回归分析主要是用于薪酬的内部公平、外部竞争分析，或者帮助我们建立薪酬价格，考虑公司整体的薪酬趋势。

本章思维导图

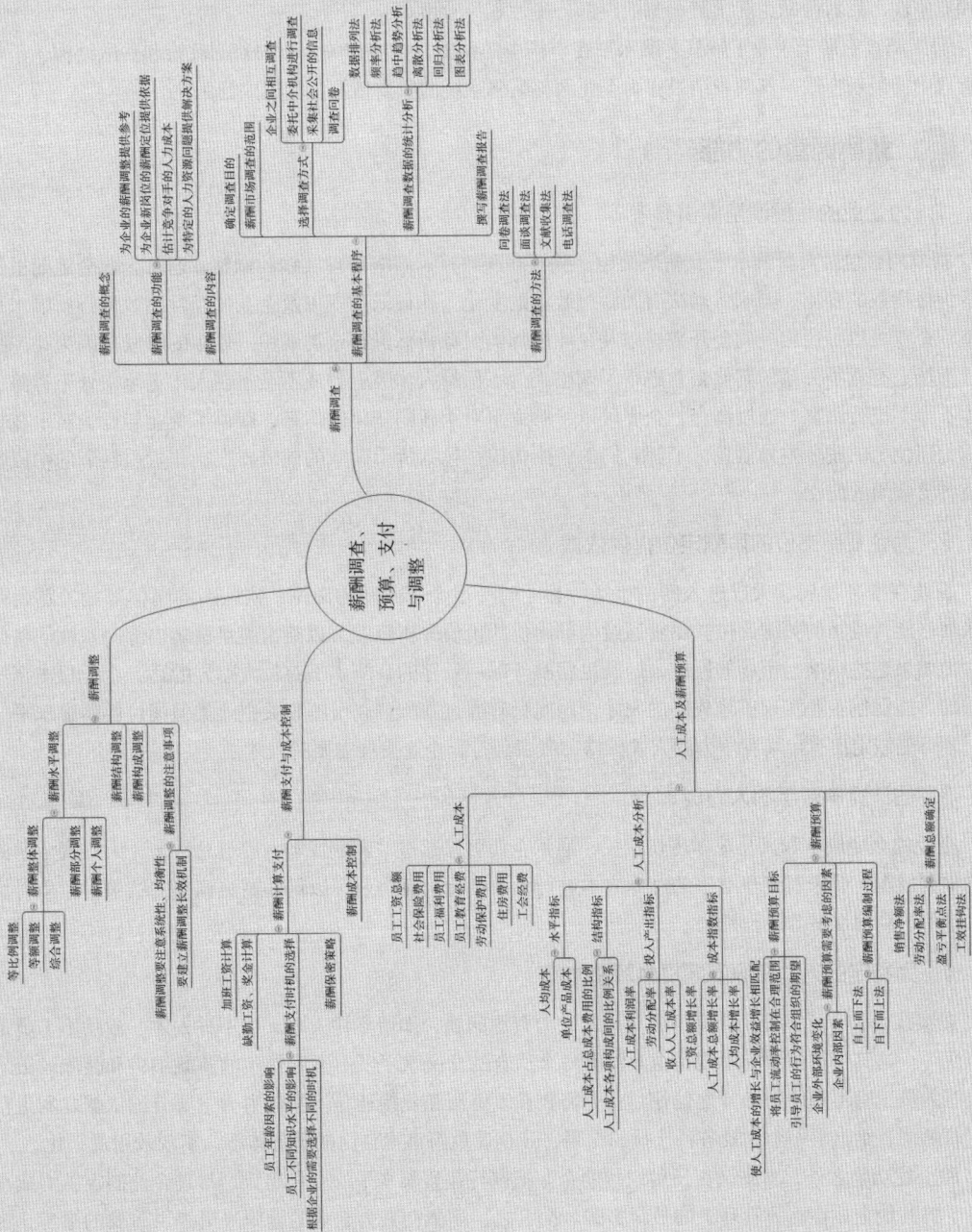

薪酬调查、预算、支付与调整

薪酬调查

- 薪酬调查的概念
- 薪酬调查的功能
  - 为企业的薪酬调整提供参考
  - 为企业新岗位的薪酬定位提供依据
  - 估计竞争对手的人力成本
  - 为特定的人力资源问题提供解决方案
- 薪酬调查的内容
- 薪酬调查的基本程序
  - 确定调查目的
  - 薪酬市场调查的范围
    - 企业之间互派调查
    - 委托中介机构进行调查
    - 采集社会公开的信息
    - 调查问卷
  - 选择调查方式
  - 薪酬调查数据的统计分析
    - 频率分析法
    - 趋中趋势分析法
    - 离散分析法
    - 回归分析法
    - 图表分析法
    - 数据排列法
  - 撰写薪酬调查报告
- 薪酬调查的方法
  - 问卷调查法
  - 面谈调查法
  - 文献收集法
  - 电话调查法

薪酬调整

- 薪酬水平调整
  - 等比例调整
  - 等额调整
  - 综合调整
    - 薪酬整体调整
    - 薪酬部分调整
    - 薪酬个人调整
- 薪酬结构调整
- 薪酬构成调整
- 薪酬调整的注意事项
  - 薪酬调整要注意系统性、均衡性
  - 要建立薪酬调整的长效机制

薪酬支付与成本控制

- 薪酬支付
  - 薪酬计算
    - 加班工资计算
    - 缺勤工资计算
    - 工资、奖金计算
  - 薪酬支付时机的选择
  - 薪酬保密策略
- 人工成本
  - 人工成本总额
    - 员工工资总额
    - 社会保险费用
    - 员工福利费用
    - 员工教育经费
    - 劳动保护费用
    - 住房费用
    - 工会经费
  - 人工成本分析
    - 水平指标
      - 人均成本
      - 单位产品成本
      - 人工成本占总成本的比例
      - 人工成本各项构成间的比例关系
    - 结构指标
      - 收入费用率
      - 劳动分配率
      - 投入产出指标
        - 工资总额增长率
        - 人工成本总额增长率
        - 人均成本增长率
      - 成本指数指标
  - 薪酬成本控制
    - 使人工成本的增长与企业效益增长相匹配
    - 将员工流动率控制在合理范围
    - 引导员工的行为符合组织的期望
    - 企业内部因素
    - 企业外部环境变化

人工成本及薪酬预算

- 薪酬预算
  - 薪酬预算目标
  - 薪酬预算实现的因素
  - 薪酬预算编制过程
    - 自上而下法
    - 自下而上法
  - 薪酬总额确定
    - 销售净额法
    - 劳动分配率法
    - 盈亏平衡点法
    - 工效挂钩法

第一节 薪酬调查

一 薪酬调查的概念

广义的薪酬调查，对外是收集在产品、劳动力市场上相竞争的相关企业的薪酬数据，并对此数据进行统计分析的系统过程；对内是员工薪酬满意度调查的系统过程。前者帮助企业了解其薪酬体系的外部公平性和竞争性，后者帮助企业了解薪酬的内部公平性和一致性。

薪酬调查有助于企业了解其薪酬水平在市场中的位置，把握相关企业的薪酬政策和薪酬结构，了解薪酬管理中的最新实践，其调查结果作为企业调整薪酬系统的重要依据正受到广泛关注。

二 薪酬调查的功能

1. 为企业的薪酬调整提供参考

薪酬调整包括对薪酬水平、薪酬结构，甚至薪酬政策、薪酬管理实践的调整。通常企业会定期根据消费者价格指数的变化、国家劳动法有关薪酬政策的变化，如最低工资以及企业的经营绩效进行薪酬水平的调整，企业可以参照相关的公开数据以及企业内部的财务指标进行这类调整。更多的时候是因为在产品、人才市场上有竞争关系的其他企业进行了调整，为了保持人才吸引力或不至于在人才竞争中处于劣势，企业才不得不进行调整。通过调查，企业可以了解竞争对手薪酬变化的信息，获得本企业与竞争对手在相同或相似岗位上的薪酬差异信息，了解它们的薪酬构成，包括货币薪酬的构成要素、非货币薪酬的构成要素以及各要素间的配比。

2. 为企业新岗位的薪酬定位提供依据

企业在业务发展壮大或进入新的市场、行业时一般会产生新的岗位，这些新的岗位都是关系到企业扩张战略能否成功的关键岗位。尽管通过内部岗位的价值分析企业可以给出满足薪酬内部一致性的薪酬标准，但如果这些标准与市场的标准，即满足薪酬外部一致性的薪酬水平有较大差异的话，企业根本招不到优秀的、能促使企业实现扩张战略的人才，因此只有通过薪酬调查了解相关企业类似岗位的薪酬水平、结构，才可能制定出有市场竞争力的人才价格，吸引到符合企业发展需要的人才。

3. 估计竞争对手的人力成本

企业的薪酬成本和其总成本密切相关，通常企业可以通过"薪酬成本＝雇员总数×（人均现金薪酬＋人均福利成本）"来对竞争对手的总体成本进行大致估计。而企业可以借助薪酬调查的结果对竞争对手的产品定价、利润水平等进行推测。

4. 为特定的人力资源问题提供解决方案

在实践中，有许多让企业管理者头痛的人力资源问题，如留不住人才、引不进人才、激励不了员工的积极性等。这其中很重要的原因是企业没有一个适合的薪酬水平及有激励作用的薪酬结构和薪酬政策。不同类型的员工有不同的薪酬分配偏好，企业需要在以资历和业绩还是工作能力为主要分配依据之间进行选择。薪酬调查给出了一个比较各种选择的结果，让企业重新审视自己的薪酬体系，实现效用最大化。

除上述功能之外，薪酬调查还可以帮助企业把握行业薪酬水平的变化趋势，帮助企业制定人力成本预算，了解其他企业在薪酬管理上的最新实践。换言之，薪酬调查为企业的薪酬决策提供重要的参考，为企业保留、吸引和激励员工提供依据，建立在薪酬调查基础上的经济合理的薪酬成本为保持企业产品的竞争力提供必要的保障。因此，企业愿意投入人力、物力和财力进行薪酬调查。

三 薪酬调查的内容

（1）国家宏观经济政策及国民经济发展的有关信息，包括国家财政政策、货币政策、消费者物价指标（CPI）、国民生产总值增长率等，这些信息对企业制定和调整薪酬政策都具有非常重要的作用。

（2）区域内同行业企业尤其是竞争对手的薪酬策略、薪酬水平、薪酬结构、薪酬构成以及变化情况，如果区域内没有同行业企业，可参照其他区域同行业企业。

（3）区域内同行业典型岗位市场薪酬数据，如果没有相应数据，可以调查区域内相关行业的薪酬数据，或者其他地区同行业的薪酬数据。

（4）上市公司有关薪酬数据调查分析，分析同行业上市公司员工薪酬水平，尤其是高层管理人员的薪酬水平。

（5）企业薪酬管理现状调查，调查员工对企业目前薪酬管理方面的意见和建议，了解员工对薪酬体系的哪些方面不满，从而为薪酬设计提供基础信息。

四 薪酬调查的基本程序

1. 确定调查目的

一般而言，调查的结果可以为以下工作提供参考和依据：整体薪酬水平的调整、薪酬差距的调整、薪酬晋升政策的调整、具体岗位薪酬水平的调整等。

2. 薪酬市场调查的范围（见表5-1）

表5-1 薪酬市场调查的范围

项目	内容	
确定调查的企业	一般来说，有以下几类企业可供调查时选择： （1）同行业中同类型的其他企业 （2）其他行业中有相似相近工作岗位的企业 （3）与本企业雇用同一类的劳动力，可构成人力资源竞争对象的企业 （4）在本地区同一劳动力市场上招聘员工的企业 （5）经营策略、信誉、报酬水平和工作环境均合乎一般标准的企业	
确定调查的岗位	应当遵循可比性原则，即选择被调查岗位时，应注重岗位之间在时间和空间多个维度上的可比性，被调查的岗位应在工作性质、难易复杂程度、岗位职责、工作权限、任职资格、能力要求、劳动强度、环境条件等方面与本企业需调查的岗位具有可比性	
确定需要调查的薪酬信息	与员工基本工资相关的信息	（1）应询问被调查对象在某一具体时期内的基本工资收入情况 （2）可以考虑要求被调查者填写被调查岗位的工资浮动范围，即工资跨度的最低值、最高值以及中间值
	与奖金相关的信息	调查者必须要向被调查企业询问他们在过去的一个财务年度内，对某类岗位人员所实际支付的奖金数额；还要询问被调查者所支付的奖金占该岗位基本工资的百分比，应当最大限度地将可能出现的各种年度现金支付形式都涵盖进去
	股票期权或影子股票计划等长期激励计划	股票期权已经逐渐取得了与基本工资、短期绩效奖励工资形式一样的地位，很多企业实行了员工持股计划，即使是对于一些普通的岗位，可能也需要询问被调查者是否实施了股票所有权计划

（续上表）

项目		内容
确定需要调查的薪酬信息	与企业各种福利计划相关的信息	采集被调查企业在福利开支方面的信息，对于全面掌握企业的薪酬水平具有十分重要的意义
	与薪酬政策诸方面有关的信息	除了直接薪酬和间接薪酬信息之外，调查者还应当调查询问一些有关企业薪酬政策、策略，以及薪酬管理实践方面的信息
确定调查的时间段		要明确收集的薪酬数据的开始和截止时间

温馨提示

岗位匹配的原则

1. "由上至下"的原则。一般来说，先把本公司高层级的职位和外部调研公司的标准职位进行匹配，然后以此类推到低级别的职位。

2. "由通用到特定"的原则。对于一些典型的、和市场上其他公司的工作内容差异不大的、比较通用的职位先进行匹配。如销售经理这样的职位，在各家公司的工作职责比较类似。先将这些具备代表性的职位进行匹配，然后拓展到具有本公司特色的职位。

3. 匹配工作内容，而非职位名称。职位匹配的过程，也称为"苹果对苹果"的比较。将同样工作内容的职位进行匹配，未来把薪酬信息放在一起，才有意义。

3. 选择调查方式

常用的调查方式如图5-1所示：

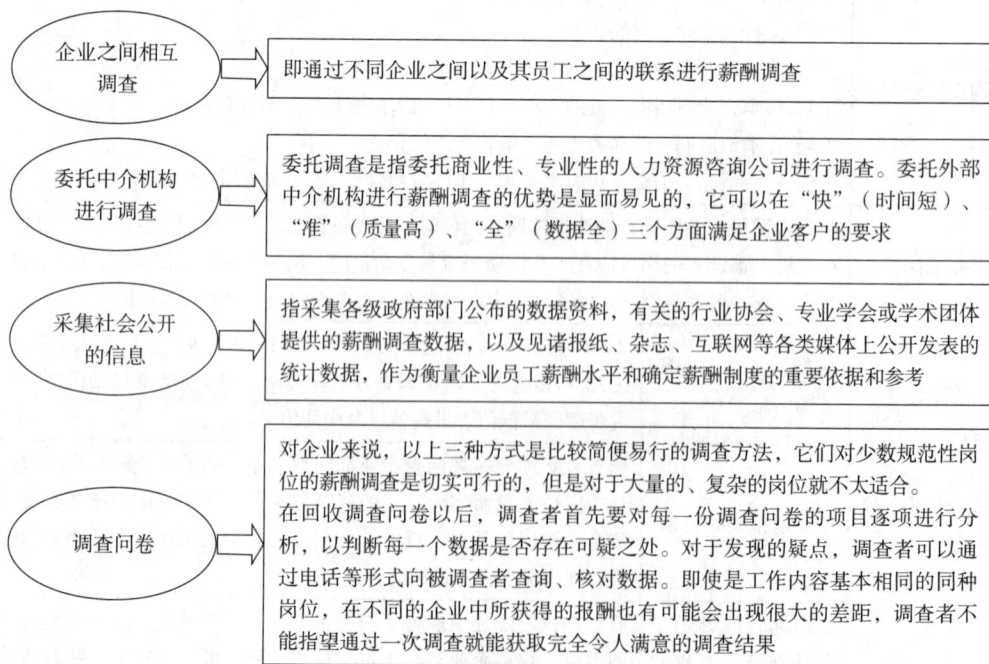

企业之间相互调查 ➡ 即通过不同企业之间以及其员工之间的联系进行薪酬调查

委托中介机构进行调查 ➡ 委托调查是指委托商业性、专业性的人力资源咨询公司进行调查。委托外部中介机构进行薪酬调查的优势是显而易见的，它可以在"快"（时间短）、"准"（质量高）、"全"（数据全）三个方面满足企业客户的要求

采集社会公开的信息 ➡ 指采集各级政府部门公布的数据资料，有关的行业协会、专业学会或学术团体提供的薪酬调查数据，以及见诸报纸、杂志、互联网等各类媒体上公开发表的统计数据，作为衡量企业员工薪酬水平和确定薪酬制度的重要依据和参考

调查问卷 ➡ 对企业来说，以上三种方式是比较简便易行的调查方法，它们对少数规范性岗位的薪酬调查是切实可行的，但是对于大量的、复杂的岗位就不太适合。
在回收调查问卷以后，调查者首先要对每一份调查问卷的项目逐项进行分析，以判断每一个数据是否存在可疑之处。对于发现的疑点，调查者可以通过电话等形式向被调查者查询、核对数据。即使是工作内容基本相同的同种岗位，在不同的企业中所获得的报酬也有可能会出现很大的差距，调查者不能指望通过一次调查就能获取完全令人满意的调查结果

图5-1 常用的薪酬调查方式

4. 薪酬调查数据的统计分析

在对调查数据进行整理汇总、统计分析时，可根据实际情况选取的方法见表5-2。

表5-2　薪酬调查数据的统计分析

方法		内容
数据排列法		薪酬调查数据的统计分析方法常采用数据排列法。先将调查的同一类数据由高至低排列，再计算出数据排列中的中间数据，即25%点处、中点（即50%点处）和75%点处，工资水平高的企业应注意75%点处，甚至是90%点处的工资水平，工资水平低的企业应注意25%点处的工资水平，一般的企业应注意中点工资水平
频率分析法		如果被调查单位没有给出某类岗位完整的工资数据，只能采集到某类岗位的平均工资数据。在进行工资调查数据分析时，可以采取频率分析法，记录在各工资额度内各类企业岗位平均工资水平出现的频率，从而了解某类岗位人员工资的一般水平
趋中趋势分析法	简单平均法	根据薪酬调查的数据，采用以下公式求出某类岗位基本工资额，作为确定本企业同类岗位人员工资的基本依据，公式为：$\bar{x}=\sum_{i=1}^{n}x_i/N$。式中，$\bar{x}$为薪酬调查数据的平均值；$x_i$为被调查的$i$企业的薪酬水平；$N$为被调查的企业总数
	加权平均法	在调查结果基本上能够代表行业总体状况的情况下，其经过加权的平均数更能接近劳动力市场的真实状况，公式为：$\bar{x}=\sum_{i=1}^{n}x_i \cdot f/\sum_{i=1}^{n}f_i$。式中，$\bar{x}$为薪酬调查数据的平均值；$x_i$为被调查的$i$企业的薪酬水平；$f$为被调查企业的员工数量
	中位数法	采用本方法时，首先将搜集到的全部统计数据按照大小次序进行排列，然后再找出居于中间位置的数值，即中位数，作为确定某类岗位人员工资水平的依据。该方法最大的特点是可以剔出异常值（即最大值和最小值）对于平均工资值的影响，但准确性明显低于前面的方法，它只能显示出当前劳动力市场平均薪酬水平的概况
离散分析法		是统计数据处理分析的重要方法之一，具体又包括标准差分析和四分位、百分位分析等几种方法。在薪酬调查分析中，经常采用百分位和四分位的方法，分析衡量统计数据的离散程度
回归分析法		是借用一些数据统计软件，如Excel或SPSS等所提供的回归分析功能，分析两种或多种数据之间的关系，从而找出影响薪酬水平、薪酬差距或薪酬结构的主要因素以及影响程度，进而对薪酬水平、薪酬差距或薪酬结构的发展趋势进行预测
图表分析法		是在对调查数据进行统计汇总以及对资料进行整理的基础上，首先按照一定格式编制统计表，然后制成各种统计图（如直线图、柱状图、饼状图、结构图等），对薪酬调查结果进行对比分析的一种方法

5. 撰写薪酬调查报告

薪酬调查报告应该包括薪酬调查的组织实施情况分析、薪酬数据分析、政策分析、趋势分析、企业薪酬状况与市场状况对分析以及薪酬水平或制度调整的建议。

温馨提示

薪酬市场调查问卷的设计

在设计调查问卷时，应将为实现目标所需要的所有信息设置在其中，然后请有关人员试填，以发现并解决调查表中存在的问题。一般而言，填写问卷时间不应超过半小时。设计表格的具体要求为：

（1）明确薪酬调查问卷要调查的内容，再设计表格，以保证表格满足它的使用目的。

（2）确保表格中的每个调查项目都是必要的，经过必要的审核剔除不必要的调查项目，以提高调查问卷的有效性和实用性。

（3）请一位同事来填写表格样本，倾听反馈意见，了解表格设计是否合理。

（4）要求语言标准，问题简单明确。

（5）把相关的问题放在一起，例如姓名、年龄、岗位名称、所属部门等。

（6）尽量采用选择判断式提问，尽可能减少表中的文字书写量。

（7）保证留有足够的填写空间（如考虑到一些人手写时字体较大）。

（8）使用简单的打印样式以确保易于阅读，当然也可以采用电子问卷，以便于统计分析软件处理。

（9）如果觉得有帮助，可注明"填表须知"。

（10）充分考虑信息处理的简便性和正确性。如果需要将表格中的调查结果转录到其他文件中，就应按照同样的顺序排列提问答案的选项，以减少抄录时的错误。

（11）如果在多种场合需要该信息，可考虑使用复写纸，以免多次填写表格。

（12）如果表格收集的数据使用OCR（光学字符阅读）和OMR（光学符号阅读）处理，这两种方法使信息可以自动读入计算机，表格则需要非常仔细地设计，保证准确地完成数据处理。

五 薪酬调查的方法

随着薪酬调查不断地发展并为企业所接受，薪酬调查的方法也不断发展，现在比较常用的有问卷调查法、面谈调查法、文献收集法和电话调查法等。每一种方法都有其优点和不足，企业可以根据自身的特点、调查的目的以及时间和费用等的要求采取不同的调查方法。

1. 问卷调查法

问卷调查法是通过向目标企业或个人发送事先根据企业自身需要而设计好的调查问卷，以书面语言与被调查者进行交流，来获取企业所需信息和资料的一种方法。它是使用频率最高的调查方法。

2. 面谈调查法

面谈调查法是调查者通过与调查对象面对面谈话来收集信息资料的方法，是获取信息的主要方法之一，也是常用的薪酬调查方法之一。

3. 文献收集法

文献收集法指通过查阅、收集、分析和综合有关薪酬调查的文献材料，以获取所需要的信息、知识、数据和资料的研究方法。这是一种比较简单易行的薪酬调查方法。

4. 电话调查法

电话调查是一种高效快速、操作方法简单的调查方式，通过电话可以与一个特定区域或整个国家范围内相关组织的薪酬管理人员进行快速联系，以获取所需要的数据和信息。电话调查法还可以用于澄清问题，以及快速获得其他方法遗漏的数据和信息。

【实例5-1】

某公司是一家电器销售公司，公司成立十余年来，不断发展壮大，逐渐成为了当地行业的龙头企业。这家公司经营成功的秘诀就在于十分重视员工薪酬信息的管理统计与分析，并能及时设计出较为科学合理的薪酬调查问卷，使员工能够清晰地了解自己在公司中的地位与价值，并利用薪酬的激励机制，将公司与员工之间的经济利益有机地结合起来，使公司与员工结成利益关系的共同体，从而促进公司的不断发展。

请问，采集薪酬信息的方法有哪些？

分析

获取薪酬信息是薪酬管理的基础工作，只有获取薪酬信息才能了解市场行情，才能使薪酬水平准确定位，避免过高或过低的薪酬支付，影响企业的运作成本或破坏企业的员工保留计划。薪酬调查是多数企业在薪酬改革或调整过程中所采用的一种了解劳动力市场薪酬行情，最终确定企业薪酬水平的常规方式。然而许多公司都实行了薪酬保密制度，从而为薪酬调查造成了很大障碍，并成为许多薪酬管理者所共同面临的难题。其实，除了常规的由公司自己操作的薪酬调查之外，其他一些渠道也可以提供比较准确的外部薪酬数据：（1）利用招聘收集信息；（2）离职分析；（3）人际关系网络收集；（4）标杆企业跟踪；（5）网络调查；（6）购买薪酬数据。

疑难解答

1. 企业该如何选择适合自己的调研公司呢？

企业需要重点关注以下两点：

（1）调研公司的资质。对于薪酬调研来说，企业需要了解这家咨询公司成立的时间，提供薪酬调研这项服务的时间。考察资质的目的就是了解这家公司的工作经验，再有就是了解这家咨询公司的调研范围。一般来说，全球性的咨询公司的实力会强一些，全国性咨询公司的实力会大于仅仅在一个城市进行调研的公司。

（2）调研顾问的资质。调研顾问的调研经验非常重要，调研顾问的合作口碑也很重要。薪酬调研工作是一个细致烦琐的过程，对每一个职位、每一个数据的处理，都需要顾问的经验和周到细致的态度。因此，企业有必要了解一下调研顾问的情况。

2. 开展薪酬调研时，我公司选择的是某著名国际薪酬调研公司的报告，但其报告的数据和我们了解的竞争对手的薪酬情况有明显的差距，因此部门所有人员都觉得数据不可信。这是为什么？

我们在选择一家公司的薪酬报告时，需要考察很多维度。对于一些著名的国际薪酬调研公司来说，他们的工作质量是有保障的。但是为什么会出现这种现象呢？我们需要回顾参加薪酬调研的根本目的——获得本公司人才竞争对手的薪酬信息。因此，有必要看一下这份报告中参加调研的公司情况，确认它们是否为我们需要外部对标的那些公司；然后，看一下我们获取的数据口径和本公司的数据口径是否一致；再次，思考一下本公司的薪酬定位，确定我们需要看薪酬调研报告的中位数还是其他分位数值，又或者是报告中的回归数值还是实际数值等。

3. 我公司第一次参加由薪酬调研公司组织的调研工作。拿到报告之后我们对于各种数据进行了分析，分析的结果和"理想感觉"相差很多。我们是否要组织开展定制化调研呢？

薪酬调研的结果有可能和我们的"感觉"有差异。薪酬管理人员在感觉有差异的时候，首先，要审视一下参加调研的公司名录，考虑是否需要进行一次半定制化调研；其次，也可以考虑参加其他薪酬调研公司组织的调研活动，获取更多的数据进行比较；最后，考虑组织完全的定制化调研。

4. 我公司希望获得某些公司的薪酬情况，但是有些公司始终不参加任何薪酬调研工作。即便是我公司邀请第三方咨询公司帮助组织定制化的薪酬调研，对方公司也不参加。这个时候应该怎么办？

某些大型公司，由于自身在行业的稳定地位，以及工资福利具备一定的吸引力，所以不喜欢参加薪酬调查工作。这个时候，公司薪酬管理人员可以采用这个行业的普遍数据来代表。

温馨提示

参加薪酬调查的自检问题

不论是参与或者购买标准报告，还是参与定制化调研，大家都应注意以下问题：

1. 劳动力市场是否合适

劳动力市场，即薪酬调研的地域和行业应与所调研的职务特征相符。

2. 哪些公司参与了薪酬调研

从理论上讲，参与调研的公司最好是本公司在人才、产品和市场等方面的竞争对手，从而确保未来本公司获得的外部薪酬数据更加可靠，使制定的薪酬方案能够更加具有外部竞争力。

3. 报告中是否明确了数据收集方法

这样可以让使用者了解调研信息的内容以及知晓信息是通过何种方式获取的，进而判断结果的准确性和可靠性。

4. 对职位的说明是否清楚

同样的职务名称，在不同的公司其工作内容可能会有很大差异，或者对任职者的素质要求差别很大。所以，购买和使用薪酬调研报告时，一定要注意是否包括所调研职位的职位说明书。同时，将其与公司相应的职位进行比较，两者的重叠度达到70%～80%时，才能利用该结果。

5. 职位层次是否清晰

调研结果与公司的职位类别划分可能不同，即使一样，职位类别包括的层级可能仍不一样。一定要注意报告中对职位层级的说明，如不完全一致，最好能参照、分析多个调查结果，最终明确本公司内部层级对应外部薪酬调研的层级。

6. 调研数据是否最新

从薪酬调研的策划、实施、数据处理到最后得出调研结果，历时越长，受外界环境的影响越大，数据的有效性就越差。因此，薪酬管理人员要使用最新的调研结果，如能使用不同时段的薪酬调研结果，效果会更好。

7. 是否报告了数据处理方法

即便是同样的数据，如果采用不同的统计方法，最终的结果也可能不一样。薪酬管理人员在使用薪酬调研结果的时候，一定要特别注意数据的统计处理方法。

8. 每年参加调研的对象是否一致

某些专业薪酬调研公司拥有比较稳定的参与调研的群体，往往可以通过纵向的、按照不同年代的分析找出薪酬的发展趋势。一般来说，薪酬调研公司实力越强，参加调研的公司就越稳定，这能在一定程度上降低因参加调研的公司经常变动而造成每年数据不稳定的概率。

第二节　人工成本及薪酬预算

一　人工成本

企业的人工成本，是指组织在提供产品或服务的过程中，使用劳动力而支付的所有直接费用和间接费用的总和。

直接费用包括工资总额和社会保险费用。间接费用包括员工招聘、员工培训等有关费用以及员工福利费用、员工教育经费、劳动保护费用、住房费用、工会经费和其他人工成本支出等方面的费用。

1. 员工工资总额

员工工资总额是指企业在一定时期内支付给本企业员工的全部劳动报酬的总和，包括工资、奖金、津贴补贴等所有货币形式的收入。

2. 社会保险费用

社会保险费用是企业和员工法定必须缴纳的为了解决员工未来某一时期生、老、病、死、伤残、失业等困难的费用。目前，普遍实施的社会保险有养老保险、工伤保险、失业保险、医疗保险和生育保险，其中养老保险、医疗保险、失业保险由单位和个人共同缴纳，而工伤保险和生育保险由单位缴纳。

3. 员工福利费用

员工福利费用主要用于员工的医药费、医护人员工资、员工探亲假路费、生活补助费、医疗补助费、独生子女费、托儿所补贴以及上下班交通费补贴等。

4. 员工教育经费

员工教育经费是指企业为员工学习先进技术和提高文化水平而支付的费用。

5. 劳动保护费用

劳动保护费用是指企业购买劳动防护用品的费用。

6. 住房费用

住房费用是指为改善职工住房条件而支付的费用，主要用于缴纳住房公积金、提供住房补贴、职工宿舍维护费用等。

7. 工会经费

工会经费是指为工会活动而支付的费用。

㈡ 人工成本分析

进行薪酬成本管理要正确判断企业目前的薪酬水平是否合理、薪酬成本是否在企业所能承受的范围内，以及薪酬成本未来发展变化趋势等，必须要有量化的指标准确地反映企业的薪酬支出状况，这是薪酬成本分析和成本控制的依据。

人工成本指标主要有水平指标、结构指标、投入产出指标和成本指数指标四种。

1. 水平指标

水平指标包括人均成本和单位产品成本两个方面，反映的是企业人工成本总量水平。

（1）人均成本

人均成本指一定时期内企业平均花费在每个员工身上的人工成本。计算公式为：

$$人均成本 = 报告期人工成本总额 \div 员工人数$$

人均成本反映出一定时期员工收入水平的高低以及企业薪酬政策在劳动力市场上的竞争力，人均成本水平是薪酬政策制定的重要依据。

（2）单位产品成本

单位产品成本指一定时期内生产制造单位产品中人工成本的多少。计算公式为：

单位产品成本＝报告期人工成本总额÷产品数量

单位产品成本反映的是企业产品人工成本水平状况，反映着产品在人工成本方面竞争力的强弱，单位产品成本是企业制定产品价格政策的重要依据。

2. 结构指标

结构指标包括两种：一是人工成本占产品总成本费用的比例；二是人工成本中各项构成比例关系，主要指工资成本占人工成本的比例。

（1）人工成本占总成本费用的比例

人工成本占总成本费用的比例是企业、行业以及国家间商业竞争的重要指标，因为价格是商品竞争中最重要的因素，而商品价格一方面由供需影响，另一方面由产品成本影响，在同等产品质量情况下，人工成本在总成本费用中所占比例的高低决定着公司产品的竞争力。计算公式为：

人工成本占总成本费用的比例＝（报告期人工成本总额÷报告期内产品成本费用总额）×100%

其中，产品成本费用总额是指企业为生产、经营商品或提供劳务过程中所发生的各项支出，包括产品成本、销售费用、管理费用、财务费用以及其他业务支出。

（2）人工成本各项构成间的比例关系

人工成本由工资总额、社会保险费用以及其他间接费用构成，一般情况下，社会保险费用是工资总额的30%左右，而与招聘、培训有关的间接费用所占的比例，不同的公司差别很大。工资总额占人工成本的比例是非常重要的指标，计算公式为：

工资总额占人工成本比例＝（报告期工资总额÷报告期内人工成本总额）×100%

3. 投入产出指标

人工成本投入产出指标采用人工成本利润率、劳动分配率、收入人工成本率来表示。

（1）人工成本利润率

人工成本利润率＝（报告期企业利润总额÷报告期内人工成本总额）×100%

人工成本利润率的变动趋势反映着企业经营环境的变动趋势，如果人工成本利润率下降，说明可能存在两个方面的问题：一方面是产品盈利能力下降，另一方面是人工成本上升较快。人工成本利润率的持续下降意味着产品竞争力的下降，也意味着企业盈利能力的下降。企业应该采取针对性措施解决这个问题。

（2）劳动分配率

劳动分配率是企业人工成本占企业增加值的比重，企业增加值指企业创造的价值，主要由折旧、税收净额、企业利润、劳动者收入等四部分组成，它是反映企业人工成本投入产出水平的指标，也是衡量企业人工成本相对水平高低的重要指标。计算公式为：

劳动分配率＝（报告期内人工成本总额÷报告期内企业增加值）×100%

劳动分配率表示企业在一定时期内新创造的价值中有多少比例用于支付人工成本，它反映分配关系和人工成本要素的投入产出关系。通过对同一企业不同年度劳动分配率的比较，以及同一行业不同企业之间劳动分配率的比较，分析人工成本相对水平的高低及变化趋势，这对企业薪酬决策具有重要意义。

劳动分配率过高则表示两种情形：一是相对企业增加值而言，人工成本过高（不是因为人均成本过高，就是因为人员太多、浪费严重）；二是人工成本若仅达到一般水平，则表明企业增加值也就是企业创造的价值过少。

理想的状况是，企业各年度劳动分配率大致保持不变，而分子上的人工成本与分母上的企业增加值同步提高。

温馨提示

企业增加值的计算方法

企业增加值计算有两种方法：相加法和扣减法。

相加法：企业增加值＝利润＋人工成本＋其他形成附加价值的各项费用＝利润＋人工成本＋折旧摊销＋税收＋财务费用＋租金

扣减法：企业增加值＝销售收入净值－外购成本＝销售收入净值－（直接原材料＋购入零配件＋外包加工费＋间接费用）

（3）收入人工成本率

收入人工成本率反映人工成本占销售收入的比率。计算公式为：

收入人工成本率＝报告期内人工成本总额÷同期销售收入总额×100%

收入人工成本率反映企业人工成本耗费和经营收入的比例关系，它是衡量企业盈利水平和成本水平的一个综合指标。收入人工成本率越低，表明企业控制人工成本支出的能力越强，经营效率越高。

4. 成本指数指标

成本指数指标包括工资总额增长率、人工成本总额增长率和人均成本增长率。

（1）工资总额增长率

工资总额增长率＝（报告期内工资总额－上一期间工资总额）÷上一期间工资总额×100%

（2）人工成本总额增长率

人工成本总额增长率＝（报告期内人工成本总额－上一期间人工成本总额）÷上一期间人工成本总额×100%

（3）人均成本增长率

人均成本增长率＝（报告期内人均成本－上一期间人均成本）÷上一期间人均成本×100%

温馨提示

"总人工成本""年度总基本月薪""年度总现金"口径的使用

从工作实践看，有些公司倾向于采用"总人工成本"来对标外部市场的数据。这样做的好处是，能够控制公司的整体薪酬福利成本。但是，在很多细节上不容易获得满意的外部数据。

为此，更多公司把薪酬和福利两个维度分开。薪酬方面用"年度总现金"这个口径来定义薪酬水平；福利方面的定义可以参考外部市场的福利项目。

这样的做法比较简明扼要，突出了年度总现金的概念。并且，薪酬管理人员可以根据公司内部管理导向，灵活调整基本月薪、固定津贴以及目标奖金之间的关系。但这样做的缺点是，忽视了外部市场上固定薪酬、固定津贴以及奖金的比例关系。例如，一般在销售人员的薪酬结构中，总是浮动薪酬偏高、固定薪酬偏低，如果内部薪酬设计违背了这个特点，企业可能会在销售人员的招聘、保留和激励方面产生问题。

为了弥补仅仅分析年度总现金的不足，很多公司会同时分析"年度总基本月薪"。这样做的好处是，既看到一个职位总体的年度总现金成本，又看到固定部分的工资状况，从而确保固浮比符合市场趋势。

三 薪酬预算

薪酬预算是财务预算的一个重要组成部分。薪酬预算是指组织在薪酬管理过程中进行的一系列人工成本开支方面的权衡和取舍。

1. 薪酬预算目标

（1）使人工成本的增长与企业效益增长相匹配

通过人工成本的适当增长，可以激发员工的积极性，促使员工为企业创造更多价值。

在企业人工成本变动过程中，一般会出现企业投入的边际人工成本等于企业获得的边际收益的状态。薪酬预算就是要找到这个均衡点，在使劳动者薪酬得到增长的同时，使企业获得的收益最大化。

（2）将员工流动率控制在合理范围

员工流动率过高，员工缺乏忠诚度，没有安全感；员工流动率过低，员工工作缺少压力，工作缺乏积极性，企业缺乏创新精神。因此，薪酬预算要考虑使员工流动率保持在合理范围内。

（3）引导员工的行为符合组织的期望

通过薪酬政策，鼓励组织期望的行为以及结果；通过薪酬结构以及薪酬构成的调整，体现公司对某序列、层级岗位人员的重视，从而体现组织发展战略变化；通过对组织期望行为的激励，鼓励大家向着组织期望的目标努力。

如果企业在变动薪酬或绩效薪酬方面增加预算，而在基本薪酬方面控制预算的增长幅度，根据员工的绩效表现进行激励，那么员工就会重视自身职责的履行以及高绩效水平的达成，这样就达到了组织期望的目标。

2. 薪酬预算需要考虑的因素

（1）企业外部环境变化

在制定薪酬预算时，企业应详细分析外部劳动力市场价格变化情况、消费者物价指数变化、国家社会保障政策变化以及外部环境对企业经营业绩影响等多方面因素。劳动力市场价格变化会反映到固定薪酬预算方面；国家社会保障政策变化会反映到社会保险费用预算方面；消费者物价指数变化以及企业外部经营环境的变化会对工资总额预算有比较大的影响。

在薪酬总额预算受到限制的情况下，企业管理者必须权衡人工成本在工资、社会保险费用以及招聘、培训等其他方面费用的分配，不同的分配倾向体现公司人力资源管理工作重心的变化。

（2）企业内部因素

薪酬预算还应着重考虑企业内部因素的影响，包括历史薪酬增长率和企业目前的支付能力。企业应该保持历史薪酬增长率的稳定，尤其是保持人均平均薪酬增长率稳定，不能突然大幅度增长，最好是各年度稳定增长，这样才能充分调动员工的积极性。企业制定薪酬预算应关注劳动分配率的变化，应使劳动分配率基本保持稳定。企业创造的增加值增加，意味着薪酬支付能力提高；企业创造的增加值减少，意味着薪酬支付能力降低。

【实例5-2】

某公司使用的年度薪酬预算审批表见表5-3。观察此表，分析这家公司的薪酬预算是如何得出的。

表5-3　某公司的年度薪酬预算审批表

外部市场数据			某公司策略		
CPI/GDP	咨询公司的预测	竞争公司数据	业绩调整预算	晋升预算	特殊预算
CPI=3.5% GDP=6.7%	A公司的预测：上海市全行业=5.6% B公司的预测：4.8%	XXX：5.0% YYY：5.5%	5.0%	1.0%	1.0%

分析

从上表中，我们看到这家公司的薪酬预算是在参考了外部情况之后，结合内部薪酬预算分析结果得出的。

这个表格分为以下两部分：

一是外部市场数据。考察了当地的通货膨胀情况、外部咨询公司预测的薪酬变化，以及获得的竞争对手的薪酬调整情况。

二是内部薪酬调整策略。通过内部的测算分析，把本公司需要的预算在几个因素内进行分配。

温馨提示

制定薪酬预算前的关键问题

在制定企业薪酬预算的过程中，需要对下列几个直接相关的关键问题进行思考：

1. 什么时候调整薪酬水平

这个问题密切影响着企业的劳动力成本。调薪的时间不同，同样的调薪方案给企业带来的经济压力也不同。

2. 对谁调整薪酬水平

这个涉及调薪方案的参与率问题。在企业加薪总额一定的情况下，参与加薪方案的员工越多，每个员工可得到的加薪幅度越小。通常情况下，刚进入企业的员工是不会马上被加薪的，根据企业政策的不同，加薪的等待期也会有所不同。

3. 企业人员数量的变动是何时出现的

企业员工人数的多少对企业的整体薪酬支出水平影响极大。薪酬总额一定的情况下，当员工人数增加或者流动频繁的时候，组织的平均薪酬水平可能会随之降低。但是，在不同的时间对员工人数进行调整，对企业所产生的影响也是不同的。

4. 员工的流动状况如何

对各个部门的预期流动率进行估计往往比较困难，但根据市场情况和历年经验对企业整体的流动情况进行评估会简单一些。按照预估出来的流动水平，结合流动效用进行考虑与判断，可以在很大程度上增加企业薪酬预算的准确性和时效性。

5. 企业内的职位状况发生了哪些变化

能够对企业内部的职位状况产生影响的因素很多。因此，在制定薪酬预算时，应综合考虑企业内部职位发生的整体变化。

3. 薪酬预算编制过程

企业在编制薪酬预算时，首先应该对公司面临的外部环境和内部条件有充分的掌握与分析，这样可以清楚地知道企业目前的状况、竞争对手的动向以及面临的挑战和机遇，只有这样，才能比较准确地预算需要支付的人工成本。企业常用的薪酬预算方法包括自上而下法和自下而上法，以及这两种方法的综合应用。

（1）自上而下法

自上而下法是通过对企业经营数据（销售收入、企业增加值等）做出预测，结合企业人工成本历史数据，分析企业面临的环境和条件，对年度人工成本做出预测，并将人员配置及人工成本分解到各部门。

在企业经营比较稳定的情况下，通过收入人工成本率以及劳动分配率来预算人工成本比较简单、易行。

如果企业经营业绩不佳，可以参考行业数据来进行薪酬预算，在这种情况下，企业收入人工成本率以及劳动分配率都会高于行业水平，因此用行业数据来进行预算得出的数值将小于用企业数据得出的数值。这样会给各级管理者带来一定压力，因此一定要制定有效的激励措施，提高员工的积极性，从而促使企业取得较好的效益；否则可能会造成员工不满，不仅不能改善企业管理，可能还会使企业业绩进一步下滑。

（2）自下而上法

自下而上法是各部门根据企业制定的经营目标，提出本部门人员配置数量及薪酬水平；人力资源部门根据劳动力市场状况、企业内部条件、物价上涨水平等各方面因素对薪酬水平的影响，综合确定公司人均薪酬增长率，依据相关经营数据及各部门提交的建议，确定各部门的人员配置和薪酬水平，通过汇总各部门数据，得出公司整体的薪酬预算。

实践中，企业薪酬预算编制过程都是自上而下和自下而上的结合，只有坚持企业发展战略导向，将企业目标层层分解，同时充分尊重各级管理者和员工的意见与建议，企业才能对外部环境以及内部条件有更清楚的认识，这样的预算才更切合实际，才能被广大员工理解和接受，才能得到切实、有效的执行。

温馨提示

调薪矩阵的设定

调薪矩阵就是在有限的薪酬调整预算中，科学、合理地分配预算，确保薪酬调整的结果符合公司薪酬管理哲学的思路，实现财务资源的最优分配。调薪矩阵的总体工作原理是薪酬调整向高业绩且低工资的员工倾斜，这样就形成了调薪矩阵。

调薪矩阵是为了按照员工的业绩水平和薪酬水平分配预算，防止薪酬调整变成"大锅饭"。薪酬管理人员需要根据本公司的实际情况，预先计算出调薪矩阵里面的具体数字。

薪酬调整预算通常分为绩效调薪预算、晋升预算和特殊预算三个部分。我们计算调薪矩阵的比例，通常是计算绩效调薪预算的比例，晋升预算和特殊预算需要单独测算。

四 薪酬总额确定

企业人工成本总额可以根据销售收入净额、企业增加值、盈亏平衡以及综合效益等来确定，分别称为销售净额法、劳动分配率法、盈亏平衡点法和工效挂钩法。

1. 销售净额法

销售净额法是根据对市场销售收入的预测，分析企业收入人工成本率变化趋势，并参考同行业相关数据，确定企业人工成本总额的一种方法。计算公式为：

$$人工成本总额 = 预期销售收入净额 \times 收入人工成本率$$

一般情况下，企业做薪酬预算时，收入人工成本率应稳定在合理的水平，人工成本总额的增加反映在员工人数增加和人均人工成本增加两个方面，首先应确定新年度所需员工人数，那么上述公式可以表达为：

$$人均人工成本＝人均销售收入净额×收入人工成本率$$

人均人工成本的增长率应该和人均销售收入的增长率保持一致。

2．劳动分配率法

劳动分配率法是根据对企业增加值的预测，分析企业劳动分配率变化趋势，并参考同行业相关数据，确定企业人工成本的一种方法。计算公式为：

$$人工成本总额＝预期企业增加值×劳动分配率$$

一般情况下，企业做薪酬预算时，劳动分配率应稳定在合理的水平。人工成本总额的增加反映在员工人数增加和人均人工成本增加两个方面，首先应确定新年度所需员工人数，那么上述公式可以表达为：

$$人均人工成本＝人均企业增加值×劳动分配率$$

人均人工成本的增长率应该和人均企业增加值的增长率保持一致。

3．盈亏平衡点法

盈亏平衡点法是依据盈亏平衡点及安全赢利点确定企业人工成本总额的方法，如图5-2所示。

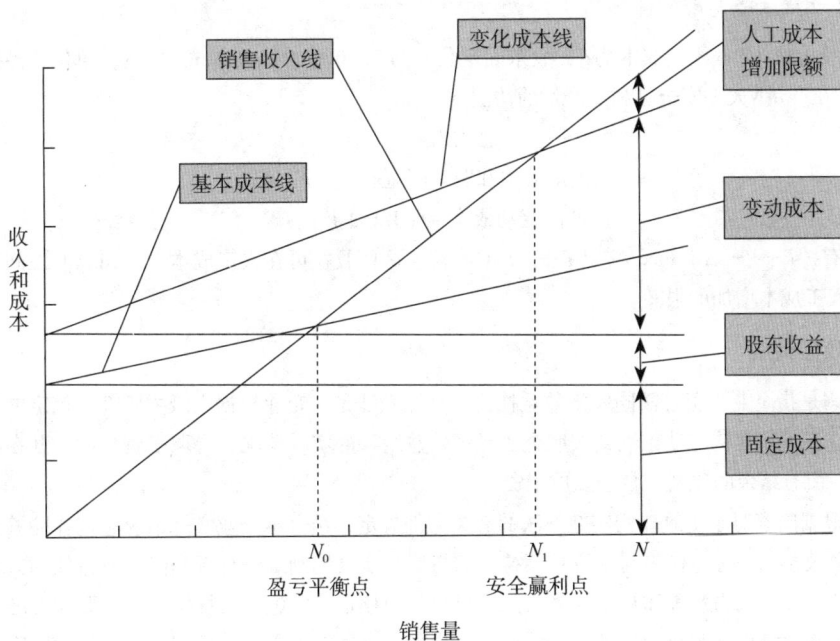

图5-2 盈亏平衡点法

（1）盈亏平衡点

处于盈亏平衡点时：

$$销售收入＝产品成本＝产品固定成本＋产品变动成本$$

为便于表达，用以下符号表示：

P——单位产品售价；

N——产品数量；

F——产品固定成本；

V——单位产品变动成本。

上述式子可以表达为：$P \times N = F + V \times N$

由此可得盈亏平衡点的销量为 $N = \dfrac{F}{P-V}$，"$P-V$"是单位产品收益，盈亏平衡点的含义是产品销售收益达到弥补固定成本的数量就能达到盈亏平衡。

盈亏平衡点的销售收入 $= P \times N = P \times \dfrac{F}{P-V} = F \div \dfrac{P-V}{P}$，其中"$\dfrac{P-V}{P}$"是产品收益率。

（2）安全赢利点

安全赢利点考虑除了弥补固定成本开支外，还要给予股东一定的固定收益保证，以及考虑单位变动成本变化因素（股东提成、人工成本增加等）。假设需要给予股东的固定收益为 E，单位产品成本变动 ΔV，则安全赢利点公式为：

$$安全赢利点的销售数量 N_1 = \dfrac{F+E}{P-(V+\Delta V)}$$

$$安全赢利点的销售收入 = P \times N_1 = P \times \dfrac{F+E}{P-(V=\Delta V)}$$

$$单位产品成本变动量 \Delta V = -V \dfrac{P \times N_1 - (F+E)}{N_1}$$

（3）人工成本最大增加额

假设产品价格为 P，固定成本为 F，股东固定收益为 E，单位产品变动成本为 V，单位产品变动增加值为 ΔV，在产量 N 大于安全赢利点产量的情况下：

$$总收入 = P \times N$$

$$固定成本和股东固定收益 = F+E$$

$$产品变动成本 = (V+\Delta V) \times N$$

那么将有 $(P-V-\Delta V) \times N - (F+E)$ 的收益，这些收益可在人工成本、公司利润之间进行分配，当然这也是人工成本增加的限额。

4. 工效挂钩法

工效挂钩是指企业工资总额同经济效益挂钩。具体做法是：企业根据上级主管部门核定的工资总额基数、经济效益基数和挂钩浮动比例，按照企业经济效益增长的实际情况，提取工资总额，并在国家指导下按以丰补歉、留有结余的原则，合理发放工资。

企业应根据国家对于工效挂钩实施办法的有关文件规定，结合本企业实际情况，选择能够反映企业经济效益和社会效益的指标，作为与工资总额挂钩的指标，认真编制工资总额同经济效益挂钩方案，报上级主管部门审核，并经人力资源和社会保障部门、财政部门核定。实施工效挂钩的企业要在批准下达的工资总额基数、经济效益指标基数和浮动比例的范围内，制定具体实施方案，按照分级管理的原则，核定所属企业各项指标基数和挂钩方案。

企业实行工效挂钩法，应坚持工资总额增长幅度低于本企业经济效益（依据实现利税计算）增长幅度、职工实际平均工资增长幅度低于本企业劳动生产率（依据净产值计算）增长幅度的原则。

温馨提示

工效挂钩法相关指标的计算公式

工资总额增长幅度 =（本年度提取并实际列支的工资总额÷上年度提取并实际列支的工资总额－1）×100%

实现利税增长幅度 =（本年度实际实现利税÷上年度实际实现利税－1）×100%

　　职工平均工资增长幅度＝（本年度提取并实际列支的平均工资÷上年度提取并实际列支的平均工资－1）×100%

　　职工平均工资＝实际提取并列支的工资总额÷平均职工人数

　　劳动生产率增长幅度＝（本年度劳动生产率÷上年度劳动生产率－1）×100%

疑难解答

　　1. 薪酬是每年普调（普遍调整）好，还是考核后根据业绩个别调整好？

　　调薪是成熟企业每年都要进行的"必修课"。但是，这个调整并非完全的普调。调薪一般包括业绩调薪预算、晋升预算、特殊预算三个部分的预算。每一部分预算的使用都是和业绩相关的。当然，随着现在越来越多快速发展型公司的出现，很多公司面临人才保留的压力。有的公司采用半年调整工资的频率；有的公司采用没有规律的调薪节奏，所有薪酬调整都是基于部门预算、员工业绩、人才保留的目的来执行的。可以看到，最后一种模式在操作上最具灵活性，但是也会由于管理者的主观原因最具随意性。

　　2. 公司每年工资普调的比例多少为宜？

　　工资调整预算的分配受到很多因素的制约，如外部人才市场的竞争压力、公司经营战略、公司财务盈余等。因此，不能简单地说调整多少为宜，工资的调整要以是否满足公司薪酬管理战略为目的。

第三节　薪酬支付与成本控制

一　薪酬计算支付

　　薪酬计算支付包括各种假期薪酬如何计算、薪酬发放形式以及是否保密等有关方面的内容。各种假期薪酬计算主要包括两方面内容：加班薪酬计算和缺勤薪酬计算。

1. 加班工资计算

　　加班工资计算问题，国家对工作日延长工作时间、休息日工作、法定休假日工作加班工资标准都有明确规定，即分别支付不低于工资1.5倍、2倍、3倍的报酬。但实际上，关键问题是如何界定工资基数问题。根据目前实际情况，确定加班工资基数一般依据以下原则：

　　（1）按照劳动合同约定的劳动者本人工资标准确定。

　　（2）劳动合同没有约定的，按照集体合同约定的加班工资基数以及休假期间的工资标准确定。

　　（3）劳动合同、集体合同均未约定的，按照劳动者本人正常劳动应得的工资确定。

　　需要注意的是，依照以上几个原则确定的加班工资基数以及各种假期工资，不得低于当地政府规定的最低工资标准。

　　对于实行月工资制的企业，应将月工资折算为日工资。

2. 缺勤工资、奖金计算

　　缺勤包括三种情况：第一种是符合国家规定的假期，如计划生育假、产假、婚丧假、工伤假、探亲假、带薪假期等；第二种是出于个人原因且经批准的，如事假、病假；第三种是出于个人原因而未经批准的，如旷工等。

针对第一种情况，国家、省、市都有相应规定，但如何确定工资基数是同样存在的问题，不同的地区有不同的规定，但假期工资不能低于最低工资标准是最基本原则。

针对第二种情况，关于事假，可以全额扣除所有工资，但在企业操作中，根据企业文化特征和薪酬计算方便性，一般扣除固定工资、绩效工资、奖金、补贴的全部或部分；对于病假，国家和地方也有相应制度规定，长期病假薪酬问题是非常棘手的问题，因为长期患病员工一般生活比较困难，较少发放薪酬会对其生活带来严重影响，因此大部分公司都给予病假员工较多关照，但问题是如果不能严格执行病假批准程序，可能会被某些懒散员工所利用，小病变大病，长期泡病号，这样会给企业带来严重的负面影响。

针对第三种情况，关于旷工怎么扣工资，法律没有明确规定，一般由企业自行掌握，根据制度执行，但企业薪酬制度应得到员工认可及在劳动局备案。另外，不同所有制企业关于旷工的处理也不尽相同。

温馨提示

薪酬支付的依据

在人力资源管理实践中，企业往往会根据员工对组织的价值和贡献来支付其薪酬。这种价值和贡献既能够以员工的业绩来衡量，也能够通过员工的能力或职位来体现。

1. 绩效

以绩效作为薪酬支付依据就是根据员工在岗位上体现的业绩水平和价值贡献大小确定其薪酬支付，主要适用于产出周期短和绩效便于考核、量化的岗位，如一般的生产、销售岗位。

2. 职位

以职位作为薪酬支付依据是指根据职位对组织战略与目标实现的贡献程度大小来确定员工的薪酬支付，适用于产出周期短和绩效难以考核、量化的岗位，如普通的职能管理岗位。

3. 能力

以能力作为薪酬支付依据是指在薪酬水平的确定上，主要考虑员工自身所具备的工作和企业发展所需的知识、能力和经验的多少及相对重要性。一般适用于产出周期长、技术含量高、绩效难以考核的岗位，如基础研究岗位、技术开发岗位等。

---

3. 薪酬支付时机的选择

对于薪酬支付的时机，不同的员工会有不同的心理需求；同一员工由于年龄的增长、经济状况的改变、企业经营环境变化等因素的影响，对薪酬支付的时机也会有不同的偏好。选择支付时机，一般要考虑以下几个因素：

（1）员工年龄因素的影响

研究表明，人的主观感觉会随着年龄的增长而变快，对于同一个单位时间，年轻人感觉过得慢，而年长的员工感觉过得快。另外，年长员工一般比年轻员工忠诚度高，经济状况会好一些。因此，对年轻员工必须及时支付，无论是发放奖金还是其他激励措施，都应及时进行激励；而对年长员工，根据情况，可以一定程度地延时支付。

在薪酬管理实践中，年长员工大部分比较认可年终发放奖金，而年轻员工一般对这种方式不认可。主要原因是：年长员工对年终奖金的预期比较肯定，认为一定会得到这笔奖金，同时年底发放数额较大，相当于平时省下来这笔钱；年轻员工不认可的理由是，他们不确信年底能否得到这笔钱，同时平时收入少或入不敷出，这也迫使年轻员工希望能及时兑现奖金。

（2）员工不同知识水平的影响

员工的知识水平、心理素质、人生价值观不同，对于薪酬的认识和感受也不一样。对于职务较高、自制力强、知识水平较高的员工，可以采取延时支付，因为频率过高而强度不大的激励对他们的激励作用不是很大；而对于心理素质较差、工作积极性不高的低层级岗位员工，应该采取及时激励。

（3）根据企业的需要选择不同的时机

在绩效工资制实施中，绩效工资、奖金发放周期是很重要的问题。发放周期的选择一般需要考虑两方面因素：一方面是发放周期受到绩效考核周期的制约；另一方面是不同发放周期对个人所得税计算的影响。

对于发放周期和考核周期的关系，有三种处理方法，应根据企业实际情况选用。一是绩效考核后发放；二是按月度预发，绩效考核后多退少补；三是将上一考核期间的考核结果作为下一考核期间绩效工资计算、发放的依据。

对于个人所得税问题，国家有关税法规定，纳税人取得全年一次性奖金收入，单独作为一个月工资、薪金所得计算；将雇员当月内取得的全年一次性奖金除以12个月，按其商数确定适用税率和速算扣除数；全年一次性奖金的计税办法对每个纳税人一个纳税年度内只允许采用一次；雇员取得除全年一次性奖金以外的其他各种名目奖金，如半年奖、季度奖、加班奖、先进奖、考勤奖等，一律与当月工资、薪金收入合并，按税法规定缴纳个人所得税。

根据该条款的规定，对于薪酬水平较高的员工：

①年末大比例发放奖金对减少所得税负担是有利的，最佳比例为20%～40%。

②大量发放季度奖金是不利的，应该将季度奖金平均分配到月度中。

③企业在发放奖金的过程中应该注意，避免出现"多发钱少拿钱"的情况，这种情况指的是虽然增加了奖金发放，但由于应缴税款增加得更多，拿到手的钱反而更少了。

4. 薪酬保密策略

企业为员工支付薪酬的方式包括保密式和公开式两种。

企业支付薪酬采取保密形式，其目的是通过将薪酬数据信息保密，来减少员工在薪酬分配方面的矛盾，避免使员工感到不公平。但是这种方法往往会起到相反的效果，越是保密员工越是猜疑，从而引起员工的不公平感。

采取薪酬公开政策的企业往往强调公平、公正、公开原则，注重内部公平和外部公平，公开式薪酬可以将有关信息传达给员工，实现薪酬的激励作用。

企业到底应该实行薪酬保密制度还是薪酬公开制度，应该根据企业的实际情况来确定。从理论上讲，薪酬公开是追求过程公平，但过程公平发挥作用的前提是能实现结果公平，如果结果不公平，过程公平将失去意义。

如果企业薪酬管理、绩效管理水平都较高，能做到薪酬的内部公平和外部竞争性，实行薪酬公开制度无疑是正确的；但如果企业基础管理水平较差，没有系统的绩效考核系统支撑，同时员工内部收入差距还比较大，这种情况就应该实行薪酬保密制度。

需要注意的是，对薪酬公开应该有正确认识，薪酬公开并不是薪酬制度、各岗位薪酬数据都公开，因为薪酬是公司最核心的机密，薪酬公开只是相对的。一般情况下，员工可以知道相关岗位员工薪酬大致范围、本岗位薪酬数据及晋级空间，至于其他无关岗位员工薪酬是没必要知晓的。

薪酬公开更应在薪酬计算和发放环节，本部门所有员工绩效考核等级以及绩效工资数额、奖金数额都应使大家互相知晓，以激励业绩优异者，鞭策业绩低下者。

温馨提示
保密薪酬给人力资源管理者带来的好处

目前很多企业采取薪酬保密制度，说明薪酬保密有其合理性，是适合其企业现状的。保密薪酬在以下几个方面给人力资源管理者带来了好处：

（1）能给管理者以更大的自由度，他们不必为所有的工资差异做出解释。

（2）实行薪酬保密制度，可以拉开较大的薪酬差距而不至于引起不满意，有利于人员的稳定和公司的发展。

（3）对收入低和绩效差的员工，避免薪酬公开使他们感到难堪。

二 薪酬成本控制

企业存在的目的就是创造价值、实现利润，因此对成本包括人工成本进行控制是非常必要的。在进行薪酬成本控制时，一方面要加强对薪酬制度执行情况的监控，保证企业所有员工都按照公司薪酬制度计付薪酬，不能存在超标准发放薪酬现象；另一方面，企业在进行薪酬设计时，要考虑以下几方面因素：

（1）企业应密切关注人力资源市场变化情况，建立关键岗位市场薪酬数据库，根据市场薪酬变化及时对公司薪酬进行调整，以保持薪酬的竞争性；对关键岗位人员以及公司急缺岗位人员采取竞争性薪酬策略，对低层级岗位员工采取与市场薪酬水平相同的策略。

（2）企业应该实行业绩导向的薪酬制度，增加绩效工资及奖金比重，减少固定工资和津贴补贴项目；将员工薪酬与个人、部门以及公司整体业绩联系起来，在对员工实现激励作用的同时，将员工的收入与公司整体效益相联系，一方面增强员工的主人翁责任感，使员工与公司命运休戚相关，另一方面在企业效益处于低谷时，能实现一定程度的人工成本控制。

（3）正确理解内部公平的含义，通过薪酬体现岗位的差别，调动员工积极性，促使员工创造更大价值；优化岗位配置，建立竞聘上岗机制，使员工"能上能下"，大幅减少人工成本，同时给予员工一定压力，保持工作积极性。

（4）人工成本控制绝不意味着对所有人员、所有岗位都进行控制，人工成本控制应该站在投入产出的角度，对公司价值创造做出突出贡献的人员，一定要给予充分激励，成本控制主要是对公司价值创造贡献小的人员和岗位。

（5）人工成本控制不仅重视工资、社会保险等直接人工成本，对于招聘、培训、解聘员工等方面的间接成本也要控制，招聘一个员工成本很大，而解聘一个不合格员工往往也要付出很大成本，因此要加强招聘、培训以及合同管理工作，提高这些方面的工作效率对公司人工成本控制具有非常重要的意义。

温馨提示

中国版"限薪令"

2009年，在世界金融危机的大环境下，我国的GDP增长速度日渐趋缓，大多数的企业利润急剧下滑，然而国有企业却频频爆出经营者天价薪酬事件，引起社会公众的质疑。同年2月，财政部出台《金融类国有及国有控股企业负责人薪酬管理办法》；同年9月，人力资源和社会保障部等六部门联合出台《关于进一步规范中央企业负责人薪酬管理的指导意见》；2010年2月，财政部进一步以"财金〔2010〕10号"文下发《财政部关于印发中央金融企业负责人薪酬审核管理办法的通知》；紧接着，银监会发布《商业银行稳健薪酬监管指引》，对银行业高管薪酬予以规范。这一系列政策的出台，在社会上霎时兴起了一股谈论国企高管薪酬的风潮，于是各种舆论此起彼伏。与时任美国总统奥巴马所颁布的"限薪令"对比，这一系列限制高管薪酬的政策也被大众称为中国版的"限薪令"，大家都对此举非常关注。这些条例明文规定，金融国企高管的薪酬由基本年薪、绩效年薪、福利性收入和中长期激励收益构成。基本年薪最高为70万元，最低为5万元。绩效年薪与企业绩效评价结果挂钩，控制在基本年薪的3倍以内。

？ 疑难解答

1. 哪种薪酬支付依据最好？

不同的薪酬支付依据有各自的优缺点和适用范围，不同的企业和岗位具有不同的特点，因此并不存在"哪种薪酬支付依据最好"的说法。由于企业内部职位的多样性和工作的复杂性，在实际的应用中，企业的薪酬支付可能同时反映了绩效、职位或能力中的一个或多个要素，而非单一地使用其中一个作为薪酬支付依据。

2. 能否做到工资绝对保密？

实行工资保密制度是企业的普遍做法，但工资的绝对保密是很难做到的，只能做到相对保密。虽然无法避免，但对于企业来说工资还是得要求保密。

对于工资保密公司规章制度中可规定：任何员工不得公开或私下询问、讨论其他员工的薪酬。一经发现，第一次取消3个月的绩效工资，第二次取消年终奖资格，第三次直接给予解除劳动合同。这只是一种说法，各个企业可具体制定规则。这在员工入职培训时就应重点强调，并且讲明这也符合《中华人民共和国劳动合同法》的规定，可留下培训签名记录，以提示不要触碰"红线"。

第四节　薪酬调整

一　薪酬水平调整

薪酬水平调整是指在薪酬结构、薪酬构成等不变的情况下，将薪酬水平进行调整的过程。薪酬水平调整包括薪酬整体调整、薪酬部分调整以及薪酬个人调整三个方面。

1. 薪酬整体调整

薪酬整体调整是指企业根据国家政策和物价水平等宏观因素的变化、行业及地区竞争状况、企业发展战略变化、公司整体效益情况以及员工工龄和司龄变化，而对企业所有岗位人员进行的调整。薪酬整体调整就是整体调高或调低所有岗位和任职者薪酬水平，调整方式一般包括以下几种；

（1）等比例调整

等比例调整是指所有员工都在原工资基础上增长或降低同一百分比。等比例调整使工资高的员工调整幅度大于工资低的员工，从激励效果来看，这种调整方法能对所有人产生相同的激励效用。

（2）等额调整

等额调整是指不管员工原有工资高低，一律给予等幅调整。

（3）综合调整

综合调整考虑了等比例调整和等额调整的优点，同一职等岗位调整幅度相同，不同职等岗位调整幅度不同。一般情况下，高职等岗位调整幅度大，低职等岗位调整幅度小。

温馨提示

薪酬整体调整的实现方式

在薪酬管理实践中，薪酬的整体调整是通过调整工资或津贴补贴项目来实现的。

（1）如果是因为物价上涨等因素增加薪酬，应该采用等额式调整，一般采取增加津贴补贴项目数额的方法。

（2）如果是因为外部竞争性以及企业效益进行调整，应该采用等比例调整法或综合调整法，一般都是通过调整岗位工资来实现，可以对每个员工岗位工资调整固定的等级，也可以直接调整工资等级数额表。

（3）如果是因为工龄（司龄）因素进行调整，一般采取等额式调整，对工龄（司龄）工资或津贴进行调整。

2. 薪酬部分调整

薪酬部分调整是指定期或不定期根据企业发展战略、企业效益、部门及个人业绩、人力资源市场价格变化、年终绩效考核情况，而对某一类岗位任职员工进行的调整，可以是某一部门员工，也可以是某一岗位序列员工，或者是符合一定条件的员工。

年末，人力资源部门根据企业效益、物价指数以及部门、个人绩效考核情况，提出岗位工资调整方案，经公司讨论后实施。一般情况下，个人绩效考核结果是员工岗位工资调整的主要影响因素。对年终绩效考核结果优秀的员工，进行岗位工资晋级激励；对年终绩效考核结果不合格的员工，可以进行岗位工资降级处理。

根据人力资源市场价格变化，可以调整某岗位序列员工薪酬水平。薪酬调整可以通过调整岗位工资，也可以通过增加奖金、津贴补贴项目等形式来实现。

根据企业发展战略以及企业效益情况，可以调整某部门员工薪酬水平。薪酬调整一般不通过调整岗位工资实现，因为那样容易引起其他部门内部的不公平感，一般情况下是通过增加奖金、津贴补贴项目等形式来实现。

3. 薪酬个人调整

薪酬个人调整是由于个人岗位变动、绩效考核或者为企业做出突出贡献，而给予岗位工资等级的调整。

员工岗位变动或者试用期满正式任用后，要根据新岗位进行工资等级确定；根据绩效管理制度，绩效考核优秀者可以晋升工资等级，绩效考核不合格者可以降低工资等级；对公司做出突出贡献者，可以给予晋级奖励。

【实例5-3】

A、B两家公司的薪酬调整表见表5-4和表5-5，表中暂时仅关注员工的业绩考核结果和薪酬调整的比例关系。试分析这两家公司的薪酬调整是否合适。

表5-4　A公司的薪酬调整表

员工姓名	职位名称	职位级别	业绩考核	调整前基本月薪（元）	调整后基本月薪（元）	涨幅
××	××	××	优秀	7 500	9 800	31%
××	××	××	优秀	15 000	16 500	10%

（续上表）

员工姓名	职位名称	职位级别	业绩考核	调整前基本月薪（元）	调整后基本月薪（元）	涨幅
××	××	××	良好	9 600	11 000	15%
××	××	××	达标	10 000	11 000	10%
××	××	××	良好	16 500	17 000	3%
××	××	××	达标	8 900	9 500	7%
—			总计	67 500	74 800	11%

表5-5　B公司的薪酬调整表

员工姓名	职位名称	职位级别	业绩考核	调整前基本月薪（元）	调整后基本月薪（元）	涨幅
××	××	××	优秀	7 500	8 500	13%
××	××	××	优秀	15 000	17 000	13%
××	××	××	良好	9 600	10 800	13%
××	××	××	达标	10 000	10 500	5%
××	××	××	良好	16 500	18 500	12%
××	××	××	达标	8 900	9 500	7%
—	—	—	总计	67 500	74 800	11%

⚙ 分析

如果仅考虑财务总量管控，公司A和公司B的薪酬调整都是合适的。两家公司具有相同的薪酬预算，调整了相同的增长幅度（11%）。因此，这样的管理模式是合规的。但是，观察两家公司的具体数字之后，就会发现两家公司具有不同的管理风格。下面仅从几个员工的具体个案分析一下情况。

公司A在"优秀"员工的薪酬调整方面幅度特别大。特别是一个员工的薪酬增幅为31%；同样是"优秀"的另外一名员工，薪酬增幅仅为10%。同样的情况也反映在业绩考核"良好"的员工身上，有人增长15%，有人则只增长3%。这反映了公司A在薪酬调整上，似乎没有比较明确的操作细节指引。另外，也不排除存在管理者管理成熟度不够的原因。

反观公司B，在总体薪酬增幅11%的情况下，很好地坚持了"为业绩付薪"的原则。绩效考核结果为"优秀"的员工薪酬增幅都在13%，"良好"的员工薪酬增幅在12%～13%，绩效考核结果为"达标"的员工薪酬增幅仅为5%～7%。这样的薪酬调整幅度比较符合公司的薪酬哲学。

➋ 薪酬结构调整

在薪酬体系运行过程中，随着企业发展战略的变化，组织结构应随着战略变化而调整，特别是在组织结构扁平化趋势下，企业的职务等级数量会大大减少；另外，由于受到劳动力市场供求变化的影响，企业不同层级、不同岗位薪酬差距可能发生变化，这些都会对薪酬结构的调整提出要求。

一般情况下，通过调整各岗位工资基准等级，就能实现不同岗位、不同层级薪酬差距调整要求；但当变化较大，现有薪酬结构不能适应变化后的发展要求时，就需要对公司的薪酬结构进行重新调整设计。薪酬结构的调整设计包括薪酬职等数量设计、职等薪酬增长率设计、薪级数量设计以及薪级级差设计等各方面。

值得注意的是，在进行薪酬体系设计时，要充分考虑薪酬结构变化的趋势和要求，使通过调整各岗位工资基准等级，就能实现薪酬的结构调整，这样操作简单、方便。不到万不得已，不要轻易进行薪酬结构的重新设计。

三 薪酬构成调整

薪酬构成调整是指调整固定工资、绩效工资、奖金以及津贴补贴的比例关系。

一般情况下，固定工资和绩效工资是通过占有岗位工资比例来调整的。在企业刚开始进行绩效考核时，绩效工资往往占有较小的比例，随着绩效考核工作落到实处，绩效工资可以逐步加大比例。

津贴补贴项目也应根据企业的实际情况进行调整，在那些津贴补贴理由已经不存在的情况下，应该取消相应的津贴补贴项目。

奖金根据企业效益情况以及人力资源市场价格，进行增加或降低的调整。

四 薪酬调整的注意事项

1. 薪酬调整要注意系统性、均衡性

薪酬调整牵一发而动全身，无论是薪酬的整体调整、部分调整、个人调整，还是薪酬结构调整、薪酬构成调整，都涉及员工的切身利益，因此薪酬调整要慎重，注意系统性，同时注意不同层级、不同部门员工薪酬的平衡。另外，薪酬调整应保持常态进行，不能一次调整幅度过大。

2. 要建立薪酬调整长效机制

建立薪酬调整长效机制，使员工收入增长与企业效益、物价上涨水平保持同步，使业绩优秀者得到晋级，使业绩低下者薪酬不能得到增长。

【实例5-4】

T公司是一家高新技术企业，公司人员虽不是很多但发展迅速，其主打产品LED高科技显示屏逐步占领了国内外市场，取得了良好的经济效益和社会效益。但随着企业进一步发展，一些深层次的问题也开始显现出来，这又制约了公司的快速发展。如人员知识结构问题、薪资问题、企业文化问题、执行文化问题等。

为了推动公司快速发展，去年上半年，公司高薪聘请了一位具有大型外企管理经验和实操能力的肖先生任公司CEO。肖总上任之后，就大刀阔斧地进行了改革。一是推动资材流程改造；二是推行一套全新的公司制度，将他以前服务过的公司的规章制度全部拷贝过来，作为范本发给各相关部门，经过各部门的修订、培训，接着推动、执行；三是调整公司的薪资制度。

肖总在来公司的第二个月开始策划调整薪资，他先找来财务经理要来了员工工资表，然后进行测算，并对工资结构进行调整，使之更加合法，同时设计了一套薪资方案。

在薪资调整前，他没有向各部门经理、主管征求意见，也没有了解每个员工工作表现和技术水准，就直接按一定比例进行"普调"了。人力资源部门和每位员工面谈并签订《工资协议书》时，由于措施得当还是顺利地签订了协议书。

然而，几天之后，此次工资调整的不良影响就立即显现出来了。先是几个部门经理来肖总办公室咨询，他手下几个平时表现很好的员工，为什么工资反而比几个表现一般的工资还少？肖总只好解释说此次是普调，以前底薪低的员工调整后也是低。几个经理表示，这几个表现好的员工尽管入职时间不是很长，但综合水平比那几个老员工要好很多，本来想通过这次调薪把员工薪资的差距缩小一些，没想到反而更大了，且表现好的增幅反而少了。

接着，又有几个主管来反映情况，同样是主管职级，为什么有的主管要高1 000~2 000元，如果因为某项工作技术含量高适当高几百元也能接受，但一下子差距很大，一些主管就表示难以接受。

事情到了这里，还远没有结束。接连几天，肖总不停地收到许多主管、经理、业务骨干的辞职报告，他们说："目前同行业、同职位的工资已达到一个较高的月薪水平，你还让我们拿几年前的工资，此次调薪几乎没有增加一分钱。"

肖总对此十分苦恼，他不明白为什么给员工加工资还加出这么多事情，更是不明白公司每年增加近200万元工资成本，却造成员工矛盾重重、干部纷纷离职。

⚙ 分析

肖总的确是想通过调薪达到增强公司凝聚力、战斗力的作用，但他毕竟不是专业HR人员，由于没有专业知识做支撑，他的美好愿望不可能结出他所希望的果实。

任何一家公司在调薪的时候，都要考虑到薪酬的内部和外部均衡，内部平衡就是内部员工之间的工资要和他们的贡献成正比，外部均衡就是要和同行业达成一致，或者略高于平均水平，这样的薪酬水平才能起到稳定干部、留住员工的作用。

肖总在制订调薪方案时，既没有考虑到外部同行业间的均衡，也没有考虑公司内部具体每个员工的能力和表现，出现这种矛盾和反弹也就不难理解了。

肖总在制订调薪方案时还忽略了一个事实，他只是按照底薪按比例进行调整，那么就会产生一个结果，底薪高的会越来越高，低的会越来越低，工资差距会越来越大。普调工资的一般方法是将同一职级的底薪求出平均值，并以此为标准进行调整，这样同职级的差距就会逐渐缩小。当然，有特殊贡献者，连升几级也没有问题，只要和他的贡献相符就可以了。

另外，肖总在调薪时，只是片面地考虑"合法"，一线员工和部分技术岗位增加较多，而一些主要管理人员几乎没有调整，许多主管、经理离职也就不奇怪了。

因此，做好一家企业，不仅需要创业的激情，更需要冷静的思考，对于自己不擅长的领域可以群策群力。如果肖总在设计员工薪酬的时候征求一下各级主管的意见，或者倾听一下HR的建议，而不是自己"一手炮制"，可能效果会好很多。

❓ 疑难解答

1. 某公司最近根据外部市场薪酬数据和各个职能部门的薪酬情况，重新调整了薪酬框架，目前面临的问题是如何快速进行新旧薪酬体系的过渡。那该公司如何进行呢？

新旧薪酬体系的过渡，涉及每一位员工的具体工资。薪酬管理人员必须考虑员工薪酬期望值的管理、公司总成本的管理、员工切换过程中增幅（很少有降幅）是否公平。这个过程最忌讳的就是"一刀切"。例如一些外企一般是结合年度薪酬调整来进行，把一部分体系过渡的"预算"和薪酬调整预算结合起来使用，一般需要1~2年的时间来逐步调整。

2. 公司业务核心竞争力变迁对薪酬体系有什么影响？如何进行适应性的调整？

公司业务的核心竞争力发生变迁时，公司的业务战略也会随之做出调整。那么，各类业务人员是否需要进行调整？公司的竞争环境是否会发生改变？如果需要调整，薪酬体系就需要随之进行调整。首先，要根据业务核心竞争力调整带来的外部人才市场变化，审核、调整薪酬管理战略方向；其次，要考虑公司未来业务需要新型人才的薪酬特点，确保公司人才梯队的稳定性。

3. "只要工资给得高，员工就会满意"是不是说调整薪酬就要提高员工的工资水平呢？

"工资给得高"，给多少才叫高？根据市场薪酬调研来看，这样的高工资是市场的什么位置？一般来说，工资高有利于员工的保留，但是这个"保留"并不完全等于"满意"。

工资高意味着公司的成本高。因此，在确定高工资之前，薪酬管理人员需要了解一下市场的薪酬水平，然后确定公司在市场上属于"领先型"还是"落后型"，再确定公司的薪酬定位。另外，需要回答的一个问题就是"工资给得高，员工是否就会满意"，这个问题不仅涉及薪酬管理，还涉及福利管理、企业文化、员工发展等领域，并不完全是工资高就可以解决的。

4. 薪酬调整是否要跟随着市场物价或者通货膨胀指数之类的比例进行调整？

薪酬调整并非完全是随着市场物价调整而调整的，需要考虑公司财务状况、组织战略、人员实际薪酬状况；还要考虑外部人才市场薪酬的变化情况等因素。注意，这里所说的是外部人才市场的薪酬变化，并非物价变化。

温馨提示

薪酬调整的角色分工

年度薪酬调整工作需要公司内部很多管理人员的参与和配合，具体参与的部门或人员及其角色分工如下：

1. 人力资源部——薪酬调整工作的导演、策划者

人力资源部需要在开展薪酬调整工作之前，针对公司整体薪酬状况进行内部、外部分析，并且同财务部合作，制定薪酬预算。在薪酬预算获得管理层审批之后，人力资源部配合业务经理，针对员工情况进行调整。所有调整工作结束之后，人力资源部还要进行整体调整工作的汇报总结，以及薪酬的发放工作。

2. 财务部——财务预算的管理者和控制者

在薪酬调整工作开始之前，财务部和人力资源部合作，确保本次调整工作得到足够的预算支持。财务部和人力资源部一起向管理层汇报整体的预算情况，并获得审批。

3. 管理层——审批各项内容

包括薪酬调整之前的整体预算，本次调整的大纲、时间表等操作细节的审批；在薪酬调整工作进行中，某些特殊情况的审批；薪酬调整之后，所有人员新的工资是否生效的最终审批。

4. 业务部门经理——薪酬调整的具体执行者

这里指的业务部门经理，一定是具有薪酬管理权限的经理。业务部门经理需要全面了解本次薪酬调整的大纲、时间表、操作流程，以及如何使用操作表格或者在线的系统，等等。很多时候，业务部门经理需要和HRBP合作，在征求HRBP意见的同时，对每一位员工的工资进行调整。

为了谨慎起见，很多公司设定了两级经理审批的原则。也就是说，部门经理对于下属员工的工资进行调整之后，由更高一级的经理进行最终审批。对于某些特殊的情况，如某位员工的工资增长超过一定的幅度，需要由更高级别的管理层进行审批。

本章思维导图

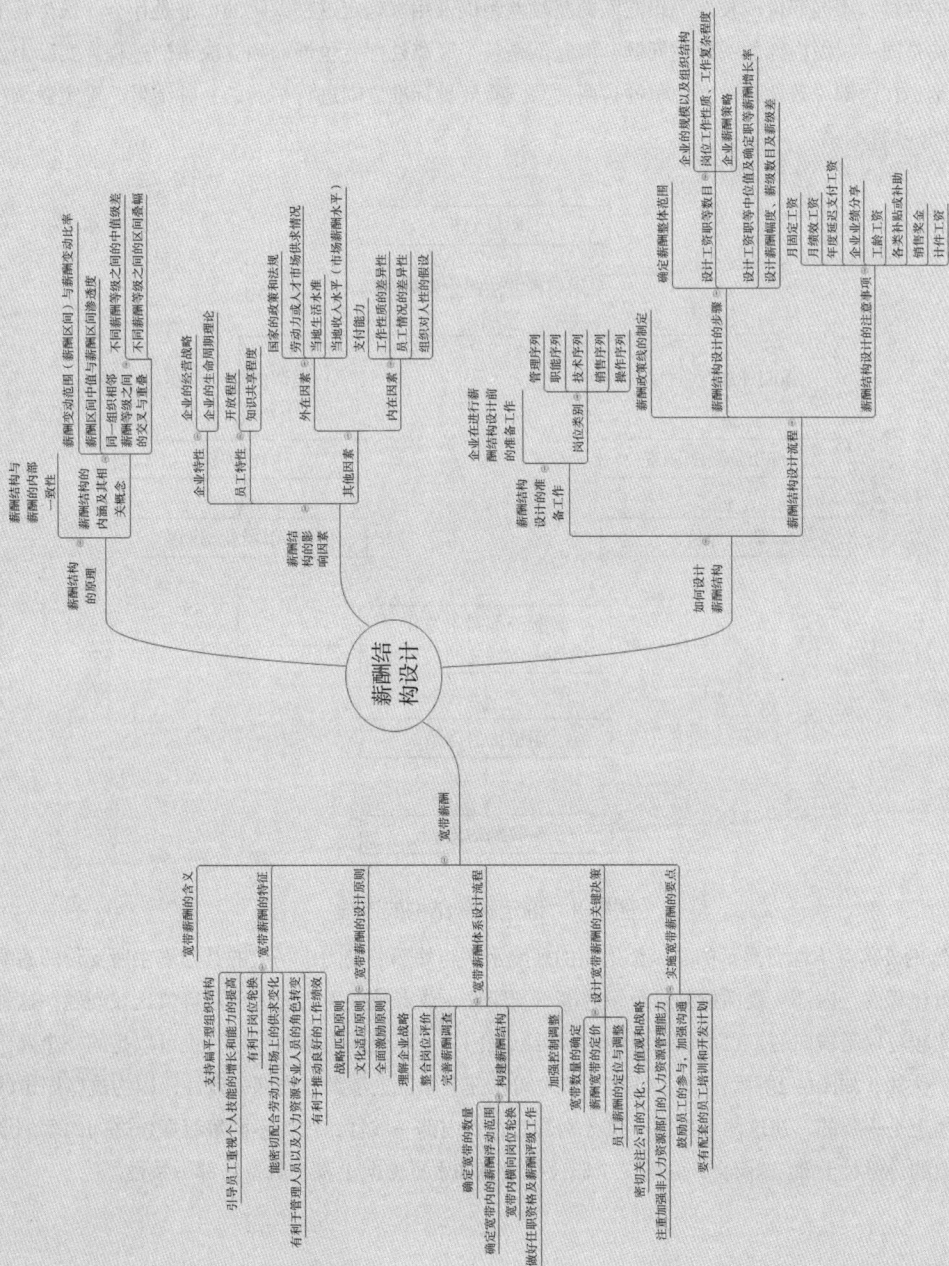

薪酬结构设计

- **薪酬结构的原理**
  - 薪酬结构与薪酬的内部一致性
    - 薪酬变动范围（薪酬区间）与薪酬变动比率
    - 薪酬区间中值之间的中值级差
    - 同一组织相同、不同薪酬等级之间的区间渗透度
    - 不同薪酬等级之间的区间叠幅的交叉与重叠
  - 薪酬结构的内涵及其相关概念

- **薪酬结构的影响因素**
  - 企业特性
    - 企业的经营战略
    - 企业的生命周期理论
    - 开放程度
    - 员工特性
    - 知识共享度
  - 外在因素
    - 国家的政策和法规
    - 劳动力及人才市场供求情况
    - 当地生活水平
    - 当地收入水平（市场薪酬水平）
    - 支付能力
  - 内在因素
    - 工作岗位的差异性
    - 员工情况的差异性
    - 组织对人性的假设
  - 其他因素

- **如何设计薪酬结构**
  - 企业在进行薪酬结构设计前的准备工作
    - 岗位类别
      - 管理序列
      - 职能序列
      - 技术序列
      - 销售序列
      - 操作序列
  - 薪酬结构设计流程
    - 薪酬宽度设计的测定
    - 薪酬结构设计的步骤
      - 确定薪酬整体范围
        - 企业的规模以及组织结构
        - 岗位工作性质、工作复杂程度
        - 企业薪酬策略
      - 设计工资职级等数目
      - 设计工资带中位值及确定各职等薪酬的增长率
      - 设计薪酬制度、薪级数目及薪级级差
    - 薪酬结构设计的注意事项
      - 月固定工资
      - 月绩效工资
      - 年度延迟支付工资
      - 企业年金或绩分享
      - 工龄工资
      - 各类补贴或补助
      - 销售奖金
      - 计件工资

- **宽带薪酬**
  - 宽带薪酬的含义
  - 宽带薪酬的特征
    - 支持扁平型组织结构
    - 引导员工重视个人技能的增长和能力的提高
    - 有利于岗位轮换
    - 能密切配合劳动力市场上的供求变化
    - 有利于管理人员以及人力资源人员的角色转变
    - 有利于推动良好的工作绩效
  - 宽带薪酬的设计原则
    - 战略匹配原则
    - 文化适应原则
    - 全面薪酬原则
    - 理解企业战略
    - 整合岗位评价
    - 完善薪酬调查
  - 宽带薪酬体系设计流程
    - 构建薪酬结构
    - 确定宽带的数量
    - 确定宽带内的薪酬浮动范围
    - 宽带内横向岗位的轮换工作
    - 做好任职资格及薪酬等级工作
  - 设计宽带薪酬的关键决策
    - 加强控制调整
    - 宽带数量的确定
    - 薪酬宽带的定价
    - 员工薪酬的定位与调整
    - 密切关注公司的文化、价值观和战略
    - 注重加强非人力资源部门的人力资源管理能力
    - 鼓励和参与、加强沟通
  - 实施宽带薪酬的要点
    - 宽带配套的员工培训和开发计划

第一节　薪酬结构的原理

一　薪酬结构与薪酬的内部一致性

薪酬结构是对同一组织内部不同职位或者技能之间的工资率所做的安排，它所要强调的是职位或者技能等级的数量、不同职位或技能等级之间的薪酬差距以及用来确定这种差距的标准是什么。虽然薪酬结构所强调的是同一组织内部的一致性问题，但它不是一个脱离外部竞争性而独立决策的过程。实际上，薪酬结构决策是在内部一致性和外部竞争性这两种薪酬有效性标准之间进行平衡的一种结果。确定薪酬结构的流程如图6-1所示。

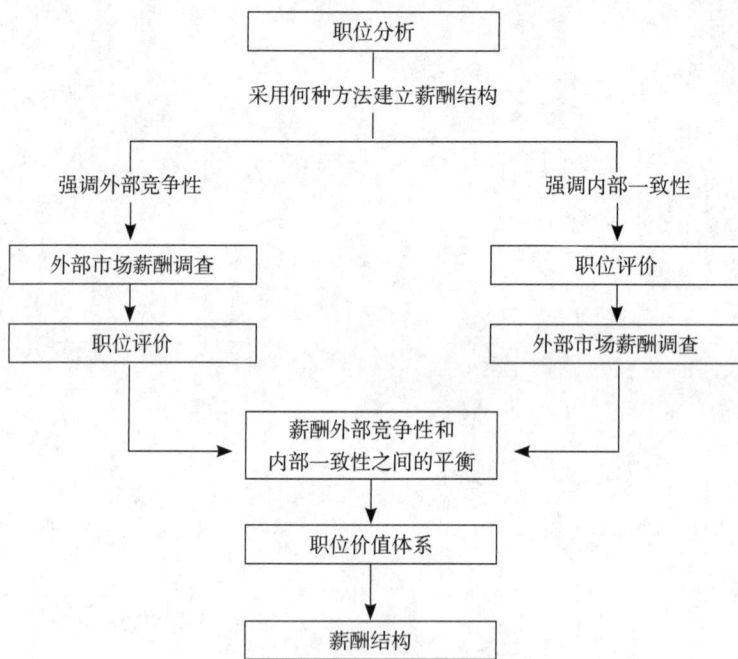

图6-1　确定薪酬结构的流程

薪酬的外部竞争性所揭示的是一个组织的薪酬水平与外部劳动力市场上的其他雇主所支付的薪酬水平之间的可比程度。内部一致性指的是组织内部不同职位（或者技能）之间的相对价值比较问题。这种相对价值的比较可以是横向的，也可以是纵向的；可以是同一个职位族内部的比较，也可以是同一个部门内部的比较。例如，如图6-2所示，部门A和部门B之间在三个职位上都具有内部一致性，因为这些职位的横向薪酬大体上是一致的；在这两个部门中也分别具有垂直内部一致性，因为不同等级职位之间的薪酬增长幅度是相似的；但对于部门C而言，它的三个职位在垂直和水平方向上都不具备内部一致性。

水平内部一致性（不同部门之间）

职位	部门A	部门B	部门C
前台接待员	2 500元	2 600元	2 900元
行政秘书	3 000元	3 100元	2 500元
高级秘书	3 500元	3 600元	5 000元

（左侧纵向标注：垂直内部一致性（部门内部））

图6-2　水平一致性与垂直一致性

从表面上看，横向一致性和纵向一致性是两个完全独立的概念，但实际上二者之间是有联系的。以垂直内部一致性的观点来看，行政秘书和高级秘书的薪酬自然要高于前台接待员，但究竟高出多少合适则与其余两个部门的情况有关（水平内部一致性）。此外，这种薪酬差距到底多大才合适，还要考虑一些其他因素，如个人绩效等。总之，组织在建立内部一致性的薪酬结构时，不仅要考虑同一职位族内部的薪酬一致性，还要注意同一薪酬等级上不同职位族之间的一致性。

温馨提示

外部竞争与内部公平发生冲突时的处理

外部竞争和内部公平是薪酬管理的两个重要原则。两者之间发生冲突无外乎两种情况：一是为了保持某些职位外部市场的竞争力，这些职位的工资相比内部其他职位的工资来说特别高，或者特别低；二是为了保持内部职位的公平性，即使外部市场中有些职位的工资已经明显发生变化了，本公司也不会特意调整。面对这两种情况，公司要根据实际情况处理。如果公司所属行业是快速发展、人才竞争激烈的行业，那么对外部竞争的考虑一定要优先于内部公平。如果公司具备完善的薪酬福利管理制度，员工的激励、发展和保留不仅只靠工资一个维度，那么公司可以更多地重视内部公平性。再如，很多公司施行统一的工资体系框架，但是某些职位类别的市场工资可能会高于其他职位类别。这个时候，要么为这一类职位单独建立工资框架，要么就不把这一类职位和其他职位放在一起进行内部公平性比较。

二　薪酬结构的内涵及其相关概念

一个完整的薪酬结构包括三项内容：一是薪酬的等级数量；二是同一薪酬等级内部的薪酬变动范围（最高值、中值以及最低值）；三是相邻两个薪酬等级之间的交叉与重叠关系。

1. 薪酬变动范围（薪酬区间）与薪酬变动比率

薪酬变动范围/薪酬区间是指在某一薪酬等级内部允许薪酬变动的最大幅度。薪酬变动范围说明的是在同一薪酬等级内部，最低薪酬水平和最高薪酬水平之间的绝对差距。薪酬变动比率通常是指同一薪酬等级内部最高值和最低值之差与最低值之间的比率。有时为了使用方便，会计算以中值为基础的薪酬变动比率。这时往往采用以下两种计算方式，两种方式计算的薪酬变动比率数值应该是相同的。

$$上半部分薪酬变动比率 = \frac{最高值 - 中值}{中值} \times 100\%$$

$$下半部分薪酬变动比率 = \frac{中值 - 最低值}{中值} \times 100\%$$

通常情况下，薪酬变动比率的大小取决于特定职位所需技能水平等综合因素。所需技能水平较低的职位所在的薪酬等级的变动比率要小一些，而所需技能水平高的职位所在的薪酬等级的变动比率要大一些。

这是因为，较低的职位所承担的责任以及对企业的贡献是有限的，它所要求的技能员工很快就能学会，如果在这些薪酬等级上确定比较大的薪酬变动比率，既不利于企业控制成本，也不符合这些职位对企业的实际贡献以及外部劳动力市场上的平均薪酬水平。然而，从事这些职位工作的员工通常在组织中有较大的晋升空间，因此，如果员工希望获得超过这些薪酬等级上限的薪酬水平，他们可以通过谋求晋升或者技能的提高来进入更高的薪酬等级。相反，对于已经达到较高职位等级的员工来说，一方面，这些职位所承担的责任以及对企业的贡献比较大，所要求的技能难以掌握，需要花费的时间较长，并且在这些职位上工作的员工的努力程度对企业的经营结果影响很大，因此，较大的薪酬变动比率有利于对绩效不同的员工支付不同的薪酬，从而鼓励他们努力工作；另一方面，担任这些职位的员工的晋升空间比较小，在晋升可能性不大的情况下，企业可以利用薪酬的不断增长来激励和留住资深的优秀员工。

在确定薪酬变动比率时一定要非常慎重，这是因为在薪酬水平的中值确定的情况下，薪酬变动比率的变化会在很大程度上改变某一薪酬等级区间的最高值和最低值。随着薪酬变动比率增大，最高薪酬水平更高，最低薪酬水平更低。此外，薪酬变动比率的确定还应当考虑市场上同类职位的最低薪酬水平和最高薪酬水平的实际情况。

2. 薪酬区间中值与薪酬区间渗透度

薪酬区间中值或薪酬变动范围中值通常代表了该薪酬等级中的职位在外部劳动力市场上的平均薪酬水平。与薪酬区间中值相关的一个概念是薪酬比较比率，一般用薪酬比较比率来表示员工实际获得的基本薪酬与相应薪酬等级的中值或者中值与市场平均薪酬水平之间的关系。计算公式为：

$$薪酬比较比率 = \frac{实际所得薪酬}{区间中值} \times 100\%$$

薪酬比较比率的概念既可以应用于员工个人、员工群体，也可以应用于整个组织。大多数组织力图将自己的实际平均薪酬水平与市场平均水平之间的比较比率控制在100%左右，至于员工个人的薪酬比较比率则往往取决于员工的资历、先前的工作经验和实际的工作绩效。通常任职时间比较长、绩效比较好的员工的薪酬比较比率（通常会超过100%）比新进员工的薪酬比较比率（通常会低于100%）高。这种控制思路如图6-3所示。

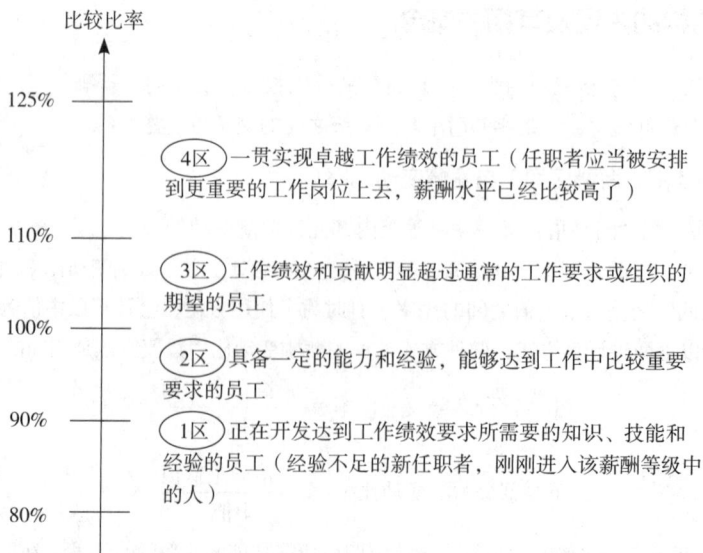

比较比率

125% —

4区 一贯实现卓越工作绩效的员工（任职者应当被安排到更重要的工作岗位上去，薪酬水平已经比较高了）

110% —

3区 工作绩效和贡献明显超过通常的工作要求或组织的期望的员工

100% —

2区 具备一定的能力和经验，能够达到工作中比较重要要求的员工

90% —

1区 正在开发达到工作绩效要求所需要的知识、技能和经验的员工（经验不足的新任职者，刚刚进入该薪酬等级中的人）

80% —

图6-3　利用薪酬比较比率来进行薪酬决策

　　企业之所以重视薪酬比较比率，是因为它是一种很好的薪酬成本管理工具。在有些情况下，企业将大多数员工的基本薪酬都定在薪酬区间中值上，其主要目的是使本企业的基本薪酬水平和市场水平保持一致。薪酬区间中值以上的薪酬不作为基本薪酬发放，而是作为一次性奖励发放给高绩效的员工。这样一来，公司只在薪酬区间中值发生变化从而导致公司的薪酬比较比率低于100%的时候才需要提高基本薪酬。

　　在对同一薪酬区间内部的员工的薪酬水平进行分析时所使用的另一个概念是薪酬区间渗透度。与只考虑区间中值的薪酬比较比率概念不同，薪酬区间渗透度所要计算的是员工的实际基本薪酬和区间最低值之差与区间实际跨度（即区间薪酬最高值和最低值之差）的比值。

$$薪酬区间渗透度 = \frac{实际所得薪酬 - 区间最低值}{区间最高值 - 区间最低值} \times 100\%$$

薪酬区间渗透度反映了一位特定的员工在其所在薪酬区间中的相对地位。

　　通过对薪酬比较比率和薪酬区间渗透度的考查，我们可以分析出某一特定员工的长期薪酬变化趋势。

【实例6-1】

　　某公司严格约束下属各个国家分公司的薪酬结构中固定和浮动工资的比例。集团总部在约定年度总现金的市场定位之后，明确规定内部不同级别的职位具有不同比例的固浮关系。如图6-4所示，1级是集团最高层级的职位。集团将所有职位层级的固定和浮动薪酬的比例都做了详细的规定，这样做有什么好处？

集团内部薪酬固浮比

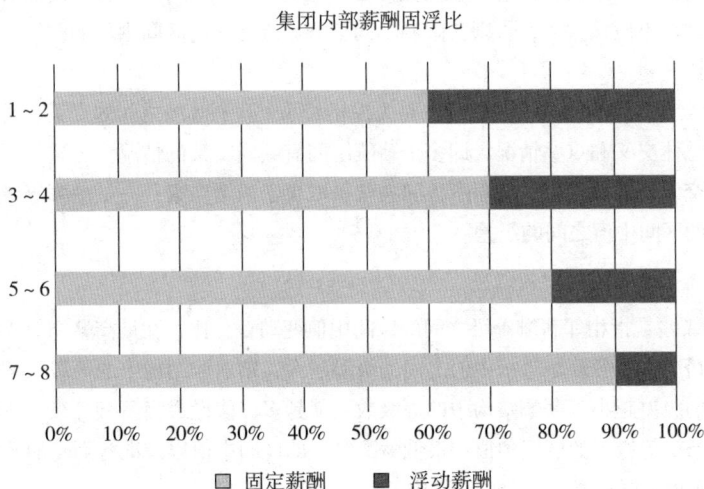

图6-4　某公司不同层级的薪酬固浮比

分析

　　这样做的好处是便于集团内部统一管理。员工在集团内部不同国家分公司之间调动的时候，薪酬结构基本上是一样的。但缺点就是缺乏地方管理的灵活性。为此，集团在制定这个政策的同时，还需约定两个补充条款：第一，每一个国家分/子公司具体的薪酬固浮比，需要参照当地市场竞争对手最佳实践或者当地通行做法执行；第二，各个国家分/子公司实际的薪酬固浮比可以在此基础上有上下5个点的浮动（注意：不是上下浮动5%）。例如，5级和6级的固浮比可以参照80%：20%为基准，调整为75%：25%或者85%：15%。

　　当然，为了加强集团统一管控，如果地方分/子公司希望执行不同于总部的固浮比，需要提供必要的材料，获得总部审批。

3. 同一组织相邻薪酬等级之间的交叉与重叠

从理论上讲，在同一组织中，相邻薪酬等级之间的薪酬区间可以设计成有交叉重叠的，也可以设计成无交叉重叠的。有交叉重叠的是指除了最高薪酬等级的区间最高值和最低薪酬等级的区间最低值之外，其余各相邻薪酬等级的最高值和最低值之间往往会有一个交叉和重叠的区域；而无交叉重叠的又可以分为衔接式的（上一个薪酬等级的薪酬区间下限与下一个薪酬等级的区间上限在同一条水平线上）和非衔接式的（上一个薪酬等级的薪酬区间下限高于下一个薪酬等级的区间上限）两种。

在实践中，大多数企业倾向于将薪酬结构设计成有交叉重叠的，特别是中层以下的职位。这是因为：在目前企业内部的薪酬等级数量比原来减少，晋升的机会也比原来减少的情况下，如果相邻两个薪酬等级的薪酬区间差异过大，就会造成这样一种情况，即某人一旦得到晋升，其薪酬水平会立即比原来的薪酬等级所对应的薪酬区间的上限还要高出许多。同时，对处在下一个薪酬等级上的一位工作多年的员工来说，他的薪酬水平可能还不如一个比其工作年限少很多，但是有幸晋升到上一个薪酬等级的人。如果这种晋升的差异确实是由工作绩效所导致的，也许还不会引起太大的不公平感，但是如果企业原来在两位员工的晋升决策上就很犹豫，因为两位员工的能力和工作绩效都差不多，但是职位只有一个，所以只好晋升其中的一位，在这种情况下，如果因为晋升所导致的薪酬差异又很大的话，必然会导致未被晋升员工的强烈不满，同时会导致企业内部的晋升竞争更加激烈，矛盾也更多。相邻薪酬等级的区间存在适当交叉和重叠的做法可以有效避免上述问题或矛盾的产生，它一方面可以避免因晋升机会不足而导致的未被晋升者的薪酬增长受限；另一方面因为给被晋升者（绩效优秀者）提供了更大的薪酬增长空间而对被晋升者提供了激励。但是，重叠的区域不应该太大，否则会限制不同薪酬等级之间的区间中值的差异，甚至出现上级的薪酬低于下级的情况。

在薪酬区间的交叉与重叠问题上，有时主要关注相邻两个薪酬等级之间的交叉和重叠情况，有时可以看全部薪酬等级的总体交叉和重叠情况，即多个薪酬区间有共同交叉的情况。无论是哪一种情况，薪酬等级之间的薪酬区间交叉与重叠程度（即薪酬区间叠幅）取决于两个要素：一是薪酬等级内部的区间变动比率；二是薪酬等级的区间中值之间的级差。

（1）不同薪酬等级之间的中值级差

薪酬区间中值级差是指相邻薪酬等级之间的区间中值变动百分比，在最高薪酬等级的中值和最低薪酬等级的中值一定的情况下，各薪酬等级中值之间的级差越大，则薪酬结构中的等级数量就越少；相反，各薪酬等级中值之间的级差越小，薪酬结构中的等级数量就越多。假设最高薪酬等级（或除最低薪酬等级之外的其他任何一个薪酬等级）的区间中值和最低薪酬等级的区间中值以及准备划定的薪酬等级数量都已经确定，就可以运用现值公式计算出一个恒定的中值级差。计算公式为：

$$PV = \frac{FV}{(1+i)^n}$$

式中：

PV——现值，在这里是最低薪酬等级的区间中值；

FV——未来值，在这里可以是最高薪酬等级的区间中值，也可以是最高和最低薪酬等级之间的任何一个薪酬等级的区间中值；

n——未来值和现值之间的等级数量，在这里是所要计算的两个薪酬等级之间的薪酬等级数量；

i——级差。

（2）不同薪酬等级之间的区间叠幅

薪酬等级的区间中值级差越大，同一薪酬区间的变动比率越小，则薪酬区间的交叉与重叠区域就越小。相反，薪酬等级的区间中值级差越小，同一薪酬区间的变动比率越大，则薪酬区间的交叉与重叠区域就越大。

温馨提示

设定重叠度时的注意事项

1. 太多的重叠度让薪酬级别失去了级别之间的差异；同时，上一个级别和下一个级别之间工资过度重合，容易造成主管的薪酬和员工没有区分，甚至出现倒置的现象。

2. 没有重叠的薪酬结构，在理论上说是可行的。但是在实践中，那些长期在某个层级没有晋升机会但又是高绩效的员工的薪酬最不好处理的。这些员工的工资一旦到了本级别的最高点，就需要晋升职位才能增加工资。

3. 一般来说，重叠度不超过50%。

4. 重叠度的问题，有一个经验判断：一个级别的重叠度最多涵盖相邻三个级别的范围。如级别1和级别2之间的重叠最多涵盖到级别4的重叠。

第二节　薪酬结构的影响因素

一　企业特性

企业特性直接影响薪酬战略的制定与实施，是企业薪酬结构调整的重要影响因素。企业特性主要体现在以下两个方面：

1. 企业的经营战略

企业的经营战略通常包括成本领先战略、差异化战略、创新战略，经营战略的转变会直接影响企业的薪酬结构。在成本领先战略之下，企业注重提高生产经营效率，将薪酬战略目标定位于薪酬成本控制，同时为了不影响员工的工作效率及工作稳定性，往往会强调薪酬的内部一致性，主张用基本薪酬稳定员工，此时，企业倾向于推行弹性比例较小、薪酬差距较小的薪酬结构，薪酬偏向保障功能；在差异化战略指导下，企业强调提高服务，赢得竞争优势，引导员工改善行为、提高绩效，企业的薪酬目标在于激励员工提高服务的质量与效率，主张弹性较大、薪酬差距较大的薪酬结构，薪酬偏向激励功能；在创新战略指导之下，企业将薪酬战略目标定位于维持和吸纳勇于创新的员工，而不注重强化内部的职位等级结构和工作评价等管理行为，重视员工参与及信息公开，主张弹性较大、薪酬差距小的薪酬结构，薪酬策略在保障的同时发挥部分激励作用。

2. 企业的生命周期理论

企业的生命周期一般分为创立期、成长期、发展期、衰退期。成长期和发展期的企业都处于上升阶段，在这期间，企业都需要激励员工为企业的持续快速发展服务，因此可将这两个阶段合并为发展期，企业的生命周期理论只有创立期、发展期和衰退期三个阶段。当企业处于创立期时，流动资金短缺，企业一般会采取成本战略，在薪酬上重视人工成本控制，主张用基本薪酬稳定员工，但需要激励员工投入市场开拓及产品开发当中，企业倾向于推行弹性比例较大、薪酬差距较小的薪酬结构；当企业处于成长期时，企业强调创新与推出满足个性化差异的产品，扩大市场占有额，企业薪酬结构重在激励员工创新与提高服务，呈现激励化倾向；当企业处于衰退期时，企业注重控制成本、回收资金，企业薪酬结构也倾向于基本保障作用，维持稳定。

二 员工特性

员工特性，即员工的开放程度和知识共享程度。

1. 开放程度

开放程度指员工个性的外向爽快或内向不爽快。个性外向爽快的员工乐于采取合作的方式工作，且愿意主动与别人沟通，适于合作性的、团队形式的工作，弹性比例较小、薪酬差距较小的薪酬结构适合这类员工；个性内向不爽快的员工不愿意与别人沟通或合作，却适于竞争性的工作，弹性比例较大、薪酬差距较大的薪酬结构更适用这类员工。竞争性、合作性薪酬结构会影响组织成员间的知识共享，组织成员的个体特性对这种关系具有调节作用。企业往往也可以通过设定特定模式的薪酬结构来引导员工的行为，使其适于企业的发展要求，具有合作性或竞争性。

2. 知识共享程度

在知识经济时代，个体之间的知识共享有效地促进了组织的知识创造。知识共享程度也直接影响了企业的生产经营管理，共享程度越高，就越需要确保员工围绕知识开展合作，贡献独享的知识。绩效工资对团队合作性工作中个人工资影响甚小，有助于提高员工知识共享的程度，反之，对于知识共享低的竞争性工作，绩效工资的影响力则更大一些。因此，员工知识共享程度高的企业倾向于推行弹性比例较大、薪酬差距比较小的薪酬结构。因为企业需要鼓励员工围绕知识开展合作，形成工作团队，消除紧张和不公平感，同时通过扩大薪酬结构的弹性来激励不同的工作团队加大工作投入，服从结果导向。相反，企业会倾向于推行弹性比例较小、薪酬差距较大的薪酬结构。

三 其他因素

影响薪酬结构的因素还可以分为组织的外在因素和内在因素两大类。

1. 外在因素

（1）国家的政策和法规

组织制定薪酬政策时，必须考虑国家的有关政策法规。例如，企业在制定员工薪酬政策时，必须不低于国家规定的最低薪资标准；对于员工的加班，必须给予国家规定的相应补贴。

（2）劳动力或人才市场供求情况

劳动力市场中的供求关系往往左右着员工的薪酬水平，当劳动力市场供过于求时，员工不得不接受较低的薪酬；供不应求时，员工往往可以得到较高的薪酬待遇。

（3）当地生活水准

员工工作首要的目的是获得劳动报酬以支持生存。因此，企业制定薪酬政策时还应考虑当地生活水平和消费水平。当地生活水平较高时，为了保证组织内员工的生活水平，组织必须适当上浮员工的薪酬；而对于生活消费水平较低的地区，企业不会选择支付太高的薪酬。

（4）当地收入水平（市场薪酬水平）

员工在比较劳动报酬时，不仅会考虑是否与自己的劳动价值相匹配，还会与当地市场水平做比较。如果员工发现自己的薪酬低于市场平均水平，心中就会产生不满，降低工作积极性，甚至离职，而高于市场平均水平的薪酬支付又会增加企业的运营成本。因此，为了稳定人力资源，留住人才，组织在制定薪酬时必须使员工的薪酬与当地收入水平保持相当。

2．内在因素

（1）支付能力

支付能力即企业的经营状况和经济实力，它往往与员工薪酬水平成正比。一般来说，盈利水平较高的企业具有较高的薪酬支付能力，它们往往比经营状况不良的企业更愿意支付给员工更高的薪资水平以确保人才的积极性和忠诚度。

（2）工作性质的差异性

不同工作在复杂程序、技能要求、工作强度或负荷方面都存在着差异，这种差异是组织确定薪酬差异的重要依据。一般来讲，技术员工的薪酬要高于一线员工，而企业中的高层管理者所获得的薪酬水平也远远高于基层管理者。

（3）员工情况的差异性

员工的工龄、年龄、文化程度、性别、专业技能等差异也是组织确定薪酬差异的重要依据。企业在制定薪酬政策的过程中通常会将员工的在职时间、学历、技能水平等因素作为确定薪酬等级和薪酬区间等的重要指标。当然，这些因素的具体权重要根据岗位的实际情况进行考虑，因为并不是所有工龄长的老员工对企业的贡献都大于新进的员工，也并非所有的女性经理人的能力和绩效都不如男性经理人。

（4）组织对人性的假设

如果组织把员工看成"经济人"，组织的薪酬形式会采用经济性薪酬；如果组织把员工看成"社会人"或"复杂人"，员工的薪酬形式就会更多使用非经济性薪酬。

综上所述，企业在确定组织中员工的薪酬结构时，必须充分考虑各种影响因素，力图保持员工薪酬内部一致性和外部竞争性的有机统一，既起到激励员工提高绩效的作用，又将企业的薪酬成本控制在合理的范围内，实现企业用人效用的最大化。

第三节　如何设计薪酬结构

薪酬结构设计属于薪酬体系中的一个子模块，因此在设计薪酬结构时必须服从薪酬体系所要达到的目标这个大前提。薪酬结构设计主要有两个目的：一是确保企业合理控制成本；二是帮助企业有效激励员工。

一　薪酬结构设计的准备工作

1．企业在进行薪酬结构设计前的准备工作

（1）在分析公司战略的基础上，确定人力资源战略，进而制定企业的薪酬策略。

（2）完成工作分析，并得到三份成果，即岗位说明书、岗位分类（包括岗位群落图和岗位职级表）、岗位编制。

（3）通过外部对比、内部诊断，做好企业内外部薪酬调查。企业薪酬水平的确定和调整标准也应建立在内外部公平的基础之上。

2. 岗位类别

一般来说，岗位性质的不同，决定了企业薪酬结构的差异。根据工作内容、工作性质不同，可将岗位归为五类：

（1）管理序列，是指从事管理工作并拥有一定管理职务的职位。如在一般企业中使用的"中层和高层"的概念。

（2）职能序列，是指从事职能管理、生产管理等职能工作且不具备或不完全具备管理职责的职位。与"管理序列"的区别在于该岗位下可能有下级人员，但企业付薪的主要依据不是因为其承担的计划、组织、领导、控制职责，而是其辅助、支持的职责。

（3）技术序列，是指从事技术研发、设计、操作的职位，表现为需要一定的技术含量。企业付薪的主要依据是该岗位所具备的技能，一般付薪的项目不体现为计件的形式，但不排除少量的项目奖金。

（4）销售序列，是指在市场上从事专职销售的职位，一般工作场所不固定。

（5）操作序列，是指在公司内部从事生产作业或销售的职位，一般工作场所比较固定。

【实例6-2】

某生产制造集团公司对不同序列的职位设计了不同的固定与浮动工资比例（即固浮比），见表6-1。那么，薪酬结构设计中这样的固浮比有什么问题吗？

表6-1　某生产制造集团公司的薪酬结构设计

固浮比　层级＼序列	职能序列	销售序列	操作序列	技术序列
高层	4：6	2：8	3：7	4：6
中层	4：6	2：8	3：7	4：6
基层	4：6	2：8	3：7	4：6

分析

员工薪酬可以简单划分成两个部分：一个是相对固定的部分，指的是在一定时期内比较稳定、不会产生变化的工资，如基本工资、岗位工资、工龄工资等；另一个部分就是浮动的部分，这部分的工资收入会经常随着员工的业绩、工作量、企业的效益等变化而变化，如奖金、效益工资、利润分享、计件工资等。

在企业薪酬管理者看来，两个组成部分所起到的作用各有不同。固定的部分为员工带来的是保障作用，而变动的部分带来的就是激励作用。这两个方面不能偏废其中一项而重视另一项，否则企业管理会出现很多问题。

因此，我们在设计员工工资固浮比的时候，一定要根据企业目前的状况和需求，以及员工岗位的特点来进行设计和安排。

本案例中，该生产制造集团公司的薪酬结构设计，从纵向上来看，该企业不管是基层、中层还是高层，都"一刀切"式地使用了统一的固浮比例。这样的做法是值得商榷的。首先，从员工心态上来讲，越是底层的员工，越是追求稳定与保障。如果基层和中层甚至和高层的固浮比例都是一样的，很容易激起基层员工、中层员工的不满，一个是奉命执行，一个是上传下达，如果他们都不太满意，可想而知这家企业的工作开展是不会很顺利的。其次，从岗位承担责任大小和收益对等原则来说，这样的设计是不合理的，也是不公平的。责任越大，风险越大，收益变化就越大；责任越小，风险越小，收益变化就越小。因此，这种纵向上的"一刀切"肯定是需要改变的。

从横向上来看，营销序列的浮动比例最大，其次是生产序列，职能和技术序列排在最后。说明该企业非常看重对营销人员的激励，把他们放在了比较重要的位置。

另外，该企业的整个固浮比设计中，都显示出浮动比例大于固定比例。这样的设计不是不可以，但是要结合企业所处的阶段来分析，案例没有介绍该企业的具体背景，这就不好妄下结论。从战略管理的角度来说，这种全员浮动比例均大于固定比例的企业从理论上讲可能采用的是成长战略或收缩战略，要鼓励员工和企业共担风险。

二　薪酬结构设计流程

薪酬结构的设计主要包括制定薪酬政策线、确定职等数量和薪酬中值、确定薪酬浮动幅度等几个方面，这几个因素确定之后，职等薪酬增长率、薪酬变动比率、薪级数目以及薪级级差也会确定下来了。

1. 薪酬政策线的制定

根据市场薪酬线，结合公司的薪酬策略，可以制定薪酬政策线。薪酬政策线是用于指导公司薪酬设计的重要工具，它反映了公司薪酬水平政策和薪酬结构政策两个方面的内容。如图6-5所示。

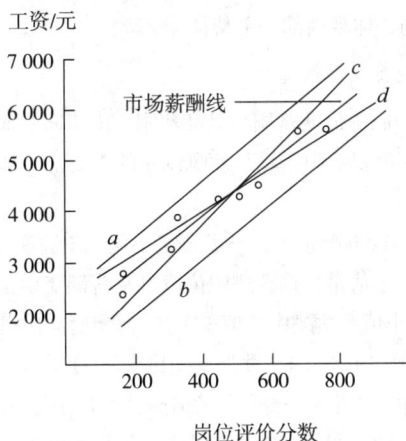

图6-5　薪酬政策线

图6-5中，a、b、c、d四条直线分别反映不同的薪酬政策。a线和b线与市场薪酬线是平行的，因此a线和b线的薪酬结构政策和市场是一致的，不同层级之间薪酬差距和市场一致；但a线反映的薪酬水平高于市场平均值，是竞争性薪酬策略；而b线反映的薪酬水平低于市场平均值，薪酬没有竞争力。c线和d线反映的整体薪酬水平与市场是一致的，但薪酬结构不一样。c线斜率更大一些，反映不同职等间薪酬差距大于市场平均水平；而d线斜率更小一些，反映不同职等间薪酬差距小于市场平均水平。

2. 薪酬结构设计的步骤

（1）确定薪酬整体范围

薪酬整体范围即由薪酬最高值和薪酬最低值确定的薪酬区间。根据薪酬调查数据，结合企业实际情况，确定整个薪酬体系的最高薪酬和最低薪酬，在这个过程中，需要考虑区域及行业人力资源市场供求状况的影响并判断薪酬水平发展趋势，使今后若干年公司所有人员工资水平不会超出这个范围。

（2）设计工资职等数目

根据岗位评价结果以及外部薪酬调查数据，将公司所有岗位划分为若干职等，薪酬等级的数目应适中。职等的划分要结合目前岗位所在层级状况，岗位层级差别较大的岗位尽量不要归在一个职等，将岗位评价价值相近的岗位归入同一个职等。确定职等数量一般需要考虑以下因素：

①企业的规模以及组织结构。规模越大的企业、管理层级越多的组织，薪酬职等数目就多些；反之，规模小的企业、扁平化的组织，薪酬职等数目就少些。

②岗位工作性质、工作复杂程度。如果岗位工作性质差异大，工作复杂程度高，那么就应多设薪酬等级；反之，少设薪酬等级。

③企业薪酬策略。如果企业员工薪酬差异比较大，则薪酬等级应多些；如果企业员工薪酬差异小，则薪酬等级应少些。

（3）设计工资职等中位值及确定职等薪酬增长率

薪酬等级确定后，根据薪酬政策线，可以确定各职等的薪酬中位值。实际上，可以根据典型岗位市场薪酬数据，并结合岗位评价数值以及公司薪酬策略，制定出每个职等工资中位值。各职等中位值确定后，职等薪酬增长率就可以计算出来了。各职等薪酬增长率等于两个相邻职等中位值差额除以较低等级的薪酬中位值。

一般情况下，各职等薪酬增长率应大致相等，如果差别较大，应对职等薪酬中位值数据进行一定调整，使各职等薪酬增长率大致相同，体现内部公平特征。

（4）设计薪酬幅度、薪级数目及薪级差

薪酬中位值确定后，确定每个职等最低薪酬与最高薪酬。由于同一职等内对应很多岗位，同时应给岗位工资晋升留出空间，因此薪酬幅度要适中，满足薪酬调整的需要。一般用薪酬变动比率来衡量薪酬变化幅度。

$$薪酬变动比率＝（薪酬最大值－薪酬最小值）÷薪酬最小值×100\%$$

一般情况下，薪酬最大值和最小值是根据薪酬中位值以及薪酬变动比率计算出来的：

$$薪酬最小值＝薪酬中位值÷（1＋薪酬变动比率÷2）$$
$$薪酬最大值＝薪酬中位值÷（1＋薪酬变动比率÷2）×（1＋薪酬变动比率）$$
$$薪酬中位值＝（薪酬最大值＋薪酬最小值）÷2$$

薪酬最大值和最小值确定后，同一职等一般设定若干薪级，薪级差可以等比设计，也可以等差设计。一般情况下，等比设计级差为5%~10%，等差设计根据公司薪酬策略可以分为5~10级。

3. 薪酬结构设计的注意事项

企业在进行薪酬结构的设计时，还应列明各职位序列薪资发放的名目及设立的目的。一般包括管理、技术、职能、销售及计件工资制的技术职位序列名目。

需要注意的是，名目中的每一个组成因素也需要阐释清楚，有助于企业薪酬政策的顺利实施。常见的名目主要有以下8种：

（1）月固定工资

①月固定工资的设立目的：保障员工基本生活收入。

②月固定工资的下限：一般具体下限数字必须大于当地最低生活标准线。

③月固定工资总收入的比例：综合考虑年基本收入和职级，一般而言，职级较低的员工固定工资的比例较高。

（2）月绩效工资

①月绩效工资的设立目的：相对于年工资的延迟支付，属于较短周期的检查和激励员工工作的方式，主要与工作完成的及时性和质量挂钩，具体考核指标可以分为定量指标和定性指标、临时性重点任务指标。

②月绩效工资的上限：由于与考核结果相挂钩，因此属于浮动的不确定收入，由于管理需要综合考虑多方面的成本，如果浮动比例过大，员工会由于感觉不安全而增大流动概率，此外在主观上抵制考核，从而增加考核的难度，起不到考核改善绩效的终极目的。

③月绩效工资总收入的比例：综合考虑年基本收入和职级，一般而言，职级较低的员工绩效工资的比例较低。

（3）年度延迟支付工资

①年度延迟支付工资的设立目的：相对于月绩效工资，属于较长周期的检查和激励员工工作的方式，由于某些工作在短期内无法见到实效，需要较长的一段时间才能反映出结果，因此预留部分基本收入作为对该部分工作的考核。由于年前的流动率相对较高，因此年度延迟支付工资在某些公司还可以作为降低流动率的手段缓解企业日常现金流压力。

②年度延迟支付工资的比例：一般为10%～20%，可以用年底双薪等科目发放。

（4）企业业绩分享

①企业业绩分享的设立目的：体现内部收入的公平性，使计件制和佣金制员工的收入与自身业绩直接挂钩，在企业超额完成既定计划时，需要设置该科目协调内部公平。体现员工收入与企业的业绩呈正向关系：企业未完成既定计划时，可以通过降低年度延迟支付工资的数量来实现；企业超额完成既定计划时，可以通过该科目来实现。

②企业业绩分享的权重：具体金额和权重没有限制，但总体上金额和权重不宜过大，应有以丰补歉的预留机制，另外收入具有刚性，必须考虑企业的可持续发展，且企业业绩分享属于锦上添花，因此比重不宜过大。

（5）工龄工资

①工龄工资的设立目的：嘉奖员工对企业的忠诚度，增强企业的凝聚力。

②工龄工资的上限：一般上限设定在10年，因为企业时刻都有成本控制的压力。人员价值有折旧，培训只能延迟价值衰减的程度，因此需要鼓励员工适当流动。企业需要听取来自不同地方的声音，需要不断冲击旧思维、旧习惯。

③工龄工资的比例：工龄长短不代表员工实际能力的高低，与公司为职位价值付酬的设计思路有冲突，因此工龄工资的比重一般不宜过大，应小于15%。

温馨提示

无限制的司龄工资

许多企业为了降低员工的离职率，加强员工的忠诚度，表达对老员工的认可，设置了无限制的司龄工资。这种工资的特点是从员工入职的那一刻开始算起，每服务满一年，工资中就会增加一部分司龄工资。这种看起来很美的薪酬模式，从长远看，不仅额外付出了成本，而且无效。

在一个相对健康的组织里，愿意留下的、有能力的员工不是得到了晋升的机会，就是得到了涨薪的机会，这部分人大约只占组织总人数的20%；而那些剩下来的、相对平庸的员工往往存在较强的市场替代性，这部分人约占总人数的80%，是绝大多数。如果司龄工资每年增长，最直接的后果是导致那些普通岗位的人力成本不断上升，这批员工在组织中变得"长生不老"，他们可能听话，但是却无法做出较大贡献。

（6）各类补贴或补助

①各类补贴或补助的设立目的：属于保健因素，如果缺失，将影响员工满意度。

②各类补贴或补助的上限：由于属于企业额外的人工成本开支，因此应严格控制，具体金额需要根据当地的通信计费实时调整。

③各类补贴或补助科目的设置：具体科目的增减可以根据企业的实际情况，如在重点改善企业学历结构的时期，可以增设学历工资。

（7）销售奖金

销售奖金的确定首先要考虑销售额的达成，通常只有超过一定的销售保底才能领取奖金。其次考虑依据客户开拓、货款回收速度、市场调查报告、客户投诉状况、企业规章执行等指标进行综合评定。

（8）计件工资

由生产操作类员工依据产品实际产量、质量、成本总额、安全、现场管理等综合确定，用以激发生产人员的积极性，提高生产效率，改善产品质量，降低生产成本。

疑难解答

1. 公司因业务发展快速，出现了很多"一人多岗"的现象。这个时候该如何制定合理的薪酬结构呢？

"一人多岗"的现象不是公司持续发展的长期形态。薪酬管理人员可以根据目前岗位的情况划分职位层级、薪酬层级。在实际的薪酬匹配上，一般是考虑该员工胜任哪个岗位，就先将员工放入他最胜任的、未来最可能担任的岗位层级上；在制定工资的时候，再考虑实际业绩、能力情况，选择不同的薪酬区间来确定工资。

2. 薪酬设计要解决哪几大关键问题？

（1）基于岗位价值和能力的层级薪酬框架。（2）根据公司的情况，看公司的薪酬是以解决员工稳定问题为主，还是解决吸引人才的需要为主。（3）薪酬管理制度，调薪的条件设定、流程等定下来，依据制度实施。（4）对于市场数据的了解。

3. 虽然我们制定了薪酬制度，但是在实际的工作和操作中，遇到部门职责调整、岗位职责增加后薪酬与实际付出不一致的情况，员工因此大发牢骚。这种情况我们该如何解决？

企业组织架构调整、部门职责调整、岗位职责增加等，都要把薪酬制度，特别是岗位进行重新评估，根据市场数据做相应调整。

第四节　宽带薪酬

一　宽带薪酬的含义

根据美国薪酬管理学会的定义，宽带薪酬是指对多个薪酬等级以及薪酬变动范围进行重新组合，从而变成只有相对较少的薪酬等级以及相应较宽的薪酬变动范围的薪酬结构设计方式。

宽带薪酬始于20世纪90年代，美国经济开始走下坡路，宽带薪酬作为一种与企业组织扁平化、流程再造、团队导向、能力导向等新的管理战略相配合的新型薪酬结构设计方式应运而生。宽带薪酬最大的特点是压缩级别，将原来十几甚至二三十个级别压缩成几个级别，并将每个级别对应的薪酬范围拉大，从而形成一个新的薪酬管理系统及操作流程，以便适应当时新的竞争环境和业务发展需要。从形式上看，宽带薪酬较之传统的等级制薪酬，薪酬等级明显少了，每一级的薪酬档次却多了。

二　宽带薪酬的特征

1. 支持扁平型组织结构

宽带薪酬打破了传统薪酬结构所维护和强化的那种严格的等级制，有利于企业提高效率以及创造参与型和学习型的企业文化，同时对于企业保持自身组织结构的灵活性以及迎接外部竞争都有着积极的意义。

2. 引导员工重视个人技能的增长和能力的提高

在宽带薪酬设计下，即使是在同一个薪酬宽带内，企业为员工所提供的薪酬变动范围比员工在原来的1个甚至更多薪酬等级的薪酬范围还要大。这样一来，员工就不需要为薪酬的增长而斤斤计较职位晋升等方面的问题，而只要注意发展企业所需要的那些技术和能力，专注于做好企业着重强调的那些有价值的行为或绩效。

3. 有利于岗位轮换

宽带薪酬减少了薪酬等级数量，将过去处于不同薪酬等级之中的大量岗位纳入到现在的同一薪酬等级当中，甚至上级监督者和他们的下属也常常会被放到同一个薪酬宽带当中。这样，在对员工进行横向甚至向下调动时所遇到的阻力就会小很多。此外，企业可因此减少过去因员工岗位的细微变动而必须做的大量行政工作，如职务称呼变动、相应的薪酬调整、更新系统、调整社会保险投保基数、更新档案等。

4. 能密切配合劳动力市场上的供求变化

宽带薪酬以市场为导向，使员工从注重内部公平转为更加注重个人发展以及自身在外部劳动力市场上的价值。在宽带型的薪酬结构中，薪酬水平是以市场薪酬调查的数据以及企业的薪酬定位为基础确定的，因此，薪酬水平的定期调整使企业更能把握其在市场上的竞争力，同时有利于企业相应地做好薪酬成本控制工作。

5. 有利于管理人员以及人力资源专业人员的角色转变

实行宽带薪酬设计，即使是在同一薪酬宽带当中，由于薪酬区间的最高值和最低值之间的变动比率较大，这对于员工薪酬水平的界定留有很大空间。在这种情况下，部门经理就可以在薪酬决策方面拥有更多的权力和责任，可以对下属的薪酬定位提出更多的意见和建议。这种做法不仅充分体现了人力资源管理的思想，有利于促使直线部门的经理人员切实承担起自己的人力资源管理职责，同时也有利于人力资源专业人员从一些附加价值不高的事务性工作中脱身，转而更多地关注对企业更有价值的其他一些高级管理活动，充分扮演好直线部门的战略伙伴和咨询顾问的角色。

6. 有利于推动良好的工作绩效

宽带薪酬通过将薪酬与员工的能力和绩效表现紧密结合起来，更为灵活地对员工进行激励。在宽带薪酬中，上级对有稳定突出业绩表现的下级员工可以拥有较大的加薪影响力，而不像在传统的薪酬体制下，直线管理人员即使知道哪些员工的能力强、业绩好，也无法向这些员工提供薪酬方面的倾斜，因为加薪主要是通过晋升来实现的，而晋升的机会和实践却不会那么灵活。

此外，宽带薪酬不仅通过弱化头衔、等级、过于具体的职位描述以及单一的向上流动方式向员工传递一种个人绩效文化，而且还通过弱化员工之间的晋升竞争，更多地强调员工们之间的合作和知识共享、共同进步，以此来帮助企业培育积极的团队绩效文化，而这对于企业整体业绩的提升是非常重要的一种力量。

温馨提示

宽带薪酬的局限性

1. 企业员工获得职务晋升的机会较小

传统的垂直型的薪酬结构下，设置的薪酬等级较多，员工相对更容易获得晋升的机会；而宽带薪酬结构是将原有的、较多的薪酬等级压缩为较少的薪酬区间，员工较难获得职位晋升的机会，很可能出现长期始终在同一薪酬区间内，即薪酬标准提高了，但是职位等级没有提升的情况。在中国，受传统等级文化影响，职位晋升对人的激励作用非常明显，特别是对收入水平已经处于一定高度的员工，薪酬标准的提高对其激励作用将逐步弱化，缺少晋升机会可能导致士气低落，最终影响绩效。

2. 企业成本提高

宽带薪酬体系中，不是以岗定薪，而是各个岗位的薪酬等级有较大的变动范围，员工薪酬等级和薪酬标准处于相对宽泛的动态调整状态。同时，该模式主要建立在绩效考核评价的基础上，部门领导在评价员工绩效时具有较大的权限，导致实施宽带薪酬后，企业对薪酬的变动频度及幅度的预测难度加大，给企业的费用预算及支付带来较大压力。宽带薪酬结构下的薪酬增长速度要远高于传统薪酬结构下的薪酬增长速度。

3. 宽带薪酬结构实施的门槛较高

企业要实施宽带薪酬结构并充分发挥其导向作用，必须同时具备以下三个条件：（1）必须具有企业发展战略及人力资源管理战略，并能够根据人力资源管理战略明确薪酬导向，引导员工绩效行为，从而推动企业战略目标的顺利实现；（2）必须具备扁平化组织结构形式，包括管理层级少、信息沟通快、组织运作效率高等；（3）必须具有健全的人力资源管理体系、扎实的人力资源管理基础以及成熟的管理队伍。因此，宽带薪酬实施的门槛相对较高。

三 宽带薪酬的设计原则

宽带薪酬的设计除了要遵循薪酬体系设计的普遍原则以外，还应该注意以下原则：

1. 战略匹配原则

薪酬制度与企业战略的匹配程度直接影响到企业的整体绩效，因此一个企业首先应该明确自身的战略目标是什么，才能确定需要什么样的人力资源管理系统，最终决定采用什么样的薪酬管理体系。宽带薪酬的特性决定其更适合于技术型和创新型企业，而劳动密集型企业则不宜采用。同时，宽带薪酬的设计应该随着企业战略和发展阶段的演变做出相应的调整，拓展或紧缩薪酬的"带宽"以适应企业整体发展的需要。

2. 文化适应原则

宽带薪酬模式建立在公平、协作和沟通的企业文化基础之上，它不强调资历，承认员工个人之间的差异，体现企业对个人能力和绩效的充分尊重。因此，采用宽带薪酬模式一定要重塑企业文化，弱化等级观念，提倡绩效第一，突出关键员工的作用。

3. 全面激励原则

宽带薪酬的实施是个系统工程，它解决的是企业的激励体系问题，除了薪酬激励外，还要考虑考核激励、培训激励和荣誉激励等。对于知识型员工或薪酬达到一定水平的员工，薪酬的激励作用会发生边际效益递减现象，因此必须辅以其他激励手段，如丰富工作内容、增加学习机会或根据其意向派遣管理工作等，只有这样才能产生真正的激励效果。

四 宽带薪酬体系设计流程

宽带薪酬的设计流程与传统的薪酬设计大致相同，只是各具体步骤有其自身的特点，因此在实际应用过程中要有所注意。

1. 理解企业战略

企业人力资源战略是依据企业总体战略而制定的，同时为企业总体战略的实现提供强有力的支持，而薪酬战略又是企业人力资源战略的一种量化体现。因此在设计宽带薪酬时，首先要考虑企业的自身战略。

2. 整合岗位评价

岗位评价是宽带薪酬的基础，其目的在于确定企业内每个岗位的相对价值，以确保薪酬体系的内部公平。由于大多数企业包含着性质多样的岗位类别，因此企业应该着手开发符合其实际的岗位评价量表，用于岗位分类和分级。

3. 完善薪酬调查

企业的薪酬水平除了符合内部公平的原则，还应该满足外部公平的要求，以提高企业在人力资源市场上的吸引力与竞争力。因此，进行薪酬调查就显得很有必要。

4. 构建薪酬结构

企业根据内部岗位评价和外部薪酬调查的结果可以确定每一级薪酬的"带宽"，并设定每一级的上限和下限，即企业愿意支付的最高薪酬和最低薪酬。此时，需要注意两个指标，即每一级薪酬的浮动幅度和中点。中点由市场的薪酬水平和企业的薪酬策略决定，反映受到良好培训的员工在其工作达到规定标准时应该得到的薪酬。

（1）确定宽带的数量。企业要确定使用多少个薪酬带，在这些薪酬等级之间通常有一个分界点。在每一个薪酬宽带对人员的技能、能力的要求都是不同的。

（2）确定宽带内的薪酬浮动范围。根据薪酬调查的数据及职位评价结果来确定每一个宽带的浮动范围以及级差，同时在每一个宽带中每个职能部门根据市场薪酬情况和岗位评价结果，确定不同的薪酬等级和水平。

（3）宽带内横向岗位轮换。同一宽带中薪酬的增加与不同等级薪酬增加相似，在同一薪酬宽带中，建立不同职能部门的员工跨部门流动机制以增强组织的适应性，提高多角度思考问题、解决问题的能力。

（4）做好任职资格及薪酬评级工作。宽带薪酬虽然有很多优点，但由于企业在决定员工薪酬时有更大的自由，使用人力成本有可能大幅度上升。为了有效地控制人力成本，在建立宽带薪酬体系的同时，还必须构建相应的任职资格体系，明确工资评级标准及办法，营造一种以绩效和能力为导向的企业文化氛围。

5. 加强控制调整

宽带薪酬的灵活性增强了企业对环境变化的反应能力，但也具有一定的副作用，因为灵活性中也潜藏了一些随意性，一旦问题爆发将给企业带来致命的打击。这就需要企业在宽带薪酬的实施过程中重视对细微环节的反馈，收集来自行业、市场、员工与管理等各方面的信息，根据变化及时控制，采取合理措施化解危机。

【实例6-3】

欧威新能源汽车公司是一个从传统国有企业发展起来的集研发、生产、销售为一体的大型企业集团。随着生产规模的不断扩大，集团公司以下属子公司的形式成立了产品设计中心、生产中心、销售中心。由于各种原因，集团总部及各下属中心的薪酬体系均保持了原来国有企业岗位技能工资的模式，整个薪酬体系存在26个级别，员工如果想要获得较高水平的收入，只有通过职位晋升来实现。今年，公司计划借助外部咨询公司的力量，对整个薪酬体系进行大胆改革，拟采用宽带薪酬替代现有的薪酬体系。

请结合本案例回答以下问题：

（1）宽带薪酬体系的设计，包括哪些基本的步骤？

（2）构建宽带薪酬结构的工作要点和步骤有哪些？

分析

（1）宽带薪酬体系的设计，包括以下基本步骤：①理解企业战略；②整合岗位评价；③完善薪酬调查；④构建薪酬结构；⑤加强控制调整。

（2）企业根据内部岗位评价和外部薪酬调查的结果可以确定每一级薪酬的"带宽"，并设定每一级的上限和下限，即企业愿意支付的最高薪酬和最低薪酬。这需要注意两个指标，即每一级薪酬的浮动幅度和中点。中点由市场的薪酬水平和企业的薪酬策略决定，反映受到良好培训的员工在其工作达到规定标准时应得到的薪酬。

构建宽带薪酬结构的步骤是：第一，确定宽带的数量；第二，确定宽带内的薪酬浮动范围；第三，宽带内横向岗位轮换；第四，做好任职资格及薪酬评级工作。

五 设计宽带薪酬的关键决策

1. 宽带数量的确定

企业应根据岗位或员工带给企业附加值的贡献等级来设定薪酬宽带数量。宽带之间的分界线往往是岗位工作或技能、能力要求存在较大差异的地方。

2. 薪酬宽带的定价

在薪酬宽带的设计中，不仅很可能会出现在每一个宽带中都包括同一类工作的情况，而且在不同的宽带中所要求的技能或能力层次存在差异的情况下，还会存在同一宽带内的各个不同职能工作之间存在薪酬水平差异的问题。那么，在薪酬宽带设计过程中，如何向处于同一宽带之中但是职能各不相同的员工支付薪酬？一个可行的做法是，参照市场薪酬水平和薪酬变动区间，在存在外部市场差异的情况下，对同一宽带中的不同职能或职位族的薪酬分别定价。

3. 员工薪酬的定位与调整

在薪酬宽带设计完成之后，需要解决的一个重要问题是如何将员工放入薪酬宽带中的不同位置上。为此，企业一般可以采取三种方法：一是绩效法，即如果企业希望着重强调绩效，可以根据员工个人的绩效来将员工放入薪酬宽带中的某个位置上；二是技能法，即如果企业需要强调新技能的获取，则可以严格按照员工的新技能获取情况来确定他们在薪酬宽带中的位置，员工是否具备组织所要求的这些新技能，则是由培训、资格证书或者员工在工作中的表现来决定的；三是能力法，即如果企业强调员工能力，可以先确定某一明确的市场薪酬水平，然后在同一薪酬宽带内部，对于低于该市场薪酬水平的部分，采用根据员工的工作知识和绩效定位的方式，而对于高于该市场薪酬水平的部分，则根据员工的关键能力开发情况来确定他们在薪酬宽带中的位置。

在实施薪酬宽带的情况下，员工大多数时候是在同一级别的宽带内部而不是在不同的薪酬宽带之间流动。这时，情况就比较简单，因为在薪酬宽带内部的薪酬变动与同一薪酬区间内的薪酬变动原理基本相同。但有时企业也同样需要处理员工在不同等级的宽带之间流动的问题，这一问题的核心是如何确定员工的薪酬变动标准。作为一种强调能力和业绩而非僵化的职位等级结构的薪酬结构设计，宽带薪酬无疑是最为强调员工个人能力提高和业绩表现的。也就是说，企业只有建立员工的技能或能力评价体系以及绩效管理体系，才能确定客观、公平的员工薪酬变动依据。

六　实施宽带薪酬的要点

1. 密切关注公司的文化、价值观和战略

薪酬宽带本身并非只是用来削减薪酬层级的一种工具，它实际上涉及企业的文化、价值观以及经营战略，因此，企业在决定实施宽带薪酬设计时，必须首先理解、审视并密切关注企业的文化、价值观以及经营战略，看它们与宽带薪酬设计的基本理念是否一致。此外，宽带薪酬要求企业必须形成自己的绩效文化、团队文化、沟通文化、参与文化。因此，如果企业不具备这样的条件，或者没有任何先期的准备就盲目追随潮流，那么实施宽带薪酬设计的结果可能不是正面的，而是负面的。

2. 注重加强非人力资源部门的人力资源管理能力

宽带薪酬的一个很重要的特点是，非人力资源部门的管理者将有更大的空间参与其下属员工的薪酬决策。这就要求非人力资源管理人员在人力资源管理方面必须有足够的成熟度，能与人力资源部门一起做出对员工的行为、态度以及工作业绩可能产生直接影响的关键性决策。如果没有一支成熟的管理人员队伍，在实行宽带薪酬的过程中必然会遭遇重重困难。此外，如果各部门都以自我为中心，不认同宽带薪酬，人力资源部门就很难发挥其应有的作用，这些是有悖于宽带薪酬设计理念的。

3. 鼓励员工的参与，加强沟通

企业要想引入宽带薪酬，就必须与管理层和员工进行及时、全面的沟通，让全体员工都能清晰地理解这种新的薪酬结构设计方式的用意，让员工看到自己的未来发展方向，鼓励员工的工作行为和结果与企业的目标保持一致。

作为一种管理工具，薪酬结构没有绝对的对与错，除了要看它是否有利于企业的运作，能否配合企业的战略之外，还要看它能否得到员工的认可。只有员工明白了某种薪酬决策是如何做出的，这种薪酬决策才能真正发挥预期的作用。为此，实施宽带薪酬的企业通常会成立宽带薪酬设计项目小组或宽带薪酬设计委员会来推进这一工作，让在宽带薪酬的建立过程中起关键作用的人员或受到这种新的薪酬结构影响的人员参与进来。不过，企业应对参与的规模进行认真的考虑和控制，过多的人员参与可能会导致意见不一，难以达成共识，影响项目的进度，甚至会导致引进宽带薪酬计划失败。

另外，引入宽带薪酬时还需要做好以下几方面的沟通：一是与部门主管级员工的沟通，要尽可能让他们明白企业引入宽带薪酬的背景、目的、作用以及新结构所考虑的主要因素。同时，还要让他们明白宽带薪酬的特点及其对管理的影响。由于这部分员工既是管理层的组成部分，也是受影响的核心员工，他们只有在全面充分地了解这个系统的情况下，才能清晰地协助人力资源部门做好宽带薪酬制度的实施工作。二是与其他员工的沟通，由于大多数员工对薪酬宽带并不熟悉，很可能会产生一些不必要的恐惧，滋生一些不确定甚至错误的信息，因此必须让员工知道企业为何要引入宽带薪酬、它可能会给企业和员工带来哪些益处、新的薪酬将会怎样确定、它可能会给员工带来哪些新的挑战、员工怎样才能取得进步等方面的内容。三是对人力资源专业人员及部门经理就宽带薪酬的操作要领进行培训、沟通，以确保宽带薪酬的设计

过程按时完成并能够顺利运作。

4. 要有配套的员工培训和开发计划

宽带薪酬为员工的成长以及个人职业生涯的发展提供了更大的弹性，其重要特点之一就是鼓励员工努力提高自身的能力，掌握更多的技能，以增强企业的竞争力和适应外部环境的灵活性，鼓励员工的创新性。为达到这一目的，企业必须在实施宽带薪酬的同时，就各职位或各职级需要具备的能力以及配套的培训制定完善的培训开发体系，并积极推行。只有这样，才能使员工不断获取新的技能，帮助他们充分利用宽带薪酬所提供的薪酬增长空间；也只有这样，企业才能从实施宽带薪酬中获利，获得一支真正有竞争力的员工队伍。

疑难解答

1. 宽带薪酬在欧美国家取得了不错的成效，为何在我国实施之后却没有获得预期的效果？是本身制度的不完善、实施环境的不适合，还是实施不当？

在我国，宽带薪酬实施遇挫的原因有多个方面，最主要的原因还是实施环境的不适合。我国企业有其自身的特点，在文化因素（如人情文化、等级观念、官本位文化）、企业的发展水平和管理水平（如企业管理人员整体素质偏低、企业管理体系不完善）等方面也有着特殊性，这些都限制了宽带薪酬在我国的实施效果。

2. 操作实施宽带薪酬的假设前提是什么？

操作实施宽带薪酬，需要清楚系统的宽带模式有两个假设前提：一是各级管理者都是负责的，需要对上一级承诺业绩达成，也需要严格指导、监督、评价下属完成业绩的工作；二是各级管理者都是有能力的、称职的，能合理地给下属制定目标、准确地评价其业绩，因此自然能决定下属合理的薪酬水平。

3. 我们公司想进行薪酬结构调整，目前正在推行阶段，现想咨询一下推行宽带薪酬需要做哪方面的准备工作；我们还想将宽带薪酬与绩效考核一起推行，但是不知道该如何与员工沟通、从哪些方面与他们沟通。因此想了解宽带薪酬与绩效考核的正常推行实施的流程有哪些？如何进行推行？我们应该做哪些工作？

（1）依据岗位类型把绩效工资纳入工资结构里。

（2）做宽带薪酬，需要梳理公司组织架构、部门设置、层级设置、岗位设置，根据岗位内容和要求做岗位价值评估；再参考市场薪酬数据，做岗位匹配，给出每个层级、岗位的薪酬幅度。

4. 不同行业在薪酬带宽设置上是否会有区别？薪酬宽带应设定多宽？以什么为标准呢？

宽带薪酬的设置方法跟行业没有关系，只是在具体的岗位上薪酬的数据有可能不同。每级宽带的幅度与公司所涵盖的岗位、级别数量的设置有关。

第七章　薪酬激励模式的选择与设计

本章思维导图

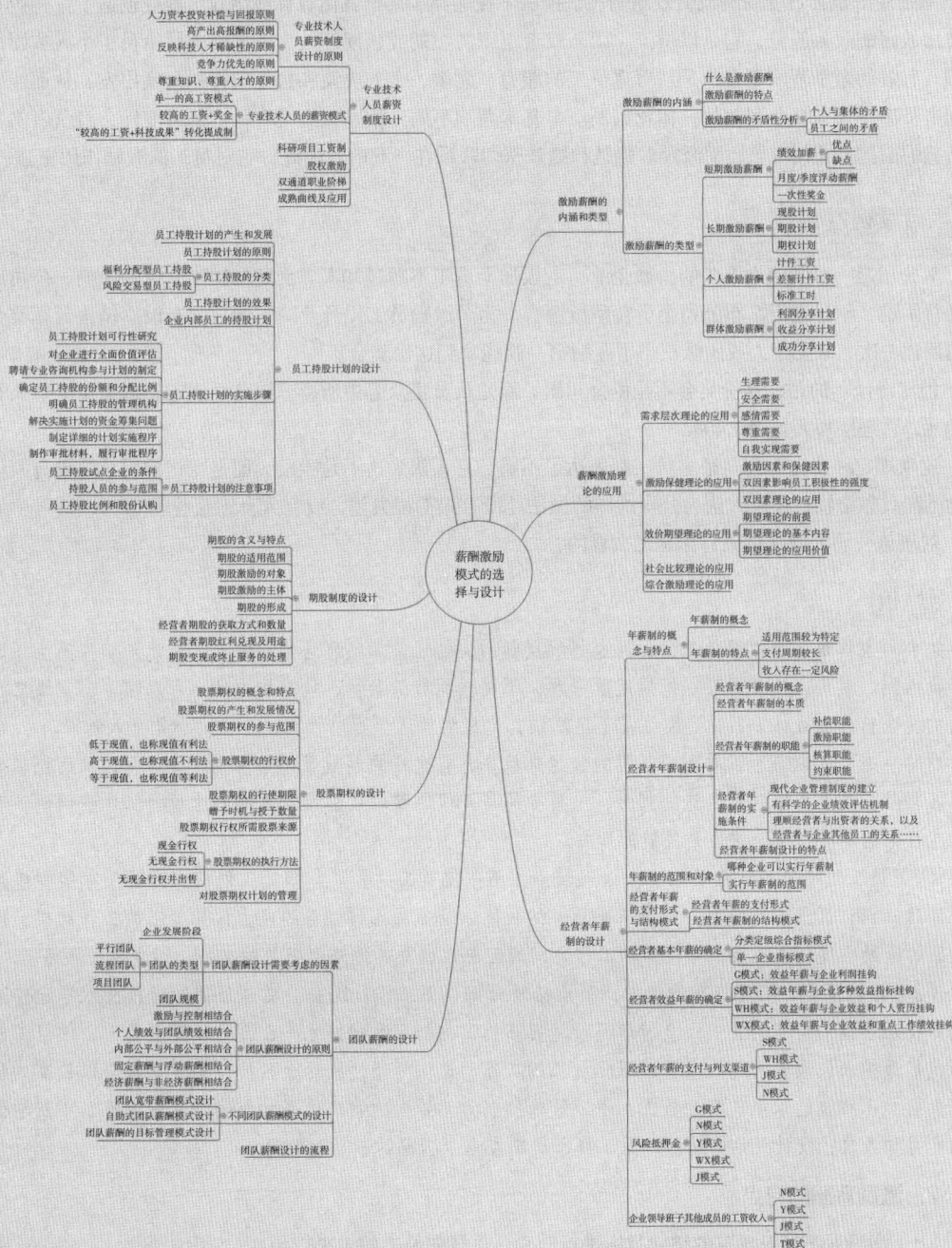

中心主题：**薪酬激励模式的选择与设计**

专业技术人员薪资制度设计

- 专业技术人员薪资制度设计的原则
  - 人力资本投资补偿与回报原则
  - 高产出高报偿的原则
  - 反映科技人才稀缺性的原则
  - 竞争力优先的原则
  - 尊重知识、尊重人才的原则
- 专业技术人员的薪资模式
  - 单一的高工资模式
  - 较高的工资+奖金
  - "较高的工资+科技成果"转化提成制
  - 科研项目工资制
  - 股权激励
  - 双通道职业阶梯
  - 成熟曲线及应用

员工持股计划的设计

- 员工持股计划的产生和发展
- 员工持股计划的原则
- 员工持股的分类
  - 福利分配型员工持股
  - 风险交易型员工持股
- 员工持股计划的效果
- 企业内部员工的持股计划
- 员工持股计划的实施步骤
  - 员工持股计划可行性研究
  - 对企业进行全面价值评估
  - 聘请专业咨询机构参与计划的制定
  - 确定员工持股的价额和分配比例
  - 明确员工持股的管理机构
  - 解决实施计划的资金筹集问题
  - 制定详细的计划实施程序
  - 制作审批材料，履行审批程序
- 员工持股计划的注意事项
  - 员工持股试点企业的条件
  - 持股人员的参与范围
  - 员工持股比例和股份认购

期股制度的设计

- 期股的含义与特点
- 期股的适用范围
- 期股激励的对象
- 期股激励的主体
- 期股的形成
- 经营者期股的获取方式和数量
- 经营者期股红利兑现及用途
- 期股变现或终止服务的处理

股票期权的设计

- 股票期权的概念和特点
- 股票期权的产生和发展情况
- 股票期权的参与范围
- 股票期权的行权价
  - 低于现值，也称现值有利法
  - 高于现值，也称现值不利法
  - 等于现值，也称现值等价法
- 股票期权的行使期限
- 赠予时机与授予数量
- 股票期权行权所需股票来源
- 股票期权的执行方法
  - 现金行权
  - 无现金行权
  - 无现金行权并出售
- 对股票期权计划的管理

团队薪酬的设计

- 团队的类型
  - 平行团队
  - 流程团队
  - 项目团队
  - 企业发展阶段
- 团队规模
- 团队薪酬设计需要考虑的因素
- 团队薪酬设计的原则
  - 激励与控制相结合
  - 个人绩效与团队绩效相结合
  - 内部公平与外部公平相结合
  - 固定薪酬与浮动薪酬相结合
  - 经济薪酬与非经济薪酬相结合
- 不同团队薪酬模式的设计
  - 团队宽带薪酬模式设计
  - 自助式团队薪酬模式设计
  - 团队薪酬的目标管理模式设计
- 团队薪酬设计的流程

激励薪酬的内涵和类型

- 激励薪酬的内涵
  - 什么是激励薪酬
  - 激励薪酬的特点
  - 激励薪酬的矛盾性分析
    - 个人与集体的矛盾
    - 员工之间的矛盾
- 激励薪酬的类型
  - 短期激励薪酬
    - 绩效加薪
      - 优点
      - 缺点
    - 月度/季度浮动薪酬
    - 一次性奖金
  - 长期激励薪酬
    - 现股计划
    - 期股计划
    - 期权计划
  - 个人激励薪酬
    - 计件工资
    - 差额计件工资
    - 标准工时
  - 群体激励薪酬
    - 利润分享计划
    - 收益分享计划
    - 成功分享计划

薪酬激励理论的应用

- 需求层次理论的应用
  - 生理需要
  - 安全需要
  - 感情需要
  - 尊重需要
  - 自我实现需要
- 激励保健理论的应用
  - 激励因素和保健因素
  - 双因素影响员工积极性的强度
  - 双因素理论的应用
- 效价期望理论的应用
  - 期望理论的前提
  - 期望理论的基本内容
  - 期望理论的应用价值
- 社会比较理论的应用
- 综合激励理论的应用

经营者年薪制的设计

- 年薪制的概念与特点
  - 年薪制的概念
  - 年薪制的特点
    - 适用范围较为特定
    - 支付周期较长
    - 收入存在一定风险
- 经营者年薪设计
  - 经营者年薪制的概念
  - 经营者年薪制的本质
  - 经营者年薪制的职能
    - 补偿职能
    - 激励职能
    - 核算职能
    - 约束职能
  - 经营者年薪制的实施条件
    - 现代企业管理制度的建立
    - 有科学的企业绩效评估机制
    - 理顺经营者与出资者的关系，以及经营者与企业其他员工的关系……
  - 经营者年薪制的特点
  - 哪种企业可以实行年薪制
  - 实行年薪制的范围
- 年薪薪的范围和对象
- 经营者年薪的支付形式与结构模式
  - 经营者年薪的支付形式
  - 经营者年薪制的结构模式
- 经营者基本年薪的确定
  - 分类定级综合指标模式
  - 单一企业指标模式
- 经营者效益年薪的确定
  - G模式：效益年薪与企业利润挂钩
  - S模式：效益年薪与企业多种效益指标挂钩
  - WH模式：效益年薪与企业效益和个人资历挂钩
  - WX模式：效益年薪与企业效益和重点工作绩效挂钩
- 经营者年薪的支付与列发渠道
  - S模式
  - WH模式
  - J模式
  - N模式
- 风险抵押金
  - G模式
  - N模式
  - Y模式
  - WX模式
  - J模式
- 企业领导班子其他成员的工资收入
  - N模式
  - Y模式
  - J模式
  - T模式

第一节 **激励薪酬的内涵和类型**

一 激励薪酬的内涵

1. 什么是激励薪酬

激励薪酬也称可变薪酬或绩效薪酬，是指员工在达到了某个具体目标或绩效水准或创造了某种盈利后所增加的薪酬收入部分，它是以员工、团队或者组织的短期或长期绩效为依据而支付给员工个人或团体的薪酬。有效的激励薪酬更多的是从尊重员工的能力、愿望、个人决策和自主选择的角度出发，从而能更好地创造员工个人与企业利益的一体化氛围。与基本薪酬不同，激励薪酬具有一定的可变性，经营者实施薪酬措施的前提是业绩考核，而激励薪酬是和绩效密切联系在一起的。因此，它对员工的激励作用更强。

【实例7-1】

W公司是一家刚成立不久的小微企业，老板加上员工不超过30人。受到2020年疫情的影响，公司出现了经营困难，于是老板宣布公司全员转型做销售。为了激励员工提升业绩，老板宣布设立销售冠军奖金，每周评比一次，只要个人或团队获得了业绩第一就能拿到这份奖金。

但"奇怪"的是，这份奖金不是由公司出，而是从员工众筹中所得。该公司规定，普通员工每人每周出20元，管理层每人每周出40元。

这项规定一出台，公司很多员工都表达了不满。有人认为这不是激励，而是变相的罚款；也有人认为激励不能只靠金钱；还有人认为公司这样的做法让所有人都很失望，没有人真正获益。

对于该公司的激励措施，你是怎么看的？

分析

该公司也许确实想激励员工，而且也想玩点创新，能让员工感到意外和惊喜。但意外确实产生了，惊喜却没看到。其实，该公司可以把规定改一改，不要强制员工众筹，搞平均主义。可以在办公室设立一个透明的奖金箱，然后员工们凭自愿往箱子里塞钱，老板和管理层可以带头，金额大小凭个人意愿。

这样一来，大家都可以看到箱子里的钱越来越多，在这样的刺激下都想拼业绩拿第一，从而把箱子抱回去。当然，这里面不只是金钱的刺激，更重要的是老板、管理层、员工之间的这种对工作业绩的认可能够产生巨大的刺激作用，这才是关键的地方。

（1）员工的绩效高低主要取决于以下四个方面：①员工的知识，即员工所拥有的关于事实、规则以及程序的知识；②员工的能力，即员工所具备的技能以及完成工作任务的能力；③员工的工作动机，即员工受到的激励程度；④机会，即员工和工作之间的匹配性以及其他外部资源的支持。四者缺一不可。

（2）为确保员工实现较高的绩效，企业必须做好以下工作：①企业必须雇佣知识技能水平比较高的员工并设法让他们留在企业中；②持续不断地提高员工的知识和技能水平；③合理配置员工，使员工能够从事他们最擅长或最感兴趣的工作，强化员工的工作动机。为了达到这个目的，企业通常会以较高的薪酬水平吸引知识和技能水平较高的员工；用以技能和能力为导向的薪酬体系和报酬方法激励员工不断增强自身的能力和素质；设计灵活的薪酬体系，便于员工在企业内部的调动和轮换。

2. 激励薪酬的特点

（1）激励薪酬针对预定的绩效目标进行激励，以导向员工的未来行为。

（2）激励薪酬一般都是一次性付给，不会持续地增加基本薪酬成本。

（3）激励薪酬除了针对个人，也可以通过将奖金支付给团队或组织，把它与团队或组织的整体绩效相挂钩，来体现更为充分的可变性和灵活性，当团队或组织的整体业绩下降时，员工个人的奖金也会减少，从而避免一贯地累加。

（4）激励薪酬往往是在订立绩效目标的同时就预先设定好相关的支付额度，所以员工事先知道它的支付额。

3. 激励薪酬的矛盾性分析

激励薪酬的矛盾性，是指薪酬对员工激励时难以调和的正负两个方面的影响，包括个人与集体的矛盾、员工之间的矛盾两个方面。

（1）个人与集体的矛盾

过分激励个人会使奖励显得非常随意，过于推崇英雄主义，致使团队合作意识差，共同协作能力下降。无论多么优秀的个体，仍然无法取代集体的力量。在注重团队建设时，团队所取得的业绩也往往容易将个人行为弱化，平庸者"搭便车"的现象会比较严重。奖励集体时，容易产生"绝对平均主义"；惩罚团队时，又会出现"集体背黑锅"的现象，难以"责任到人"。因此，在设计薪酬制度时，如何协调个人与团体的关系，既激励个人的潜能，又保证团队效用最大化，这是一个重要的平衡问题。

（2）员工之间的矛盾

即某种奖励可能会挫伤那些未能得到奖励的人的积极性。另外，奖励特别是物质奖励具有不易满足且过后即忘的特性，奖励的价值很快便会消失。这样极易导致奖励金额一升再升，引发员工之间互相攀比，形成恶性循环，不但达不到激励效果，反而会削减企业的凝聚力。

二 激励薪酬的类型

激励薪酬的类型，从时间角度可划分为短期激励薪酬和长期激励薪酬，从激励对象角度可划分为个体激励薪酬和群体激励薪酬。选择哪种激励薪酬，取决于公司的经营战略、经营状况、员工情况及公司的目标等。

1. 短期激励薪酬

短期激励薪酬是与某个项目或某个受时间约束的目标相联系的薪酬，如绩效加薪、月度/季度浮动薪酬、一次性奖金等。

（1）绩效加薪

绩效加薪是将基本薪酬的增加与员工在某种绩效评价体系中所获得的评价等级联系在一起的一种绩效奖励计划。通常是在年度绩效评价结束时，企业根据员工的绩效评价结果以及事先确定下来的绩效加薪规则，决定员工在第二年可以得到的基本薪酬。绩效加薪所产生的基本薪酬的增加会在员工以后的职业生涯（在同一企业中连续服务的年限）中得到累积。

绩效加薪的优点：

①绩效加薪计划使员工的基本薪酬增长与他们个人的绩效挂钩起来，能够确保绩效优秀的员工的薪酬会比绩效一般或较差的员工的薪酬增长得要快。如果组织的绩效管理系统设计合理，能够衡量出员工对组织的价值以及实际贡献，则绩效加薪不仅有利于留住那些优秀员工，而且有利于培养绩效文化，推动组织绩效目标的达到和战略的实现。

②绩效加薪通常采取基本薪酬上涨一定百分比的做法，而每一次绩效加薪的百分比都可以根据组织的盈利状况与市场薪酬水平或标杆企业之间的差距，以及物价加薪成本的上涨幅度等因素来确定，这就使企

业在控制薪酬成本的上升方面具有较为灵活的力度。

绩效加薪的缺点:

①外部经济条件可能导致加薪幅度很小,当绩效加薪预算本来就不高时,绩效优秀和绩效一般的员工之间存在的加薪幅度差异很可能就没有太大的意义,根本达不到激励员工去追求卓越的效果。因此,对绩效最优秀的员工所提供的年度加薪幅度与对绩效欠佳的员工应该有所差别,真正体现多劳多得。

②绩效加薪可能会很快组织带来高昂的成本。一方面,因为绩效加薪具有累积效应,一开始成本并不高的绩效加薪一旦不断积累,给企业带来的成本压力就会越来越大。另一方面,因为在大部分企业,管理人员通常都倾向于把下属员工的绩效等级确定在较高的水平上,这样企业往往需要面对大部分员工都能得到较大幅度绩效加薪的局面,因而不得不面对快速增长的薪酬成本。

③绩效加薪会导致员工过于关注个人绩效,从而给团队工作带来不利影响。因此,在实施绩效加薪计划时,需要注意避免刺激过度的个人主义化以及过度竞争行为的产生,在员工个人目标和组织目标之间实现较好的平衡,甚至可以再根据需要确定加薪的幅度、加薪的时间以及加薪的实施方式。绩效加薪的幅度过小,绩效激励计划又很可能会无效,因为小规模的加薪往往起不到激励员工的作用,并且很容易与生活成本加薪混同。绩效加薪的时间通常是每年一次,也有些企业半年一次或者每两年一次。从绩效加薪计划的实施方式来看,绩效加薪既可以采取基本薪酬积累增长的方式,也可以采取一次性加薪的方式。

(2) 月度/季度浮动薪酬

月度/季度浮动薪酬是根据月度或季度绩效评价结果,以月度绩效奖金或季度绩效奖金的形式对员工的业绩加以认可。这种月度或季度绩效奖金,一方面与员工的基本薪酬有较为紧密的联系,往往采用基本薪酬乘以一个系数或者百分比的方式来确定;另一方面,又具有类似一次性奖金的灵活性,不会对企业形成较大的成本压力,这是因为企业在月度或季度绩效奖金方面投入的数量可以根据企业的总体绩效状况灵活调整。在实际执行过程中,员工个人所应当得到的绩效奖金往往还要与其所在部门的绩效以及个人的绩效挂钩。

(3) 一次性奖金

从广义上看,一次性奖金属于绩效加薪,是一种一次性支付的绩效奖励。在很多情况下,员工会因为完成了销售额或产量、实现了成本节约,甚至因为提出了对企业有价值的合理化建议等而得到这种一次性的绩效奖励。在一些兼并、重组事件发生时,很多企业为鼓励被收购企业中的一些有价值的员工留下来,还会在实施并购时向被并购企业中的高层管理人员、高级工程师、优秀销售员以及信息技术专家等支付一笔留任奖金。一些企业为了鼓励优秀人才下定决心与自己签约,也会向决定加盟本公司的新员工提供一笔签约奖金。

对组织而言,一次性奖金的优势是很明显的:

①它在保持绩效和薪酬挂钩的情况下,减少了在绩效加薪情况下因基本薪酬的累加效应所引起的固定薪酬成本增加,同时有效解决了薪酬水平已经处于薪酬范围顶端的那些员工的薪酬激励问题。

②它可以保障组织各等级薪酬范围的"神圣性",不至于出现大量超过薪酬范围的员工,同时还保护了高薪酬员工的工作积极性。

③它不仅可能非常有效,而且使组织在决定根据需要对何种行为或结果提供报酬时具有极大的灵活性。组织可以随时在不改变基本薪酬的情况下,针对某些自己期望看到的员工行为或者员工个人达成的绩效结果制定一次性的奖励计划,并且在奖励计划不合时宜时随时取消这种计划。

对员工而言,一次性奖金相对于绩效加薪的优势要少很多。虽然员工可以一次性拿到很多奖金,但从长期来看,员工实际上得到的奖金数额肯定要比普通绩效加薪情况下少得多。那些即将面临退休的员工对这一问题尤为关注,因为在传统的薪酬体系中,退休金只和员工的基本薪酬挂钩,而与一次性奖金没有任何关系。为了解决这一问题，有的组织将一次性奖金纳入员工的退休金确定基础当中，有的组织则将一次性奖金与福利联系起来。这种做法一方面仍然将绩效和薪酬紧密联系在一起，另一方面又通过用一次性奖金购买福利的做法为组织节省了福利成本。但需要注意的是，如果企业长期以一次性奖金代替基本薪酬的增加，则有可能导致员工采取不利于绩效提高的消极行为。

【实例7-2】

王某是一家科技公司的员工，在今年的表现非常突出，为公司创造了丰厚的利润。公司领导本来特别想包一个大大的红包作为奖金发给王某以示激励，可是恰逢人力资源部正在制订全员调薪计划，方案已经递交上来待审批。领导看到这个方案，心中暗想：我给了王某红包，然后又给他涨工资，是不是给得有点多了？

那么，究竟该如何奖励王某呢？是加薪还是发奖金，激励员工该选哪个？

分析

单就这个案例来讲，我们先把加薪还是发奖金这个两难问题放一边，公司领导在管理上首先就犯了一个错误。对于员工的奖励政策，本身就应该有一个标准，而且这个标准应该事先让员工知晓，而不是等到事后，再来给员工一个所谓的"惊喜"。如果这个惊喜足够大，能让员工喜出望外，那还能起到一定的激励作用，可是一旦低于员工的心理预期，那不仅起不到任何激励的效果，反而会起到相反的作用，让员工对公司充满怨气。

因此，企业为员工安排工作、制定任务目标、实行奖惩制度，一定要先与员工达成一致，而不是"事后诸葛亮"。

说完这个问题，我们再来看一看加薪和发奖金各自的利弊。

1. 加薪

员工一旦获得加薪，就会受到激励，而且这个激励的时效性会比发奖金要长。另外，加薪还有一个特点，就是工资的刚性比较强，一旦涨上去，它就很难降下来，员工的安全感得到增强。因此，加薪除了能激励员工之外，还是企业留人的一种手段。

但是，加薪也存在着不利的方面。一是它的激励程度明显不足，一般企业加薪幅度都不是很大，因此对于贡献特别大、业绩特别优秀的员工来说，它的激励作用有限；二是企业加薪如果变成一种制度和常态，员工就会习以为常，他们就产生了适应性偏见，认为加薪是理所应当的，不加薪反而不正常了。

2. 奖金

奖金是对员工工作的一种肯定和赞扬，同时它还能启动示范效应，向全体员工表明，只要你好好工作、多做贡献，公司是不会亏待员工的。

奖金的特点就是标准很灵活，可多可少，给人的感觉就是上不封顶、下不设限。一谈到奖金，员工就很激动，也很期待。因此，奖金的激励色彩是很浓厚的。

但是，奖金的刚性很弱，变化无常，在员工眼中，它与业绩挂钩：业绩好，奖金多；业绩差，奖金少甚至没有。因此，它不能带给员工安全感。

综上所述，该科技公司应该给王某发奖金以示激励，这样的效果会更好一点。

2. 长期激励薪酬

长期激励薪酬也称长期激励计划，主要指根据超过一年（通常是3～5年）的绩效周期来评定员工业绩并据此对员工进行激励的计划。长期激励薪酬把员工的收益与组织的长期绩效联系在一起，激励员工为组织的长期绩效考虑，避免员工的短期行为。长期激励薪酬还能够培养一种所有者意识，有助于企业招募和保留高绩效的员工，从而为企业的长期资本积累打下良好的基础。长期激励薪酬包括现金与股权两种，进而可分为长期现金计划和长期股权计划。长期现金计划又可分为项目现金计划、事件相关计划以及绩效重叠计划；长期股权计划则可以分为现股计划、期股计划以及期权计划（统称为员工持股计划）。目前企业主要通过实施长期股权计划来实现对员工的长期激励。

（1）现股计划

现股计划是指通过企业奖励的方式直接赠予或是参照股票的市场价值向员工出售股票，但同时规定员工在一定时期内必须持有股票而不得出售。

（2）期股计划

期股计划是指企业和员工约定在将来某一时期内以一定的价格购买一定数量的公司股票，购股价格一般参照股票的当前价格确定，该计划同时也对员工在购股后出售股票的期限做出规定。

（3）期权计划

股票期权激励计划简称期权计划，是以股票作为手段对经营者进行激励。股权激励的理论依据是股东价值最大化和所有权、经营权的分离。

如果按股票的来源区分，股权激励方案可分为股东转让股票和上市公司向激励对象定向发行股票，定向发行股票又分为股票期权和限制性股票。其中，限制性股票如按股票来源分，又可细分为计提奖励基金回购型限制性股票、授予新股型限制性股票（定向发行）。

①计提奖励基金回购型限制性股票。当公司业绩达到股权激励计划约定的奖励基金提取条件后，公司提取奖励基金，从二级市场购买本公司股票，再等到符合股票授予的条件时（如业绩或股价），公司将回购的股票无偿赠予激励对象。

②授予新股型限制性股票。当公司业绩满足股权激励计划条件时，授予激励对象一定数量的公司股票的前提是，激励对象按照一定的价格（授予价格）购买公司股票时，该价格一般比确定价格的市价要低。

对于股票期权而言，按是否提取部分奖励基金为行权提供资金，可分为不计提奖励基金的股票期权和计提奖励基金的股票期权。其中，标准的股票期权，是指当业绩条件满足时，允许激励对象在一定的期间内以计划确定的价格购买公司股票。如果股价高涨，激励对象将获得巨大利益。同时对公司而言，激励对象行权也是一种定向增发，为公司筹得一定数量的资金。而提取奖励基金的股票期权，是指当标准的股票期权行权，激励对象自筹资金认购股份时，奖励基金的目的仅用于行权，不得作为其他用途使用。

另外，还有一种以虚拟股票为标准的股权激励方式，称为股票增值权。股票期权是上市公司给予激励对象在一定期限内以事先约定的价格购买公司普通股的权利。而限制性股票指上市公司按照预先确定的条件授予激励对象一定数量的本公司股票，激励对象只有在工作年限或业绩目标符合股权激励计划规定的条件时，才可出售限制性股票并从中获益。

3. 个人激励薪酬

个人激励薪酬是指针对员工个人的工作绩效提供奖励的一种薪酬计划。由于激励薪酬是根据某些事先确定好的客观绩效标准来支付绩效薪酬的计划，因此所有的绩效奖励计划都有一个共同的特点，即找到一个可以用来与之进行比较从而确定奖励金额的既定绩效标准。在个人绩效奖励计划中，这一标准就是员工个人的绩效可以与之进行对比的个人绩效基准。个人激励薪酬的形式包括计件工资、差额计件工资及标准工时。

（1）计件工资

计件工资是指按照合格产品的数量和预先规定的计件单位来计算的工资，它以一定时间内的劳动成果来计算劳动报酬。

计件工资是按照工人所完成的产品数量或作业量支付的工资。计件工资是由计时工资转化而来的，是变相的计时工资。计件工资可分个人计件工资和集体计件工资。个人计件工资适用于个人能单独操作而且能够制定个人劳动定额的工种；集体计件工资适用于工艺过程要求集体完成，不能直接计算个人完成合格产品的数量的工种。

（2）差额计件工资

差额计件工资是一种补偿性工资，是指当工作的产出超过标准数量时所得到的小时工资高于没有超产员工的工资。这种工资制度的主要内容是使用两种不同的计件工资率：一种适用于产量高于预定标准的员工；另一种适用于那些产量低于或等于预定标准的员工。差额单价计件薪酬指将工人工作量划分成定额内和超额两部分：定额内部分按产品标准计件单价计发；超额部分规定不同差额比例的计件单件，分别计算薪酬额，再按月一并支付。

超额部分计件单价有三种方式：两段式计件单价，即超额部分按较高计件单价计发；累进式计件单价，即超额部分按直接累进或分阶段累进的计件单价计发；累退式计件单价，即超额部分按直接累退或分阶段累退的计件单价计发。

两段式和累进式差额单价计件薪酬，适用于某些劳动力稀缺而产品供不应求的特殊工种，或需突击完成的紧急任务。尤其是累进计件薪酬的激励性极强，对劳动生产率提高效果显著，但这两种方式都会增大人工成本，并过分拉大工人收入差别，不宜长期采用。累退式计件薪酬则适用于劳动定额偏低、产品供需矛盾不大的企业。

（3）标准工时

标准工时计划是指首先确定正常技术水平的员工完成某种工作任务所需要的时间，然后再确定完成这种工作任务的标准工资率。它是根据员工完成某种工作任务理论上应当耗费的时间来支付报酬的一种计划，而不考虑员工实际耗费的工作时间。即使一个人因技术熟练以少于标准时间的时间完成了工作，他依然可以获得标准工资率。对于周期长、技能要求较高、非重复性的工作，标准工时方案十分有效。

温馨提示

个人激励计划的条件

1. 员工个人工作任务的完成不取决于其他人的绩效，员工本人对自己的工作进度和工作完成情况有充分的控制力，个人的努力和个人的绩效之间存在直接的和明确的联系。此外，组织对于员工个人的绩效还必须能够准确地加以衡量。

2. 企业所处的经营环境、所采用的生产方法以及"资本—劳动力"要素的组合必须是相对稳定的。

3. 企业必须在整体的人力资源管理制度上强调员工个人的专业性，强调员工个人的优良绩效。此外，由于个人绩效奖励计划的基础是个人的绩效，因此企业还必须有科学、合理的绩效评价系统以及明确稳定的绩效标准，同时还要确保企业的管理人员在绩效评价过程中保持公平和公正。

4. 群体激励薪酬

群体激励薪酬即群体绩效奖励计划，是基于某种群体绩效结果而提供的绩效奖励。群体绩效奖励计划一般可以划分为：利润分享计划、收益分享计划、成功分享计划等。

（1）利润分享计划

利润分享计划是根据对某种绩效组织指标的衡量结果来向员工支付报酬的一种绩效奖励模式。根据这一计划，所有或者某些特定群体的员工按照一个事先设计好的公式分享所创造利润的某一百分比，员工根据公司调整的业绩获得年终奖或股票，或者以现金或延期支付的形式获得红利。现代的利润分享计划将利润分享与退休计划联系在一起。具体表现为：企业将利润分享基数用于为某一养老金计划注入资金，经营状况好时持续注入，经营状况不佳时则停止注入。利润分享的组织范围是指承担利润和损失责任的下级经营单位。

利润分享计划将员工的直接薪酬的一部分与组织的总体财务绩效联系在一起，向员工传递财务绩效的重要性的信息，从而有助于促使员工关注组织的财务绩效以及更多地从组织目标的角度去思考问题，增强员工的责任感、身份感和使命感。另外，利润分享计划在企业经营状况不好时，有助于企业控制劳动力的成本，从而避免在解雇人员方面产生较大的压力，而在经营状况良好的时候，则为组织和员工之间的财富分享提供了方便。

但是，利润分享计划在直接推动绩效改善以及员工或团队行为方面所起的作用并不大。除了中高层管理者之外，大多数员工都不大可能看到自己的努力与自己在利润分享计划下所能够获得的报酬之间到底存在多大的联系。员工不清楚如何才能增加利润以及确保利润分享基金到位，就不可能因为这一计划的存在而更努力地工作。因此，利润分享计划更适用于小型组织或者大型组织中的小型经营单位。

（2）收益分享计划

收益分享计划是企业提供的一种让员工分享因生产率提高、成本节约和质量提高而带来的收益的绩效奖励模式。在通常的收益分享计划中，报酬会在群体内所有员工之间公平地进行分配。分配的方式或者根据每个人基本薪酬的某一相同比例发放，或者按每完成一个小时的工作获得相同的小时报酬方式发放，或者按每个人得到相同金额的方式平均发放。

收益分享计划经历了三个发展阶段：第一代收益分享计划是斯坎伦计划和卢卡尔计划，它们从生产率改善或者成本控制的角度对财务结果进行衡量，运用历史的绩效标准来确定一个值得为之支付报酬的恰当绩效水平。这些计划通常是被长期执行的，并且主要在制造业中实施。第二代收益分享计划通常称为生产率改善收益分享计划，是通过对单位生产的标准劳动工时进行测量，然后再分享节约下来的工时。该计划的主要特点与第一代收益分享计划类似，通常也是在制造业环境中使用且只适用于小时生产工人。第二代收益分享计划首先计算出一个标准以确定生产一定水平的产出所需要的必要时间，任何由于生产时间节省而产生的收益由企业和员工共享。第三代收益分享计划是指对经营计划的收益的分享，它遵守经营计划浮动薪酬模型，将更为广泛的经营分目标作为核定收益分享资金来源的依据和确定报酬的标准。作为收益分享计划的未来发展方向，第三代收益分享计划的优点表现在以下几个方面：

①它不是依据历史实践来制定发展目标和衡量标准，而是依据未来导向型目标来确定绩效衡量的标准。这种浮动薪酬计划实际上告诉员工组织想要到哪里去。

②它的参与以及浮动薪酬计划中的绩效衡量指标，都取决于组织的目标以及实现组织目标所需要的组织结构。因此，为配合需要完成的工作本身的要求，组织可能会改革而不是局限于当前的组织结构。

③它的设计可能会根据环境的变化做出调整，每年审查一次，以确保计划可以继续执行下去，但是必须适应组织的目标和需要的变化。

④基本薪酬也有可能会被调整，企业有可能将基本薪酬在未来的增加变成风险性的要素，从而使总薪酬管理的观点成为浮动薪酬计划设计的一个重要思想来源。

⑤员工参与第三代收益分享计划设计的程度可能会因组织的文化和价值观不同而有所差别，组织不必为设计和实行这种计划而遵循某种硬性的或者速成的规则。

（3）成功分享计划

成功分享计划是运用平衡计分卡的思想为经营单位制定目标，对超越目标的情况进行衡量，根据衡量结果对经营单位提供奖励。这里的经营单位既可以是整个组织，也可以是组织内部的一个事业部、一个部门，还可以是某个员工群体。成功分享计划的报酬支付基础则是经营单位的实际工作绩效与预定绩效目标之间的比较。成功分享计划所涉及的目标包括财务绩效、质量和客户满意度、学习与成长情况以及业务流程等各种绩效方面的改善。在成功分享计划中，每一项绩效目标都是相互独立的，经营单位每超越一项绩效目标，就会单独获得一份奖励，经营单位所获得的总奖励金额等于其在每一项绩效目标上所获得的奖励的总和。

成功分享计划的关键在于为每个经营单位确定一整套公平的目标，该目标要求经营单位通过努力去超越上一绩效周期（通常是一年）内达到的某些绩效目标。另外，要让所有员工通过参与到目标的制定过程中来理解他们是如何对组织经营目标的实现产生影响的。

总体来说，成功分享计划的特征是：

①需要为参与该计划的经营单位设定操作模型，该模型需要界定出相关经营单位的核心业务流程，定出3～5个对这一核心业务流程进行衡量的关键绩效指标，并且为每一个关键绩效指标制定出所要达到的目标。

②要求经营单位中的每一位员工全面参与。这种全面参与的特点实际上向员工传达了一种信息——所有员工都处于一个大的团队。

③要求管理层与基层员工共同制定目标，而不是采取自上而下式的传统目标制定方式。只有让每位员工都看到自身的努力和组织的绩效结果之间的联系，他们才更有可能努力去实现绩效目标。

④鼓励持续不断地改进绩效。这种新的目标通常会比上一年度实际达到的绩效结果稍高一些，且必须是通过员工的努力能够达到的。

⑤有时间限制。成功分享计划是针对某一特定计划期间（通常是一年）的，如果后续经营计划与上一周期内的经营计划关系不大，则原有的成功分享计划就可以结束了。

温馨提示

实施激励薪酬应注意的问题

1. 及时性

在很多组织中，实施特殊绩效激励计划的机会很多，条件也很成熟，但管理者只是偶尔想起来才用这种手段来刺激员工，并没有将这一计划放在经常考虑的层面上。结果就是虽然可以在短时间内获得不错的激励效果，但是时间一长，就会失去激励的有效性。

2. 价值性

并非所有的激励薪酬的实施都是有价值的，很多激励本身违背了员工的个人需求和意愿，就会起到相反的效果，出力不讨好。要解决这一问题，做好经常性的调查是一个好办法。现在，很多企业内部的网络建设都很不错，组织在发布某一个激励计划的信息时，可以随时请员工选择自己的意愿，简单地做个统计，就可有效避免上述问题。另外，提供奖励组合也是一个不错的选择，组织对员工的贡献可以给出很多价值相等的奖励，员工可以按照自己的偏好进行选择。

3. 可操作性

很多组织由于结构过于复杂，激励薪酬的决策程序也相当烦琐，而最简单的激励往往是最有效的。因此，在处理有些问题的时候，可以忽略一些不必要的步骤，如非正式和日常的薪酬激励只需在必要的范围内得到批准或者是无须得到批准就可以运用。

4. 认可度

在实施货币型薪酬激励时，如果没有与员工进行很好的沟通，员工可能会对这部分货币型激励薪酬在整个薪酬体系中的地位产生疑惑。组织应该让员工明白货币型薪酬与其他薪酬构成之间的差异。当然，在某些情况下，使用非货币型激励薪酬来替代货币型激励薪酬往往是很有效的。

第二节 薪酬激励理论的应用

在薪酬相关的激励理论中，相关性最强的有需求层次理论、激励保健理论、效价期望理论、社会比较理论和综合激励理论五种。

一 需求层次理论的应用

需求层次理论最早是由美国心理学家亚伯拉罕·马斯洛在1943年出版的《人类激励理论》中提出的。需求层次理论的核心含义是：人们因为心智、环境等的不同，需求也各不相同，可以将需求分成不同的层次。

需求层次理论基于以下三项基本假设：

①人们的需求影响着行为，没有满足的需求比较能够激发人们的行为，已经满足了的需求则较难激发人们的行为。

②人们的需求有一定的重要性排序规律，往往是从最基本的生存需求到较为复杂的精神需求。

③人们在较低的需求得到满足之后，才会产生较高的需求。

需求层次理论将人的需求分成五类，如图7-1所示。

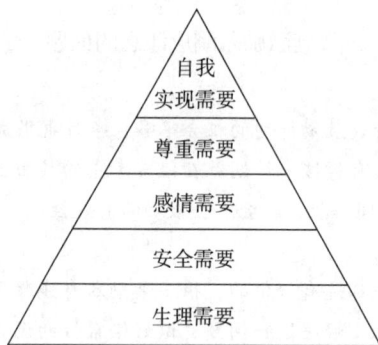

图7-1 需求层次理论

1. 生理需要

生理需要是指人最原始、最基本的生存需求，如饮食、睡眠、穿衣、交通等。这类需求构成了人类在世界上要顺利地存活下去所必备的最基本的需求。生理需要是人类的求生本能，在某些极端情况下，会成为激发人类行为最强大的动力。

2. 安全需要

安全需要是指人类获得安全感的需求。人类不论是身体还是心灵都需要一个"避风港"，需要一种形式让人类感受到没有这样或那样的风险，以获得这种安全感。当人们不再为最基本的生存问题烦恼后，就会努力开始追寻这种安全感。

3. 感情需要

感情需要是指人类通过社交寻找感情寄托、获得忠诚感和归属感的需要。人与人之间的交往会产生不同的感情，人们都希望得到正向的感情，如上级对下级的关怀、朋友间的友情、亲人间的亲情以及恋人间的爱情等。

4. 尊重需要

尊重需要是指人类渴望能够被自己、他人及社会认可，获得某种认同感的需求。认同感来源于两个层面：一是自己对自己的尊重，也就是自尊；二是他人和社会对自己的尊重。人们渴望通过行为来获得来自这两方面的尊重。

5. 自我实现需要

自我实现需要是人类最高层次的需要，是指人类通过自己的努力和付出，能够实现自己的理想、达成自己的目标、完成自己能力范围内的事情，以得到满足感的需求。简单地说，就是人们都希望通过努力不断发掘自己的潜能，成长和成为自己想成为的那个人。

在人力资源管理实践中，需求层次理论能够帮助我们认清，人们因为成长的背景不同、生存的环境不同、所处的时间阶段不同，有着各种各样不同层次的需求。要激发人们的行为，就需要考虑到人们的不同需求。针对人们独特的需求满足人们的需要，激励效率更高。

二 激励保健理论的应用

激励保健理论又叫双因素理论，是美国的行为科学家弗雷德里克·赫茨伯格提出来的，也叫"双因素激励理论"。双因素激励理论是他最主要的成就，不仅如此，在工作丰富化方面，他也进行了开创性的研究。

1. 激励因素和保健因素

赫茨伯格的双因素理论和马斯洛的需要层次理论、麦克利兰的成就激励理论一样，重点在于试图说服员工重视某些与工作绩效有关的因素。它是目前最具争论性的激励理论之一，也许这是因为它具有两个独特的方面。首先，这个理论强调一些工作因素能导致满意感，而另外一些则只能防止产生不满意感；其次，对工作的满意感和不满意感并非存在于单一的连续体中。

赫茨伯格通过考察一群会计师和工程师的工作满意感与生产率的关系，通过有组织性的采访，他积累了影响这些人员对其工作感情的各种因素的资料，表明了存在两种性质不同的因素。

第一类因素是激励因素，包括工作本身、认可、成就和责任，这些因素涉及对工作的积极感情，又和工作本身的内容有关。这些积极感情和个人过去的成就、被人认可以及担负过的责任有关，它们的基础是工作环境中持久的而不是短暂的成就。

第二类因素是保健因素，包括公司政策和管理、技术监督、薪水、工作条件以及人际关系等。这些因素涉及工作的消极因素，也与工作的氛围和环境有关。也就是说，对工作和工作本身而言，这些因素是外在的，而激励因素是内在的，或者说是与工作相联系的内在因素。

从某种不同的角度来看，外在因素主要取决于正式组织（例如薪水、公司政策和制度）。只有公司承认高绩效时，它们才是相应的报酬。而诸如出色地完成任务的成就感之类的内在因素则在很大程度上属于个人的内心活动，组织政策只能产生间接的影响。例如，组织只有通过确定出色绩效的标准，才可能影响个人，使他们认为自己已经相当出色地完成了任务。

尽管激励因素通常是与个人对他们的工作积极感情相联系，但有时也涉及消极感情。而保健因素却几乎与积极感情无关，只会带来精神沮丧、脱离组织、缺勤等结果。成就的出现在令人满意的工作经历中超过40%，而在令人不满意的工作经历中则少于10%。

赫茨伯格的理论认为，满意和不满意并非共存于单一的连续体中，而是截然分开的，这种双重的连续体意味着一个人可以同时感到满意和不满意，它还暗示着工作条件和薪金等保健因素并不能影响人们对工作的满意程度，而只能影响对工作的不满意的程度。

2. 双因素影响员工积极性的强度

"激励因素"和"保健因素"对调动员工积极性的程度不同，主要表现在：

第一，不是所有的需要得到满足就能激励起人们的积极性，只有那些被称为激励因素的需要得到满足才能调动人们的积极性；

第二，不具备保健因素时将引起强烈的不满，但具备时并不一定会调动强烈的积极性；

第三，激励因素是以工作为核心的，主要是在员工进行工作时发生的。

3. 双因素理论的应用

根据赫茨伯格的理论，在调动员工积极性方面，可以分别采用以下两种基本做法：

（1）直接满足

直接满足，又称为工作任务以内的满足。它是一个人通过工作所获得的满足，这种满足是通过工作本身和工作过程中人与人的关系得到的。它能使员工学习到新的知识和技能，产生兴趣和热情，使员工具有光荣感、责任心和成就感。因而可以使员工受到内在激励，产生极大的工作积极性。对于这种激励方法，管理者应该予以充分重视。这种激励的措施虽然有时所需的时间较长，但是员工的积极性一经激励起来，不仅可以提高生产效率，而且能够持久，所以管理者应该充分注意运用这种方法。

（2）间接满足

间接满足，又称为工作任务以外的满足。这种满足不是从工作本身获得的，而是在工作以后获得的。例如晋升、授衔、嘉奖或物质报酬和福利等，就都是在工作之后获得的。其中福利方面，诸如工资、奖金、食堂、托儿所、员工学校、俱乐部等，都属于间接满足。间接满足虽然也与员工所承担的工作有一定的联系，但它毕竟不是直接的，因而在调动员工积极性上往往有一定的局限性，常常会使员工感到与工作本身关系不大而满不在乎。研究者认为，这种满足虽然也能够显著地提高工作效率，但不容易持久，有时处理不好还会发生副作用。

双因素理论虽然产生于资本主义的企业管理，但却具有一定的科学性。在实际工作中，借鉴这种理论来调动员工的积极性，不仅要充分注意保健因素，使员工不至于产生不满情绪；更要注意利用激励因素去激发员工的工作热情，使其努力工作。如果只顾及保健因素，仅仅满足于员工暂时没有什么意见，是很难创造出一流的工作成绩的。

双因素理论还可以用来指导我们的奖金发放。当前，我国正使用奖金作为一种激励因素，但是必须指出，在使用这种激励因素时，必须与企业的效益或部门及个人的工作成绩挂钩。如果奖金不与部门及个人的工作成绩相联系，一味地"平均分配"，久而久之，奖金就会变成保健因素，再多也起不了激励作用。

双因素理论的科学价值，不仅对搞好奖励工作具有一定的指导意义，而且对如何做好人的思想政治工作提供了有益的启示。既然在资本主义的管理理论和实践中，人们都没有单纯地追求物质刺激，那么在社会主义条件下，就更不应把调动员工积极性的希望只寄托于物质鼓励方面。既然工作上的满足与精神上的鼓励将会更有效地激发人的工作热情，那么在管理中，就应特别注意处理好物质鼓励与精神鼓励的关系，充分发挥精神鼓励的作用。

三 效价期望理论的应用

效价期望理论也称为期望理论，最早是由美国心理学家和行为科学家维克托·弗鲁姆在1964年提出的。

1. 期望理论的前提

弗鲁姆的期望理论是以下列两个前提展开的：

（1）人们会主观地决定各种行动所期望的结果的价值，所以每个人对结果的期望各有偏好。

（2）任何对行为激励的解释，不但要考虑人们所要完成的目标，也要考虑人们为得到偏好的结果所采取的行动。弗鲁姆说，当一个人在结果难以预料的多个可行方案中进行选择时，他的行为不仅受其对期望效果的偏好影响，也受他认为这些结果可能实现的程度影响。

2. 期望理论的基本内容

期望理论的基本内容主要是弗鲁姆的期望公式和期望模式：

（1）期望公式

弗鲁姆认为，人总是渴求满足一定的需要并设法达到一定的目标。这个目标在尚未实现时，表现为一种期望，这时目标反过来对个人的动机又是一种激发的力量，而这个激发力量的大小，取决于目标价值（效价）和期望概率（期望值）的乘积。用公式表示就是：

$$M = \Sigma V \times E$$

M——激发力量，是指调动一个人的积极性，激发人内部潜力的强度。

V——目标价值（效价），这是一个心理学概念，是指达到目标对于满足他个人需要的价值。同一目标，由于各个人所处的环境和需求不同，其需要的目标价值也就不同。同一个目标对每一个人可能有三种效价：正、零、负，效价越高，激励力量就越大。某一客体如金钱、地位、汽车等，如果个体不喜欢、不愿意获取，目标效价就低，对人的行为的拉动力量就小。举个简单的例子，幼儿对糖果的目标效价就要大于对金钱的目标效价。

E——期望值，是人们根据过去经验判断自己达到某种目标的可能性是大还是小，即能够达到目标的概率。目标价值大小直接反映人的需要动机强弱，期望概率反映人实现需要和动机的信心强弱。如果个体相信通过努力肯定会取得优秀成绩，期望值就高。

这个公式说明：假如一个人把某种目标的价值看得很大，估计能实现的概率也很高，那么这个目标激发动机的力量越强烈。

经发展后，期望公式表示为：动机＝效价×期望值×工具性。其中，工具性是指能帮助个人实现的非个人因素，如环境、快捷方式、任务工具等。例如，战争环境下，效价和期望值再高，也无法正常提高人的动机性。再如，外资企业良好的办公环境、设备、文化制度，都是吸引人才的重要因素。

（2）期望模式

怎样使激发力量达到最高值，弗鲁姆提出了人的期望模式：

个人努力→个人成绩（绩效）→组织奖励（报酬）→个人需要

在这个期望模式中的四个因素，需要兼顾几个方面的关系。

①努力和绩效的关系。这两者的关系取决于个体对目标的期望值。期望值又取决于目标是否合适个人的认识、态度、信仰等个性倾向，及个人的社会地位，别人对他的期望等社会因素。即由目标本身和个人的主客观条件决定。

②绩效与奖励关系。人们总是期望在达到预期成绩后，能够得到适当的合理奖励，如奖金、晋升、提级、表扬等。组织的目标，如果没有相应的有效的物质和精神奖励来强化，时间一长，人的积极性就会消失。

③奖励和个人需要关系。奖励要适合各种人的不同需要，要考虑效价。要采取多种形式的奖励，满足各种需要，最大限度地挖掘人的潜力，最有效地提高工作效率。

④需要的满足与新的行为动力之间的关系。当一个人的需要得到满足之后，他会产生新的需要和追求新的期望目标。需要得到满足的心理会促使他产生新的行为动力，并对实现新的期望目标产生更高的热情。

3. 期望理论的应用价值

弗鲁姆提出的期望理论在人事管理中的实际价值如下：

（1）管理者应该同时注意提高期望概率和效价。仅仅重视激励是片面的，应该注意提高工作人员的素质，包括提高他们的思想素质和业务能力，通过提高他们对自身的期望概率去提高激励水平，创造较高的绩效目标。

（2）管理者应该提高对绩效与报酬关联性的认识，将绩效与报酬紧密结合起来。绩效与报酬的联系越紧密，拟实现的目标能够满足受激励者需要的程度相对提高，目标对受激励者的吸引力也就相对加大，激励的水平也就相对提高。

（3）管理者应该将物质奖励与精神奖励结合起来。期望理论表明，目标的吸引力与个人的需要有关。价值观的差异会产生需要的差异。因此，管理者应该了解自己的管理对象，在可能的情况下，有针对性地采取多元化的奖励形式，使组织的报酬在一定程度上与工作人员的愿望相吻合。

四 社会比较理论的应用

社会比较是一种普遍存在的大众心理现象。第一个系统地提出社会比较理论的是美国社会心理学家利昂·费斯汀格。其理论基本观点是：人人都自觉或不自觉地想要了解自己的地位如何、自己的能力如何、自己的水平如何。而一个人只有在社会中，通过与他人进行比较，才能真正认识到自己和他人；只有"在社会的脉络中进行比较"，才能认识到自己的价值和能力，对自己做出正确的评价。社会比较能够使人清楚地了解自己和他人，找出自己和别人之间存在的差距，发现自己的长处，找出自己的不足。由此可见，社会比较可以帮助人们认识自身，激发人们的行为动机。此后，心理学界对"社会比较"进行过很多的研究，不少学者都提出了相关的理论。

一般的观点认为，构成社会比较倾向应具备以下三个基本条件：

第一，人人具有想要清楚地评价自己的意义和能力的动机。

第二，如果有评价自己意义和能力的物理的、客观的手段，就首先使用这种手段。如果找不到这种手段，就会通过与他人进行比较来判明自己的意义和能力。

第三，因为与自己类似的人对评价自己的意义和能力有用，所以容易被选作比较对象。

社会比较理论对管理者的启示：

人们需要维持对自己的稳定和准确的了解。实现其目的的一种方式是就观点和能力与他人进行比较。人们喜欢用客观标准与他人进行比较，但如果客观标准不可获得，他们就会和他人进行社会比较。

管理者应明确地帮助员工满足他们了解自我态度和能力的需求。尽可能地为员工提供准确、客观的有关工作业绩的信息。不要等到绩效评估才和员工讨论这些信息，届时可能会因为更困难或甚至太晚而无法纠正业绩问题。相反，如有可能要尽早让员工了解他们的绩效。一年中，有意地让员工通过和客观标准比较来评估其业绩表现，管理者一旦察觉到业绩存在问题就应立刻找出并解决它。

员工喜欢与客观标准进行比较，但如果不能获得这些客观标准的信息，他们就会和其他人进行比较。通过确保员工以正确的方式和正确的人比较，管理者应帮助塑造这一比较过程。如果和业绩好的人进行向上比较，并发现自己的不足，员工可能会提高他们的业绩水平。然而，如果和业绩较差的人进行向下比较，并认为自己的业绩比他人好，员工可能会降低自己的业绩水平。管理者应帮助员工将注意力集中于业绩较好的人身上，以便激励他们学习并应用高业绩员工使用的有效方法和流程。

五　综合激励理论的应用

1968年，美国心理学家、行为科学家、人力资源管理专家爱德华·劳勒和莱曼·波特在《管理态度和成绩》一书中提出了一种激励理论——综合激励理论，综合激励理论模型如图7-2所示。他们认为，激励是外部刺激诱因、个体内在因素、行为表现、行为结果的相互作用统一的过程。不同类型的激励对不同的人具有不同的作用和效果。该模式不仅说明了激励模式的各个因素，特别是它将内在激励与外在激励结合在一起，并在传统的报酬与满足感之间引进了"公平的报酬"这个中间变量，揭开了员工在获得奖酬后仍然不感到满足的原因。

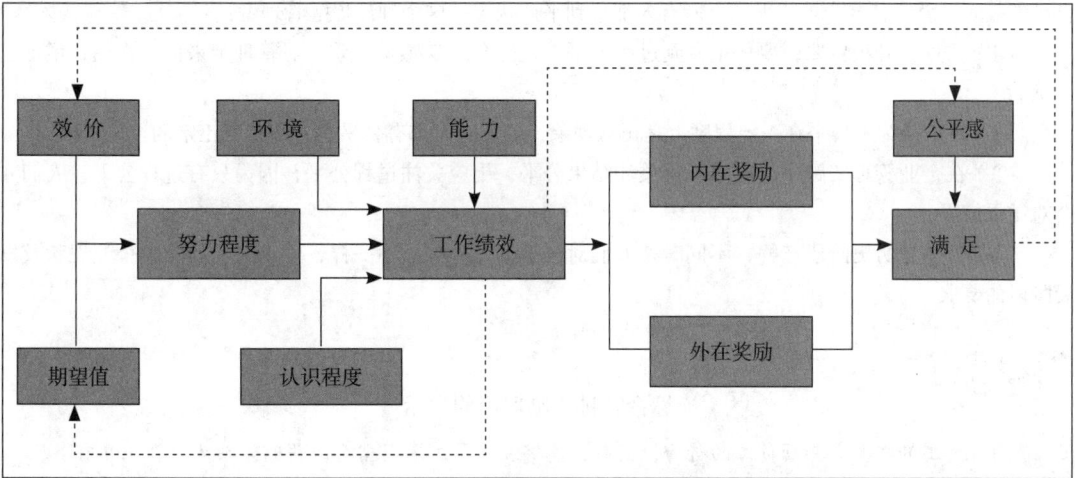

图7-2　综合激励理论模型（摘自《管理态度和成绩》）

爱德华·劳勒和莱曼·波特认为，在内容激励和过程激励因素之外，从激励开始到工作绩效之间有三个因素非常重要。

（1）能力和素质。一个人的能力对完成任务起着巨大的作用，因此作为管理者必须要慧眼识才，把人才放在最能发挥其长处的岗位上，如果放错了岗位，不仅浪费了人才，还直接导致不良的工作效果。

（2）工作条件。选好人才后，还必须要为其发挥才干创造必要的条件，配备必要的资源。

（3）角色感知。为了让职工做出优异的绩效，作为管理者必须要帮助职工充分了解该角色、该岗位或者该项任务对他的具体要求，也就是说，让职工充分地把握好岗位的目的和要求。

综合激励模型提出七个步骤来改进管理人员的激励工作：

（1）判断出每个人想要的结果。

（2）确定组织目标需要怎样的业绩表现。

（3）确认这个业绩是可以达到的。

（4）把个人想象的结果和组织所需的工作表现相联系。

（5）对各种冲突、矛盾的与其情形做全面的分析。

（6）确保优厚的报酬。

（7）确保整个制度的公平性。

综合激励理论是一种较为全面的激励模型。它告诉我们，激励和绩效之间并不是简单的因果关系，要形成"激励→努力→绩效→奖励→满足"并从"满足"回馈"努力"这样的良性循环中取得预期的效果，取决于奖励内容、奖惩制度、组织分工、目标导向行动的设置、管理水平、考核的公正性、领导作风及个人心理期望等多种综合性因素。

？ 疑难解答

1. 双因素理论的价值是什么?

双因素理论的价值在于区分哪些因素具有激励效应,使管理者更好地对员工进行激励。另外也提醒管理者,尽量不要把激励因素变成保健因素,那样不但没有激励效果,反而有带来不满的可能。很多企业在设计薪酬福利时,经常把具有激励效应的奖金固定下来,一旦奖金变成保健因素,那就不能再降了,否则就会引起不满。

2. 亚当斯的公平理论对管理者有什么启示?

在这个主观比较过程中,由于信息不对称,员工往往高估别人的报酬;由于人的本性,员工又会高估自己的投入。因此,这个等式很难令所有人都达到平衡状态。这个理论提醒管理者:

(1)信息公开很重要,要尽量做到过程公平,这样会减少感觉误差,对管理带来促进作用,增加公平感。

(2)员工认为不公平在一定程度上是正常现象,若所有人都有公平感,那是不正常的。

(3)在企业管理实践中,应该不仅关注结果公平,更应关注过程公平,因为只有过程公平,人们才会对结果信服。

(4)公平是历史阶段产物,不同时期人们对公平的评价标准不一样,追求公平要考虑企业现状及发展阶段的要求。

温馨提示

综合各种激励理论的启示

1. 员工的需要会影响员工的行为,因此,能够满足员工不同需要的薪酬体系才会真正具有激励性。在员工需求多样化的情况下,单一的薪酬体系或者薪酬构成可能无法给员工带来满足感,弹性的薪酬体系或者多样化的薪酬体系对员工绩效的诱导作用可能是最强的。所以,有针对性的绩效奖励计划可能会比笼统的、单一的、意图不明确的绩效奖励计划更有效。

2. 雇佣关系本身具有一种交换的本质,而交换只有在公平的基础上才是有效的,因此,薪酬管理的很多工作都应当注意公正性。从绩效奖励方面来看,这种公正性首先体现在员工能否获得必要的工作条件和资源支持;其次体现在员工的绩效能否得到准确、公正的评价;最后体现在员工的绩效能否得到公平的报酬。事实上,上述三点是一个成功的绩效奖励计划在制度上不可或缺的必备要素。

3. 绩效奖励计划的成功还有赖于企业与员工之间的沟通,通过沟通来确保员工明确组织对自己的行为以及工作结果的期望,以及达到企业的期望值后能够获得的报酬。如果员工不清楚自己应该干什么以及干到什么程度才算达到要求,或者不清楚什么样的工作行为或结果能够获得什么样的报酬,或者不相信某种行为或行为结果能够带来他们所希望的报酬,绩效奖励计划就不可能有效。

第三节 经营者年薪制的设计

一 年薪制的概念与特点

1. 年薪制的概念

年薪又称年工资收入,是指以企业会计年度为时间单位支付薪酬。年薪制是以年度为考核周期,把薪酬与企业经营业绩挂钩的一种分配方式。

年薪通常包括基本收入（基薪）和效益收入（风险收入）两部分。基薪的确定因素包括企业的经济效益、经营规模、利税水平、职工人数、当地物价和本企业职工的平均工资水平等。风险收入以基薪为基础，由企业的经济效益情况、生产经营的责任轻重、风险程度等因素确定。风险收入部分视经营成果分档浮动发放，可能超过原定额，也可能是负数，从基薪或风险抵押金中扣除。两部分收入的发放方式不同，风险收入一般以日历年作为计发的时间单位，基薪采取分月预付的方法，最后根据当年考核情况，年终统一结算，超出应得年薪而预支的部分退回。

2. 年薪制的特点

（1）适用范围较为特定

年薪制适用于特定的对象，包括企业的经营管理者（包括中层和高层）和一些其他的创造性人才，如科研人员、营销人才、软件工程师、项目管理人员等。这些人的特点是：素质较高和工作性质决定了他们的工作需要较高的创造力；工作中需要的更多的是激励而不是简单管理和约束；工作的价值难以在短期内体现。年薪的制定不是简单地依据过去的业绩，而是更取决于接受者所具备的能力和贡献潜力。

（2）支付周期较长

一般以年为周期。对于绝大部分的年薪制适用人员，都是以企业经营年度为周期。对于一些科研人员、项目开发人员，这个周期也可能是半年、一年半、两年或更长，虽然不一定正好是一整年，但是都具有周期较长这一特点，因此也被归类为年薪制。

（3）收入存在一定风险

薪酬中的很大一部分是和本人的努力及企业经营好坏情况相挂钩的，因此具有较大的风险和不确定性。

二　经营者年薪制设计

1. 经营者年薪制的概念

经营者是向消费者提供其生产、销售的商品或者提供服务的公民、法人或者其他经济组织，它是以营利为目的从事生产经营活动并与消费者相对应的另一方当事人。

经营者年薪制是以年度为单位确定企业经营者的基本报酬，并视经营成果确定其效益或风险报酬的工资制度。一些地区在效益年薪中还引入了股权激励的方式，将部分效益年薪收入通过各种方式转化为企业股份，由经营者持有。

2. 经营者年薪制的本质

经营者年薪制的本质是把经营者的利益与职工利益分离，同时与生产经营成果的风险挂钩。企业经营者年薪制使经营者的年薪收入与企业普通职工工资收入分离，经营者在领取应得年薪收入外，不再享受本企业内部的工资、津贴等其他工资性收入，经营者年薪收入与职工工资收入拉开一定差距，但年薪制不等于高薪制；经营者年薪制集中体现了责任、风险、利益的一致性，不单纯是报酬，更重要地体现为责任，特别是体现了经营者的经营风险性；经营者年薪制不是静态的，而是动态性报酬，是根据生产经营情况、企业经济效益的变化，企业经过严格考核后才能兑现，并且不是固定不变，而是"一年一定"。

企业经营业绩是以年度考核为主，这是因为一个企业的生产经营周期一般为一年。企业的最终经济指标要等一个财务年度结算后才能准确核算出来。因此，对企业经营者经营业绩的考核，以及对企业经营者经营管理成效的评价也必须以一个财务年度为时间单位进行，这样才能将经营者的工资收入同企业的经营成果更准确地挂钩，使经营者的经营成效在其收入中得到如实反映，才能更好地贯彻按劳分配原则。

经营者年薪制实质上是对经营者投入的经营知识和管理才能的一种回报形式，是对经营者计算工薪和风险收入的一种分配形式。企业经理以其投入要素（经营知识和管理才能）——人力资本取得了经营者地位，并运用这些人力资本使企业得以创立、运营和扩张。企业经营者对企业的这种投入以及在企业分工中的地位，决定了企业经营者与企业职工在利益分配关系上的本质区别，即企业经营者对企业效益负责。因此，经营者的利益要同企业的经济效益相联系，而企业职工必须对劳动生产率负责，因而企业职工的利益一定要同劳动生产率相联系。由此决定了根据企业经济效益进行分配的经营者年薪制与根据劳动生产率进行分配的职工岗位技能工资制是不同的，而且是相分离的。

3. 经营者年薪制的职能

（1）补偿职能

经营者的特殊劳动消耗补偿主要体现在四个方面：①劳动的复杂性；②劳动的非时限性，即一个经营者常常要随时进行市场调查，随时思考，从而也就付出了大量的体力和脑力劳动，而这些劳动的付出不受固定时间的限制；③劳动的风险性，即由于经营企业难免失败，因而经营者要承担风险，在劳动报酬中理应包含风险收入；④劳动的创造性，即经营者面对瞬息万变的市场情况做出抉择是一种非程式化的劳动，体现着创新。实行年薪制，就是对经营者这种特殊劳动给予价值补偿。

（2）激励职能

年薪制的激励职能主要产生于按劳分配原则。这种激励职能表现在激发经营者的劳动积极性和创造性上，它强调经营者在企业中的特殊地位和突出作用，以切实将经营者收益与其经营成果挂钩，并从分配上拉开档次，使收入真正反映差别。

（3）核算职能

即核算经营者劳动的消耗，特别是核算有效劳动的消耗。这种有效劳动并非仅仅是企业内部承认的，对企业内部经营管理是有效的，它的凝结形态即劳动成果还必须经市场检验、得到承认。实行年薪制就是按照这种核算出来的有效劳动数量和质量进行分配，它要求经营者不仅仅是能干、苦干，更要求经营者有效工作，严密计划，降低风险，注重投入产出的效益原则。年薪制的核算职能实际上是对经营者有效劳动的客观评价。

（4）约束职能

实行年薪制，用完善的制度将经营者收入分配纳入规范化的轨道，将经营者的薪酬和职工的工资性收入完全分离，通过报表的形式公布经营者的收入，将经营者的收入定在明处、发在明处，增强了透明度，保证经营者的收入公开、合法，也提高了监督力度。经营者的收入由国有资产管理部门会同有关单位严格考核、审批，这样既约束了经营者的行为，又从体制上堵塞了经营者以权谋私的渠道。

4. 经营者年薪制的实施条件

经营者年薪制设计是指以年度为单位对经营者收入所做的全面系统的考虑和安排，并以文字性方案表示出来，形成一个确定和处理经营者收入直接依据的具有法律效力的文件。作为一种特殊的企业薪酬制度，经营者年薪制的实施需要良好的实施环境。

（1）现代企业管理制度的建立。年薪制必须以现代企业制度为基本的运行条件，主要包括：企业所有权与经营权的分离，以保证经营者有独立的决策经营权；实行公开招聘、优胜劣汰制度，保证经营者的高素质；以契约形式确立经营者的职责权利，通过一套科学、严密、完善的监督体系和内部管理机制制衡和规范经营者行为。

（2）有科学的企业绩效评估机制。只有对企业资产和经营状况进行准确的评估，才能决定经营者的基薪和风险收入，这取决于两个条件：一是全面反映企业经营状况的指标体系，二是客观中立的绩效评估者。对企业经营状况的考核，必须全面考核反映企业资产的增值保值情况、企业赢利、偿还债务和企业成长的能力，以及技术改造的投入、新产品研究开发投入、人力资源状况。而评估者必须有客观中立的视角，能够公正、客观地评价企业经营状况和经营者的工作绩效。

（3）理顺经营者与出资者的关系，以及经营者与企业其他员工的关系；加速完善职业经理人市场，促进经营者职业化、市场化的运行机制；创造一个宽松的宏观经济环境和公平竞争的市场，使企业业绩能够与经营者的劳动付出和经营水平紧密联系在一起。

5. 经营者年薪制设计的特点

（1）核心和宗旨是把企业经营者的利益同本企业职工的利益相分离，以确保资产所有者的利益。

（2）能够从工资制度上突出经营者的重要地位，增强经营者的责任感，强化其所负责任、生产经营成果和应得利益的一致性。

（3）能够较好地体现企业经营者的工作特点。以年度为单位考核确定经营者的收入水平，能更好地使经营者收入与其经营业绩联系起来，使其收入较充分地体现付出的劳动和经营业绩。

（4）使经营者的收入公开化、规范化。实行年薪制以后，经营者的收入要由其年薪主管部门确定，并经过考核、审计等严格的程序后支付。经营者按年薪取得收入后，除了按法律、法规享受社会保险、福利和住房等待遇外，不得再获取企业内部的工资、奖金、津贴、补贴等其他收入。

三　年薪制的范围和对象

企业年薪制的设计，首先应正确地规定实施年薪制的对象和范围，即什么样的企业、哪一类经营者可以推行年薪制。

1. 哪种企业可以实行年薪制

根据我国国情，采取经营者年薪制的企业主要以国有企业为主，包括国有独资企业、国有控股企业以及集体企业等，其他企业也可以参照执行。而比较有代表性的适用企业范围可参考下列三种模式：

（1）S模式：在S地区依法设立的市属国有全资企业、国有独资公司、国有控股的有限责任公司和股份有限公司。其他企业可以参照执行。

（2）N模式：在N地区依法设立的国有企业以及国有资产占控股地位的股份制企业。

（3）Y模式：由Y地区的政府授权经营的集团公司，省、市重点集团公司，国有独资公司，部分经营者素质较高、效益较好、有一定发展潜力的国有（集体）控股的股份制企业和国有（集体）企业。

2. 实行年薪制的范围

在企业类型确定的条件下，对于企业中的哪一层级经营者可以实行年薪制，有以下三种不同的意见：一是指企业中的董事长、总经理和党委书记；二是仅限于企业的法人代表；三是应扩大到企业经营集团的全体成员。

四　经营者年薪的支付形式与结构模式

1. 经营者年薪的支付形式

（1）基本年薪＋效益年薪。这是年薪制的基本形式。

（2）基本年薪＋效益年薪。其中，效益年薪的部分用于购买本企业股份。

（3）基本年薪＋认股权。

2. 经营者年薪制的结构模式

由年薪基本结构派生出的其他年薪结构主要有以下三种模式：

（1）年薪收入＝基薪收入＋风险收入＋年功收入＋特别年薪奖励。

（2）年薪收入＝基本年薪＋增值年薪＋奖励年薪。

（3）年薪收入＝年薪工资＋风险工资＋重点目标责任工资。

五　经营者基本年薪的确定

基本年薪是对经营者年度经营的基本回报，从根本上体现了经营者的价值，故不应与其经营成果相联系。因此，基本年薪不宜定得过高，否则即使出现经营失误，经营者也照样会得到较高的收入，这有悖于年薪制的基本原则。

在基本年薪的确定中，应以经营者的劳动力市场价位为基础，考虑其经营企业的总资产、销售收入规模和企业状况等因素。具体确定的方法是：在竞争性企业，可根据市场价格，采用协商工资制，即由资产所有者与经营者协商确定其基薪水平；在垄断性企业，可根据企业规模大小实行岗位系数年薪制，即由国有资产管理部门根据经营者岗位责任大小等因素确定不同系数的基薪水平。设计企业经营者基本年薪时，可以采用以下几种方法：

1. 分类定级综合指标模式

该模式是根据多种指标，分层次确定经营者的基本年薪。具体包括：参照当地职工收入水平确定基薪；参照企业规模和企业效益确定基薪；参照多种标准确定基薪。

2. 单一企业指标模式

该模式主要是以经营者所在企业的主要单一指标为主来确定其基本年薪。根据选取指标的不同又分为：（1）单一企业规模绝对水平模式，是根据企业的规模大小确定经营者基本年薪的决定模式；（2）单一企业规模类型系数模式；（3）以单一所有者权益指标确定岗位系数模式；（4）单一企业规模倍数模式，该模式经营者的基薪是按照本地区企业职工上年度平均工资水平和企业规模大小确定，企业规模按照国家划分标准确定，大型企业可在本地区职工平均工资的4倍以内确定，中型企业在3倍以内确定，小型企业在2倍以内确定；（5）单一企业净利润指标模式，该模式经营者的基薪是根据企业上年度净利润效益指标情况划分档次，并据此规定工商企业法定代表人的基薪收入水平。

六　经营者效益年薪的确定

效益年薪确定的基本思路：经营者效益年薪决定于其经营成果。当经营者达到核定的经济效益指标时，应得到效益年薪。效益年薪随着效益的增减，同高同低。一般来说，经营者的效益年薪根据本企业当年实际完成的经济效益情况确定，同时还应参考其生产经营的责任轻重、难易程度等因素。亏损企业的经营者，应视其扭亏、减亏幅度，在核定的基本收入基础上适当核定其效益年薪。

在实践中，我国各地企业在设计经营者效益年薪时，采用了以下几种模式。

1. G模式：效益年薪与企业利润挂钩

该模式认为，经营者的效益年薪就是其经营的风险收入。核定其效益年薪时，将经营者风险收入与企业实现利润挂钩，经营者每年在完成核定的实现利润后，按核定的比例从超过核定的实现利润基数中，根据企业实际情况分档提取。

2. S模式：效益年薪与企业多种效益指标挂钩

该模式按照以下公式核定经营者的效益年薪：效益年薪＝增值年薪＋奖励年薪。

（1）增值年薪

经营者增值年薪是根据企业主要经济效益指标的增长情况，按一定办法计核的企业经营者年度收入。

董事长增值年薪＝3×基本年薪×（0.4×利润增长率＋0.6×净资产增长率）÷25%

总经理增值年薪＝3×基本年薪×（0.4×净资产增长率＋0.6×利润增长率）÷25%

经营者增值年薪最多不得超过基本年薪的3倍。

（2）奖励年薪

奖励年薪是指在企业的规模大小、企业的经营环境和企业当年的主要经济指标增长情况满足以下条件时，由资产经营公司分别对董事长和总经理酌情予以奖励。

当"（0.4×利润增长率＋0.6×净资产增长率）"大于25%时，对董事长予以奖励。

当"（0.6×利润增长率＋0.4×净资产增长率）"大于25%时，对总经理予以奖励。

3. WH模式：效益年薪与企业效益和个人资历挂钩

该模式按照以下公式核定经营者的效益年薪：效益年薪＝风险收入＋年功收入＋特别奖励。

（1）风险收入

风险收入根据经营责任书净利润指标及企业实际经营业绩核定。

①100%完成或超额完成经营责任书净利润指标的企业法定代表人，其风险收入按表7-1所示计算，最低额不低于5 000元。

表7-1 企业法定代表人风险收入计算表（一）

企业类型	净利润指标值a	实际完成值b	风险收入（万元）
赢利及微利企业	a	$b \geq a$	3%×a＋1%×$(b-a)$
亏损企业	a	$b \geq a$	［3%×a＋1%×$(b-a)$］×120%

②完成经营责任书净利润指标50%以上、100%以下的法定代表人，其风险收入按表7-2所示计算。

表7-2 企业法定代表人风险收入计算表（二）

净利润指标值a（万元）	实际完成值b（万元）	风险收入（万元）
a	80%×$a \leq b <$100%×a	b×3%×70%
a	60%×$a \leq b <$80%×a	b×3%×50%
a	50%×$a \leq b <$60%×a	0

③对于完成经营责任书净利润指标（扭亏指标）50%以下的法定代表人，不给予本年度风险收入，同时扣减以前年度的累计股票（份）期权或风险基金。

（2）年功收入

年功收入根据企业法定代表人的任职时间和工作业绩综合评定，见表7-3。

表7-3 年功收入档次对照表

任职时间 / 工作业绩	$n \geq 10$年	10年$> n \geq 5$年	5年$> n \geq 3$年
业绩突出	一等	一等	二等
业绩较好	一等	二等	三等

（续上表）

任职时间 工作业绩	n≥10年	10年＞n≥5年	5年＞n≥3年
业绩一般	二等	三等	四等
业绩较差	四等	—	—

任职时间是指在国有全资、控股的中型以上企业担任法定代表人的时间。

工作业绩是指企业法定代表人任职期间，与同行业相比，企业的发展速度和经济效益水平。工作业绩分为四个档次：①业绩突出，即企业发展速度快，前景好，经济效益在同行业一直保持领先水平；②企业有明显发展，前景较好，经济效益高于同行业平均水平；③企业有所发展，但存在一些问题，经济效益处于同行业平均水平；④企业经营管理不善，持续处于亏损或微利状态。

年功收入每年评定一次，可以随法定代表人的任职时间和工作业绩的变化而变更等次。

企业法定代表人按国家有关规定正常退休（因其他原因离开本职务除外），可继续享有其退休前的年功收入。

（3）特别年薪奖励

有下列情况的，将给予特别年薪奖励：①企业本年度重大经营举措将对今后企业发展产生巨大的积极影响；②企业净利润指标连续3年保持20%以上的递增速度。

4. WX模式：效益年薪与企业效益和重点工作绩效挂钩

该模式按照以下公式核定经营者的效益年薪：效益年薪＝风险工资＋重点目标责任奖励。

（1）风险工资

风险工资是指企业经营者在按经营资产的规模缴纳相应的风险金后，依据企业全年实际的资产保值增值水平得到的风险报酬。其最高限额不超过风险金的2倍。核算公式是：

风险工资＝资产增值额×风险系数×人均创利系数

（2）重点目标责任奖励

重点工作目标奖励是指对企业完成重点工作目标特别给予的奖励。重点工作目标包括：销售规模、后劲投入（即财务报告中固定资产原值与在建工程增加值之和）、外资到位、创名牌产品、自营出口创汇等。

七 经营者年薪的支付与列支渠道

1. S模式

经营者基本年薪列入成本，由企业按月以现金形式支付。

经营者的增值年薪列入企业成本，年终考核并经董事会或产权单位同意，由企业一次性以现金形式支付。

经营者奖励年薪从企业税后利润中提取，由产权单位以现金、股份、可转换债券等形式支付。

经营者基本年薪和增值年薪在企业工资总额外单列。

董事长、总经理年薪收入的兑现要考核企业当年上缴利润的情况，不缴或欠缴利润的企业，以及虚盈实亏的企业，不能发放董事长和总经理的增值年薪和奖励年薪。

2. WH模式

企业法定代表人的基薪收入由所在企业根据经营责任书确定的标准，按月以现金形式兑付。年功收入在风险收入兑付时由国资公司一次性兑付。

（1）上市公司企业

上市公司企业法定代表人风险收入支付方式有以下两种：

①上市公司企业法定代表人的风险收入由企业在收到国资公司业绩评定书后的3个有效工作日内交付国资公司，国资公司将其中的30%以现金形式当年兑付，其余70%转化为股票期权。国资公司在股票二级市场上按该企业年报公布后一个月的股票平均价，用当年企业法定代表人70%的风险收入购入该企业股票（不足购入100股的余额以现金形式支付），同时由企业法定代表人与国资公司签订股票托管协议，在期股到期前，这部分股权的表决权由国资公司行使，且股票不能上市交易流通，但企业法定代表人享有期股分红、增配股的权利。

②该年度购入的股票在第二年国资公司下达业绩评定书后的一个月内，返还上年度风险收入总额的30%给企业法定代表人，第三年以同样的方式返还30%，剩余的10%累积留存。以后年份期权的累积与返还以此类推。经返还的股票，企业法定代表人拥有完全所有权，即企业法定代表人可将到期期股变现或以股票形式继续持有。

（2）非上市股份公司、有限责任公司

企业净资产在3 000万元以上（含3 000万元），最近三年连续赢利的非上市股份公司、有限责任公司的法定代表人风险收入支付方式如下：

①由企业在收到国资公司业绩评定书后的3个有效工作日内将企业法定代表人本年度风险收入交付国资公司。

②国资公司将本年度风险收入的30%以现金形式兑付，其余70%按审计确定的当年企业净资产折算成企业法定代表人持股份额（股份期权），由国资公司按持股份额发放股权登记证书。

企业法定代表人持股份额＝风险收入÷企业每股净资产

③在第二年国资公司下达业绩评定书后的一个月内，返还第一年风险收入的30%，第三年以同样的方式返还30%，剩余10%累积留存。以后年度股份期权的累积与返还以此类推，同时相应变更股权登记证书内容。

返还额＝应返还持股份额×返还年度企业每股净资产

④企业法定代表人以持有股票期权期间累计持股份额参与企业当年利润分配，红利在当年兑现。

（3）其他类型企业

①亏损企业法定代表人的风险收入由国资公司支付，非亏损的其他类型企业法定代表人的风险收入由企业在收到国资公司业绩评定书后的3个有效工作日内交付国资公司。

②国资公司将企业法定代表人在本年度风险收入的30%以现金形式当年兑付，其余70%转化为经营者风险基金，在第二年国资公司下达业绩评定书的一个月内，返还第一年风险收入的30%，第二年以同样方式返还30%，剩余10%累积留存。以后年度风险基金的累积与返还以此类推。

3. J模式

（1）基本收入分月支付，根据年度执行情况，在严格考核的基础上，年终按全部应得年薪依次统一兑现的方式支付，多退少补。

（2）经营者的年薪收入在成本（费用）中列支。其中，对分月预付的基本收入在当年成本中列支，其他应兑现的年薪收入次年摊入企业成本。供销挂钩的企业，年薪收入在工资总额外单列。

4. N模式

经营者年薪平时按不高于基础年薪的标准分月预付，年终根据考核指标情况予以结算兑现。经营者年薪在成本中单独列支。

八 风险抵押金

1. G模式

企业每年从经营者风险收入中提取50%作为风险基金存留企业，存入经营者专户，风险基金余额在经营者离任时，连同按银行同期同档利率计算的利息归还给经营者。

经营者未能完成核定的实现利润基数，要给予企业经济补偿。补偿金额按提取风险收入的同样比例计算，并在风险基金中扣除。如在离任时不能用风险基金补足的，由其自有资金和工资收入抵补。

2. N模式

实行年薪制企业的经营者必须缴纳风险抵押金。风险抵押金为基础年薪标准的50%，由经营者本人在批准实行年薪制后一个月内向企业主管部门一次性缴纳。企业主管部门年末对企业经营者进行考核，如未达到经营目标，扣除经营者的风险抵押金，扣除部分由经营者本人在一个月内等额补足。

3. Y模式

经营者上岗时，必须以基本年薪2倍的数额缴纳风险抵押金。风险抵押金（包括转增部分）专户存储，离任审计后连本带利一次性结算。

4. WX模式

经营者应按规定缴纳风险抵押金。风险抵押金原则上由本人用现金向主管部门一次足额缴纳。

（1）经营者每年风险工资收入的20%～50%应用于增加风险抵押金。

（2）企业未完成批准认可的资产增值目标，经营者不得享受风险工资。企业未完成资产增值目标，比目标值下降幅度在20%以内的，按50%～100%的比例扣减经营者缴纳的风险抵押金；比目标值下降幅度超过20%的，风险抵押金本金全部扣除。凡当年度发生扣减风险抵押金，经营者又继续下年度经营的，应按规定补足风险抵押金。

5. J模式

没有规定经营者缴纳风险抵押金。

九 企业领导班子其他成员的工资收入

1. N模式

企业领导班子的收入原则上执行企业内部工资分配制度，具体标准视其责任轻重、贡献大小，在经营者年薪的60%以内确定，并由企业制定相应的考核兑现办法，向企业职代会（董事会）报告后，报企业主管部门审定。

2. Y模式

其他领导班子成员，按所在岗位和工作业绩确定工资报酬，由董事会和总经理或厂长（经理）考核，并将考核结果报负责经营者考核的部门备案。其他领导班子成员的年工资收入原则上控制在经营者年薪的40%～60%范围内。

3. J模式

企业领导班子其他成员的工资收入原则上执行企业内部工资制度，并根据其责任轻重、贡献大小，如按低于经营者年薪收入水平70%的范围内确定。

4. T模式

企业经营者的年薪系数，法定代表人为1，党组织正职负责人为0.8，其他成员在0.6~0.8的幅度内，由企业报其主管部门核定。

第四节 团队薪酬的设计

一 团队薪酬设计需要考虑的因素

团队薪酬是指根据团队业绩而支付给成员的报酬及非货币激励。团队薪酬是一种基于群体绩效激励的奖励薪酬项目，规定只有当团队成员完成团队目标后，才能获得事先确定的奖励。团队薪酬适合团队成员间具有高度依赖性的环境。企业应用团队薪酬时应充分考虑企业所处的发展阶段、团队的类型和规模等因素。

1. 企业发展阶段

企业团队薪酬受到企业生命周期阶段即发展阶段的影响。企业在经历始创期、成长期、成熟期、衰退期等不同发展阶段时，其发展目标不同，相应的组织结构、财务状况、管理制度等也会不断调整变化，对团队这种组织架构的要求也各不相同，薪酬政策自然也应符合企业不同发展阶段的要求，以实现人力资源管理的阶段性目标。在始创期，企业组织结构较为松散，较少应用团队组织模式，资金也主要用于投资扩大业务，基于个人的薪酬政策也更利于激励为企业创业的关键人才，因而较少应用团队薪酬；在成长期，企业面临着不断增长的市场需求，资金流入增加，组织规模扩大，组织结构复杂化，团队的出现可以有效协调不同部门之间的矛盾，此时的环境可开始应用团队薪酬；在成熟期，企业规模更大，获得了规模经济，能够实现稳定的利润，团队在企业的组织架构中可普遍应用，实施团队薪酬的条件最为有利，关键是提高团队薪酬管理的有效性；在衰退期，企业资源不断减少，其开始采用薪酬成本缩减战略，团队主要被用来重组和简化业务流程，提高组织的效率和效益，保证企业的生存需要，此时企业大都不会应用团队薪酬。

2. 团队的类型

团队类型是指在团队不同的具体任务中团队成员之间不同的互动形态。团队具有不同的存在形式，并履行着不同的任务功能，对其类型划分也有很多标准。其中，较具代表性的是将团队类型划分为以下三类：平行团队、流程团队、项目团队。

（1）平行团队

平行团队是为了完成正常组织之外的任务的团队，其成员一般是从不同部门和岗位抽调的人员构成的。由于这种团队与正常的组织结构并存，因此被称为平行团队。平行团队通常是为解决某一特殊的问题或承担一项特定的任务而组建的，如质量提高团队、员工参与团队等。这种团队可以是暂时性的，也可以是长期的，但成员基本上是"兼职"的。兼职人员除了特殊需要之外，往往会将大部分时间和精力投入常规的、正式的工作中，而不是临时团队中。对平行团队一般不主张实行标准的、长期的激励薪酬形式，可实行一次性认可的货币奖励或一些非货币性奖励。

（2）流程团队

流程团队是通过其成员的共同合作来承担某项工作或某个工作流程，一般具有全职性、长期性的特点。成员接受过正规训练，工作能力相当或技能互补，工作目标明确。流程团队的薪酬支付有别于平行团队。企业通常向流程团队支付基本薪酬，但支付的等级不宜过细，标准之间的差距也不宜过大，可以兼顾市场薪酬率和工作评价的结果。同时，适当的增薪、被认可的绩效奖励薪酬等对于流程团队都是必要的。

（3）项目团队

项目团队是为了开发一种新的产品或服务而组成的工作团队，其成员的来源、等级、能力和专长都有所不同，在项目期内，要求团队成员"全职"工作。项目团队一般以项目周期为存续时限，由于其面对的任务一般是非重复性的，并且需要大量知识、判断和专业技术的应用，因此团队成员可能根据任务完成需要的具体技术的不同而从组织中不同的部门挑选，而在任务完成后，团队成员又返回各自的岗位。由于项目团队的工作结果可用完成时间、质量、技术特征、成本等因素来度量，所以应用团队薪酬，可以建立在对上述目标的测度之上。根据这些特点，在支付项目团队成员的报酬时可以考虑根据任务、职责和能力区分不同的基本薪酬等级和增薪幅度。支付绩效薪酬时可采用两种办法：一是为了强化合作意识，奖励薪酬可参照基本薪酬的等级按比例支付；二是为了强化竞争意识，可按照成员个人的贡献大小支付薪酬。

3. 团队规模

一般团队的理想规模应是3～7人，最多不宜超过25人。团队规模过大，不便于成员之间的交流，影响团队成员主动性、积极性的发挥，并且容易产生"搭便车"的现象；同时，团队成员会认为其个人的努力对团队整体工作绩效的影响很小，因此激励作用不明显。当团队规模较小且相互依赖程度较高时，更适宜应用团队薪酬制度，以起到明显的激励作用。

二 团队薪酬设计的原则

团队薪酬设计除了要考虑薪酬设计的基本原则外，还应突出团队工作的特点。应把握以下几项原则：

1. 激励与控制相结合

为了激励团队在工作中不断地发挥潜力，创造更高的绩效，设计薪酬体系时，一方面要根据团队的特点、团队中个体的需求、团队的整体需求，采用合适的薪酬结构和激励手段，激发团队的工作热情和创造力；另一方面，薪酬体系也要起到对团队控制的作用。团队成员是团队中的一员，团队是企业的一部分，个人绩效要对团队绩效负责，团队绩效要对企业绩效负责，要通过组织层级的管理，通过薪酬体系的引导，以企业发展目标为方向有效地控制团队的工作行为。薪酬体系实现激励与控制相结合，才能既保证团队及个人能力的充分发挥，又引导团队做出符合企业要求的行为，从而保证企业目标的有效实现。

2. 个人绩效与团队绩效相结合

团队工作方式的出现，要求企业对薪酬体系进行相应的变革。团队工作的合作性改变了以个人绩效为主的传统考核方式，确定团队薪酬体系的设计，必然要综合考虑个人绩效与团队绩效。在具体实施考核的过程中，绩效考核的标准要侧重考核团队导向的行为，引导团队成员追求团队绩效最优。考核要体现团队成员对团队绩效提高做出的贡献，以此促进成员的团队意识，促进成员的团队协作。但是，仅片面考虑团队整体绩效的薪酬方案，容易形成"搭便车"的现象，造成团队成员尤其是绩效优秀成员的不满，并最终会导致企业人才流失。所以，在考核团队绩效时必须兼顾个人绩效的考核，在团队薪酬结构中必须体现个体绩效差异，从而避免"吃大锅饭"的平均分配现象，有效激发团队成员的个体活力。

3. 内部公平与外部公平相结合

团队薪酬要起到提高工作效率、吸引并留住成员的作用，必须实现薪酬在团队内部公平与外部公平相结合。内部公平要求处理好团队内部不同岗位、不同技能的员工的薪酬水平差异。团队薪酬水平的差异基于对其价值差异的认可，团队的价值取决于团队自身的职责、掌握的技能、专业稀缺程度、与企业战略的关联度、团队目标的实现程度等一系列指标，以此明确团队之间的相对价值，实现内部公平性。外部公平要求处理好团队薪酬水平与企业内其他非团队成员的收入水平以及市场薪酬水平的关系。企业要拥有能创造高绩效的团队，提升竞争力，就必须结合团队所在企业和行业的人才供求状况、行业薪酬水平进行分析，根据市场的薪酬水平确定团队的薪酬体系和各岗位的薪酬水平，既有效吸引、留住人才，又不会使企业承载过重的薪酬成本。

4. 固定薪酬与浮动薪酬相结合

企业要处理好团队薪酬设计中固定薪酬与浮动薪酬的关系。固定薪酬会加大企业的人工成本压力，降低企业抗风险的能力。如果团队薪酬采用单一的固定薪酬标准，那么团队就没有存在的必要性。在正常经营情况下，团队工作的性质及其作用，决定了其薪酬必须与业绩相结合，固定薪酬必须与浮动薪酬相结合，并保持浮动薪酬的适当比例，这样才能构建利益动力机制，强化团队的高绩效行为。根据业绩设计的浮动薪酬，也可以保证企业根据经营状况弹性地调整薪酬支付金额，以减轻企业的财务压力。

【实例7-3】

A公司有个很奇怪的现象：高层和基层员工的工作热情比较高涨，唯独就是中层管理人员工作积极性普遍不高。虽然中层管理人员只占了A公司总员工数量的1%，但如果一家企业的中层不给力，总是一副"衰相"，会严重影响企业的发展。

后来人们在翻看该企业中层管理人员的薪酬制度时，发现该企业在设计中层薪酬结构比例时，将固定薪酬占比设计为75%，而浮动薪酬为25%。那么，这样的薪酬结构比例有什么问题吗？

分析

这个固定薪酬与浮动薪酬的比例如果放在基层员工身上，没有任何问题，但如果是放在中层管理人员身上，那问题可就大了。

因为中层是需要对部门或团队业绩承担首要责任的，而业绩本身就是一个变量，时好时坏。如果将中层的固定薪酬比例设计的过高，就会导致不管部门业绩是什么水平，其收入都会比较稳定，实现了"旱涝保收"。因此，该企业中层的工作热情不高，干好干坏一个样，谁还愿意拼命呢？

所以这个比例不太合理，一定要改，改成55开或46开都是可以的。另外，A公司中层的浮动薪酬比例只有25%，说明它对中层的绩效考核估计也只是在走个形式罢了。

5. 经济薪酬与非经济薪酬相结合

由于团队往往是知识型、技术型员工的组合，团队成员往往比企业一般员工有更为迫切的高层次的、多样化的需要，在经济薪酬基本满意的基础上，对非经济性薪酬的要求较高。因此，企业在应用团队薪酬时，应加大非经济性薪酬要素的比例。

三 不同团队薪酬模式的设计

在价值差异分析的基础上，可以根据实际情况，选择不同的团队薪酬模式。

1. 团队宽带薪酬模式设计

团队宽带薪酬模式设计的主要思路：基于企业发展阶段、资金状况、团队的类型与数量、市场薪酬水平等因素的考虑，确定团队宽带薪酬体系。首先，确定宽带的数量，明确使用多少个工资带，不同类型、不同价值的团队可以对应到一个或多个工资带；其次，确定每个工资带中的浮动范围、级差，根据市场薪酬情况和岗位价值评价结果，确定团队成员不同的薪酬等级和水平。

在建立宽带薪酬体系的同时，还必须构建相应的任职资格体系，明确薪酬评级标准及办法，营造一个以绩效和能力为导向的团队文化氛围。

2. 自助式团队薪酬模式设计

自助式团队薪酬模式的基本思路：团队的不同类型、成员的多样化相应地会产生对薪酬模式的不同选择，因此企业可以提供一揽子的薪酬解决方案供团队选择，而团队也可以根据自己的需求、价值等因素提出自己的薪酬方案与管理层进行协商。

自助式薪酬体系的运用，能最大限度地满足团队及成员的个体化需求，让企业以同样的薪酬支出，实现最大的激励作用。自助式薪酬模式具有定制性与多样性，它突出了团队及员工在薪酬制度中的主导作用，更多地注重非现金报酬，可以根据团队差异及员工的个体差异进行弹性的定制。同时，自助薪酬具有薪酬设计整体化特点，它包括了与收益有关的所有薪酬要素，涉及员工工作和生活的四个方面，即工作、家庭、公共活动和个人活动。

多样而全面的选择，可以满足不同层次员工不同层次的需求。个性化的薪酬方案也可以起到稳定团队内部成员、避免人才流失的积极作用。自助式团队薪酬体系的设计要注意以团队行为为主，加强企业与团队及成员对薪酬的双向沟通。同时，自助式薪酬的设计，需要管理者进行充分的调查和核算，以谋求在企业财力范围内提供多种可行的薪酬形式。

3. 团队薪酬的目标管理模式设计

目标管理提倡组织成员参与工作目标的制定，实现"自我控制"，并努力完成工作目标。而对于员工的工作成果，由于有明确的目标作为考核标准，对员工的评价和奖励能够做到更客观、更合理，因而可以大大激发员工为完成组织目标而努力。将目标管理的思想运用到薪酬管理，可以更好地帮助员工理解薪酬体系，在有效地实现工作目标的同时，有效地控制人工成本。团队薪酬目标管理模式的具体做法是：设置双目标管理模式，一个是工作目标，另一个是薪酬目标。团队参与工作任务及薪酬标准制定的过程，将团队业绩、个人业绩密切地与薪酬体系相联系，将团队薪酬、个人薪酬与企业经营成本相联系，让团队成员明确团队工作目标在企业整体目标中的责任，了解团队薪酬在企业资金链中的构成地位，有效地起到成本控制的作用。在运用团队薪酬目标管理模式时，工作目标、薪酬目标体系设置要合理、科学，并采取措施提高员工的素质，使其在工作任务、薪酬目标方面真正做到"自我控制、自我管理"，增强团队的凝聚力、创造力，有效地提高团队的工作成熟度，为实现团队的工作目标提供坚实的基础。

（四）团队薪酬设计的流程

（1）建立团队绩效标准，将设定的绩效标准作为报酬的基础。常见的绩效标准包括：效率提高、成本降低、产品质量改进、客户满意度、安全记录等。其中，效率和产品质量的提高或原料与劳动力成本的节约是最普遍的样板性标准。

（2）确定团队薪酬总额，即根据团队实际工作业绩与绩效标准的对比来确定支付给该团队的薪酬总额度。

（3）确定薪酬的支付形式，以及其在团队成员之间如何分配。薪酬总额在团队中的分配方法包括：①团队成员平均分配奖金，该方法可加强成员间的团队合作，在不能明显区分个人绩效的情况下适合采用这种方法；②团队成员根据贡献大小分配奖金，有时可以将一部分奖金平摊，而另一部分奖金则按照贡献大小分别支付；③按照团队成员基本薪酬的百分比支付奖金，这种方法应用较多。

第五节 股票期权的设计

一 股票期权的概念和特点

1. 股票期权的概念

期权是在一定的时期内，按照买卖双方事先约定的价格，取得买进或卖出一定数量的某种金融资产或商品的一种权利。

股票期权，又称购股权计划或购股选择权，即企业赋予某类人员购进本公司一定股份的权利，是指买卖双方按事先约定的价格，在特定的时间内买进或卖出一定数量的某种股票的权利。其基本内容是公司赠予被授予人在未来规定时间内以约定价格（行权价格）购买本公司股票的选择权。行权前被授予人没有任何现金收益，行权后市场价格与行权价格之间的差价是被授予人获得的期权收益。公司股票价格是公司价值的外在体现，二者之间在趋势上是一致的。因此，期权是公司赠予被授予人在未来才能实现的一种不确定收入。

经理股票期权（ESO）特指公司赠予经理人员的一种权利，持有这种权利的经理人可以在规定时间内以行权价格购买本公司股票。行权以后，个人收益为行权价与行权日市场价之间的差价。经理人可以自行决定在任何时间出售行权所得股票。

2. 股票期权的特点

（1）股票期权是权利而非义务，即经营者买与不买完全自由，公司无权干涉。从这个意义上说，期权是一种额外的奖励。如果行权时股价上升，则获利较大，经营者将行使期权；如果行权时股价下跌，则经营者将放弃行权，没有任何损失。从这个意义上说，期权是重在激励，而没有约束作用。因此，这种激励形式受到经营者的普遍欢迎。

（2）这种权利是公司无偿"赠送"的，实质上是赠送股票期权的"行权价"。

（3）股票不能免费得到，必须支付"行权价"。

（4）期权是经营者一种不确定的预期收入，这种收入是在市场中实现的，企业没有现金支出，有利于降低企业激励成本，因此也受到企业投资人的欢迎。

（5）股票期权的最大特点在于，它将企业的资产质量变成了经营者收入函数中的一个重要变量，从而实现了经营者与投资者利益的高度一致。

【实例7-4】

某大型日用品销售公司为了激励销售人员的积极性，拟在薪酬管理办法中做出规定：如果销售人员连续三年进入公司总销售业绩排名的前10%，公司将出售给员工一定数量的期权，员工只需以市场价的50%就可购买，持有15年后可行权，执行价格由公司确定。

根据上述资料，请回答以下问题：

（1）该激励方案有哪些优点？

（2）该激励方案存在哪些问题？

（3）期权的获取方式有哪几种？

分析

（1）该期权激励方案有如下优点：

①公司没有现金支出，有利于降低公司的激励成本。

②该方案重在激励，没有约束。

③该方案的形式是长期激励，能够将销售人员的利益与公司的长远利益结合起来。

（2）该激励方案存在以下问题：

①公司不能以市场价的50%出售给员工，应该是无偿赠予。

②员工的期权不能是持有15年后可行权，应该是行使期限不超过10年。

③执行价格不能由公司确定，应该由公司的股票市场现值确定。

（3）经理人一般在受聘、升职和每年一次的业绩评定的情况下获赠股票期权。一般受聘时与升职时获赠股票期权数量较多。

二 股票期权的产生和发展情况

期权计划最早在20世纪70年代出现于美国，经过20年的探索，到20世纪90年代已经发展成为西方国家普遍采用的企业长期激励机制。

ESO的授予一般每年进行一次。ESO的授予数量及授予条件由董事会薪酬委员会决定。薪酬委员会通常由3～4人组成，大都是外部、非员工董事。在年初，薪酬委员会制定出经理的年度目标和相应的ESO授予数量。期权数量和价格参照同行或竞争对手一般水平做出。这方面的数据由独立专业咨询公司提供。在年末，薪酬委员会根据经理班子是否实现经营目标来决定授予ESO的数量。

在美国，按照是否符合《国内税务法则》有关特殊税务处理的规定，ESO分为两种类型：

（1）激励型期权（法定股票期权），即ESO享有《国内税务法则》规定的税收优惠。这些优惠包括员工在获得期权以及执行期权时，并不被认为是得到普通收入，因而不用缴税，公司也不能扣减相关的报酬。

被确定为激励型期权，必须符合《国内税务法则》第422条的规定：①期权只能授予本公司的员工，并且这些期权只能用于购买本公司或者是母公司、下属公司的股票；②期权授予必须遵守股东认可的成文文件；③在经采纳或经股东批准后，期权必须在10年内授出，必须在授予后的10年内执行；④期权的执行价格必须等于或高于授予时的公平市场价格，如果是不公开交易的股票，其价格应以合理的方式确定；⑤在授予时，员工不能持有10%以上的股份，除非期权价格被定在公平市场价格110%以上，或在授予后5年内不能执行。

（2）非法定股票期权。非法定股票期权不享有税收优惠。员工在卖出由期权所获得的股票时，其收入被认为是"资本所得"，并按相应的税率缴税。

三 股票期权的参与范围

一般来说，ESO的主要对象是公司的经理。他们掌握着公司的日常决策和经营权力，因此是激励的重点。从实际情况看，在多数企业，ESO的参与范围扩大到公司决策层成员和科技开发人员。目前新的发展趋势之一是日益扩大到公司的大多数员工。

获受人的具体范围由董事会选择。董事会有权在有效期内任一时间以任何方式向其选择的员工授予期权，期权的授予数量和行使价格由董事会决定。

四　股票期权的行权价

股票期权的行权价也称期权的执行价格，它的确定一般有以下三种方式：

（1）低于现值，也称现值有利法。低于现值相当于向期权特有者提供了优惠，股东权益被稀释，因而股东不愿意接受。

（2）高于现值，也称现值不利法。即行权价高于当前股价。高于现值的期权，一般适用于公司股价看涨的时候，而且它提高了获利的难度，对经理会产生更大的压力。

（3）等于现值，也称现值等利法。即行权价等于当前股价。

激励型期权的执行价格，不能低于股票期权授予日的公平市场价格，这是构成激励型期权的一个重要条件。但不同的公司对公平市场价格的规定不同，有的规定是授予日前最高市场价格与最低市场价格的平均价，有的规定是授予日前一个交易日的收盘价。但对于非法定期权来说，由于没有执行价格必须等于公平市场价格的限定，定价可以灵活得多。

五　股票期权的行使期限

期权的行使期限一般不超过10年，强制持有期为3～5年不等。

一般情况下，股票期权在授予后并不能立即行使，而要等待一定时间。公司将股票期权赠予获受人时，并没有授予他们行使的权利。获受人只有在授予期结束后，才能获取行使权。在到了能够行使的时候，每年也只能按照授予时间表执行其中一定的比例。行使权的授予时间表可以是匀速的，也可以是加速的。

在执行时间上的安排，主要是为了使期权在较长的时间内保持约束力，并避免一些短期行为。因此，公司授予时间因获受人的身份不同而不同。公司董事会有权缩短经理人持有的股票期权的授予时间。在某些特殊情况下，甚至可以在当日将所有的不可行权的股票期权变为可以行权的股票期权。

【实例7-5】

某制造业上市公司推出股票期权激励计划，具体方案如下：

①参与范围：首期激励对象共计2 428人，包括部门经理级别以上的管理人员、核心岗位的业务骨干和工作年限两年以上的员工，约占员工总数的67%。

②授予数量：向激励对象授予5 000万份的股票期权，占公司股本总额的19.38%；相同职位级别期权数额相同，最高期权授予额不超过最低授予额的5倍。

③行权条件：首期行权时，公司上一年度净利润增长率不低于2%，且主营业务收入增长率不低于3%。

④行权安排：首次行权不得超过获得股票期权的40%，首次行权一年后有效期内可选择分次或一次性行使剩余股票期权。

该激励计划实施一年后，公司净利润增长率为5.2%，主营业务收入增长率为7.1%，达到了行权条件。

但执行股票期权激励计划之后，公司发现并没有带来预期的效果，反而造成成本的大幅增加。

根据上述情境，请分析该股票期权激励计划存在哪些问题，如何改进？

分析

该股票期权激励计划存在以下问题：

问题一："参与范围中，首期激励对象共计2 428人，约占员工总数的67%"。

按员工持股计划的广泛参与原则，只要应要求70%的员工参与。因此应将参与范围进一步扩大，确保达到70%的员工参与。

问题二："向激励对象授予5 000万份的股票期权，占公司股本总额的19.38%"。

案例中企业属于劳动密集型企业，员工持有股份应适当加大。正常在劳动密集型企业里，员工持有股份占到25%以上是很常见的，甚至超过50%，实现了员工控股。

问题三："最高期权授予额不超过最低授予额的5倍"。

经营者持股数额一般以本企业员工平均持股数的5～15倍为宜。

问题四："首次行权一年后有效期内可选择分次或一次性行使剩余股票期权"。

股票期权的行权除上述条件外，还应设置强制持有期3～5年不等，这样可以使期权在较长时间内保持约束力，避免一些短期行为，防止出现案例中没有带来预期效果，反而造成成本大幅增加的结果。

六 赠予时机与授予数量

1. 赠予时机

经理人一般在受聘、升职和每年一次的业绩评定的情况下获赠股票期权。一般受聘时与升职时获赠股票期权数量较多。

2. 授予数量

授予期权数量的确定有以下三种方法：

（1）利用Black-Scholes期权定价模型，根据期权的价值推算出期权的份数。此方法具有良好的可靠性，但实施起来较为复杂。

（2）根据要达到的目标决定期权的数量。这种方法的优点是可以决定准确的回报；缺点是只规定了未来，近期的回报不明确，并且还需要对未来的所有可能的价格制定详细的回报计划。

（3）利用经验公式，并通过计算期权价值倒算出期权数量。其基本原理与Black-Scholes期权定价模型相一致。这种方法的经验公式为：期权份数＝期权薪酬的价值÷（期权行使价格×5年平均利润增长率）。

一般来说，ESO是无偿授予的。公司希望经理班子通过有效的经营提高股价，从而获得收益，这也是股东的利益所在。但也有的公司要求经理人员在取得ESO时要付出一定的期权费，这主要是为了增强期权计划的约束力，因为期权本身是一种选择权，当公司股价低于执行价格时，就会使期权的激励作用大打折扣。而加入期权费，就增大了经理人员偷懒的机会成本，只要股价减去执行价格的差不大于期权费，其激励作用就仍然有效。不收期权费不等于期权没有价值，ESO作为一种金融资产肯定有其自身价值。对ESO的估价，直接决定了ESO的授予数量。一般来说，期权的内在价值，相当于执行价格与股票市价之间的差值。但这种方法可能低估了期权的价值，因为它忽略了期权执行价格的贴现值。

另外，还可以用"期权定价模型"来更精确地反映期权的价值。

期权为获受人私有，不得转让，除非通过遗嘱转让给继承人，获受人不得以任何形式出售、交换、记账、抵押、偿还债务，或以利息方式支付给有关或无关的第三方。

七 股票期权行权所需股票来源

期权行权所需股票的来源有两个途径：一是公司发行新股票，二是通过留存股票账户回购股票。留存股票是指一个公司将自己发行的股票从市场购回的部分，这些股票不再由股东持有，其性质为已发行但不在外流通的股票。公司将回购的股票放入留存股票账户，根据ESO或其他长期激励方式的需要，将在未来某一时间再次出售。

八 股票期权的执行方法

1. 现金行权

个人向公司指定的证券商支付行权费用以及相应的税金和费用，证券商收到付款凭证后，以行权价格执行股票期权。证券商为个人购买股票，并将股票存入经理人个人蓝图账户（个人在指定的证券商开设的经纪人账户，用以支付行权费用、税金、佣金和其他费用，股票、行权受益也可存入蓝图账户）。

2. 无现金行权

个人不需以现金或支票支付行权费用，证券商以出售部分股票获得的收益来支付行权费用，并将余下股票存入经理人个人蓝图账户。

3. 无现金行权并出售

个人决定对部分或全部可行权的股票期权行权前，需以书面形式通知公司表示期权行使及行使的股份数量，每次通知单必须附有按行使价计算的相应股份认购汇款单。公司在接到附有审计员确认书的通知单及汇款单28日内，将把相应的股份全部划拨到获受人（或其个人合法私人代表）的账户上。

九 对股票期权计划的管理

对股票期权计划应实行两级管理，首先公司通过公司的董事会管理实施股票期权计划。董事会有权决定每年的股票期权赠予额度、授予时间表及在出现突发性事件时对股票期权计划进行解释，并重新做出安排。当税法变更或者股票期权计划中的部分或全部条款需要变更，甚至终止该计划时，董事会有权终止股票期权计划或者终止董事会对股票期权计划的管理权限。但是，即使股票期权计划已经终止，经理人持有的可行权的股票期权仍然可以执行。

在宏观上，必须建立比较规范的监督管理制度，对期权计划设立与行使人的权利、获受人条件、赠予条件和数量、期权变更和丧失等条款做出明确规定，力求计划合理和公正。为避免经理人操作信息披露和制造概念、增大不正当的期权获利空间，在行权时必须做出严格规定，如在重大信息披露前后10个交易日不得行权等。

第六节 期股制度的设计

一 期股的含义与特点

1. 期股的含义

期股是指企业出资者同经营者协商确定股票价格，在任期内由经营者以各种方式（如个人出资、贷款、奖金转化等）获取适当比例的本企业股份，在兑现之前，只有分红等部分权利，股票将在中长期兑现的一种激励方式。

2. 期股的特点

（1）期股是当期（签约时或任期初始）的购买行为，股票权益在未来兑现。

（2）期股既可以出资购买得到，也可以通过赠予、奖励等方式获得。

（3）经营者被授予期股后，在到期前是不能转让或兑现的，因此期股既有激励作用，又有约束作用。

二 期股的适用范围

从我国各地的试点情况看，期股激励试点的范围，S模式和B模式限定在经改制的国有资产控股企业以及国有独资企业，而J模式则规定为已改制的国有独资公司、股份有限公司和有限责任公司。

另外，S、B、J三种模式都明确规定：企业进行经营者期股试点，须经企业出资人或公司股东会同意。

三 期股激励的对象

S模式和B模式规定，期股激励的对象主要是董事长和总裁、总经理。董事长和总裁、总经理各自承担的责任必须以合约形式明确规定。

J模式规定期股激励的对象范围较宽，可以是企业的经营者群体。经营者群体的范围根据不同的情况确定，可以考虑吸收关键岗位人员参加。

四 期股激励的主体

S模式规定，对国资授权经营公司董事长的激励主体为出资方，对国资授权经营公司所属国有独资企业董事长的激励主体为对国资授权经营公司，对国有资产控股企业董事长的激励主体为股东会或出资方。B模式规定，对董事长激励的主体是公司股东会或出资人。

S、B、J三种模式均规定，对经理期股激励的主体是公司董事会。

五 期股的形成

期股的形成主要来源于以下四个方面：

（1）在企业改制基础上，调整原有股本结构，建立新的股本结构，形成经营者的期股。

（2）通过企业股权转让形成经营者的期股。

（3）企业增资扩股中形成经营者的期股。

（4）企业经营者业绩延期兑现转换的股份。

六 经营者期股的获取方式和数量

S模式规定，国有资产控股企业经营者期股的获取方式主要包括：在一定期限内，经营者用现金，或用分期付款、贴息、低息贷款，以约定价格购买的股份；经营者岗位股份（干股）；经营者获取特别奖励的股份。

国有独资企业，可给予经营者相当于年薪总额一定比例的特别奖励，但必须延期兑现，任期中，每年可以10%～30%的比例兑现，直至全部兑现完为止。

实施期股激励时，经营者可以一定数额的个人资产作为抵押。抵押资产的数额根据企业经评估的净资产规模确定。

J模式在规定期股的获取方式的同时，还规定了不同获取方式在期股中的比例：企业经营者以现金认购公司股份，不得低于其应持全部股份的40%；企业经营者经批准，并提供担保或抵押贷款认购公司股份，贷款金额不得超过其应持公司股份的30%；贷款期限最长为3年；其余部分为公司送股、经营者业绩转换的股份和获奖的岗位股。

经营者的期股在没有成为实股时没有所有权，只有分红权。对岗位股，经营者享有分红权，离岗后由出资人收回。

B模式则首先规定了经营者群体获得股权的方式和持股数量的比例，即经过出资人或董事会同意，公司其他高级管理人员应通过以现金投入获得股权的形式形成经营者持股。其中，董事长、经理的持股比例占经营者群体持股总额的10%以上。对经营者，B模式不仅规定了持股的出资额，而且规定了期股的数量。期股的获取方式是经营者根据与出资人签订的期股认购协议，以既定的价格认购，分期补入。经营者持股的出资额一般不得少于10万元。经营者所持期股份额一般以其出资额的1～4倍确定。

由上述三种模式的期股获取方式可知，期股的获得是以现金购买一定的股份或以一定的财产抵押为前提条件的，期股限额也是与购买股份的出资额或抵押财产的多少成比例的。

七　经营者期股红利兑现及用途

S模式规定：经营者期股每年所获红利，一部分兑现后归经营者本人；一部分用于归还购买期股、分期付款、贴息和低息贷款；一部分应按契约规定，在企业增资扩股时，转为经营者投入的股本金。

B模式规定：经营者的期股每年所获红利，要按协议规定全部用于补入所认购的期股。

J模式规定：期股每年所获红利，首先用于归还购买期股的贷款及利息。

八　期股变现或终止服务的处理

期股变现主要涉及两个问题：一是变现的条件，二是变现的价格。

S模式规定：经营者在该企业任期届满，其业绩指标经考核认定达到契约规定的水平，若不再续聘，可按契约规定，按其拥有的期股，一般应按当时的每股净资产变现（特殊情况下，应经资产评估），也可保留适当比例的股份在企业，按年度正常分红。上市公司经营者可按当时的股票市场价格变现。

经营者任期未满而主动要求离开时，其拥有的期股变现要按契约规定扣减。当经营者在合同期内违约离开企业时，其拥有期股中用现金购买的部分按原购买价变现，如果原购买价格高于当时的净资产值，则按当时的净资产值变现；用分期付款、贴息贷款和低息贷款获得的股份，要按双方签订的契约规定扣减。

第七节　员工持股计划的设计

一　员工持股计划的产生和发展

1. 员工持股计划的产生

员工持股计划（ESOP）是由企业员工拥有本企业产权的一种股份制形式，起源于美国。1956年，路易斯·凯尔索提出了"二元经济学"理论，他认为在正常的经济运行中，任何人不仅需要通过其劳动获得收入，而且还必须通过资本获得收入，劳动和资本带来的两种收入都是人的基本权利。凯尔索还认为，人类社会需要一种既能鼓励社会公平，又能促进经济增长的制度，这种制度使任何人都可以获得两种收入，从而激发人们的创造性和责任感，否则社会将因贫富不均而崩溃。对于美国而言，使普通劳动者广泛享有资本，会对美国经济产生积极影响。这种观点体现了当时"民主资本主义"的思想，是"分享制度"的进一步发展。

为了实现这一目的，凯尔索等人设计了"员工持股计划"。其主要内容是：企业成立一个专门的员工持股信托基金会，基金会由企业全面担保，贷款认购企业股票。企业每年按工资总额的一定比例提取资金，投入到员工持股信托基金会，以偿还贷款。当贷款还清后，该基金会根据员工相应的工资水平或劳动贡献的大小，把股票分配到每名员工的"员工持股计划账户"中。员工离开企业或退休，可将股票卖还给员工持股信托基金会。这一做法实际上是把员工提供的劳动作为享有企业股权的依据。

2. 员工持股计划的发展

员工持股计划的迅速发展与政府的支持是分不开的。自1974年以来，美国政府出台了多项法令给予ESOP税收优惠和其他支持。如每年投入相当于年工资5%～25%的资金用于ESOP，而不是给员工加薪，则可免除高额的累进所得税，以后的股票红利收入、股本增值以及资本利得的纳税额较现时累进税要低得多。同时，银行为ESOP贷款，也可享受部分免税优惠。这些措施使得许多员工都愿意将现时收入转化为远期增值和所得，同时大大减轻了企业的融资成本。

二 员工持股计划的原则

（1）广泛参与原则，即要求公司员工广泛参与，至少要求70%的员工参与。

（2）有限原则，即限制每个员工所得股票的数量。

（3）按劳分配原则，即凡付出劳动的员工就应获得收入。

此外，企业一般还规定，新员工必须要认购企业的股份，新工人的初始股份一般与其工资水平相适应，必须在规定的认购期购买。

三 员工持股的分类

根据实行员工持股的动因，员工持股可以分为以下两类：

1. 福利分配型员工持股

这类员工持股一般是一种福利或奖励，如向优秀员工赠股、年终赠股代替年终奖金、利润分享采用股票形式支付、员工股票期权、企业贷款为员工购股等。它的主要特点是一种福利并分配赠予，因此往往不需要个人做出长期决策。福利性质的员工持股一般也没有集中运用员工的投票权，即参与权。福利性员工持股与其他福利没有本质的区别，而企业提供这些福利的目的是吸引员工和调动员工的积极性。

2. 风险交易型员工持股

这类员工持股一般需要个人有所付出，是劳资交易行为，需要员工做出长期性决策。这种员工持股具有明显的新的制度资源引入性，而缺少短期获利的意向性，员工具有投票权和参与管理权。如果制度引入失败或无效，则需要员工承担投资和工资降低的双重风险。风险交易型员工持股一般建立有员工持股会，以集中个人投资的意愿并行使权利。

风险交易型员工持股可分为以下三种模式：

（1）日本模式。主要是稳定经营的企业和发展壮大中的企业，由员工出钱或由企业扣缴工资、奖金购买企业股票，或者得到稳定的红利，或者可以在股市上增值变现。因此，员工愿意购买。

（2）美国模式。主要是为拯救本企业而动员员工持股的公司，即经营不景气、濒临倒闭的公司，其内部员工通过员工入股计划购买本企业部分或全部股份，以拯救公司，保住自己的职位。在许多情况下，员工的信心和参与是拯救企业的重要因素。

（3）合作制企业的员工持股模式。特点是员工既是劳动资源的提供者，也是企业资本资源的提供者，员工拥有企业利润分配和控制权利。

四　员工持股计划的效果

研究表明，员工持股计划只有与员工参与管理结合在一起，才会对企业效率产生重要影响。

在实行员工持股计划后，员工觉得自己和公司的联系更加紧密了。作为公司的股东，员工们希望这一计划发挥作用，使其股票价格上扬，以便在退休或离开公司时拿到更多的净资产。当然，并非所有实行员工持股计划的公司都取得了良好的效益，有的公司甚至因此而濒临倒闭。其原因主要是：

（1）有些成为公司股东后的员工，片面认为现在的公司资产有一份是自己的，自己也是公司的"老板"，有了公司的保障感，任意违反规章制度，只关心分利分红，导致公司对员工的管理出现困难。这种现象一般发生在大企业中。

（2）"搭便车"的"传染病"很容易在企业中蔓延开来，导致员工采取"偷懒"或其他利己的行为，形成"大锅饭"。

（3）一种"极端"的情况是有些员工成为公司股东后，出现直接干预企业的正常生产经营业务活动，扰乱了企业日常管理秩序的现象。

（4）公司的不规范行为也是导致ESOP在这些公司失败的原因之一。

总之，企业推行员工持股计划的实践表明，员工持股计划虽然能取得较好的绩效，获得较大的发展，但也并非十全十美。

五　企业内部员工的持股计划

企业内部员工持股计划一般是指我国企业改制时内部员工个人出资认购并持有本单位的部分股份，或者由单位的持股会集中统一管理的一种新型的组织形式，其表现形式可以是股票、认购权证、出资证明书等。企业内部员工股的特点是：

（1）内部员工股一般不可以流通、上市、上柜、继承、赠送。也就是说，内部员工具有高度的内部性和完全的封闭性。当员工要脱离企业（与企业解除劳动合同关系），其所持有的股份必须由企业购回，转作预留股份。内部员工股的这一特点是出于企业的长远和稳定发展的需要，它使得员工和企业生存息息相关。尽管这一特性阻碍企业资本的重组和资源的重新配置，不利于劳动力的自由流动和重新配置，但是这样的一种股权结构对于企业的经营起着一个"自动稳压器"的作用，稳定了企业的基本结构。

（2）内部员工持股自愿原则。企业的员工可以不参股，但他只能获取工资性收入，而不能像持股员工那样既领取工资性收入，又能得到税后利润分红。实践中，有些改制企业在发行股票的时候，其领导人强迫所有员工必须购买一定额度的股份，否则将视为自愿解除劳动合同，这种做法明显违背了《中华人民共和国劳动法》和《中华人民共和国公司法》，应该坚决予以杜绝。

（3）内部员工股同其他股份一样同股同权同利，坚持风险共担、利益共享的原则。购买股份的员工都享有"一股一票"的权利，通过参加股东大会来行使其管理权和决策权。企业赢利时，按照同利原则，与其他股份一样参与股息和红利的分配；企业亏损时，按照风险共担原则，与其他股份一样承担亏损。

六　员工持股计划的实施步骤

1. 员工持股计划可行性研究

在推行员工持股计划之前，必须明确实施员工持股计划的目的，并从企业内外部的环境和条件出发，对ESOP在本企业内推行的可行性进行系统全面的研究，在没有充分思想和组织准备的情况下，将会带来事倍功半的后果。员工持股计划项目的可行性研究涉及实施员工持股计划的目的、政策的允许程度、对企业预期激励效果的评价、财务计划、股东的意见统一等多方面的内容。

2．对企业进行全面价值评估

员工持股计划涉及所有权的变化，因此合理的、公正的价值评估对于计划的员工和企业双方来说都是十分必要的。企业价值高估，显然员工不会购买；而企业价值低估，则会损坏企业所有者的利益，这在我国则主要表现为国有资产的流失。

3．聘请专业咨询机构参与计划的制定

由于我国绝大多数企业没有在完善的市场机制下运营及经营管理的经验，因而缺乏对于一些除产品经营外的经营能力，特别是对于这样一项需要综合技术、涉及多个部门和复杂关系界定的工程，聘请富有专业经验和知识人才优势的咨询顾问机构参与是必要的。

4．确定员工持股的份额和分配比例

在我国，由于国有企业的特殊属性，员工在为企业工作过程中所累积的劳动成果未全部得以实现。因此，在确定员工持股的比例时，既要考虑对员工激励的需要，也要考虑员工的劳动贡献所应得的报酬股份。另外，员工持股的比例也要与计划的动机相一致，既能够起到激励员工的作用，又不会损坏企业所有者的利益。

5．明确员工持股的管理机构

在我国，由于各个企业基本上都存在着较为健全的工会组织，因此员工持股的管理机构将会是企业的工会组织。而对于一些大型的企业来说，借鉴国外的经验，由外部的信托机构、基金管理机构来管理员工持股也是可行的。

6．解决实施计划的资金筹集问题

在国外，实施ESOP的资金主要来源于金融机构的贷款，而从我国目前的情况来看，则仍然以员工自有资金为主，企业只提供部分低息借款。对于金融机构如何介入ESOP，目前我国还没有先例，但这种做法是具有可行性的，并且对于解决银行贷款出路问题，启动投资和消费具有一定的促进作用。

7．制定详细的计划实施程序

详细的ESOP实施程序和步骤主要体现在员工持股的章程上。章程应对计划的原则、参加者资格、管理机构、财务政策、分配办法、员工责任、股份回购等问题做出明确的规定。

8．制作审批材料，履行审批程序

我国各地的企业要想使ESOP得以实施，一般应当通过必要的审批程序，如经过集团公司、国资管理部门、经委等部门审批。

七 员工持股计划的注意事项

1．员工持股试点企业的条件

按照我国企业主管部门关于建立现代企业制度的要求，国有企业要进行员工持股计划试点，必须经过企业主管部门的批准，并且目前仅限于实行股份制改造或产权管理清晰的竞争性企业。

2．持股人员的参与范围

员工持股制度侧重于长期激励，要求参与人员与企业有长期相对稳定的劳动关系。因此，参股员工

应该是有在所在企业长期工作的愿望，并与企业签订了无固定期限或有较长固定期限劳动合同的员工。离退休人员、短期合同制员工、试用工、临时用工等不宜列入参与范围。即使是与企业签订了较长固定期限的劳动合同，但有迹象表明其不愿与企业保持长久劳动关系的员工，也不宜列入参与范围或强迫列入参与范围。

3. 员工持股比例和股份认购

（1）合理确定员工总股金及其占总股金的比例

员工持有股份占企业全部股份的比例，因行业和企业规模不同，差别很大。主要取决于以下因素：

①需要员工在多大程度上参与经营决策和管理。员工持有股份越多，参与程度就越深。

②员工认购股份的积极性和出资能力如何。如果员工认购股份的愿望强烈，承担风险的能力较强，并且可以拿出较多的入股资金，就可以提高员工持股比例。

③企业具备素质较高的、能够顺利运行员工持股制度的人才。只有管理水平高，才可以赢得员工和企业的信任，提高员工持股的比例。

④要确定个人的股金及其在总股本中的比例。企业可以根据劳动岗位的重要性、劳动贡献大小和员工工龄长短综合考虑。总体原则是，职位越高、贡献越大、工龄越长，员工获得的收益和承担的风险就应该越大。一般来说，企业经营管理人员、业务和技术骨干的持股数额可适当高于一般员工，但企业股份不能过分集中在少数人手里。经营者持股数额一般以本企业员工平均持股数的5～15倍为宜。

（2）认购股份的数量必须有上下限的限制

温馨提示

员工持股计划的股票来源和股金来源

1. 股票来源

（1）上市公司回购，即上市公司利用现金购买等方式，从股票市场上购回本公司发行在外的一定数额的股票，用于员工持股计划。

（2）二级市场购买，即通过委托外部管理人认购资产管理计划，包括直接购买和杠杆购买两种类型，是一种比较简单且员工认同度较高的办法。

（3）认购非公开发行的股票，即企业采用非公开方式面向特定对象发行股票。这种方式既满足了企业的资金需求，又实现了员工持股自由。但是由于非公开发行股票的价格优势不明显且锁定期较长，因此在短期内的激励效果不佳。

（4）企业股东自愿赠予，即企业股东通过赠予的方式向员工持股计划提供所需股票。但是，企业股东自愿赠予是极少数情况，因此该方法难以成为主要方式。

2. 股金来源

（1）员工个人出资购买。

（2）历年工资储备金结余或公益金结余。

（3）企业担保员工个人贷款。

（4）用企业的奖励基金和福利基金直接奖励给优秀员工。

（5）科技人员用科技成果折股。

第八节　专业技术人员薪资制度设计

一　专业技术人员薪资制度设计的原则

1．人力资本投资补偿与回报原则

专业技术人员在进入劳动领域之前，一般都进行了高于一般水平的人力资本投资，即使进入劳动领域之后，由于要不断地进行高水平的知识更新，并开拓新的科学技术领域，仍要继续进行高水平的人力资本投资。所以，专业技术人员的工资报酬不仅要补偿他们的人力资本投资，使专业技术人员的收入首先反映从事科技工作的劳动者的生产成本，而且还应按照市场规律以高于一般物质资本投资的内在报酬率使专业技术人员获得人力资本投资的收益。

2．高产出高报酬的原则

在进入劳动领域之后，由于科技是第一生产力，专业技术人员创造的劳动价值远远高于一般劳动者，即其边际生产率远远高于一般劳动者的边际生产率。按照现代工资决定理论，从需求的角度讲，工资水平的高低是由边际生产率决定的。既然专业技术人员创造了较高的生产率，那么就应该付给他们较高的劳动报酬。

3．反映科技人才稀缺性的原则

在市场经济条件下，工资水平是由供求的均衡价格决定的。供不应求，即稀缺的劳动力，其工资价格往往高于其价值。因此，不能把供不应求的专业技术人员的劳动报酬简单地同供过于求的一般劳动力的工资水平做比较。在专业技术人员极为稀缺的情况下，主动适应专业技术人员价位上扬的态势，按照高于专业技术人员价值的价格决定专业技术人员的报酬是企业主动运用价值规律的明智选择。

4．竞争力优先的原则

对内平等、对外具有竞争力是企业设计员工工资水平的一个重要原则。在处理对内平等和对外具有竞争力的关系中，首先应把专业技术人员的工资对外具有竞争力放在第一位，否则就无法做到薪资留住人才、吸引人才，甚至有流失的危险。

5．尊重知识、尊重人才的原则

首先，应当重视科技人才的投资，要在收入水平上充分体现知识和人才的价值，使专业技术人员对自己的收入具有满足感，从而振奋精神投入科研工作。其次，知识劳动者在很大程度上是自我激励，而不是在别人的督促之下工作，只要工作环境氛围好，他们的积极性和创造性就容易被开发出来。所以，管理者主要是给他们创造良好的工作氛围，即重视他们劳动的独立性，在工作中提供协助和爱护，重视和尊重他们的工作，吸收他们参与决策等。

【实例7-6】

张某是某汽车生产公司专业技术部门的一名老员工，由于缺乏管理能力，多年来一直没有获得职位上的晋升。公司规定，基本薪酬只与职位等级相挂钩，因此张某的基本薪酬也一直没有变化。

最近张某提出基本薪酬增加50%的要求，如果公司不能满足，他就辞职。

请根据该案例回答以下问题：

（1）专业技术人员薪资制度设计应遵循哪些原则？

（2）如果张某选择离职，可能会给公司带来哪些成本？

分 析

（1）专业技术人员薪资制度设计应遵循的原则有：①人力资本投资补偿与回报原则；②高产出高报酬的原则；③反映科技人才稀缺性的原则；④竞争力优先的原则；⑤尊重知识、尊重人才的原则。

（2）如果张某选择离职，可能会给公司带来的成本有两方面：即人力资本的投入和产出。

人力资本投资是多方面的：第一，有形支出，又称为直接支出、实际支出，主要投资形式包括教育支出、保健支出、劳动力国内流动（移居）支出或用于移民入境支出（为了寻找工作）以及收集劳动力价格等收入的信息等，其中最主要的投资形式是教育支出。第二，无形支出，又称为机会成本，它是指因为投资期间不可能工作，至少不能从事全日制工作而放弃的收入。第三，心理损失，又称为精神成本、心理成本，它是指诸如学习艰苦、令人厌烦，寻找职业令人乏味、劳神，迁移需要远离朋友等。人力资本支出一般包括：人力资本收益分配，如员工薪资、福利、股票、期权等；人力资本常规管理费用，如办公费用、差旅费、会议费、项目费用、人员重置成本等；企业集团人力资本投资，如培训费等。人员费用过去一直被视为企业的一种支出，所以一般将其看作间接成本，企业总是千方百计想通过降低人员费用来增加企业收益。而在将员工看作人力资本的今天，人员费用是一种直接成本。在环境迅速变化、竞争不断加剧的条件下，企业集团的竞争力主要取决于研究与开发新产品、市场营销和销售以及有效地协调各种关系等方面，这些人力资本费用必须与生产成本、销售成本一样被看作直接成本。

二　专业技术人员的薪资模式

1. 单一的高工资模式

这种模式一般不给予奖金，而是给予高工资。特别适用于从事基础性研究的专业技术人员，即在短期内无法确定准确的工作目标，而无法把工作成果作为工资决定基础的专业技术研发工作。

2. 较高的工资＋奖金

这种模式以科研职位等级和能力资格为基础，首先确定较高水平的工资，之后仍以较高的职位等级为基础，按照企业奖金占工资的一般比例水平确定奖金水平。该模式一般与专业技术人员的具体业绩联系不大，收入也较为稳定，基本保证了专业技术人员在员工收入排序中的地位，但激励作用一般。

3. "较高的工资＋科技成果"转化提成制

这种模式多适用于担负新产品开发的专业技术人员。为了鼓励专业技术人员瞄准市场，多出成果、快出成果，采取了产品销售收入提成、销售净收入提成或利润提成的办法。该模式的激励作用是显而易见的。

三　科研项目工资制

科研项目工资制是指将专业技术人员的工资列入科研项目费，往往按项目实行费用包干制，它采取的是按任务定工资的办法，目的是鼓励专业技术人员快出成果。采用这一模式，往往还有后续的其他激励措施，如销售提成奖励等。

四　股权激励

股权激励有以下几种形式：专业技术人员股份优先购买权，并鼓励专业技术人员持有公司较多的股份；向专业技术人员赠送干股；科研成果折股；重在具有长期激励机制的股票期权；兼有激励与约束机制的期股等。

五 双通道职业阶梯

双通道职业阶梯，即管理性岗位和技术性岗位的晋升阶梯。双通道职业阶梯实际上提供的是在企业中发展的两条不同的路径，每条路径反映着对企业使命的不同贡献。第一条路径是管理晋升阶梯的晋升，是指通过监督或指导责任的加重而获得升迁机会；第二条路径是技术阶梯的晋升，它是通过专业贡献的增大来实现的，而且这种专业贡献不以监督、管理员工为主要内容。

专业技术人员在他们职业生涯的某些阶段，有机会选择是进入管理轨道还是继续他们专业技术研发的轨道。对于专业技术人员来说，双通道职业阶梯提供的不仅是更大的晋升机会，而且是技术轨道的最高基本工资，这个工资可以接近高层管理职位的最高基本工资。促成这两条路径的原因有两个：一个是从技术阶梯争取晋升机会所受的限制较多，通常不及管理阶梯晋升的机会多、晋升快；另一个是企业最高层一般情况下都是属于管理性质的职位，所以专业人员发展到一定程度，若想在企业中继续晋升，只有逐渐脱离原有专业，向管理方向发展。

六 成熟曲线及应用

1. 成熟曲线

成熟曲线反映了专业技术人员的报酬与在劳动力市场上工作年限之间的关系。总体而言，调查机构把被调查者的工资当作他取得最后一个学位之后年限的函数，在此基础上搜寻有关信息，其目的在于衡量被调查者的工作年限与其技术的过时程度。

贝尔实验室等机构开发使用了成熟曲线，以获得学士学位以来的工作年数作为X轴，以工资率作为Y轴，如图7-3所示。使用获得学士学位以来的年数作为成熟曲线的一个维度的理论依据在于，专业人员必须具备一定的条件才可能被雇用，而且在被雇用后也必须具有一定的经验才能精通他们从事的专业性技术工作。因此，成熟曲线能够很好地反映这类工作岗位的市场价值。

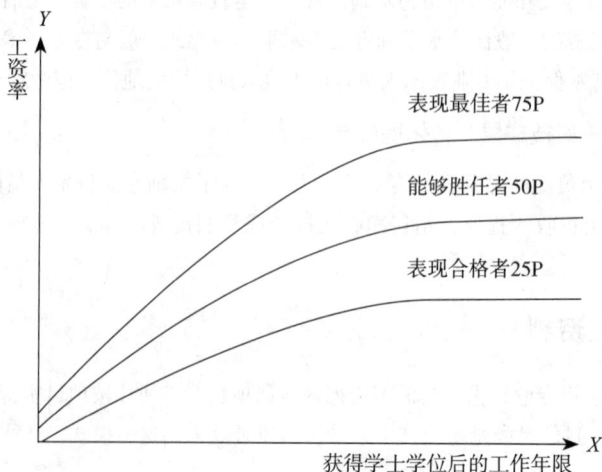

图7-3　工作年限与工资率的成熟曲线

（注：P——分位值。25分位值表示有25%的数据小于此数值，反映市场的较低端水平；50分位值表示有50%的数据小于此数值，反映市场的中等水平；75分位值表示有75%的数据小于此数值，反映市场的较高端水平。）

某些员工在同一年获得学士学位，但并不意味着他们为公司创造的价值是一样的。借助成熟曲线的开发方法，一系列曲线被开发出来，不同的曲线反映员工不同的价值水平，每一条曲线规定了特定种类的员工在一个时间序列中的价值。工资率的分布反映了一定的绩效水平，把属于同一工资分布的点连接起来就得到了一条成熟曲线。事实上，获得学士学位以来的年数这一维度只是一个代名词，它可以是反映员工经验、知识、技能或责任的不同报酬因素，具体是什么取决于实际应用时对报酬因素的界定。

成熟曲线的走势，在5～7年中，曲线陡峭上升，然后趋于平缓，最后甚至轻微地向下倾斜。这种走势说明员工在其学士学位教育期间获取的知识随着时间的推移逐渐老化，体现了继续教育的必要性。成熟曲线在其较晚阶段向下倾斜意味着专业技术人员在某一领域工作了20～25年以后，其工资率会有所下降。但是，这种情况几乎从来没有发生在某一个特定个人身上，对此比较合适的一种解释是，在进行特定时点的测量时，获得高工资的专业技术人员离开了他们原来从事的专业领域，转而从事其他工作，从而导致成熟曲线在不同时期描述了不同群体的工资水平。成熟曲线是某一个固定时期内高级人才市场薪资水平的反映，它不能用来预测任何个人的工资变化轨迹。

2. 成熟曲线的应用

一个企业在了解市场情况的基础上，兼顾自身的薪资策略，调整或设计其工资结构。在工资结构中，工资等级一般随着市场变化进行调整，而员工个人的工资是其所从事工作的价值和其工作绩效的函数。在工资管理中，成熟曲线可以用于工资率的确定或控制。具体来说，有以下三个方面的作用：

（1）明确企业工资水平的市场地位

一个企业通过调查相关专业性工作的市场数据，了解有关专业人员获得学士学位以来的工资水平，通过比较本企业提供的工资水平和市场上可比工作的工资水平，企业能够评估其工资水平的市场竞争力。

（2）决定员工的工资等级

使用成熟曲线来进行工资管理的企业通常把每个员工与某一条成熟曲线联系起来，与某一员工对应的曲线应该与该员工的绩效表现具有最好的吻合度。对于新员工，企业可能根据他的大学成绩、所修课程和所读大学的性质来估计其可能会有的绩效水平。当他工作了一段时间，接受了某种绩效评估以后，就用他的绩效等级来取代先前根据其所受教育估计的绩效等级，使之对应于某一条成熟曲线。一个良好的绩效评估体系对成熟曲线应用的成功至关重要。因此，在给专业技术人员评定工资等级时，一些公司只把成熟曲线反映的市场状况作为次要的考虑因素。

（3）工资调整

成熟曲线利用实际调查数据绘制而成，因而在一定程度上反映了企业实际支付给同类工作的工资的分布状况。同一被测量群体所对应的成熟曲线在不同年份会有所不同，这说明市场对工作价值的评价是动态变化的。因此，工资专家会根据它来调整工资结构，以便与市场保持一致，或者以之为参考，对其内部开发的曲线做细微调整以反映市场的变化和企业的工资政策。

【实例7-7】

E公司是一家技术领先的制药企业，最近为研发人员重新设计了薪酬模式，基本工资比例调整到员工收入的80%左右，薪酬等级由过去的8个合并为3个，每个薪酬等级的薪酬幅度大大增加，改变以往仅靠职位晋升获得薪酬增长的方式。研发人员可以通过两种途径获得薪酬提升：一是通过职位晋升，二是通过技术能力的提高。另外公司还为研发人员提供了大量的培训机会，并将培训成果在工作中的体现作为薪酬提升的重要评价因子。

请根据上述情境，回答以下问题：

（1）作为技术领先型企业，公司针对研发人员的培训存在哪些难点问题？

（2）上述薪酬模式是否适用于生产型员工？为什么？

⚙ **分 析**

（1）作为技术领先型企业，考虑专业技术人员工资的焦点在于：为他们所受的科学性或智力性的特殊教育和训练提供回报。公司针对研发人员的培训存在难点问题有：

①从技术阶梯争取晋升机会所受限制较多，通常不及管理阶梯晋升的机会多、晋升快；企业最高层一般情况下都是属于管理性质的职位，所以专业人员发展到一定的程度，若想在企业中继续晋升，只有逐渐脱离原有专业，向管理方向发展。

②也应当看到领先型薪酬策略的推行，可能会给企业带来以下一些问题：

a. 人工成本的加大，不但产生财务方面的压力，还会影响产品或服务的竞争力。

b. 由于一些企业的薪酬在总成本中比例并不高，因此导致一些企业（即便是管理比较规范的企业），也可能将高薪转嫁到消费者身上。

c. 企业单凭领先型策略不一定能挑选到最优秀的员工，即便是招收到了高素质员工，也不一定能给企业带来较高的生产率或提高产品质量、减少单位成本。

③在专业技术人员一整套薪资体系的设计中，要面临的另一个重要问题是如何实现薪资的公正公平。正是知识及其传播所具有的性质，要求专业技术人员要在企业内相互配合、密切协作。事实上，专业技术人员倾向于拿自己与那些同期进入劳动力市场的其他毕业生相比较，考虑其所得报酬是否公平。一部分是出于这个原因，另一部分是出于这种职业的工资和工作内容经常变化，企业在决定他们工资时，主要依据市场数据，这导致了成熟曲线的应用。

（2）上述薪酬模式不适用于生产型员工。主要原因为：

①上述薪酬模式以行为为导向主导型，而生产型员工以结果为导向主导型。

②上述薪酬模式以职位晋升为主导型，而生产型员工以技术能力提升为主导型。

③上述薪酬模式以双通道为主导型，而生产型员工以单通道为主导型。

第八章　工作岗位分析、评价及分类

本章思维导图

工作岗位分析、评价及分类

工作岗位分析

- 工作岗位分析概述
  - 工作岗位分析的概念
  - 工作岗位分析的内容
  - 工作岗位分析的作用
- 工作岗位分析信息的主要来源
  - 书面资料
  - 任职者的报告
  - 同事的报告
  - 直接观察
- 岗位规范和工作说明书
  - 岗位规范
    - 岗位劳动规则
    - 定员定额标准
    - 岗位培训规范
    - 岗位员工规范
    - 管理岗位的培训规范
    - 生产岗位技术业务能力规范
    - 其他种类的岗位规范
  - 工作说明书
    - 基本资料
    - 岗位职责
    - 监督与岗位关系
    - 工作内容和要求
    - 工作权限
    - 劳动条件和环境
    - 工作时间
    - 资历
    - 身体条件
    - 心理品质要求
    - 专业知识和技能要求
    - 绩效考评
  - 工作岗位分析的程序
    - 岗位规范与工作说明书的区别
    - 准备阶段
    - 调查阶段
    - 总结分析阶段

岗位评价

- 岗位评价的特点
  - 岗位评价是以岗位为评价对象
  - 岗位评价是对企业各类具体
  - 劳动岗位逐级、定量化过程
- 岗位评价的原则
  - 系统原则
  - 实用性原则
  - 标准化原则
  - 能级对应原则
- 岗位评价的基本功能
  - 为实现薪酬管理的内部公平公正提供依据
  - 确定各岗位的相对价值
  - 为企事业单位岗位归级列等奠定基础
- 岗位评价与薪资的关系
  - 岗位评价的总来源
  - 岗位信息总来源
- 岗位评价的主要步骤
  - 简单排列法
  - 选择排列法
  - 分类法
  - 评分法
  - 因素比较法
  - 成对比较法

岗位分类

- 岗位分类与岗位分级的概念
  - 岗位分类与职业分类标准的关系
  - 岗位分级与岗位分类
  - 岗位分级与岗位分级分类
- 岗位分类的相关概念
- 岗位分类的基本功能
  - 为员工上岗提供明确的待遇升级的选择
  - 和个人在组织中职业发展的阶梯
  - 为企业合理编制岗位定员工作提供依据
  - 根据系统性原则，按照岗位的业务
  - 性质对岗位进行细则分类
- 岗位分类的基本要求
  - 岗位分类是将工作岗位归类的"事"
  - 岗位职务是静态分类
  - 岗位分类的依据，应客观存在的
- 岗位横向分类与纵向分类
  - 岗位横向分类
  - 岗位纵向分类
- 岗位分类的主要步骤
  - 岗位分类结构的运用应根据岗位的人力资
  - 源管理理念而带来的结余不同
  - 岗位分类结构的划分工作各种职权、程序
  - 使整个过程需要由岗位的专家参与
  - 而且整个过程要求由终始的专家参与
- 生产管理岗位岗位横向、纵向分级的具体步骤
  - 岗位分类、岗位分级的基本要求
  - 岗位分级与岗位分级的步骤与方法

岗位评价系统设计

- 岗位评价指标
  - 岗位评价技术标准
  - 岗位评价指标的加工和分析
  - 劳动责任要素
  - 劳动技能要素
  - 劳动强度要素
  - 劳动环境要素
  - 社会心理要素
- 岗位评价指标标准
  - 少雨描、横评测量
  - 综合性
  - 可比性
  - 权重系数的类型
  - 权重系数的作用
  - 内容效度
  - 统计效度
  - 劳动责任、劳动技能和社会心理要素
  - 劳动强度、劳动环境要素的分级标准
  - 评价指标标准的分级标准
- 岗位评价要素和指标标准的基本原则
  - 岗位评价结果的调整
- 岗位评价指标的确定
  - 单一指标分值综合计算标准的制定
  - 多种要素综合计分评价标准的制定
  - 岗位评价指标权重系数的测定
  - 评价指标权重系数标准的制定

第一节 工作岗位分析

一 工作岗位分析概述

1. 工作岗位分析的概念

工作岗位分析是对各类工作岗位的性质任务、职责权限、岗位关系、劳动条件和环境，以及员工承担本岗位任务应具备的资格条件所进行的系统研究，并制定出工作说明书等岗位人事规范的过程。

2. 工作岗位分析的内容

在企业中，每一个工作岗位都有它的名称、工作条件、工作地点、工作范围、工作对象以及所使用的工作资料。工作岗位分析包括了以下三个方面的内容。

（1）在完成岗位调查取得相关信息的基础上，首先要对岗位存在的时间和空间范围做出科学的界定，然后再对岗位内在活动的内容进行系统的分析，即对岗位的名称、性质、任务、权责、程序、工作对象和工作资料，以及本岗位与相关岗位之间的联系和制约方式等因素逐一进行比较、分析和描述，并做出必要的总结和概括。

（2）在界定了岗位的工作范围和内容以后，应根据岗位自身的特点，明确岗位对员工的素质要求，提出本岗位员工所应具备的，诸如知识水平、工作经验、道德标准、心理品质、身体状况等方面的资格和条件。

（3）将上述岗位分析的研究成果，按照一定的程序和标准，以文字和图表的形式加以表述，最终制定出工作说明书、岗位规范等人事文件。

3. 工作岗位分析的作用

（1）工作岗位分析为招聘、选拔、任用合格的员工奠定了基础。通过工作岗位分析，掌握了工作任务的静态与动态特点，能够系统地提出有关人员的文化知识、专业技能、生理心理品质等方面的具体要求，并对本岗位的用人标准做出具体而详尽的规定。这就使企业人力资源管理部门在选人用人方面有了客观的依据，经过员工素质测评和业绩评估，为企业单位招聘和配置符合岗位数量和质量要求的合格人才，使人力资源管理"人尽其才、岗得其人、能位匹配"的基本原则得以实现。

（2）工作岗位分析为员工的考评、晋升提供了依据。员工的评估、考核、晋级和升职，如果缺乏科学的依据，将会挫伤各级员工的积极性，使企业单位的各项工作受到严重影响。根据岗位分析的结果，人力资源管理部门可制定出各类人员的考评指标和标准，以及晋职晋级的具体条件，提高员工绩效考评和晋升的科学性。

（3）工作岗位分析是企业单位改进工作设计、优化劳动环境的必要条件。通过工作岗位分析，可以揭示生产和工作中的薄弱环节，反映工作设计和岗位配置中不合理、不科学的部分，发现劳动环境中危害员工生理卫生和劳动安全、加重员工的劳动强度和工作负荷、造成过度的紧张疲劳等方面不合理的因素，有利于改善工作设计，优化劳动环境和工作条件，使员工在安全、健康、舒适的环境下工作，最大限度地调动员工的工作兴趣，充分激发劳动者的生产积极性和主动性。

（4）工作岗位分析是制定有效的人力资源规划、进行各类人才供给和需求预测的重要前提。每个企业对于岗位的配备和人员安排都要预先制定人力资源规划，并且要根据计划期内总的任务量、工作岗位变动的情况和发展趋势，进行中长期的人才供给与需求预测。工作岗位分析所形成的工作说明书，为企业有效地进行人才预测、编制企业人力资源中长期规划和年度实施计划提供了重要的前提。

（5）工作岗位分析是工作岗位评价的基础，而工作岗位评价又是建立健全企业单位薪酬制度的重要步骤。因此，工作岗位分析为企业单位建立对外具有竞争力、对内具有公平性、对员工具有激励性的薪酬制度准备了条件。

此外，工作岗位分析还能使员工通过工作说明书、岗位规范等人事文件，充分了解本岗位在整个组织中的地位和作用，明确自己工作的性质、任务、职责、权限和职务晋升路线，以及今后职业发展的方向和愿景，更有利于员工结合自身的条件制定职业生涯规划，愉快地投身于本职工作中。

二 工作岗位分析信息的主要来源

1. 书面资料

在企业中，一般都保存各类岗位现职人员的资料记录以及岗位责任的说明，这些资料对工作岗位分析非常有用。

2. 任职者的报告

一般可以通过访谈、工作日志等方法得到任职者的报告。但由于是任职者自己描述所做的主要工作以及完成过程，因此很难保证所有的工作方面都能涉及，而且也无法保证信息本身的客观性与真实性。

3. 同事的报告

可以从任职者的上级、下属等处获得资料。同事的报告有助于提供一个对比，也有助于弥补仅从任职者那里获得资料的不足，上级的评价还可检查结果是否有效。

4. 直接观察

到任职者的工作现场进行直接观察也是一种获取有关工作信息的方法。尽管岗位分析人员出现在任职者的工作现场对于任职者会造成一定的影响，但这种方法仍能提供一些其他方法所不能提供的信息。

除此之外，岗位分析的资料还可以从顾客和用户等处获得。尽管信息的来源多种多样，但作为岗位分析人员，要寻求最为可靠的信息来源渠道。

温馨提示

德尔菲法

德尔菲法是在20世纪40年代由赫尔默（Helmer）和戈登（Gordon）首创。1946年，美国兰德公司为避免集体讨论存在的屈从于权威或盲目服从多数的缺陷，首次用这种方法用来进行定性预测，后来该方法迅速被广泛采用。

德尔菲是古希腊地名。相传太阳神阿波罗（Apollo）在德尔菲杀死了一条巨蟒，成了德尔菲主人。在德尔菲有座阿波罗神殿，是一个预卜未来的神谕之地，于是人们就借用此名，作为这种方法的名字。

德尔菲法最初产生于科技领域，后来逐渐被应用于任何领域的预测，如军事预测、人口预测、医疗保健预测、经营和需求预测、教育预测等。此外，还用来进行评价、决策、管理沟通和规划工作。

德尔菲法也称专家调查法，其大致流程是：采用通讯方式分别将所需解决的问题单独发送到各个专家手中，征询意见，然后回收汇总全部专家的意见，并整理出综合意见，随后将该综合意见和预测问题再分别反馈给专家，再次征询意见，各专家依据综合意见修改自己原有的意见，然后再汇总。这样多次反复，直到取得比较一致的预测结果。

德尔菲法依据系统的程序，采用匿名发表意见的方式，即专家之间不得互相讨论，不发生横向联系，只能与调查人员发生关系，通过多轮次调查专家对问卷所提问题的看法，经过反复征询、归纳、修改，最后汇总成专家基本一致的看法，作为预测的结果。这种方法具有广泛的代表性，较为可靠。

三　岗位规范和工作说明书

1. 岗位规范的主要内容

岗位规范是对组织中各类岗位某一专项事务或对某类员工劳动行为、素质要求等所做的统一规定。岗位规范包括以下几个方面的内容：

（1）岗位劳动规则，即企业依法制定的要求员工在劳动过程中必须遵守的各种行为规范。包括：①时间规则，即对作息时间、考勤办法、请假程序、交接要求等方面所做的规定。②组织规则，企业单位对各个职能、业务部门以及各层级组织机构的权责关系、指挥命令系统、所受监督和所施监督、保守组织机密等项内容所做的规定。③岗位规则，也称岗位劳动规范，是对岗位职责、劳动任务、劳动手段和工作对象的特点、操作程序、职业道德等所提出的各种具体要求，包括岗位名称、技术要求、上岗标准等具体内容。④协作规则，即企业单位对各个工种、工序、岗位之间的关系，上下级之间的连接配合等方面所做的规定。⑤行为规则，即对员工的行为举止、工作用语、着装、礼貌礼节等所做的规定。

上述规则的制定和贯彻执行，有利于维护企业正常的生产、工作秩序，监督劳动者严格按照统一的规则和要求履行自己的劳动义务，按时保质保量地完成本岗位的工作任务。

（2）定员定额标准，即对企业劳动定员定额的制定、贯彻执行、统计分析以及修订等各个环节所做的统一规定。包括编制定员标准、各类岗位人员标准、时间定额标准、产量定额标准或双重定额标准等。

（3）岗位培训规范，即根据岗位的性质、特点和任务要求，对本岗位员工职业技能培训与开发所做的具体规定。

（4）岗位员工规范，即在岗位系统分析基础上，对某类岗位员工任职资格以及知识水平、工作经验、文化程度、专业技能、心理品质、胜任能力等方面素质要求所做的统一规定。

2. 岗位规范的结构模式

按照岗位规范的具体内容，可分为以下几种基本形式。

（1）管理岗位知识能力规范

对各类岗位的知识要求、能力要求、经历要求所做的统一规定。

①知识要求，指胜任本岗位工作应具有的知识结构和知识水平。

②能力要求，指胜任本岗位工作应具备的各种能力素质。

③经历要求，指能胜任本岗位工作一般应具有的一定年限的实际工作经验，从事低一级岗位的工作经历，以及从事过与之相关的岗位工作的经历。

（2）管理岗位培训规范

①指导性培训计划，即对本岗位人员进行培训的总体性计划。主要内容有培训目的、培训对象、培训时间、培训项目（实际操作）、课程设置与课时分配、培训方式、考核方法等。

②参考性培训大纲和推荐教材。在培训大纲中应明确各门课程的教学目的、内容和要求，以及教学方式方法。推荐教材要符合培训大纲的要求，讲求针对性和实用性。

（3）生产岗位技术业务能力规范

也称生产岗位技能规范，主要包括以下三项内容。

①应知，即胜任本岗位工作所应具备的专业理论知识。

②应会，即胜任本岗位工作所应具备的技术能力。

③工作实例，即根据"应知""应会"的要求，列出本岗位的典型工作项目，以便判定员工的实际工作经验，以及掌握"应知""应会"的程度。

（4）生产岗位操作规范

也称生产岗位工作规范（标准），主要包括以下几项内容。

①岗位的职责和主要任务。

②岗位各项任务的数量和质量要求以及完成期限。

③完成各项任务的程序和操作方法。

④与相关岗位的协调配合程度。

（5）其他种类的岗位规范

如管理岗位考核规范、生产岗位考核规范等。

3. 工作说明书

工作说明书是组织对各类岗位的性质和特征（识别信息）、工作任务、职责权限、岗位关系、劳动条件和环境，以及本岗位人员任职的资格条件等事项所做的统一规定。按照工作说明书所说明的对象不同，可以分为以下三类：岗位工作说明书，即以岗位为对象所编写的工作说明书；部门工作说明书，即以某一部门或单位为对象编写的工作说明书；公司工作说明书，即以公司为对象编写的工作说明书。

工作说明书具体包括以下内容：

（1）基本资料。主要包括岗位名称、岗位等级（亦即岗位评价的结果）、岗位编码、定员标准、直接上下级和分析日期等方面识别信息。

（2）岗位职责。主要包括职责概述和职责范围。

（3）监督与岗位关系。说明本岗位与其他岗位之间在横向与纵向上的联系。

（4）工作内容和要求。它是岗位职责的具体化，即对本岗位所要从事的主要工作事项做出的说明。

（5）工作权限。为了确保工作的正常开展，必须赋予每个岗位不同的权限，但权限必须与工作责任相协调、相一致。

（6）劳动条件和环境。它是指在一定时空范围内工作所涉及的各种物质条件。

（7）工作时间。包含工作时间长度的规定和工作轮班制的设计两个方面的内容。

（8）资历。由工作经验和学历条件两个方面构成。

（9）身体条件。结合岗位的性质、任务对员工的身体条件做出规定，包括体格和体力两项具体的要求。

（10）心理品质要求。岗位心理品质及能力等方面的要求，应紧密结合本岗位的性质和特点深入进行分析，并做出具体的规定。

（11）专业知识和技能要求。

（12）绩效考评。从品质、行为和绩效等多个方面对员工进行全面的考核和评价。

4. 岗位规范与工作说明书的区别

（1）从涉及的内容来看，工作说明书是以岗位的"事"和"物"为中心，对岗位的内涵进行系统、深入的分析，并以文字和图表的形式加以归纳和总结，成为企业劳动人事管理规章制度的重要部分，为企业进行岗位设计、岗位评价和岗位分类，强化人力资源管理各项基础工作提供了必要的前提和依据。而岗位规范所覆盖的范围、所涉及的内容要比工作说明书广泛得多，只是其中有些内容如岗位人员规范，与工作说明书的内容有所交叉。

（2）工作说明书与岗位规范所突出的主题不同。岗位人员规范是在岗位分析的基础上，解决"什么样的员工才能胜任本岗位工作"的问题，以便为企业员工的招收、培训、考核、选拔、任用提供依据。而工作说明书则通过岗位系统分析，不但要分析"什么样的员工才能胜任本岗位工作"，还要正确回答"该岗位是一个什么样的岗位，这一岗位做什么，在什么地点和环境条件下做，如何做"。总之，要对岗位进行系统、全面、深入的剖析。因此，从这个意义上说，岗位规范是工作说明书的一个重要组成部分。

（3）从具体的结构形式来看，工作说明书一般不受标准化原则的限制，其内容可繁可简，精细程度深浅不一，结构形式呈现多样化。企业单位在撰写工作说明书时，可从本单位的实际情况出发，设计出具有自己特色的文本。而岗位规范一般是由企业单位职能部门按企业标准化原则，统一制定并发布执行的。

5. 起草和修改工作说明书的具体步骤

（1）在企业单位内进行系统全面的岗位调查，并起草工作说明书的初稿。

（2）企业单位人力资源部组织岗位分析专家，包括各部门经理、主管及相关的管理人员，分别召开有关工作说明书的专题研讨会，对工作说明书的订正、修改提出具体意见。从报告书的总体结构到每个项目所包括的内容，从本部室岗位设置的合理性，到每个岗位具体职责权限的划分，以及对员工的规格要求等，都要进行细致认真的讨论，并逐段逐句逐字地对工作说明书进行修改。

一般来说，为了保证工作说明书的科学性、可靠性和可行性，工作说明书需由初稿、第一稿、第二稿到送审稿增删多次，才能形成工作说明书审批稿，最终交由企业单位的总经理或负责人审查批准，并颁布执行。

四　工作岗位分析的程序

1. 准备阶段

准备阶段的具体任务是了解情况，建立联系，设计岗位调查方案，规定调查的范围、对象和方法。

（1）根据工作岗位分析的总目标、总任务，对企业各类岗位的现状进行初步了解，掌握各种基本数据和资料。

（2）设计岗位调查方案。

①明确岗位调查的目的。岗位调查的任务是根据岗位研究的目的，收集有关反映岗位工作任务的实际资料。因此，在岗位调查的方案中要明确调查目的。有了明确的目的，才能正确确定调查的范围、对象和内容，选定调查方式，弄清应当收集哪些数据资料，到哪儿去收集岗位信息，用什么方法去收集岗位信息。

②确定调查的对象和单位。调查对象是指被调查的现象总体，它是由许多性质相同的调查单位所组成的一个整体。调查单位是指构成总体的每一个单位。在调查中如果采用全面的调查方式，须对每个岗位（岗位即调查单位）逐一进行调查；如果采用抽样调查的方式，应从总体中随机抽取一定数目的样本进行调查。能否正确地选择调查对象和调查单位，直接关系到调查结果的完整性和准确性。

③确定调查项目。在上述两项工作完成的基础上，应确定调查项目，这些项目所包含的各种基本情况和指标，就是需要对总体单位进行调查的具体内容。

④确定调查表格和填写说明。调查项目中提出的问题和答案，一般是通过调查表的形式表现的。为了保证这些问题得到统一的理解和准确的回答，便于汇总整理，必须根据调查项目，制定统一的调查表格（问卷）和填写说明。

⑤确定调查的时间、地点和方法。确定调查时间包括应明确规定调查的期限，指出从什么时间开始到什么时间结束；明确调查的日期、时点。调查地点是指登记资料、收集数据的地点。在调查方案中，还应根据调查目的、内容，决定采用什么方式进行调查。调查方式方法的确定，要从实际出发，在保证质量的前提下，力求节省人力、物力和时间，能采用抽样调查、重点调查方式，就不必进行全面调查。

（3）为了做好工作岗位分析，还应做好员工的思想工作，说明该工作岗位分析的目的和意义，建立友好合作的关系，使有关员工对岗位分析有良好的心理准备。

（4）根据工作岗位分析的任务、程序，将调查分析工作分解成若干工作单元和环节，以便逐项完成。

（5）组织有关人员先行一步，学习并掌握调查的内容，熟悉具体的实施步骤和调查方法。必要时可先对若干个重点岗位进行初步调查分析，以便取得岗位调查的经验。

2. 调查阶段

调查阶段的主要任务是根据调查方案，对岗位进行认真细致的调查研究。在调查中，应灵活地运用访谈、问卷、观察、小组集体讨论等方法，广泛、深入地收集有关岗位的各种数据资料。对各项调查事项的重要程度、发生频率（数）应详细记录。

3. 总结分析阶段

首先要对岗位调查的结果进行深入细致的分析，再采用文字图表等形式，做出全面的归纳和总结。

工作岗位分析并不是简单地收集和积累某些信息，而是要对岗位的特征和要求进行全面深入的考察，充分揭示岗位主要的任务结构和关键的影响因素，并在系统分析和归纳总结的基础上，撰写出工作说明书、岗位规范等人力资源管理的规章制度。

疑难解答

1. 在公司的职位说明书里，薪酬经理需要在"主要职责"一栏中填写每一个职责在全部工作职责中所占的权重。那么，这个权重是指该职责的重要性还是这个职责所占工作时间的重要性？

这个"重要"是指工作职责，并非工作时间。有的时候，重要职责所耗费的工作时间可能不是很长，而任职者花费很多时间完成的工作并不是很重要。因此，这里的权重是指该职责的重要性。

2. 在职位说明书的"主要职责"一栏里，有的业务部门经理特别喜欢使用"负责"这个词，这个词属于什么级别的动词呢？

在撰写职位说明书时，对于撰写者采用什么样的动词来描述职责，是一定的层级要求的。我们很难从"负责"中判断出工作的级别，如"负责中国区销售业务""负责公司网络安全"等。因此，建议所有参与撰写职位说明书的人员避免使用"负责"一词。

3. 在实际工作中，谁会用得上职位分析的结果呢？

职位分析是人力资源管理的基础性工作。招聘人员可以根据职位信息，选择合适的候选人；培训与开发人员可以根据员工的能力和实际情况的差距，安排适当的员工培训与发展机会；薪酬管理人员会根据不同职位的信息，做好职位评估工作，为薪酬的内部公平和外部竞争力分析奠定基础；绩效管理人员会按照职位分析结果审核员工的业绩。职位分析的书面结果——职位说明书，还可能作为劳动仲裁时的法律文本之一。

第二节　岗位评价

一　岗位评价的基本内容

岗位评价，也称职务评价或工作评价，是指在岗位分析的基础上，采用一定的方法对企业所设岗位需承担的责任大小、工作强度、难易程度、所需资格条件等进行评价，并利用评价结果对企业中各种岗位的相对价值做出评定，以此作为薪酬管理的重要依据。岗位评价的实质是将岗位价值、岗位承担者的贡献与工资报酬有机地结合起来，通过对岗位价值的量化比较，确定企业薪酬等级结构的过程。岗位评价是评定工作的相对价值、确定岗位等级、确定薪酬等级的依据。因此，岗位评价是岗位分析的逻辑结果。

1. 岗位评价的特点

（1）岗位评价以岗位为评价对象

岗位评价是以岗位为对象，即以岗位所担负的工作任务为对象进行的客观评比和估计。由于岗位具有一定的稳定性，它能与企业的专业分工、劳动组织和劳动定员定额相统一，因此，岗位评价能促进企业合理地制定劳动定员和劳动定额，从而改善企业管理。由于岗位的工作是由劳动者承担着的，虽然岗位评价是以"事"为中心，但它在研究中又离不开对劳动者的总体考察和分析。

（2）岗位评价是对企业各类具体劳动的抽象化、定量化过程

在岗位评价过程中，根据事先规定的比较系统全面反映岗位现象本质的岗位评价指标体系，对岗位的主要影响因素逐一进行测定、评比和估价，由此得出各个岗位的量值。这样，各个岗位之间也就有了对比的基础，最后按评定结果划分出岗位的不同等级。

（3）岗位评价需要运用多种技术和方法

岗位评价主要运用劳动组织、劳动心理、劳动卫生、环境监测、数理统计等知识和计算机技术，适用于排列法、分类法、评分法、因素比较法等基本方法，对多个评价因素进行准确的评定或测定，最终做出科学评价。

2. 岗位评价的原则

岗位评价是一项技术性强、涉及面广、工作量大的活动。它不仅需要大量的人力、物力和财力，而且还要触及许多学科的专业技术知识，牵涉到很多的部门和单位。为了保证各项实施工作的顺利开展，提高岗位评价的科学性、合理性和可靠性，在组织实施中应该注意遵循以下原则。

（1）系统原则

系统是指有相互作用和相互依赖的若干既有区别又相互依存的要素构成的具有特定功能的有机整体。其中各个要素也可以构成子系统，而子系统本身又从属于一个更大的系统。系统的基本特征是整体性、目的性、相关性、环境适应性。岗位评价是一项系统工程，从整个评价系统来看，由评价指标、评价标准、评价技术方法和数据处理等若干个子系统构成。这些子系统相互联系、相互衔接、相互制约，从而构成具有特定功能的有机整体。

（2）实用性原则

岗位评价必须从目前企业生产和管理的实际出发，选择能促进企业生产和管理工作发展的因素评级因素。尤其要选择目前企业人力资源管理基础工作需要的评价因素，使评价结果能直接应用于企业劳动管理

实践中，特别是企业劳动组织、工资、福利、劳动保护等基础管理工作中，以提高岗位评价的应用价值。

（3）标准化原则

标准化是现代科学管理的重要手段，是现代企业劳动人事管理的基础。标准化的作用在于能统一技术要求，保证工作质量，提高工作效率和减少劳动成本。显然，为了保证评价工作的规范化和评价结果的可比性，提高评价工作的科学性和工作效率，岗位评价也必须采用标准化。岗位评价的标准化是衡量劳动者所耗费的劳动大小的依据，因此需要对岗位评价的技术方法、特定的程序或形式做出统一规定，在规定范围内，作为评价工作中共同遵守的准则和依据。岗位评价的标准化具体表现在评价指标的统一性、各评价指标的统一评价标准、评价技术方法的统一规定和数据处理的统一程序等方面。

（4）能级对应原则

管理的能级对应原则，是指根据管理的功能把管理系统分成级别，把相应的管理内容和管理者分配到相应的级别中去，各占其位，各显其能。一个岗位能级的大小，是由它在组织中的工作性质、繁简难易、责任大小、任务轻重等因素决定的。功能大的岗位，能级就高。

一般来说，一个组织或单位中，管理能级层次必须具有稳定的组织形态。稳定的管理结构应是正三角形。对于任何一个完整的管理系统而言，管理三角形一般可分为四个层次：决策层、管理层、执行层和操作层。这四个层次不仅使命不同，而且标志着四大能级差异。同时，不同能级对应有不同的权力、物质利益和精神荣誉，而且这种对应是一种动态的能级对应，因为只有这样，才能获得最佳的管理效率和效益。

3. 岗位评价的基本功能

（1）为实现薪酬管理的内部公平公正提供依据

在企事业单位中，员工的劳动报酬是否能够体现效率优先、兼顾公平原则，实现"多劳多得、少劳少得、不劳不得"，是影响员工士气及生产积极性、主动性的一个很重要的因素。当员工按时按质按量地完成本岗位的工作任务以后，获得了相应的劳动报酬，他们可能会得到一定程度的满足。因此，在企事业单位中，要使员工的薪酬能够更好地体现内部公平公正的原则，就应当实现"以事定岗、以岗定人、以职定责、以职责定权限、以岗位定基薪、以绩效定薪酬"。

（2）量化岗位的综合特征

对岗位工作任务的繁简难易程度，责任权限大小，所需要的资格条件等因素，在定性分析的基础上进行定量测评，从而以量化数值表现出工作岗位的综合特征。

（3）横向比较岗位的价值

对性质相同相近的岗位，制定统一的测量、评定和估价标准，从而使单位内各个岗位之间，能够在客观衡量自身价值量的基础上进行横向纵向比较，并具体说明其在企业单位中所处的地位和作用。

（4）为企事业单位岗位归级列等奠定基础

岗位评价的基本功能和具体作用的充分发挥，将使企事业单位各个层级岗位的量值转换为货币值，为建立公平合理的薪酬制度提供科学的依据。

二 岗位评价的信息来源

1. 直接的信息来源

即直接通过组织现场岗位调查，采集有关数据资料。这种方法所获得的岗位信息，真实可靠、详细全面，但需要投入大量的人力、物力和时间。

2. 间接的信息来源

即通过现有的人力资源管理文件，如工作说明书、岗位规范、规章制度等，对岗位进行评价。这种方法节省时间、节约费用，但所获取的信息过于笼统、简单，有可能影响岗位评价的质量。

岗位评价所依据的各种相关的信息绝大部分可以通过岗位调查、岗位分析和岗位设计等环节获得，特别是岗位分析的各种结果是岗位评价所需要信息的主要来源。

三 岗位评价与薪酬等级的关系

岗位评价的结果可以是分值形式，也可以是等级形式或者排顺序形式，但最重要的是岗位与薪酬的对应关系，这种对应关系可以是线性关系，如图8-1所示，直线A、直线B两条直线反映了不同的薪酬差距，直线A比直线B的岗位之间薪酬差距大，激励作用大。

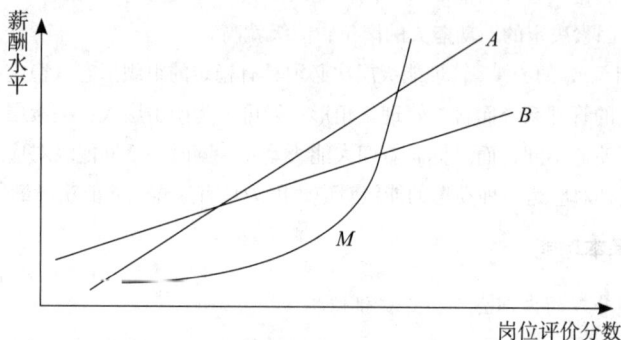

图8-1 岗位评价与薪酬的比例关系

岗位与薪酬的对应关系也可以是非线性关系，如图8-1中的曲线M，反映了岗位等级低的薪酬增长的速度慢于岗位等级高的。实际上曲线M在企业中比较常用，表示岗位等级低的工资水平低，提高比较少的工资就能产生激励作用；而岗位等级高的，工资也高，需要增加较多的工资才能达到激励效果。

【实例8-1】

某工程建设公司有着悠久的发展历史和骄人的业绩，修建了许多知名的工程项目，在业内有着良好的口碑和声誉。随着公司战略的重新定位和明晰，企业步入了良性发展的轨道，进入二次创业成功后的高速发展期。

为更好地应对市场竞争，提高资源配置能力，公司人力资源总监根据公司业务特征，采取了项目矩阵式组织架构。同时，为了充分调动各个项目部员工的积极性、保留骨干员工，使薪酬具有激励性，人力资源总监对公司的工资体系进行了较大改革。一是通过岗位评估确立了公司岗位的价值，根据外部市场数据设立了合理的有竞争性的薪酬水平和结构；二是完善了绩效管理体系，所有员工的绩效工资与个人的当期业绩考核结果挂钩发放。项目经理部还得到充分授权，在对项目经理部总体考核基础上，自主进行项目部二次考核分配。

新的薪酬制度实施初期，极大地提高了各项目部的积极性，使业绩得到有效提升。但一段时间后发现，尽管公司业绩得到了较大提高，基本实现了效益与收入挂钩的目的，但是在项目部间却因为薪酬分配问题出现了不和谐的声音。如项目经理吴某忿忿地说："目前我的基本工资和别的项目经理一样多，但我们这个项目难度这么大、项目周期这么长，而且业主要求很高、很难对付，业绩风险这么大，奖金收入也很难保障。还不如做个小项目，又容易完成，收入也高。我的下属也都有这样的抱怨，让我怎么去管理、激励他们？从另一个角度说，公司有任务，我也不好挑肥拣瘦的，但这样的薪酬制度确实让人感觉不公平。"

像吴经理这样的抱怨和困惑不断传到公司人力资源总监的耳朵里，他不禁自问：我们的薪酬体系到底出了什么问题？

分析

随着经济全球化的发展，企业外部经营环境已经从以往的相对稳定型向快速变化型转化，要想在激烈的竞争中胜出，对市场变化、客户要求的敏捷、高效的反应成为最重要的关键成功因素之一。

我国大多数的企业，尤其是老国有企业大多数采用职能制组织结构，而职能制组织结构由于信息的传递链条较长导致决策的速度较慢，不能很好地适应这种变化。因此，以项目小组、工作小组为代表的矩阵式组织结构被许多组织所采用，它通过成立虚拟或临时的项目组来为客户提供专门的定制服务，这种方式特别在工程建设行业、IT行业、咨询机构以及研究院所被广泛采用。

随着矩阵式组织结构的广泛应用，基于职能制组织结构、以岗位评价为基础的薪酬管理体系是否适用以及如何调整以匹配项目管理模式下员工的动态薪酬，成为企业以及咨询机构迫切需要解决的问题。

员工薪酬是与员工所任职位紧密相关的，依据职位的重要性与责任大小，通过职位评价来确定职位在组织中相对价值的大小，然后，通过企业自身薪酬支付水平来确定员工具体的薪酬。

基于岗位的付酬模式适用于那些经营环境相对稳定、组织架构明晰、部门/岗位设置较细的企业，岗位评估作为这种付酬模式的基础和前提，也是针对那些相对固定的岗位。对于职能制结构下岗位的价值评价，直接应用岗位评估工具即可得到薪酬设计的科学、准确依据。

而矩阵式组织结构一个很显著的特点就是项目团队是临时的，一旦完成项目目标，该项目团队就将解散，重新分派，组成新的不同的项目团队。因此，在矩阵式组织结构下，某一岗位仅在一定时限内是存在的，员工也仅在一定时限内从事某一岗位的工作，一旦项目结束，这个岗位就会取消，岗位上的从业员工就会面临着又一次的上岗。新的工作岗位从名称上来看或许还是原岗位，或许是一个全新的岗位，即便是名称相同的岗位，由于新的项目不同于原来做过的项目，这样的岗位也仅仅是名称相同，而实质上是不同的岗位。例如，工程建设行业的项目经理部，由于项目经理部所承担的项目目标的大小、工期松紧导致的完成难度、技术难度、与业主和地方政府的关系好坏以及项目管理模式的不同，导致不同的项目经理部给企业带来的价值回报是不同的，其所包含岗位的价值跨项目部横向来比的话也是不同的。

从理想的角度看，我们只需要每次组建新的项目组时，对所有的岗位重新编写其职务说明书、重新进行一次严格的岗位评估、基于评估的结果重新设计其薪酬水平，即可满足管理的要求。但这样理想化的解决方案在实践中是不可操作的，不仅管理的成本过高，而且相同名称岗位的等级不同也会造成员工理解上的混乱。特别是对于那些名称相同的岗位，其职务说明书的描述基本一样，但由于项目本身的差异导致的岗位价值差异却很大，这种情况下，仅仅依据职务说明书的描述很难准确界定岗位在某一评估要素的不同等级得分，最终评估结果无法完全真实体现岗位的价值。因此，像吴经理这样的抱怨就不可避免地产生了。

在矩阵组织结构下，由于员工实际的职位是随着项目的变化而不断变化的，因此，解决问题的关键就在于对员工职位与薪酬的动态管理。但每次对新成立项目部岗位做评估在实践中是不可操作的，必须采取一种简便、易操作又能在一定程度上区分出不同项目部岗位价值差异的方法，才能从根本上解决这个难题。

经过实践验证，岗位价值调节系数法不仅适用于矩阵式组织，也适用于按地域划分管理的组织，如在各地区设立的分支机构的薪酬体系设计。

所谓岗位价值调节系数法，首先，归纳提炼出不同项目部的共性职责要求，生成标准版的职位说明书。这份说明书可能无法完全适应于任何一个项目部的具体岗位，但它却是所有项目部同一名称的岗位的共性描述，代表了一个所谓的"标准岗位"。

第二，对"标准岗位"进行岗位价值评估，得到其职位等级以及基于此等级的薪酬水平。

第三，设计"项目评价体系"得到项目调节系数，对项目部的所有岗位价值做出总体调节，以体现项目部的差异性。

第四，不同项目部内同一类别的岗位，由于项目本身或者业主要求的侧重不同，其重要性也会有所不同，为体现差异，从简便操作的角度，可由公司和项目部领导共同确认调节系数，对项目的特定岗位的价值进行调节。

第五，将得到的各个调节系数乘以相应的"标准岗位"的薪酬水平，就得到实际可应用的个性化的动态薪酬体系。

总之，薪酬管理作为人力资源管理的一个核心工作，其制度或者策略必须与企业的战略、组织结构、运营流程等结合，只有这样，才能更好地体现薪酬的内部公平性、激励性，否则，它将对企业人力资源管理带来巨大的不利影响。

四 岗位评价的主要步骤

岗位评价的主要步骤包括：

（1）组建岗位评价委员会。

（2）制订、讨论、通过岗位评价体系。

（3）制订岗位评价表，评价委员人手一份。

（4）评委会集体讨论岗位清单，并充分交流岗位信息。

（5）集体讨论：按照评价要素及其分级定义，逐一要素确定每个岗位的等级（要求每个要素讨论一轮）。

（6）代表性岗位试评，交流试评信息。

（7）评委打点：每一评价委员根据岗位说明书和日常观察掌握的岗位信息，按照岗位评价标准体系，逐一要素对岗位进行评价，并得出每一岗位评价总点数。

（8）制订岗位评价汇总表，汇总各位评价委员的评价结果，求出每一岗位算术平均数。

（9）根据汇总计算的平均岗位点数，按升值顺序排列。

（10）根据评价点数情况，确定岗位等级数目，并确定岗位等级划分点数幅度表。

（11）根据岗位等级点数幅度表，划岗归级，作为岗位初评岗位等级序列表。

（12）将初评岗位等级序列表反馈评价委员，对有争议的岗位进行复评。

（13）将复评结果汇总，形成岗位等级序列表，岗位评价委员会工作结束。

（14）将岗位等级序列表提交工资改革决策委员会讨论通过，形成最终岗位等级序列表。

五 岗位评价的方法

1. 排列法

（1）简单排列法，也称排序法，它是一种最简单的岗位评定方法，是由评定人员凭借自己的工作经验主观地进行判断，根据岗位的相对价值按高低次序进行排列。采用该方法时，将每个工作岗位作为一个整体来考虑，并通过比较简单的现场写实观察或者凭借一些相关的岗位信息进行相互比较。其具体步骤如下：

①由有关人员组成评定小组，并做好各项准备工作。

②了解情况，收集有关岗位方面的资料、数据。

③评定人员事先确定评判标准，对本企事业单位同类岗位的重要性逐一进行评判，最重要的排在第一位，再将较重要的、一般性的岗位逐级往下排列。

④将经过所有评定人员评定的每个岗位的结果加以汇总，得到序号和；然后将序号和除以参加评定人数，得到每一岗位的平均排序数；最后根据平均排序数的大小，评定出岗位的相对价值，按照由大到小或者由小到大的顺序进行排列。

在实践中，一些企事业单位为了提高岗位排列法的准确性和可靠性，还采用了多维度的排列法，如从岗位责任、知识经验、技能要求、劳动强度、劳动环境等多个维度进行评价，从而使岗位排列法的结果在信度和效度上明显提高。

（2）选择排列法，也称交替排列法，它是简单排列法的进一步推广。以某公司销售部的10个管理岗位，即A、B、C、D、E、F、G、H、I、J为例，进行岗位评价的步骤如下：

①按照岗位相对价值的衡量指标，如岗位责任程度，从10个岗位中选择出最突出的岗位，将其代码填写在排序表（见表8-1）第一的位置上；同时选出程度最低或最差的岗位，并将其代码填写在排序表（见表8-1）最后的位置上。

表8-1　选择排列法

排序	1	2	3	4	5	6	7	8	9	10
岗位代码	D①	A②	C③	H④	F⑤	E⑤	G④	I③	J②	B①

注：表中的圈码表示选择的先后顺序。

②由于10个管理岗位中，相对价值最高和最低的岗位D和B已经被列入排序表第一和最后的位置上，故从余下的8个岗位中挑选出相对价值最高和最低者，并将其代码分别填写在排序表（见表8-1）第二和倒数第二的位置上。

③再从剩下的6个岗位中挑选出相对价值最高和最低的岗位C和I，并将其代码分别填写在排序表（见表8-1）第三和倒数第三的位置上。

④依次类推，最后完成了该部门管理岗位的排序工作。

选择排列法虽然提高了岗位之间整体的对比性，但依然没有摆脱评价人员主观意识和自身专业水平的制约和影响。

2. 分类法

分类法是排列法的改进。主要特点是：各个级别及其结构是在岗位被排列之前就建立起来的，对所有岗位的评价只需参照级别的定义套入合适的级别里。其具体步骤如下：

（1）由企事业单位内部人员组成评定小组，收集各种有关资料。

（2）按照生产经营过程中各类岗位的作用和特征，将企事业单位的全部岗位分成几个大的系统，并将每个系统按其内部结构、特点再划分为若干子系统。

（3）再将各个系统中的各岗位分成若干层次，最少分为5~7档，最多分为11~17档。

（4）明确规定各档次岗位的工作内容、责任和权限。

（5）明确各系统各档次（等级）岗位的资格要求。

（6）评定出不同系统不同岗位之间的相对价值和关系。

分类法可用于多种岗位的评价，但对不同系统（类型）的岗位评比存在相当的主观性，准确度较差。

3. 评分法

评分法也称点数法，是首先选定岗位的主要影响因素，并采用一定的点数（分值）表示每一因素，然后按预先规定的衡量标准对现有岗位的各个因素逐一评比、估价，求得点数，经过加权求和，最后得到各个岗位的总点数。其具体步骤如下：

（1）确定岗位评价的主要影响因素。

岗位评价所选定的因素是与执行岗位工作任务直接相关的重要因素，总的来说，大致有以下四个方面：

①岗位的复杂难易程度，包括执行本岗位任务所需的知识和技能、受教育程度、必要的训练、必要的工作经验等。

②岗位的责任，包括对所使用的设备、器具、原材料、产品等的责任；对下属监督的责任，对主管上级应负的责任；对保管的文件资料、档案的责任等，即对涉及岗位的人、财、物等方面的责任。

③劳动强度与环境条件，包括执行岗位任务的体力消耗、劳动姿势、环境、温度、湿度、照明、空气污染、噪声等因素。

④岗位作业紧张、困难程度，如操作时精神上的紧张程度，视觉、听觉器官的集中注意程度及持续时间的长短，工作的单调性等。

（2）根据岗位的性质和特征，确定各类岗位评价的具体项目。

确定评价因素时，无论何种性质的岗位，比较普遍采用的评价项目一般包括：

①劳动负荷量，指执行任务时的能量代谢率，其衡量标准可参照国家标准。

②工作危险性，指该项工作所伴随的危险性，以及其后果的伤害程度，引起职业病的可能性。其衡量标准为该项工作的技术安全统计指标和有关的职业病的资料。

③劳动环境，指本岗位的自然和物质环境因素。其衡量标准为温度、湿度、照明、空气、噪声、振动、通风、色彩等环境监测指标。

④脑力劳动紧张疲劳程度，指完成本岗位规定的工作时，劳动者脑力劳动及精神上的负荷量。其衡量指标为工作单调程度、工作速度和要求的精密度、工作要求的决策反应机敏程度、工作注意力集中程度与持续时间。

⑤工作复杂繁简程度，其衡量标准是岗位任务牵涉面的深度和广度。

⑥知识水平，指执行本岗位任务必需的文化基础和理论知识，即所受的教育程度，其衡量标准为参加各类正规学校学习的时间、学位等。

⑦业务知识，指与本岗位有关的必要的专业知识。其衡量标准为有关的必要知识的广度和深度。

⑧熟练程度，指执行本岗位任务所需技能的熟练程度及掌握该技能的困难程度。其衡量标准是一般掌握该项技能，以及达到某种水平所需要的时间。

⑨工作责任，指执行本岗位任务在管理上以及对物、财所负的责任。其衡量标准为该岗位的职责范围、权限，发生责任事故后的损失程度。

⑩监督责任，指执行本岗位任务时对下级的指导及监督考查的责任。其衡量标准为该岗位要求的组织能力、所给予他人监督的责任大小。

（3）对各评价因素区分出不同级别，并赋予一定点数（分值），以提高评价的准确程度。

（4）将全部评价项目合并成一个总体，根据各个项目在总体中的地位和重要性，分别给定权数（f_i）。一般来说，重要项目给以较大权数，次要的项目给以较小的权数。权数的大小应依据企事业单位的实际情况，以及各类岗位的性质和特征来加以确定。

假设第i评价项目的权数为f_i，某一岗位第i项目的评价结果为x_i，则该岗位的总点数为X，它等于各项目评价点数的加权数之和，即$X = \sum x_i f_i$。

（5）为了将企事业单位相同性质的岗位归入一定等级，可将岗位评价的总点数分为若干级别。

评分法的优点是容易被人理解和接受，由于它是若干评定要素综合平均的结果，并且有较多的专业人员参与评定，从而大大提高了评定的准确性。缺点是工作量大，较为费时费力，在选定评价项目以及给定权数时还带有一定的主观性。评分法适合生产过程复杂，岗位类别、数目多的大中型企事业单位采用。

温馨提示

28因素法岗位评价因素

28因素法是一种要素计点法，因评价因素总计为28个而得名。

1. 岗位责任因素（9个）

岗位责任因素评价是指对岗位承担的责任、工作的重要性进行综合评估。具体包括风险控制的责任、成本控制的责任、指导监督的责任、内部协调的责任、外部协调的责任、工作结果的责任、组织的责任、法律的责任以及决策的层次等因素。

2. 知识技能因素（11个）

知识技能因素评价是指对岗位任职者必须具备的技能进行综合评估，具体包括最匹配学历要求、知识的多样性、熟练期、工作复杂性、工作经验、工作灵活性、语言应用能力、数学或计算机知识、专业技术知识技能、管理知识技能以及综合能力等因素。

3. 岗位性质因素（6个）

岗位性质因素评价是指对岗位工作性质进行综合评估，具体包括工作压力、脑力辛苦程度、工作地点稳定性、创新与开拓、工作紧张程度以及工作均衡性等因素。

4. 工作环境因素（2个）

工作环境因素评价是指对岗位工作环境对任职者造成的影响进行综合评估，具体包括职业病或危险性、工作时间特征两个因素。

---

4. 因素比较法

因素比较法是由排序法衍化而来的。它也是按要素对岗位进行分析和排序。它和评分法的主要区别在于，各要素的权重不是事先确定的。先选定岗位的主要影响因素，然后将工资额合理分解，使之与各个影响因素相匹配，最后再根据工资数额的多寡决定岗位的高低。其具体步骤如下：

（1）从全部岗位中选出15～20个主要岗位，其所得到的劳动报酬（薪酬总额）应是公平合理的（必须是大多数人公认的）。

（2）选定各岗位共有的影响因素，作为岗位评价的基础。一般包括以下几项：

①智力条件，包括记忆力、理解力、判断力、所受教育程度、专业知识、基础常识等。

②技能条件，包括工作技能和本岗位所需要的特殊技能。

③责任条件，包括对人的安全，以及对财物、现金、资料、档案、技术情报保管和保守机密的责任；对别人的监督或别人对自己的监督。

④身体条件，包括体质、体力、运动能力，如持久性、变动性、运动速度等。

⑤劳动环境条件，包括工作地的温度、湿度、通风、光线、噪声等。

（3）将每一个主要岗位的每个影响因素分别加以比较，按程度高低进行排序。其排序方法与排列法完全一致。

（4）经过认真协调，岗位评定小组应对每一岗位的工资总额，按照上述五种影响因素进行分解，找出对应的工资份额。

由于排序结果是由评定小组商定的，会遇到序号与工资额高低次序不一致的情况。这时，评定小组应重新协商，使两者顺序一致。有时实在无法调整修正，也可以将有争议的岗位取消，重新选择一个主要的具有代表性的岗位。

（5）找出企事业单位中尚未进行评定的其他岗位，与现有的已评定完毕的重要岗位对比，某岗位的某要素与哪一主要岗位的某要素相近，就按相近条件的岗位工资分配计算工资，累计后就是本岗位的工资。

5. 成对比较法

成对比较法，也称配对比较法或两两比较法。基本步骤是：首先，将每个岗位按照所有的评价要素（岗位责任、劳动强度、环境条件、技能要求等）与其他所有岗位逐一进行对比；然后，将各个评价要素的考评结果整理汇总，求得最后的综合考评结果。

从上述比较过程来看，岗位评价人员将需要评价的每个岗位两两进行比较，然后根据所得到的结果，按照评价值的大小排列出各个岗位的高低顺序。

成对比较法是在同一时间内仅在两对岗位之间进行比较，如果涉及的岗位较少，成对比较法简便易行，能快速及时完成岗位评价的任务；当一个部门的岗位数目较多时，成对比较次数会明显增加，需要配对比较的次数等于N（N−1）÷2。因此，该方法更适合于较小范围内的岗位评价工作。

第三节　岗位评价系统设计

一　岗位评价系统

岗位评价系统既从属于企业劳动管理系统，又从属于企业管理大系统。岗位评价系统主要由以下几个子系统组成。

1. 岗位评价指标

岗位评价是一种多因素的定量评价系统，故岗位评价因素是该系统的基础。决定生产岗位劳动状况和劳动量的因素是复杂的、多样化的，既不能也没必要把所有的因素都作为岗位评价的因素。只有正确选择合适的因素，才能达到对岗位劳动进行全面、科学评价的目的。

在人力资源管理中，企业把影响岗位工作的因素归结为岗位责任、工作技能、工作心理、工作强度、工作环境，也称为岗位评价五要素。从这五个方面进行岗位评价，能较全面科学地反映岗位的劳动消耗和不同岗位之间的劳动差别。

2. 岗位评价标准

岗位评价标准是根据岗位调查、分析与设计以及初步试点的结果，在系统总结经验的基础上，由专家组对评价指标体系的构成，各类评价指标的衡量尺度以及岗位测量、评比的方法等所做的统一规定。岗位评价标准包括岗位评价指标的分级标准、岗位评价指标的量化标准、岗位评价的方法标准等具体的标准。

3. 岗位评价技术方法

岗位评价的因素较多，涉及面广，需要运用多种技术和方法才能对多个评价因素进行准确的测定或评定，最终做出科学的评价。岗位评价方法归纳起来主要有排列法、分类法、评分法和因素比较法四种。

4. 岗位评价结果的加工和分析

岗位评价数据资料从方案的设计、评价和加工整理到分析，是一个完整的工作体系。岗位评价数据资料的整理，是为分析论证提供系统和条理化的综合资料的工作过程，是整个评价分析实施阶段的主要工作。数据的加工整理过程就是为了揭示被掩盖的现象之间的相互关系，并通过整理使这种固有的内在关系能用较为明确的数量关系表现出来，使各岗位间的差异性表现出来，明确地反映不同工作性质、不同工作责任、不同工作环境和不同工作场所的岗位劳动之间的区别与联系，以达到数据资料配套、规范的目的，更好地完成数据资料有机配合、完整配套、规范统一的任务。而对这些加工整理以后的资料进行分析研究则是整个岗位评价工作的重要环节。

综上所述，岗位评价系统的各个子系统都具有特定的功能和目的，同时它们又是相互联系、相互作用和相互依赖的。它们采用各种专业技术方法，以不同的角度，全面准确地反映劳动量的大小，为实现企业现代化管理提供客观科学的依据。

二 岗位评价指标

1. 岗位评价指标的构成

岗位评价要素是指构成并影响岗位工作任务的最主要的因素。岗位评价具体测量、评比的对象就是这些基本的要素，岗位评价要素以及构成这些要素的各类指标的合理确定，是保证岗位评价工作质量的重要前提。在确定岗位评价要素时，首先应当明确各个要素的重要程度，然后再决定要素的取舍。一般来说，次要因素或无相关的因素不应当列入评价要素所属的指标体系之中。

为了对岗位进行系统的评价，应当根据岗位评价的要求，对影响岗位工作任务的诸多要素进行分解，将其转换为多维度的可测量、可评比的评价指标。岗位评价指标是指标名称和指标数值的统一。评价指标名称概括了影响岗位诸多要素即"人"与"事"和"物"的性质，指标数值反映了"人"与"事"和"物"存在的数量特征。员工在完成岗位生产或工作的过程中，需要借助于一定的技术手段，运用自己的体力脑力，改变或影响工作的对象，将其转化为某种物质或精神产品，或提供某种服务。在劳动过程中，不但消耗了原料、材料、动力和器具，也消耗了员工自身的体能，同时员工体能的消耗还受到了劳动环境条件等其他客观因素的制约和影响。一般来说，影响岗位员工工作的数量和质量的因素，可概括为劳动责任、劳动技能、劳动强度、劳动环境以及社会心理等几个主要要素。

（1）劳动责任要素

劳动责任是指岗位在生产过程中的责任大小，主要反映岗位劳动者智力的付出和心理状态。主要包括：

①质量责任，评价岗位生产活动对质量指标的责任大小。

②产量责任，评价岗位生产活动对产量责任的大小。

③看管责任，评价岗位所看管的设备仪器对整个生产过程的影响程度。

④安全责任，评价岗位对整个生产过程安全的影响程度。

⑤消耗责任，评价岗位物资消耗对成本的影响程度。

⑥管理责任，评价岗位在指导、协调、分配、考核等管理工作上的责任大小。

（2）劳动技能要素

劳动技能是指岗位在生产过程中对劳动者技术素质方面的要求，主要反映岗位对劳动者智能要求的程度。主要包括：

①技术知识要求，评价岗位知识文化水平和技术等级的要求。

②操作复杂程度，评价岗位作业复杂程度和掌握操作所需的时间长短。

③看管设备复杂程度，评价岗位操作使用设备的难易程度及看管设备所需经验和水平。

④品种质量难易程度，评价岗位生产的产品品种规格的多少和质量要求水平。

⑤处理预防事故复杂程度，评价岗位能迅速处理或预防其易出事故所具备的能力水平。

（3）劳动强度要素

劳动强度是指岗位在生产过程中对劳动者身体的影响，主要反映岗位劳动者的体力消耗和生理、心理紧张程度。主要包括：

①体力劳动强度，评价岗位劳动者体力消耗的程度。

②工时利用率，评价岗位净劳动时间的长短。它等于净劳动时间与工作日总时间之比。

③劳动姿势，评价岗位劳动者主要劳动姿势对身体疲劳的影响程度。

④劳动紧张程度，评价岗位劳动者生理器官的紧张程度。

⑤工作轮班制，评价岗位劳动组织安排对劳动者身体的影响。

（4）劳动环境要素

劳动环境是指岗位的劳动卫生状况，主要反映岗位劳动环境中的有害因素对劳动者健康的影响程度。主要包括：

①粉尘危害程度，评价岗位劳动者健康受生产场所粉尘的影响程度。

②高温危害程度，评价岗位劳动者接触生产场所高温对其健康的影响程度。

③辐射热危害程度，评价岗位劳动者接触生产场所辐射热对其健康的影响程度。

④噪声危害程度，评价岗位劳动者接触生产场所噪声对其健康的影响程度。

⑤其他有害因素危害程度，评价岗位劳动者接触化学性、物理性等有害因素对其健康的影响程度。

（5）社会心理要素

社会心理是指社会对某类岗位的各种舆论，对该类岗位人员在心理上所产生的影响。主要采用人员流向指标。人员流向属于心理因素，它是由于岗位的工作性质和地位对员工在社会心理方面产生的影响而形成人员流动的趋势。

在上述22个岗位评价指标中，按指标的性质和评价方法的不同，可分为两类：一类为评定指标，即劳动技能和劳动责任及社会心理要素等12个岗位评价指标。这些指标主要由专家和有关技术、管理人员组成的评定小组，直接对岗位进行评比、评估。另一类为测评指标，即涉及劳动强度和劳动环境要素的10个岗位评价指标。这些指标需要使用专门的仪器仪表在现场进行测量，并采用相应的方法进行技术测定。

2. 确定岗位评价要素和指标的基本原则

（1）少而精

岗位评价要素及其指标的设计和选择应当尽量简化。结构精简的评价指标体系，便于测定人员掌握和运用，可以缩短测量、比较、汇总、整理等项工作的周期，减少数据采集、处理、存储、传输的费用，节省人力、物力和时间，提高岗位评价的效率。

（2）界限清晰，便于测量

对每个要素以及所包含的具体的评价指标都要给出明确的定义，使其内涵明确、外延清晰、范围合理。各个要素及其具体指标的名称，要简洁概括、名副其实，防止含糊不清、界限不明，避免产生错觉，影响测评的质量。

（3）综合性

要素及其所属评价指标的设计，一定要符合"用尽量少的指标反映尽可能多的内容"的要求，将若干相近、相似的项目归结为同一个具有代表性的项目指标。有时为了便于测量，对一个综合性很强的要素，也可以分解成2～3个子要素，并分别做出界定。

（4）可比性

可比性应体现在：不同岗位之间可以在时间上或空间上进行对比；各不同岗位的任务可以在数量或质量上进行对比；各不同岗位的评价指标可以从绝对数或相对数上进行对比等。

3. 岗位评价要素权重系数的确定

在岗位评价中，计分权重是要素指标量化标准的重要组成部分，它是保证岗位评价结果具有可比性和客观性的有效手段。

权重即权数，就是加权的数目值，也称权值或权重值。在统计学中，权数可从两个方面来理解：一是在加权算术平均数中，由于各变量值出现的次数多少，对其平均数的大小变动起着权衡轻重的作用，因此，通常将各变量值出现的频数（次数）称为权数。权数可以用绝对数来表示，也可以用比重来表示。二是权数也是同度量因素，即将不能相加的总体过渡到能够相加的总体的因素。如质量指标指数中产量、销售量等数量指标，数量指标指数中成本、价格等质量指标，都属于同度量因素，它不仅在总指数计算过程中起着同度量的作用，同时还起着权衡轻重的作用。因此，同度量因素也称为权数。

（1）权重系数的类型

①从权数的一般形态来看，有自重权数（绝对权数）与加重权数（相对权数）之分。自重权数是以权数作为评价要素及指标的分值（分数）；加重权数是在各要素已知分值（自重权数）之前增设的权数，它是双重权数，采用权上加权的方法，能够适当地反映出岗位之间的各种差异，因此也将加重权数称为相对权数。

②从权数的数字特点来看，它可以采用小数、百分数和整数。小数可大于1，也可小于1，它是常用的权数形态，能细致反映岗位的差别；百分数是小数的变形，但它的总和为100%；整数实际上是加倍数，虽便于计算，但反映岗位差别太粗略，一般不采用。

③从权数使用的范围来看，可将权数分为总体加权、局部加权和要素指标（项目）加权。

总体加权也称总分加权，是对测评总分的加权。它又包括按测评次数加权，如初测加权、复测加权，权数的大小取决于测评的次数、掌握标准的宽严程度等因素；按测评角度加权，如上级测评权数、同级测评权数、下级测评权数、员工自我测评权数。由于担任不同岗位工作的人员，对某一岗位评定时受到他们自身经验、阅历、知识、能力的制约，为了保证测定质量，可按上述顺序设定权数，即上级测评权数最高，而同级、下级测评权数次之，自我测评权数最低。总之，总体加权的主要作用是对计量误差进行调整。

局部加权也称结构加权，是对评价要素结构的加权。它是根据岗位评价不同要素的地位和作用来决定其权数大小。

要素指标（项目）加权，是对各个评价要素的各个具体标准（项目）的加权，权数大小取决于各个指标的地位和作用对各要素的影响程度。

（2）权重系数的作用

①反映岗位的性质和特点，突出不同类别岗位的主要特征。

②便于评价结果的汇总。

③使同类岗位的不同要素的得分可以进行比较。

④使不同类岗位的同一要素的得分可以进行比较。

⑤使不同类岗位的不同要素的得分可以进行比较。

总之，权重系数的设计能够通过指派大小不同的有意义的数值，显示各类岗位实际存在的各种差别，从而便于对岗位进行客观的比较、评定和估价。

三 岗位评价结果误差的调整

按预先规定的标准，对岗位进行系统评价时，所获得的各种资料、数据以及汇总的最后结果，与客观存在的事实之间总是存在着一定差距，这就是测评误差。

调整误差的方法包括事先调整和事后调整两种。事先调整主要是通过加权来解决，而事后调整多采用平衡系数调整法。其计算公式为：

$$E = \overset{n}{\underset{i=1}{R\Sigma}} P_i X_i$$

其中，R 为平衡系数。平衡系数可用于调整总分，也可用于调整各要素结构以及各项目指标。它适用于测评过程各个阶段，可以是初始调整、中期调整，也可以是终结调整。

为了保证岗位测评结果的可靠性和有效性，在测评基本完成之后，应进行必要的信度和效度的分析与检查。

1. 测评信度

信度是指测评结果的前后一致性程度，即测评得分可信赖程度的大小。例如，测评人员在一段时间内对同一岗位进行了两次测评，如果两次得分一致或基本接近，则说明其结果是可靠的；如果两次结果相差悬殊，缺乏一致性，那么它就是不可靠的。

信度是保证岗位评价质量的基本条件之一，在设计、编制和实施测评时，首先应考虑如何保证和提高它的可靠性问题。

信度的检查，是通过信度系数即两次测评得分的相关系数来完成的。

2. 测评效度

效度是指测评本身可能达到期望目标的程度，也就是测评结果反映被评价对象的真实程度。一般来说，测评的效度高，信度也高，但信度高的测评，其效度未必高。测评效度的实质是测评结果的客观性、有效性问题。例如，某评定人员对某岗位存在着偏见，虽然在相近的时间内，前后两次测评一致，信度较高，但效度不高。如果他能纠正偏见，实事求是地按客观衡量标准进行测评，其效度必然会提高。

（1）内容效度，是指评价要素和评价标准体系反映岗位特征的有效程度。内容效度的检查和评判主要依靠专家来完成，有时也可以采用一些数量化指标。检查的具体内容包括评价要素的名称与定义内容的吻合程度，要素总体结构的完整性、合理性，测评标准的标度与分等内容的吻合程度等。

（2）统计效度，也称经验效度，简称效标，它是通过建立一定的指标来检查测评结果的效度。效标须通过以下途径来建立：岗位的生产工作记录；担任上级岗位的人员对本岗位的评估；其他有关岗位的信息。效标可以是另一种评定的结果，也可以是标准测量的得分。它作为一种尺度，用来衡量实际测评的结果。

岗位评价信度、效度的检查，通常以信度系数和效度系数为基础进行鉴定，而这两个系数都是以相关系数来表示。相关系数的计算多采用积差相关系数（γ）的计算方法。其计算公式为：

$$\gamma = \frac{\Sigma xy}{NS_xS_y}$$

式中：

x——x分数与 $\bar{x}$ 的离差；

y——y分数与 $\bar{y}$ 的离差；

S_x、S_y——x和y样本分布的标准差；

N——已知数据项数。

为了便于直接计算，也可采用下面的计算公式：

$$\gamma = \frac{N\Sigma xy - (\Sigma x)(\Sigma y)}{\sqrt{[N\Sigma x^2 - (\Sigma x)^2] \cdot [N\Sigma y^2 - (\Sigma y)^2]}}$$

四　岗位评价指标的分级标准设定

任何同类事物之间的比较都必须建立在统一的标准基础上，以保证评价工作的正确性和评价结果的可比性。因此，岗位评价也必须采用统一的标准进行评价。用国家已颁布的有关标准和行业标准作为评价标准，并应用国家标准规定的方法和技术进行评价。对于暂时还没有国家标准的部分，则根据制定国家标准的基本思想和要求制定统一的评价标准。

1. 劳动责任、劳动技能要素所属岗位评价指标的分级标准

例如，表8-2至表8-12是某行业主管部门根据有关企业单位的特点，对劳动责任要素所属的岗位评价指标，如质量责任、产量责任、看管责任、安全责任、消耗责任、管理责任，以及劳动技能因素所属的技术知识要求、操作与看管设备复杂程度、产品质量难易程度、处理预防事故复杂程度等所提出的分级标准。

（1）质量责任指标分级标准（见表8-2）

表8-2　质量责任指标分级标准

等级	分级定义
1	一般服务性岗位
2	辅助生产的一般岗位，较重要的服务性岗位
3	辅助生产的重要岗位，重要的服务性岗位
4	主要产品生产中跟班辅助工种的重要岗位，原材料生产主要工序中有质量指标的岗位
5	主要产品生产主要工序中有质量指标的岗位，原材料生产主要工序中有较重要质量指标的岗位
6	主要产品生产主要工序中有较重要质量指标的岗位，原材料生产主要工序中有重要质量指标的岗位
7	主要产品生产主要工序中有重要质量指标的岗位

（2）产量责任指标分级标准（见表8-3）

表8-3　产量责任指标分级标准

等级	分级定义
1	一般服务性岗位
2	辅助生产的一般岗位，重要的服务性岗位
3	辅助生产的主要岗位
4	主要产品生产的辅助岗位，原材料生产主要工序中的一般岗位
5	主要产品生产工序中的一般岗位，原材料生产工序中的较重要岗位

（续上表）

等级	分级定义
6	主要生产工序中维修工种的重要岗位
7	主要产品生产工序中的主要岗位

（3）看管责任指标分级标准（见表8-4）

表8-4　看管责任指标分级标准

等级	分级定义
1	使用简单工具的岗位，不直接影响生产
2	只影响单机或本岗位生产的设备，价值较小
3	只影响单机或本岗位生产的设备，价值较大；比较重要的看守岗位
4	辅助设备，影响局部生产
5	主要设备，影响局部生产；对生产影响很大的辅助生产设备
6	主要设备，影响整个生产
7	主要生产线上的主要设备，价值较大，影响整个生产

（4）安全责任指标分级标准（见表8-5）

表8-5　安全责任指标分级标准

等级	分级定义
1	不应该发生事故的岗位
2	事故发生率小，造成的伤害和损失都较小的岗位
3	事故发生率小，造成的伤害小、损失大的岗位
4	事故发生率小，造成的伤害大、损失小的岗位
5	事故发生率小，但能造成严重伤害和重大损失的岗位
6	事故发生率大，造成的伤害小但损失大的岗位
7	事故发生率大，易造成伤害和重大损失的岗位

（5）消耗责任指标分级标准（见表8-6）

表8-6　消耗责任指标分级标准

等级	分级定义
1	不使用原材料
2	使用原材料少，价值小
3	使用原材料较多，但消耗不受人为因素影响
4	不使用原材料或使用较少，其工作对原材料、能源消耗有一定的影响
5	不使用原材料或使用较少，其工作对原材料、能源消耗影响很大
6	使用原材料较多，价值较大，作业人员对原材料、能源消耗有一定的影响
7	使用原材料多，价值大，作业人员对原材料、能源消耗影响很大

（6）管理责任指标分级标准（见表8-7）

表8-7 管理责任指标分级标准

等级	分级定义
1	只对自己的岗位工作负责
2	只对自己的岗位工作负责，并具有完成本岗位工作的自主权
3	只负责指导助手
4	对助手有指导、分配、检查责任
5	负责指导几个岗位的工作
6	负责指导、协调、分配几个岗位的工作
7	负责指导、协调、分配、检查几个岗位的工作，有自主决定权

（7）知识经验要求分级标准（见表8-8）

表8-8 知识经验要求分级标准

等级	分级定义
1	具备一般知识即可胜任的岗位
2	需初中文化程度，初级工水平，并有一定经验的岗位
3	需初中文化程度，中级工水平的岗位
4	需初中文化程度，中级工水平，并有一定经验的岗位
5	需初中文化程度，高级工水平才能胜任的岗位
6	需高中文化程度，高级工水平，并有一定经验的岗位
7	需高中文化程度，高级工水平，并受过技术培训的岗位

（8）操作复杂程度分级标准（见表8-9）

表8-9 操作复杂程度分级标准

等级	分级定义
1	只需简单训练即可上岗的岗位
2	比较简单的手工操作，需1~3个月实践即可胜任的岗位
3	较复杂的手工操作，或机手并用操作，需6个月至1年经验的岗位
4	较复杂的手工操作，或机手并用操作，需1~2年经验的岗位
5	较复杂的或较多的手工操作，需2~3年经验的岗位
6	较精细、复杂的作业，或较多的手工操作，需3~5年经验的岗位
7	较精细、复杂的作业，需5年以上经验才能胜任的岗位

（9）看管设备复杂程度分级标准（见表8-10）

表8-10 看管设备复杂程度分级标准

等级	分级定义
1	不使用工具
2	使用简单的工具

（续上表）

等级	分级定义
3	使用简单的设备
4	使用较复杂的工具
5	使用较复杂的设备
6	使用比较精密、复杂的设备，需一定的技术和经验
7	使用精密、复杂的设备，需较多的技术和丰富的经验

（10）产品质量难易程度分级标准（见表8-11）

表8-11 产品质量难易程度分级标准

等级	分级定义
1	无产品
2	单一产品，质量有一定要求；无产品，工作质量要求严格
3	产品品种、规格多，质量控制难度一般，质量要求一般
4	产品品种、规格少，质量控制难度一般，质量要求严格
5	产品品种、规格多，质量控制难度一般，质量要求严格
6	产品品种、规格少，质量控制难度大，质量要求严格
7	产品品种、规格多，质量控制难度大，质量要求严格

（11）处理预防事故复杂程度分级标准（见表8-12）

表8-12 处理预防事故复杂程度分级标准

等级	分级定义
1	基本无事故出现
2	掌握一些基本知识即可预防，处理难度较小
3	可以预防，事故发生率小，需一定的实践经验，处理难度大
4	可以预防，事故发生率大，需一定的实践经验，处理难度大
5	难预防，事故发生率小，需较多的经验和多方面知识，处理难度大
6	难预防，事故发生率大，需一定的经验和知识，处理难度大
7	难预防，事故发生率大，需较丰富的经验和多方面知识，处理难度大

在确定岗位评价指标分级标准时，分级的数目一般应控制在5~9个为宜，过少或过多都不利于岗位评价结果的区分度。

2. 劳动强度、劳动环境和社会心理要素所属岗位评价指标的分级标准

（1）体力劳动强度分级标准（见表8-13、表8-14）

表8-13 石油野外作业体力劳动强度分级

体力劳动强度级别	体力劳动强度指数
1	≤15
2	>15~20

（续上表）

体力劳动强度级别	体力劳动强度指数
3	>20~25
4	>25~30
5	>30

表8-14　铁道行业体力劳动强度分级

体力劳动强度级别	轻重程度	体力劳动强度指数（I）	
		男	女
1	轻	$I \leq 15$	$I \leq 10$
2	中	$15 < I \leq 20$	$10 < I \leq 14$
3	重	$20 < I \leq 25$	$14 < I \leq 18$
4	很重	$25 < I \leq 30$	$18 < I \leq 22$
5	极重	$I > 30$	$I > 22$

（2）工时利用率分级标准（见表8-15）

表8-15　工时利用率分级标准

分级	1	2	3	4
工时利用率	<40%	40%~60%	60%~80%	>80%

（3）劳动姿势分级标准（见表8-16）

表8-16　劳动姿势分级标准

分级	1	2	3	4
劳动姿势	姿势自由，不受限制	以坐姿为主，活动受限制	以站姿为主，活动受限制	半蹲、弯腰、仰卧、前俯等难适应姿势

（4）劳动紧张程度分级标准（见表8-17）

表8-17　劳动紧张程度分级标准

分级	1	2	3	4
生理器官紧张状态（眼、耳、手、足等）	一种生理器官处于紧张状态	两种生理器官处于紧张状态	三种生理器官处于紧张状态	三种以上生理器官处于紧张状态

（5）工作轮班制分级标准（见表8-18）

表8-18　工作轮班制分级标准

分级	1	2	3	4
轮班形式	正常班	两班制	四班或五班制	三班制，常夜班

（6）室外高温作业分级标准（见表8-19、表8-20）

①夏季室外通风设计计算温度小于30℃的地区，室外高温作业按表8-19分级。

表8-19　室外高温作业分级表（一）

热辐射接触时间（min）	黑球温差（℃）						
	4~5.4	5.5~6.9	7~8.4	8.5~9.9	10~11.4	11.5~13	>13
≤120	I	I	I	II	II	III	III
121~240	I	I	II	II	III	III	IV
241~360	I	II	II	III	III	IV	IV
≥361	I	II	II	III	IV	IV	IV

②夏季室外通风设计计算温度等于或高于30℃的地区，室外高温作业按表8-20分级。

表8-20　室外高温作业分级表（二）

热辐射接触时间（min）	黑球温差（℃）						
	4~5.4	5.5~6.9	7~8.4	8.5~9.9	10~11.4	11.5~13	>13
≤120	I	I	II	II	III	III	IV
121~240	I	II	II	III	III	IV	IV
241~360	II	II	III	III	IV	IV	IV
≥361	II	III	III	IV	IV	IV	IV

③凡室外高温作业地点，空气相对湿度平均等于或大于80%的工种（岗位），应在上述分级基础上提高一级，但最高为Ⅳ级。

（7）噪声危害程度分级标准（见表8-21）

表8-21　噪声危害程度分级标准等效声级 Leq [dB（A）]

声效等级　　时段 类别	昼间	夜间
I	55	45
II	60	50
III	65	55
IV	70	55

（8）高处作业分级标准（见表8-22）

表8-22　高处作业分级标准

作业高度（m） 级别 分类法	2~5	>5~15	>15~30	>30
A	I	II	III	IV
B	II	III	IV	IV

（9）社会心理评价指标（见表8-23）

表8-23 社会心理：人心向往程度指标分级标准

级别	1	2	3	4	5
指标分级	非常向往	较为向往	一般	不太向往	不向往

五 岗位评价指标的量化标准制定

在岗位评价指标分级标准确定之后，需要从企事业单位的实际情况出发，制定出岗位评价指标的量化标准。评价指标的计量标准通常由计分、权重和误差调整等三项基础标准组成。在岗位评价中，对评价指标计分标准的制定，可以采用单一计分和多种综合计分两类标准。

1. 单一指标计分标准的制定

单一指标计分标准可以采用自然数法和系数法制定。

（1）自然数法计分，可以是每个评定等级只设定一个自然数，也可以是每个评定等级有多个自然数可供选择。多个自然数的选择可以是百分制，也可以采用非百分数的组距式的分组法，见表8-24。

表8-24 岗位知识技能要求指标量化标准表

等级	分级标准定义	单一自然数法	多个自然数法	
			百分制	分组法
1	初中文化程度，初级技术水平	1	60以下	9以下
2	高中文化程度，中级技术水平	2	60~69	9~11
3	大专文化程度，高级技术水平	3	70~79	12~14
4	大专文化程度，技师技术水平	4	80~89	15~17
5	大专以上文化程度，高级技师技术水平	5	90~100	18~20

（2）系数法计分，可分为函数法和常数法两种。

①函数法，是借用模糊数学中隶属度函数的概念，按评价指标分级标准进行计分。例如，等级H（0.9~1.0）、G（0.7~0.8）、F（0.5~0.6）、E（0.3~0.4）、D（0.1~0.2）。

②常数法，是在评价要素分值（x）之前设定常数（a），将其乘积作为评定的结果（ax）。

采用上述计分方法时，可采用直接记分或者间接记分的形式。直接记分就是由评定人员直接打分；间接记分是评定人员只判定等级，分值最后统一由专门人员进行汇总，以减少个人因素的干扰。

> **温馨提示**
>
> **系数法与自然数法的区别**
>
> 系数计分法与自然数计分法的根本区别是：自然数法是一次性获得测评的绝对数值，而系数法获得的只是相对数值，还需要与指派给该要素指标的分值相乘，才能得到绝对数值。因此，也可称为相乘法。

2. 多种要素综合计分标准的制定

该标准的制定方法是其测评尺度建立在等距水平或假设具有等距水平基础之上。具体包括：简单相加法、系数相乘法、连乘积法和百分比系数法等。

（1）简单相加法，是将单一要素指标的自然数分值相加计分的方法。其计算公式为：

$$E = \sum_{i=1}^{n} E_i$$

式中：

E——各要素评定总分；

E_i——各个要素所属指标的得分，$i = 1, 2, 3, \cdots, n$。

（2）系数相乘法，是将单一要素指标的系数与指派的分值相乘，然后合计出总分的方法。其计算公式为：

$$E = \sum_{i=1}^{n} P_i X_i$$

式中：

P_i——第i要素指标的函数（系数）；

X_i——第i要素指标的分值（得分）。

（3）连乘积法，是在单一要素指标计分的基础上，将各个要素指标分值相乘之后，最后得出总分。因此，也可以称之为连续相乘法。其计算公式为：

$$E = X_1 X_2 X_3 \cdots X_i$$

（4）百分比系数法，是从系数法中派生出来的一种计分方法。它以百分数分别表示评价要素的总体结构以及每个指标的分值。在计分时，先构成各个要素的指标得分，与对应的百分比系数相乘，合计出本要素项目的得分，再将各个要素的得分，与总体的结构百分比系数相乘，累计得出评价总分数。其总体得分的计算公式为：

$$E = \sum_{i=1}^{n} P_i X_i \qquad \sum_{i=1}^{n} X_i = 100\%$$

式中：

$P_i X_i$——各要素得分；

P_i——各要素指标测评得分；

X_i——各要素指标百分比系数。

在上式计算过程中，各要素得分的计算公式为：

$$P_i = \sum P_{ij} X_{ij} \qquad \sum X_{ij} = 100\%$$

式中：

P_{ij}——各要素评价指标的初次评分；

X_{ij}——各要素评价指标的百分比系数。

【实例8-2】

某航空地面服务公司是一家中型企业。根据岗位的工作性质和特点，该公司将工作岗位划分为管理、技术和技能操作三大类，公司人力资源部门规划制度改革要求，拟对现有各岗位进行一次系统全面的岗位评价，为了切实保证岗位评价的质量，从各个部门中抽出一些有丰富经验的主管人员，组成岗位评价专家小组。人力资源部在总结同行业岗位评价经验的基础上，推出了岗位责任、劳动强度、技能要求和工作条件等四大要素共22项评价指标，并准备与专家小组讨论评价指标的计分标准和方法。

请结合本案例，回答以下问题：

岗位评价指标的量化标准应由哪些基础标准组成？

分析

本案例中，人力资源部已经确定了岗位22项评价指标，接下来需要从该航空地面服务公司的实际情况出发，制定出岗位评价指标的量化标准。

1. 岗位评价指标的计量标准通常由计分、权重和误差调整等三项基础标准组成。

2. 在岗位评价中，对评价指标的计分标准的制定，可以采用单一计分和多种综合计分两类标准。

（1）单一指标计分标准可以采用自然数法和系数法两种。自然数法计分可以是每个评定等级只设定一个自然数，也可以是每个评定等级有多个自然数可供选择。多个自然数的选择可以是百分制，也可以采用非百分数的距式的分组法。系数法计分又可分为函数法和常数法两种。函数法是借用模糊数学中隶属度函数的概念，按评价指标分级标准进行计分；常数法是在评价要素分值（x）之前设定常数（a），将其乘积作为评定结果（ax）。

（2）多种要素综合计分标准的制定方法，是其测评尺度建立等距水平或假设具有等距水平基础之上。具体包括简单相加法、系数相乘法、连乘积法和百分比系数法等四种。简单相加法，它是将单一要素指标的自然数分值相加计分的方法。系数相乘法，它是将单一要素指标的系数与指派的分值相乘，然后合计出总分的方法。连乘积法，它是在单一要素指标计分的基础上，将各要素指标分值相乘之后，最后得出的总分。百分比系数法是从系数法中派生出来的一种计分方法，以百分数分别表示评价要素的总体结构以及每一个指标的分值。

六 评价指标权重标准的制定

评价指标权重标准的制定是指各类权重系数的设计。在岗位评价中，不同评价对象有不同的特点，决定计量权重时要反映出这些特点，适应各种变化。

由于权重系数通常是预先规定的，具有很强的主观随意性。为了保证岗位评价计量体系的客观性和可比性，应尽可能采用量化的方法，将定量分析与定性分析有机地结合起来。下面介绍一种简便有效的方法——概率加权法，见表8-25。

表8-25 概率加权法

测定指标	分值 (P_1)	相对权数（A_1）					概率权数 (X_1)	得分 ($P_1 X_1$)
		1	2	3	4	5		
		0.2	0.4	0.6	0.8	1.0		
E_{11}	20	0.0	0.0	0.2	0.3	0.5	0.86	17.2
E_{12}	15	0.0	0.0	0.0	0.1	0.9	0.98	14.7
E_{13}	15	0.0	0.0	0.2	0.2	0.6	0.88	13.2
E_{14}	20	0.1	0.2	0.3	0.4	0.0	0.60	12.0
E_{15}	30	0.0	0.1	0.2	0.2	0.5	0.82	24.6
合计	100	—	—	—	—	—	—	81.7

其具体步骤如下：

（1）先对各项指标的等级系数（相对权数）的概率（a_{ij}）进行推断，如指标E_{11}的最高权数1.0的概率为0.5，而4级权数0.8的概率为0.3，3级权数0.6的概率为0.2。以此类推，求出指标E_{12}、E_{13}、E_{14}、E_{15}各个等级的概率。

（2）将各等级的相对权数（A_i）与对应的概率值相乘，汇总出概率权数（X_i）。其计算公式为：

$$x_i = \sum_{i=1}^{n} A_i a_{ij}$$

因此，指标E_{11}的权数为$X_1 = 1.0 \times 0.5 + 0.8 \times 0.3 + 0.6 \times 0.2 = 0.86$

指标E_{12}的权数为$X_2 = 1.0 \times 0.9 + 0.8 \times 0.1 = 0.98$

指标E_{13}的权数为$X_3 = 1.0 \times 0.6 + 0.8 \times 0.2 + 0.6 \times 0.2 = 0.88$

指标E_{14}的权数为$X_4 = 0.8 \times 0.4 + 0.6 \times 0.3 + 0.4 \times 0.2 + 0.2 \times 0.1 = 0.60$

指标E_{15}的权数为$X_5 = 1.0 \times 0.5 + 0.8 \times 0.2 + 0.6 \times 0.2 + 0.4 \times 0.1 = 0.82$

（3）用各测定指标分值（绝对权数P_i）乘以各自概率权数（X_i），即可求出要素总分。

$$E = \sum_{i=1}^{n} P_i X_i = 17.2 + 14.7 + 13.2 + 12.0 + 24.6 = 81.7$$

第四节　岗位分类与岗位分级

一　岗位分类与岗位分级的概念

1. 岗位分类与岗位分级的内涵

岗位分类是在岗位调查、分析、设计和岗位评价的基础上，采用科学的方法，根据岗位自身的性质和特点，对企事业单位中全部岗位，从横向与纵向两个维度上所进行的划分，从而区别出不同岗位的类别和等级，作为企事业单位人力资源管理的重要基础和依据。

岗位分级，是指将企事业单位的所有岗位纳入由职组、职系、岗级和岗等构成的体系之中。

职系和职组是按照岗位的工作性质和特点对岗位所进行的横向分类，岗级和岗等是按照岗位的责任大小、技能要求、劳动强度、劳动环境等要素指标对岗位所进行的纵向分级。

从广义上理解，岗位评价是岗位分类、岗位分级的一个组成部分，岗位评价是对相同性质的同类岗位相对价值的衡量、比较和评定；而岗位分类是对一定范围内所有岗位的多层次的分类、分级、分等。从逻辑关系上看，岗位评价是在岗位按其性质进行初步分类的基础上，对岗位的细分细化，将同类岗位划级列等，为企业的人力资源管理提供依据。

2. 岗位分类的基本概念

在进行具体岗位分类之前，需要对以下几个基本概念做出科学的界定。

（1）职系

职系是由工作性质和基本特征相似相近，而任务轻重、责任大小、繁简难易程度和要求不同的岗位所构成的岗位序列。一个职系就相当于一种专门职业，职系是岗位分类中的细类。

（2）职组

职组是由岗位性质和特征相似相近的若干职系所构成的岗位群。职组是岗位分类中的中小类。

（3）职门

职门是工作性质和特征相近的若干职组的集合。若干工作性质和特征相近的职组归结在一起，就构成了某一职门，凡是属于不同职门的岗位，它们的工作性质完全不同。职门是岗业分类中的大类。

（4）岗级

岗级是在同一职系中，岗位性质、任务轻重、繁简难易程度、责任大小以及所需人员资格条件相同或相近的岗位的集合。在同一职系中划分不同的岗级，对人力资源管理有着非常重要的意义，它能划分出不同岗位在工作要求上的差异性，使从事相同业务但能力不同的员工具有适合的岗位，从而更好地发挥自己的才能。同时，岗级的划分也是确定员工工资福利待遇、促进员工职业生涯发展的重要手段。坚持同级同薪、提级提薪的原则，充分体现劳动贡献与劳动报酬之间的一致性和对应性，有利于激励员工，充分调动其积极性、主动性和创造性。

（5）岗等

岗等是由工作性质不同，但繁简难易程度、责任大小以及所需资格条件相同或相近的岗位组成的集合，它使各个职系中隶属于不同岗级的岗位纳入了统一的价值维度之中。岗等与岗级的区别在于，它不是同一职系内不同岗位之间的等级划分，而是不同职系之间的相同相似岗位等级的比较和平衡。

3. 岗位分类、岗位分级的相关概念

职业分类、岗位分类、品位分类与岗位分类有着十分密切的联系，但它们之间又存在着一定的区别。

（1）岗位分类与职业分类标准的关系

岗位分类同企业单位以外的职业分类标准，存在着非常紧密的联系。职业分类是采用一定的标准和方法，依据一定的分类原则，对从业人员所从事的各种专门化的职业所进行的全面、系统的划分。例如，国际劳工组织《国际标准职业分类（2008）》将职业分为了管理者、专业人员、技术和辅助专业人员、办事人员、服务与销售人员、农业林业和渔业技工、工艺与相关行业工、工厂机械操作与装配工、初级专业以及武装军人等类别。《中华人民共和国职业分类大典》将全部职业分为八个大类：①国家机关、党群组织、企业、事业单位负责人；②专业技术人员；③办事人员和有关人员；④商业、服务业人员；⑤农、林、牧、渔、水利业生产人员；⑥生产、运输设备操作人员及有关人员；⑦军人；⑧不便分类的其他从业人员。各类职业分类标准是以企业单位、国家机关的岗位分类为基础制定的，一旦这类标准建立之后，企业单位在进行岗位分类时，又应依据、参照或执行这些国际或国家的标准。

总之，岗位分类与职业分类是特殊性与一般性的关系，职业分类对企业中的岗位分类起着重要的指导和规范作用，而企事业单位的岗位分类又为国家职业分类体系提供了丰富的内容和有益的补充。正是由于国家社会职业分类与职业鉴定制度的发展，才带动了企事业单位岗位评价与分类制度的不断进步。

（2）岗位分级与岗位分类

岗位分级与岗位分类是工商企业和国家政府机关对同一个概念的不同称谓，它们在工作程序和实施方法等方面存在很多相似之处。但二者在具体实施上仍存在较大差别，具体表现在以下几个方面：

①岗位分类适用于国家各级政府及其职能部门和机构，研究的对象和范围是行使国家行政权力、执行国家公务的人员即国家公务员的各类各级岗位，而岗位分级适用于实行岗位分类法以外的各种企事业单位，它是以企事业单位中各类生产、技术、经营、管理、服务岗位等岗位为研究对象。由此，决定了两者在性质和内容上的差异性。

②岗位分类作为一种人事制度，是国家公务员人事管理的基础环节，事关重大，一般是由国家专门的组织机构负责制定，经过国家立法程序，以法律的形式公布、实施，带有很大的强制性，并且实施范围较为广泛。而企事业单位的岗位分类则由其主管部门负责组织，每个企业单位都可根据自己的实际情况具体组织实施，必要时，也聘请或临时雇用企业单位外的专业人员协助完成。它的实施范围只局限在本企业，分类标准只具有参考性，不具有强制性。

③两者的实施难度不同。一套科学合理的岗位分类体系的形成，往往需要十几年甚至几十年的时间，只有经过不断地摸索、调整、修改，才能形成一套比较完善的、切合实际的岗位分类体系。可以说，岗位分类在整个行政人事管理中，是最重要、最复杂、最难处理的问题。而相比之下，企事业单位的岗位分类则没有如此复杂，难度也没有那么大。

（3）岗位分级与品位分类

岗位分级与品位分类有着本质上的不同。所谓品位分类，是一种按照预定分类原则和方法根据人员

的学历、资历及贡献大小等资格条件，将人员分成不同品级的人事制度，它是人员招聘、录用、考核、晋升、培训、工资、奖惩等各项人力资源管理的重要依据。它与岗位分类的主要区别是：

①分类标准不同。岗位分类以事为标准，事在人先，以事择人；而品位分类则以人为标准，人在事先，以人择事。

②分类的依据不同。岗位分类是根据工作或岗位的性质、繁简难易、责任轻重和所需资格条件进行，对事不对人；而品位分类则根据对人员资历、学历、劳动态度、综合绩效和贡献率的分析，达到对人员进行分类的目的，其对人不对事。

③适用范围不同。岗位分类适用于专业性、机械性、事务性强的岗位，因为这类岗位的职务和工作量较容易量化，而且工作比较固定；而品位分类则适合于工作经常变化，工作效果不易量化的岗位或工作，如对领导责任较大、需要发挥个人积极性与能动性的岗位以及机密性、临时性的工作。

二 岗位分类的基本功能

现代企业人力资源管理的一项最基本的任务，就是通过科学合理的用人制度和用人方法，实现"人""事"和"物"的合理结合，做到"人适其位"和"位得其人"。通过岗位分类分级，可以理顺存在于企事业单位中复杂的岗位关系，统一岗位名称，使各类各级人员按照岗位级别与规格"对号入座"，对同类同级人员，采用统一的标准进行管理，从而简化人力资源管理的工作，提高管理效率。具体地说，岗位分类除了具有与岗位评价相同的各种功能之外，还能发挥以下作用：

（1）为员工提供明确的晋升路线选择和个人在组织中职业发展的阶梯

岗位阶梯就是指一个组织当中，不同级别、不同任职要求相互之间有着密切联系的岗位群。一个企业单位建立了科学的岗位分类制度，明确规定了岗位的晋升阶梯和晋升路线，那么，员工在进入企业单位时，就能清晰地了解到各个岗位之间的晋升路线，并结合自身的素质条件，有意识、有计划地选择一条适合自己职业发展的路径。近年来，企业单位越来越重视人力资源管理基础工作，并积极地采取了诸如帮助员工制定职业生涯规划等多种科学手段，以最大限度地开发人力资源。岗位分类作为企业基础工作的一部分，将为这些管理活动的开展提供重要的前提。

（2）为企业合理的定编定岗定员工作提供依据

任何企事业单位都是由众多的岗位构成的，组织的冗员也就意味着个别岗位人员的过剩。岗位分级活动对存在于企业单位中的所有岗位进行科学合理分类，划分出职组、职系、岗级和岗等，明确组织中岗位与岗位之间的相互关系，从而也就为组织的定编定岗定员工作奠定了基础。

三 岗位分类的基本要求

岗位分类总的原则是：以"事"为中心，从实际出发，岗位的划类、归级、列等要力求适用、准确、可靠和精简。在岗位分类的过程中，应注意以下几点要求：

（1）根据系统性原则，按照岗位的业务性质对岗位进行横向归类

找出岗位之间的内在本质联系，将关键业务要素相似的岗位归为一类。

（2）岗位分类的结构要合理

高层次的岗位如决策层、管理层的岗位要相对地少，而低层次的岗位如执行层、操作层的岗位应相对地多，一般应呈金字塔形。

（3）岗位分类的依据，是客观存在的"事"

从实际工作的性质、特征、任务量等具体情况出发，对岗位进行分类分级，而不能依据被调查者的简

单陈述。一般来说，被调查岗位的现任者，总是将自己的位置放在主导地位上，强调自己的岗位工作如何重要、工作量如何大、劳动条件如何差、问题如何多等。为了保证岗位分类的科学合理性，必须坚持实事求是的原则，以工作事实为依据，以分类标准为准绳。

（4）岗位分类反映了岗位工作各种因素上的差别

差别是客观存在的，但岗位分类在体现这些差别时要适度，既不应过大，也不应过小。进行分类时，过大过粗则不能准确划分出岗位的差异；过小则会造成专业性过细，造成管理过于僵化，缺乏弹性。近年来，随着岗位本身工作丰富化和扩大化的发展，岗位分类也呈逐渐粗线条管理和结构简化的发展趋势。

（5）岗位分类一般是静态分类

岗位分类归等，经过一段时间后，个别岗位的工作职责会发生变化，职责增加或者减少，从而导致工作的繁简难易程度以及人员资格条件发生变化。这就需要对岗位进行重新分类工作。因此，为保证岗位分类具有良好的使用性，在分类过程中，要充分考虑这种情况，并做好预测，为分类留有一定的余地。这样，当未来岗位发生变化时，只需做一些较小的变动，就能适应企业单位的需要。

四 岗位分类的缺陷

岗位分类作为一个组织基础性的管理工作，本身还存在着一些局限性，主要表现在以下几个方面：

（1）岗位分类的适用范围相对较窄。岗位分类比较适合于专业性、事务性、机械性较强的初、中级岗位。因为这一类型的岗位的工作内容和工作职责较容易进行定量化的测量，可以准确地通过岗位规范具体描述出来，使人们有一个明确的标准，也便于监督、指导和执行；但对于一些通用性强的岗位、高级管理或技术岗位、机密性岗位以及要求创新能力高的岗位，则不大适用。

（2）岗位分类结构的严密性，可能会给企业的人力资源管理活动带来诸多的不便。因为岗位分类过细，会使人事制度过于僵化、缺乏弹性，阻碍人力资源跨职系和跨行业流动，从而达不到人才合理流动和全面发展的目的。岗位分类本意是使企业中的人才各得其所，使人力资源配置更加合理。但过于严密和僵化的岗位结构，又在很大程度上限制和阻碍了人才的发展。所以，企业可以根据企业文化的特点、企业不同的发展阶段和发展战略、企业的人力资源状况等因素，在岗位分类和品位分类两者间做权变的选择，以克服它们各自的缺点。

（3）岗位分类的工作需要投入一定的人力和财力，程序也较为复杂，而且整个过程要由有经验的专家参与。这是由岗位分类的重要性和复杂性所决定的。同时，在进行岗位调查时，担任各种岗位的人员总是倾向于夸大自己岗位的重要性和复杂程度，从而使岗位分类出现岗级膨胀的趋势。

五 岗位横向分类

1. 岗位横向分类的原则

岗位横向分类是指根据各种岗位工作的不同性质，将看似繁杂的各种岗位划分为职系、职组和职门的过程。在依据工作性质异同划分岗位类别，对岗位进行横向分类时，应遵循以下几个原则：

（1）单一原则。即每一个岗位只能归入一个岗位类别，而不能既属于这一类，又属于那一类。

（2）程度原则。当某一个岗位的工作性质，分别与两个以上岗位类别有关时，以归属程度最高的那一类为准，确定其应归类别。

（3）时间原则。当某一岗位与两种以上岗位类别的程度相当时，以占时间较多的那一类岗位类别为准。

（4）选择原则。当对某一岗位的划分类别，依据前面所述原则，也很难划定时，则依此岗位主管领导的意见为准则，确定其应属的类别。

2. 岗位横向分类的依据

在进行岗位横向分类时，企事业单位为了合理地区分岗位的类别，可以参照国内外已颁布的职业分类标准，这些标准具有很强的科学性和指导性，是企事业单位开展岗位分类工作的重要依据。值得注意的是，国际或国内的职业分类标准一般是以较为狭窄的职业项目为基础进行多类型多层次的划分。所谓"职业"，是代表了一种工作类型，它包含着许多劳动者的种种"工作"或"岗位"。个别劳动者所承担的岗位，仅仅是其中的一种。

3. 岗位横向分类的要求

（1）岗位分类的层次宜少不宜多。一般单位应控制在两个层次以下，比较复杂的大型企业单位最多也不宜超过三个层次。

（2）直接生产人员岗位的分类应根据企业的劳动分工与协作的性质与特点来确定；而管理人员岗位的分类则应以它们具体的职能来划分。

（3）大类、小类的数目多少与划分的粗细程度有关，企事业单位在分类粗细方面，应以实用为第一原则，不宜将类别划分得过细。在具体操作中，可通过控制类别的数目来限制划分的粗细程度。

六 岗位分类、岗位分级的步骤

1. 岗位分类的主要步骤

岗位分类是一项较为复杂的、知识性和技术性很强的工作，其具体步骤一般为：

（1）岗位的横向分类，即根据岗位的工作性质及特征，将它们划分为若干类别。

（2）岗位的纵向分类，即根据每一岗位的繁简难易程度、责任轻重以及所需学识、技能、经验水平等因素，将它们归入一定的档次级别。

（3）根据岗位分类的结果，制定各类岗位的岗位规范即岗位说明书，并以此作为各项人力资源管理工作的依据。

（4）建立企业岗位分类图表，说明企业各类岗位的分布及其配置状况，为企业员工的分类管理提供依据。

2. 岗位横向分类的步骤与方法

（1）岗位的横向分类的步骤

①将企事业单位内全部岗位，按照工作性质划分为若干大类，即职门。

②将各职门内的岗位，根据工作性质的异同继续进行细分，把业务相同的岗位归入相同的职组，即将大类细分为中类。

③将同一职组内的岗位再一次按照工作的性质进行划分，即将大类下的中类再细分为若干个小类，把业务性质相同的岗位组成一个职系。职系的划分是岗位横向分类的最后一步，每一个职系就是一种专门的职业。

（2）岗位横向分类的方法

①按照岗位承担者的性质和特点，对岗位进行横向的区分。例如，某公司将本企业的全部岗位分为直接生产人员岗位和管理人员岗位两大类，然后再按照劳动分工的特点，将这两大类划分为若干中类或小类。

②按照岗位在企业生产过程中的地位和作用划分。例如，某公司将全部岗位分为生产岗位、技术岗

位、管理岗位、市场营销和供应服务五大类岗位。对每一大类又细分为若干小类。

3. 岗位纵向分级的步骤与方法

岗位纵向分级是指在岗位横向分类的基础上，根据岗位工作繁简难易程度、责任大小以及承担岗位工作的人员所需具备的资格条件等因素，对同一职系中的岗位划分出不同岗级，并对不同职系中的岗位统一规定岗等的过程。

（1）岗位纵向分级的步骤

①按照预定标准进行岗位排序，并划分出岗级。分别把每一个职系中的岗位，按照业务工作的繁简难易、责任大小以及所需人员资格条件等因素，对其进行分析和评价，并把它们按照一定的顺序，如从"简""轻""低"到"繁""重""高"进行排序，将相近相似的岗位划分为同一岗级，直至将全部岗位划分完为止。

由于各个职系的工作性质和特点不同，岗位数目也不相同，所以各个职系里划分岗级的多少也是不等的。

②统一岗等。各个职系中的岗级数是不等的，各个职系中最高或最低岗级中的岗位，其工作的繁简难易程度、责任大小以及所需人员资格条件等因素也不尽相同，这样就产生一个问题，各职系的岗级既无法直接进行横向的比较，又不能在各个职系岗位之间建立起横向和纵向联系。为此，必须在划分岗级的基础上，根据岗位工作的繁简难易程度、责任大小和所需人员资格条件等因素，对各职系的岗级进行横向的分析比较，然后将它们归入统一的岗等内，从而使不同职系、不同岗级的岗位，纳入一个由岗等、岗级与职系组成的三维岗位体系之中，如图8-2所示。

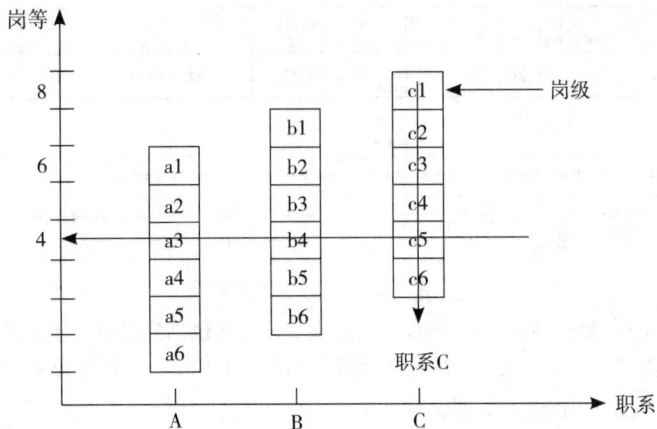

图8-2 统一岗等示意图

总之，将岗级归入统一的岗等，其基本目的是对岗位进行系统化管理，换言之，某一个岗位无论在职系中处于什么岗级都能和所有职系的岗级进行比较，即与自己处于同一岗等或不在同一个岗等的岗位进行对比。处于同一岗等的岗位，虽然岗位工作的性质千差万别，但工作的繁简难易程度、所承担的责任轻重程度以及对承担此岗位人员的资格条件要求等均是相似的，因而，它们的报酬待遇也应该是相同的。

（2）生产性岗位纵向分级的方法

从我国多数企业分类的实际情况来看，大多采用点数法对生产性岗位进行纵向分级。具体步骤和方法如下：

①选择岗位评价要素。即根据企业的生产类型、岗位的性质和特征，确定评价要素的地位和重要程

度，正确决定评分分值、权数和评比标准。如技术密集型企业，可以将上岗技能要求因素排在首要位置，而对劳动密集型企业，则可以将工作责任或劳动强度放在第一位。对技术工种岗位，可主要依据岗位所配置设备的繁简难易、精确程度、价值高低等因素来评价；而对熟练工种岗位，则可主要根据对产品成本、质量、数量所负的责任进行评价。但总的来讲，所选用的岗位评价因素，应该能够适用组织中的全部岗位，或大部分岗位，或某一类岗位，即应具有共通性。而且这些因素在意义上不能重叠，参与岗位评价与分类的有关人员也必须了解并掌握这些因素的重要性。最后，各因素必须是可观察到的、可以衡量的。

②建立岗位要素指标评价标准表。即依据岗位的重要程度，赋予岗位评价要素相对合理的量值（点数）。需要注意的是：一是为方便起见，可以先依据岗位评价要素间相对重要程度，确定程度最低和最高要素，并赋予它们点数。同时应该注意，最低水平指标可以不止一个，但程度最高水平的指标却一般只能有一个两个。二是采用相对比较的方法，将其他各要素指标与极限要素指标逐一比较，以认定它们的相对位置，并赋予它们相对的点数。三是将评价要素，依程度高低分割为数个档次，每个档次都是等距（等差或等比）的。企业可根据自身各岗位在这些要素上的差别程度，确定出划分档次数量，以提高评比的精确程度。若设档太粗，起点档级点数偏高，那么，关键技术岗位与一般岗位、生产线上岗位与辅助生产岗位的岗级就可能拉不开差距。这个环节的基础工作如果未能做细，将会导致以后制定和调整岗位工资时的较大困难，搞得不好，平均主义的弊病就不可避免。所以，如果各岗位之间劳动差别大，则可多分几个档次，或者采取设半档等不规则的设档方法。

③按照要素评价标准对各岗位打分，并根据结果划分岗级。在对岗位划级时，可以采用对岗位点数离散程度进行统计分析的方法，将比较密集的点数区域所对应的岗位划归同一岗级，并制定出点数换算表，见表8-26和图8-3所示。

表8-26　点数换算表

岗级	1	2	3	4	5	备注
点数范围	181～200	201～320	321～750	751～900	901～1 000	—

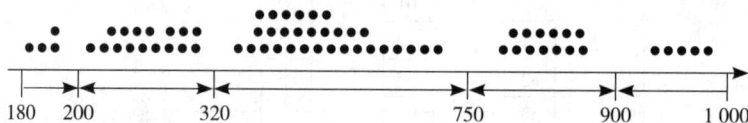

图8-3　岗位点数离散分布图

④根据各个岗位的岗级统一归入相应的岗等。即在完成对岗位划分岗级的任务之后，应对全部生产性岗位的岗级统一划归岗等。由于技术工种岗位和熟练工种岗位在岗位评价体系以及评分标准上存在很大差异，所以，对生产性岗位中的这两类岗级统一列等，可以采取以下方法：

一是经验判断法，即组成工作评价小组，凭借经验，比较技术工种与熟练工种的劳动差别，做出归入岗等的判断。

二是基本点数换算法，即将熟练工种与技术工种在要素评价标准表中的基本点数分别加总，求出两者所占比例，按照比例将其中一类工种的点数折算成另一类工种的点数，然后归岗列等。

三是交叉岗位换算法，是指将既可以归为熟练工种又可以归为技术工种的某些特殊工种，先分别划分岗级，然后根据它们在两类岗系中的岗级位置，求出技术工种与熟练工种之间的岗级换算比例，然后再归入岗等。

（3）管理性岗位纵向分级的方法

在企事业单位中，对管理性岗位的纵向分级方法与生产性岗位纵向分级方法基本相似，但管理岗位的错综复杂性和工作成果的难以量化性等特点，使得管理岗位的归级工作比对生产岗位归级要更为复杂和困难。而且大多数企业单位设置的管理岗位没有经过科学的设计，岗位设置庞杂混乱，因人设岗的现象比较严重，也给管理人员岗位归级带来极大困难。

在总结国内外岗位分析和分类的先进经验的基础上，提出以下几点建议：

①精简企业组织结构，加强定编定岗定员管理，对企业岗位进行科学的设计和改进。科学的岗位设计，首先要考虑岗位的任务和地位。一个岗位必须有其存在的意义，就是它应该履行明确的功能，并应有明确的工作范围和满额的任务量。除此之外，为完成岗位的工作任务，每个岗位需要从别的岗位获取一定的信息资料，同时又为别的岗位提供一定的信息资料。需要信息和提供信息，也是设计岗位时应该考虑的。最后，岗位的存在和科学设置也应以承担一定的职责和拥有一定的权力为条件。企业只有按照上面的内容和原则设计岗位，才能谈得上科学合理。

②对管理岗位进行科学的横向分类。在将管理人员岗位划分为若干中或小类的过程中，应充分体现分类管理的原则，将企业单位管理岗位划分为管理类、技术类、事务类等多个中类之后，再细分为若干小类，并在每一职系建立相应的岗位评价指标体系和评价标准。

③为了有效地完成管理岗位划岗归级的任务，评价要素的项目分档要多，岗级数目也应多于直接生产岗位的岗级数目（一般为1.4～2.6倍）。

④在对管理岗位划岗归级后，应对管理岗位岗级进行统一列等，从而建立管理类、技术类以及事务类等管理岗级之间对应的关系。

【实例8-3】

为了推进全新的薪酬管理制度，某汽车生产销售公司欲对所有岗位进行再设计，重新调整了劳动分工与协作的关系，最终促使组织结构和岗位的设置更加科学合理，同时还促进了企业资源的合理配置，并确保了薪酬管理的高效合理。

请结合本案例，回答以下问题：

（1）岗位分类的主要步骤有哪些？

（2）按照岗位承担着的性质和特点，如何对全公司的岗位进行横向分类？

分析

（1）可以按照以下步骤对该公司岗位进行分类：①岗位的横向分类，即根据岗位的工作性质及特征，将它们划分为若干类别；②岗位的纵向分级，即根据每一岗位的繁简难易程度、责任轻重以及所需学识、技能、经验水平等因素，将它们归入一定的档次级别；③根据岗位分类的结果，制定各类岗位的岗位规范即岗位说明书，并以此作为各项人力资源管理工作的依据；④建立公司岗位分类图表，说明各类岗位分布及配置状况，为员工分类管理提供依据。

（2）按照岗位承担者的性质和特点，对公司的岗位进行横向划分，可按如下步骤：①将公司全部岗位分为生产岗位和管理岗位两大类；②按照劳动分工的特点，将这两大类划分为若干中类或小类。例如，可以将管理岗位分为以下几个小类：生产管理类、市场营销类、财务审计类、技术管理类、人事管理类、质量管理类、综合管理类及其他；可以将生产岗位划分为3个小类：基本生产岗位、辅助生产岗位、生产生活服务岗位等。

七 生产与管理岗位统一岗等的基本要求

企业在对生产性岗位和管理性岗位分别进行了内部分级列等之后，需要将两者有机地衔接起来，根据生产性和管理性岗位的岗级，完成岗位的统一列等。

管理人员岗位中的一般办事员的工作虽然是脑力劳动，但是，该岗位主要任务是处理规范性的日常事务。它本身不要求该岗位的员工进行创造性的思维活动。所以，从某种意义上讲，办事员的劳动相当于普通熟练性生产人员的劳动，因而这两类岗位在量的方面和质的方面具有可比性。但是办事员的岗级与哪一级生产岗位的岗级相对应，应由企业的生产经营特点来决定。一般来讲，技术密集型企业技术工人最高岗级的要求超出社会一般水平，而在这一点上，一般办事员要求则不会超出社会一般水平。所以，办事员的岗位不仅不能与生产岗位最高岗级相对应，甚至不能与生产岗位的次高岗级一致。而劳动密集型企业就不同，同是劳动密集型企业，因对技术工种的要求不同，办事员与生产岗位哪一级对应也会不同。总之，应根据企业自身的实际情况来确定。

　　一般来说，岗等晋升，就意味着薪资的调整，否则就丧失了其实质意义。因此，如果薪资设计差距小，岗等可以相应多设；反之，则少设。企业岗等数目，应视行业性质和企业各自特点来确定。

疑难解答

　　设计职位层级时是层级越多越好，还是层级越少越好？

　　职位层级的设计应该遵从公司整体管理战略，层级的多少并不重要，重点在于公司希望这样的层级设计能够传递和解决什么样的管理问题。同样是100强中的跨国公司，在职位层级的设定上可能会有天壤之别。有些公司从基层的生产操作工人到集团总裁一共有30多个层级，其中从主管到集团总裁的管理层就有20多个层级；也有的集团公司的管理层级从主管到集团总裁只有四五个层级。从表象看，如果层级多，员工就有职位"晋升"的机会，也就可能经常调整工资。反之，员工则没有更多的晋升机会。到了管理层之后，员工的职业发展不是职位的纵向晋升，而是职业的横向"丰富化"。公司鼓励员工在晋升到更高一级职位之前，能有更多的机会涉足其他领域的工作。

第九章　考勤管理

本章思维导图

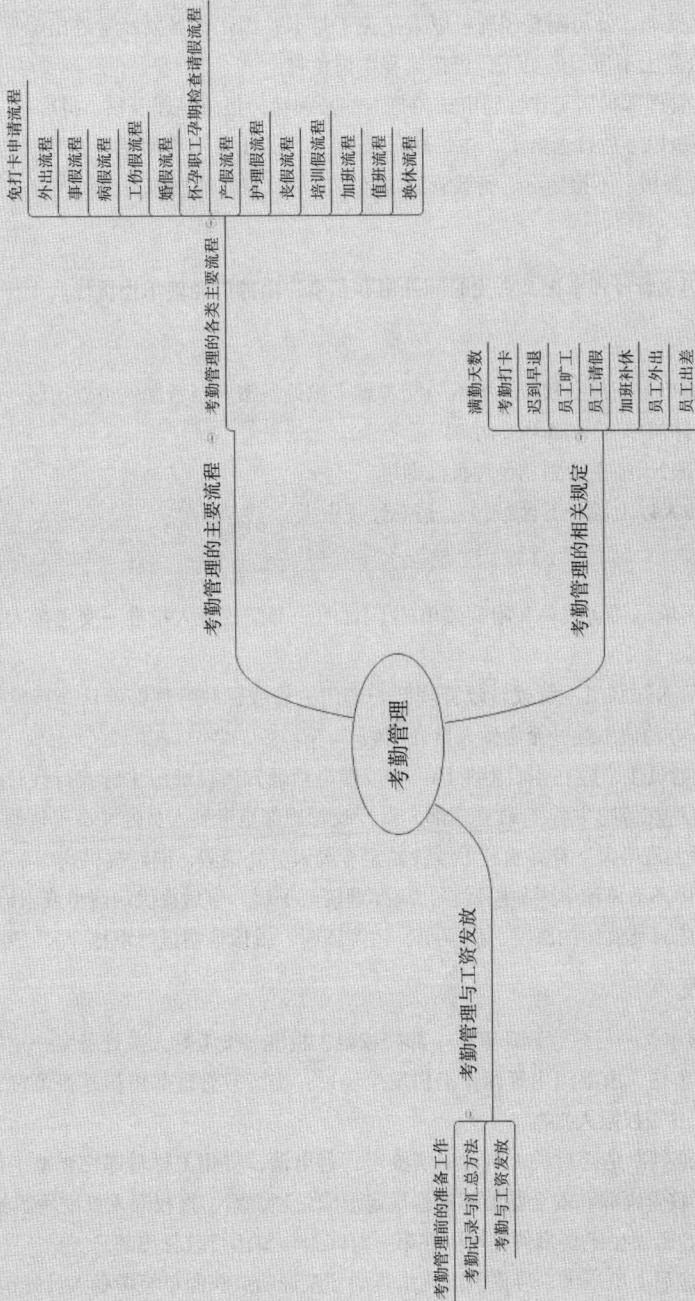

考勤管理
- 考勤管理的主要流程
  - 考勤管理的各类主要流程
    - 免打卡申请流程
    - 外出流程
    - 事假流程
    - 病假流程
    - 工伤假流程
    - 婚假流程
    - 怀孕职工孕期检查请假流程
    - 产假流程
    - 护理假流程
    - 丧假流程
    - 培训假流程
    - 加班假流程
    - 值班流程
    - 换休流程
- 考勤管理的相关规定
  - 满勤天数
  - 考勤打卡
  - 迟到早退
  - 员工旷工
  - 员工请假
  - 加班补休
  - 员工外出
  - 员工出差
- 考勤管理与工资发放
  - 考勤管理前的准备工作
  - 考勤记录与汇总方法
  - 考勤与工资发放

207

第一节 考勤管理的主要流程

一 考勤管理的各类主要流程

1. 免打卡申请流程

员工填写《员工免打卡申请》→权限人批准→权限行政管理部审核、备案

（1）经总经理批准，公司副总经理可以直接免于打卡；因工作需要经常外出（平均一个月三分之一以上的时间不在办公室上下班）的员工，可按流程申请免打卡。

（2）权限行政管理部根据工作性质审核免打卡的必须性，报总经理审核，批准。

（3）副总经理级以下免打卡员工，在每月5日前汇总本人上月所有假期，经部门主管审批后，报行政管理部备案；若发生漏报、不报情况，行政管理部经核实后，有权取消该员工免打卡。

2. 外出流程

外出人员由部门主管经理掌握，占用时间外出办私事，由部门经理承担责任。

3. 事假流程

员工填写《请假单》→部门权限人批准→交考勤人员处备案→至考勤人员处销假

（1）事假最小休假单位：0.5天（4小时）。

（2）员工请事假2天经主管副总经理批准即可。

（3）员工请假2天以上者（不含2天），请总经理审批。

4. 病假流程

一般流程：员工填写《请假单》附病假单/住院证明→部门权限人批准→交考勤人员处备案→至考勤人员处销假

急诊流程：电话通知部门主管或行政管理部→部门主管或行政管理部确认→行政管理部通知考勤人员→员工上班当天补办请假手续→至考勤人员处销假

（1）突发疾病的员工，应在当日上午10：00以前电话通知所在部门主管或行政管理部，接到通知的部门应及时告知员工所在部门主管/行政管理部，由行政管理部至考勤人员处《员工请假备案表》上登记备案；员工应在病愈后上班当天，补办病假手续，并至考勤人员处销假，同时提供病假单或住院证明。

（2）员工因身体不适可请半天病假就诊，应办理请假手续，事后提供病假单或就诊证明。

（3）考勤人员应对其就诊的医院、病假单、住院证明、就诊证明进行审核。

5. 工伤假流程

员工填写《请假单》→行政管理部审核→部门权限人批准→交考勤人员处备案→至考勤人员处销假

（1）员工因工负伤，由部门主管调查工伤发生经过，交行政管理部审核是否可按工伤假处理，非工伤者，按病假处理，并报权限人批准。

（2）行政管理部判断是否对员工申请工伤鉴定，若申请，将相关材料递交当地工伤鉴定部门鉴定；鉴定为工伤的，由行政管理部和安全监督部根据规定形成处理方案，报权限人批准后实施。

（3）任何部门，若发生工伤事件，均应在第一时间报告集团行政管理部。

（4）员工在病愈后上班当天，应提供医院出具的住院证明或病假单至考勤人员处销假。

6. 婚假流程

员工填写《请假单》→行政管理部审核→部门权限人批准→交考勤人员处备案→至考勤人员处销假

（1）员工试用期满，且结婚登记日在入职后的员工可以享受婚假。

（2）婚假应在结婚登记日后半年内一次性休完。

（3）男女双方按法定婚龄推迟3年以上初婚的为晚婚（女23周岁、男25周岁），享受国家法定3天婚假外（含休息日，不含节假日），可享受晚婚假15天（含3天法定婚假）。

（4）员工应在休婚假前10个工作日填写《请假单》，经权限人批准后报行政管理部审核。

（5）行政管理部应审核结婚证书原件并留存复印件，同时审核假期。

7. 怀孕职工孕期检查请假流程

员工填写《请假单》→部门权限人批准→交考勤人员处备案

（1）妇女在怀孕期间每月可有半天时间至医院检查。

（2）请假后须出具医院相关证明交考勤人员处。

8. 产假流程

员工填写《请假单》→行政管理部审核→部门权限人批准→交考勤人员处备案→至考勤人员处销假

（1）女职工生产，可享受98天产假（连续计算，含正常休息日），其中15天为产前假。为确保职工安全，预产期前15天职工开始休产前假（产前假按国家规定不能挪至产后使用）。

（2）员工应在休产假前10个工作日填写《请假单》并经部门权限人批准，报人力资源部审核，以便确定休假天数、上班时间、工作安排和工作交接等问题。

（3）员工销假时需提供独生子女等相关出生证明。休假时间连续计算。

9. 护理假流程

员工填写《请假单》→行政管理部审核→部门权限人批准→交考勤人员处备案→至考勤人员处销假

（1）男性员工初婚或再婚未育且符合计划生育条件，在配偶生产时可给予7天护理假（国家无统一规定，各地方政策不同）。请假有效期为生产前一周至生产后一个月内。

（2）员工休护理假应填写《请假单》，经权限人批准后，报人力资源部审核。

（3）员工销假时需提供独生子女等相关出生证明。

10. 丧假流程

员工填写《请假单》→行政管理部审核→部门权限人批准→交考勤人员处备案→至考勤人员处销假

（1）员工直系亲属（父母、配偶、子女、岳父母、公婆）亡故可享有3天丧假，员工近亲属（祖父母、外祖父母、兄弟姐妹）亡故可享有1天丧假。

（2）员工应填写《请假单》，经权限人批准后，报行政管理部审核。

11. 培训假流程

员工填写《请假单》→行政管理部审核→部门权限人批准→交考勤人员处备案→至考勤人员处销假

（1）员工应填写《请假单》，经部门权限人审核后，报集团行政管理部培训经理批准。参加公司安排的培训课程，按培训假处理。

（2）非公司组织、安排的培训，但系本人目前从事岗位方面的专业培训，如获批准，可使用换休单；未获批准，按事假流程重新审批。

12. 加班流程

员工或部门主管填写《加班审批表》→部门权限人批准→交考勤人员处备案→考勤人员填写其实际加班时间

（1）副经理级（含）以上及部分特殊岗位员工工作性质为不定时工作制，且在确定工资和福利时已考虑相关因素，上述员工产生加班时，公司不再计发加班费或换休。

（2）特殊岗位员工是指需经常加班的总经理级（含）以上主管的秘书和需经常加班的业务人员。

（3）副经理级以下的所有职能及现场管理人员加班原则上只能换休。

（4）每次加班时数统计以加班超过1个小时开始起计。

13. 值班流程

部门根据要求安排员工值班→行政管理部统一安排→考勤人员处备案

（1）因公司管理需要安排员工在非正常工作时间从事执勤、巡查等性质工作的，视为值班。

（2）适用范围：现场值班的人员（含实行不定时工作制的岗位）。

（3）除法定节假日值班可以换休外，其他不予换休。

14. 换休流程

员工填写《请假单》附换休时间→部门权限人批准→交考勤人员处备案→至考勤人员处销假

（1）当月工资结算时对于不计发加班费的加班，不计发值班费的节假日值班，行政管理部将开具换休单，换休单有效期3个月，超过有效期的换休单自动作废。

（2）换休假以0.5天（4小时）为单位。

疑难解答

1. 公司领导不打卡怎么办？

这种问题最好的解决办法是请更高层的领导出面，让高层领导在公开的会议中对人力资源部强调考勤管理制度必须严格执行，不论是谁的考勤出问题，都要一视同仁。只有这么做，人力资源部在执行中才能得到有效的支持。

2. 如何形成良好的考勤管理文化？

要形成良好的考勤管理文化，首先，公司的管理者特别是高层管理者要以身作则，自身要做好表率和带头作用。没有特权的执行，是最好的执行力和文化体现。其次，公司的考勤管理者要公正严格，要勇于担当，敢查、敢罚。最后，要做到考勤公平透明。

第二节 考勤管理的相关规定

一 满勤天数

月度满勤天数用于计算每月的工资。采取标准工时制的用人单位，月度满勤天数的计算公式为：

每月满勤天数＝本月总天数－周六周日休假天数－法定休假日休假天数

全年满勤天数通常用于计算年终奖、绩效考核分数，采取标准工时制的用人单位，全年满勤天数的计算公式为：

$$全年满勤天数＝\sum（每月满勤天数）$$

有时用人单位考虑到员工生活和工作的平衡，为了给员工一定的出勤弹性，允许员工一年内的事假达到一定天数。

采取综合工时制或不定时工时制的用人单位，其满勤时间在一定周期范围内可以根据标准工时制推算得来。

【实例9-1】

某公司2019年度全年的满勤天数见表9-1，请计算该公司的全年满勤天数。

表9-1　某公司2019年度全年的满勤天数

月份	1月	2月	3月	4月	5月	6月	7月	8月	9月	10月	11月	12月
满勤天数（天）	18	20	21	19	19	22	22	22	23	18	20	23

分　析

该公司2019年度全年的满勤天数＝18＋20＋21＋19＋19＋22＋22＋22＋23＋18＋20＋23＝247（天）

二　考勤打卡

对于实施人工手写考勤的公司，考勤的原始记录采用考勤表的形式，必须使用碳素笔记录，如出现笔误，不允许涂改，只允许画改，并在画改处由记录人员签字。下级的考勤表，必须由直接上级或直接上级指派的专人进行记录。

对于安装考勤机、实行打卡考勤制的公司，公司所有人员的上下班应全部打卡。除公休日和法定休假日外，未按时打卡且无有效未打卡事项说明者，可视为缺勤。

将上午班和下午班分开管理的企业，可以规定一天打卡4次（上午上班、上午下班、下午上班、下午下班）。规定一天打卡4次的公司，上下班两次打卡之间为一个时间段，任意一次未打卡且无有效未打卡事项说明，均可视为该时间段未出勤。

确实因各类原因不能按时打卡的，必须填写未打卡事项说明，并详细注明未打卡原因及未打卡时间，由相关领导逐级签批，所有的未打卡事项说明与考勤表一起于每月固定时间前汇总至考勤管理员处。

凡无确凿证据证明是工作原因导致未打卡或未打卡事项说明描述原因不符合工作原因的要求或含糊不清的，一律视为缺勤，此时的未打卡事项说明即使有领导签批也应视为无效。同时，对签批此类未打卡事项说明的领导也应给予批评。

如果考勤机损坏造成无法打卡，应第一时间通知考勤机管理者。考勤机维修期间，所有考勤采用人工手写考勤的形式。

三　迟到早退

迟到和早退是违反公司劳动纪律的较轻行为，属于员工不履行劳动义务和基本职责的行为，应给予员工适当的负激励。

有人认为公司应该对员工实施正激励，不应有负激励。这种观点对于不履行基本职责的行为并不适用。因为公司这种奖励不迟到的"激励"行为把按时上班的义务和发放奖金联系起来，本来再普通不过的按时上班义务变得有"价值"。一旦停发奖金，人们开始想：我凭什么要按时来呢？就像如果没有加班费，员工会质疑自己凭什么要在公司加班的道理一样。

想要引导人们完成职责或义务范围内的事情，不能用奖励的方式，而应该在人们不正常履行职责或义务的时候给予相应的惩罚。

当然，对于迟到和早退，单纯用罚款的方式也不合适。

对待迟到早退，可以参考以下几种对策：①公司内通报批评并公示；②扣减绩效考核分或者日常行为分；③和年终奖金直接挂钩；④和优秀员工评选直接挂钩；⑤和员工的福利待遇挂钩；⑥和员工的晋升或降职挂钩。

【实例9-2】

2018年8月1日，朱某与某广告公司签订了为期2年的劳动合同。在广告公司颁布的《员工手册》中写明：迟到或早退30分钟，视为旷工半天；迟到4小时以上记旷工1天。全年内累计3天旷工者将给予书面严重警告处罚，全年累计旷工10天以上的予以开除处理。朱某在入职时签收了《员工手册》。

2019年10月31日，广告公司单方面与朱某解除了劳动合同。公司给出的理由是：朱某在2019年3月至6月期间，多次上班迟到、早退。其中，5次迟到或早退的时间在30分钟至45分钟，3次时间在1个小时左右，还有1次为4个小时。广告公司将朱某上述的迟到、早退累计折算为旷工5天。

2019年7月5日，广告公司对朱某进行了批评教育，并向其送达了《最终书面警告》一份。但朱某依然我行我素，截至2019年9月，朱某又发生多次的迟到、早退现象。经过公司折算，朱某旷工累计天数已经超过11天。公司根据内部的《员工考勤管理制度》，全年累计旷工10天以上的，予以违纪解除。经公司研究决定，现对朱某做出解除劳动合同处理。

朱某认为广告公司处罚过重，向当地仲裁机构提出申请，广告公司应向其支付经济赔偿金。仲裁委员会经过审理后，裁决广告公司的规章制度不合理，迟到或早退的时间转化为旷工时不能放大。仲裁委裁决该广告公司是违法解除劳动合同，应向朱某支付赔偿金。

你认为考勤管理中的"迟到或早退30分钟，视为旷工半天"合理吗？

分析

企业的规章制度不仅要合法而且要合理。我们经常可以看到"迟到或早退30分钟，视为旷工半天"这样的条款，虽然不违法，但明显不合理。主要表现在放大了劳动者的违纪情节，扩大了劳动者的违纪后果，加重了劳动者的违纪责任。故仲裁委员会认定此制度规定不合理，虽然朱某签收了《员工手册》，但属于被迫接受，因而不适用于劳动者及案件审理。

那么，类似这样的制度应该怎么制定才算合理呢？有人认为，虽然我们都认为旷工是比迟到、早退更为严重的违纪行为，但强行将迟到、早退与旷工联系在一起，容易产生纠纷。企业可以换一个思路，按照员工迟到、早退的累计次数转换为违纪次数，然后再以某个违纪次数的标准规定为解除劳动合同的条件，这样则符合业内的普遍判断标准，属于合理的规章制度。

四 员工旷工

如果迟到和早退超出了一定的时间范围，如迟到超过2个小时，可以视为旷工。对于员工的请假、调休、出差、补休等行为未获得直属领导同意而直接不到公司上班者，或上班时间无正当理由（没有外出登记或口头向部门负责人或公司管理者说明）擅自离岗者，同样可视为旷工。

如果发现员工旷工，部门负责人须第一时间通知人力资源部，人力资源部应根据公司的劳动纪律或相关制度在员工旷工一定天数内，依次发放恢复上班通知函和解除劳动关系函。

五　员工请假

公司的休假类型分为公休假、法定假日休假、年休假、探亲假、婚假、丧假、事假、病假、产假、流产假、工伤假。除公休假、法定假日休假外，其余时间休假必须填写请假单。

请假单原则上须在休假前填写，如遇特殊情况，必须在上班前以电话或短信的形式通知部门负责人，部门负责人明确表示同意后，由部门负责人指派人员代办请假手续。无请假单又无出勤的，视为旷工。

年休假、探亲假、病假、婚假、产假、丧假等按照国家相关的法律法规执行。在国家相关法律法规规定范围内的病假、婚假、产假、丧假等休假天数视同出勤。正常的婚假、病假、产假等假满结束后需要继续休假的，视为事假管理。

员工履行病假、婚假等请假手续前，必须及时提交相关的请假证明。例如，在请婚假前，必须向人力资源部提供结婚证；员工请病假，必须提供正规医院开具的病历和诊断证明。无相关证据者，按事假处理。

对事假天数的审批应遵循公司的权限指引。

需要注意的是，对于为避免审批权限的限制，连续多次走请假单程序的事件应严肃处理；或者在制定考勤管理制度时直接规定当出现一段时期内的连续请假时，必须根据公司的权限指引履行请假手续。

六　加班补休

员工加班前，必须提前填写加班申请单，注明加班的原因、内容、工作量、加班时长等，由本部门负责人次日审核工作完成情况、工作量和加班时间是否相符，是否属实。

加班申请单汇总至考勤统计人员处，按月报送至人力资源部。加班申请单是人力资源部门承认的唯一加班凭证，当天的加班申请单当天填写。法定休假日加班的，或因特殊情况加班过程出现人员变动，后补的申请必须在法定休假日结束后的几个工作日内交人力资源部，逾期则申请无效。

加班可采用补休的方式补偿员工。员工补休前应提前填写补休申请单，并经直属上级批准签字后，由各部门负责人根据部门实际情况安排补休。

补休后，可由考勤汇总人员在加班申请单上标明"已补休"。

七　员工外出

对于员工短期外出办事，应填写外出人员登记表，记录员工外出的日期、外出的事由、外出的具体时间段，由直属领导签字同意后方可执行。外出返回后，需要考勤管理者确认。

员工外出办事须妥善安排时间，事毕即回公司。因公务在外不能按登记返回时间回公司打卡者，须向直属领导请示，并通知考勤管理员或人力资源部。否则以其登记的应返回时间为准，超过一定的时间分别按早退或旷工处理。

八　员工出差

员工因工作需要出差，必须提前填写出差申请单，填写清楚出差事由、出差期限、途径城市、预计费用等，并遵循公司的权限指引逐级审批。例如，总监级以下人员出差，上级领导审批；总监及总监以上级别人员出差，除需上级领导审批外，还需要总经理审批；到国外出差，全部由总经理审批。

出差申请单是核对考勤的要件，也可以作为出差报销结算的必备附件。若出现紧急状况，未能提前履行出差审批手续的，出差前可以电话或短信的方式向相关领导请示，请他人代办手续。出差人员无法在预定期限返回，必须向相关领导申请，请他人代办手续。

出差审批程序的规范性直接关系到员工考勤。所以，对待出差的审批流程一定要严肃认真。没有履行出差必备的相关程序，不能算出差，若某员工未履行出差审批程序私自出差，应按旷工处理。

第三节　考勤管理与工资发放

一　考勤管理前的准备工作

企业在实施考勤管理工作之前，需要充分做好前期的准备工作，主要包括：

（1）根据企业自身情况，制定适合企业的考勤管理制度。

（2）根据考勤管理制度的规定，设计企业员工相关的打卡考勤方法，并购买打卡机等设备。

（3）调试和设置打卡机设备，在正式使用前要先试运行一段时间。

（4）在考勤设备中录入员工的相关信息，核对检查录入考勤系统的人数。

（5）根据工种和上班制度不同，设置考勤机的上下班打卡时间。

（6）如果有入职或离职的情况，调整考勤设备中的信息。

（7）对全体员工进行培训，传达考勤管理制度的流程和内容。

（8）在每个部门设置考勤管理员、选拔考勤管理者，包括人力资源部。

（9）对部门和人力资源部的考勤管理员实施培训。

【实例9-3】

小丽在一家小公司做人事，来这家公司之前考勤制度这块好像没人管，所以请假、迟到、早退都没扣钱。小丽来了以后，考勤制度就管得比较严，但是她发现她只会遭到员工的怨恨，没有任何效果。

员工暗里希望小丽放水，小丽不放，请假的员工就不写假条，早上来打个卡，请假，下午下班了又来打个卡。小丽认为，迟到早退可以给他们放水，不扣钱，但是请假半天以上都应扣钱。因为这事考勤制度已经修改过一次，结果她还把所有人得罪了。

最终，员工们还是一样，不把制度放在眼里，主要是部门负责人不跟他们要假条，即使小丽对他们进行培训也没用。

小丽很困惑，其他公司是不是也这样呢？她还有必要坚持吗？小公司有必要对考勤严格管理吗？

分析

小公司有没有必要进行严格的考勤管理，不同的企业情况不一样，不能一概而论。有人认为，小企业人不多，管理应该非常灵活，只要员工能完成工作任务、实现工作目标，就没有必要在考勤这个小事情上斤斤计较。而且灵活的考勤让员工感觉相对自由、舒服，可以算是企业给予员工的一种"福利"。

持有这种想法的人本身没有问题，但是一定要考虑企业的实际情况。如果这家小企业的员工大部分都是拥有远大抱负、自我驱动力强、自控力高的优秀人才的话，进行松散的考勤管理，实行"工作时间自由"，确实能够对员工起到很好的激励作用。可如果不是这样，这种松散、不规范的管理就会成为企业管理的漏洞，最后让企业陷入泥潭。因为那些优秀人才毕竟是少数派，更多都是普通大众，他们的特点，按照美国学者道格拉斯·麦格雷戈描述的一样：多数人天生是懒惰的，他们都尽可能逃避工作；多数人都没有雄心大志，不愿负任何责任，而心甘情愿受别人的指导……

就像小丽遇到的情况一样，这家小企业有的员工就是早晚来打个卡，而工作时间不在岗位上，去干自己的私事，最后还不写假条，因为这样可以不用扣钱。

所以，大部分中小企业因为自身实力，还不足以能招揽到那些优秀人才的话，有必要对员工考勤进行严格管理，约束员工的行为，让企业管理变得规范、公平。

二　考勤记录与汇总方法

如果企业没有条件实施打卡考勤，就需要有专人对员工上下班的时间进行真实的记录。同时，要保留原始记录的凭证。

对于实施打卡考勤的企业，应保证每位员工拥有一个唯一的ID。在员工打卡考勤的过程中考勤管理者需要注意以下事项：

（1）对于采用卡片或芯片打卡的考勤机，是否存在代打卡的现象。

（2）是否存在员工本人正常打卡但打完卡后实际缺岗的情况。

（3）是否存在员工迟到后故意不打卡的情况。

（4）考勤机是否出现错误，存在员工实际打卡但不记录数据的情况。

（5）对于实行人脸识别打卡的考勤机，是否存在人脸误判的情况。

每月月底，考勤管理者将考勤机中的数据导出，合并、统计、校对核准后打印，找员工签字确认。每月经员工核准后的考勤资料等原始记录凭证是计算工资的重要依据。对员工一段时期内的出勤情况统计样表见表9-2。

表9-2　员工出勤情况统计样表

工号	姓名	应出勤天数	加班天数	迟到早退次数	事假天数	婚丧假天数	探亲假天数	病假天数	工伤假天数	产假天数	旷工天数

其中，应出勤天数一般为某段时期的总天数减去法定休假日和公休日的天数。有特殊经营需求的单位，为在合法合规的前提下，本单位与劳动者约定的某段时期内应当出勤的天数。

加班天数为该段时期除应出勤天数外加班时间换算成天数的总和。

迟到和早退次数为该段时期内，员工单次迟到和早退情况的累积。对迟到和早退有不同处置的单位，可分列。

人力资源部每月应将考勤以部门为单位整理归档，并妥善保存。有档案室的公司建议放到档案室统一保存。一般情况下，考勤材料的保存年限应至少达到3年。有条件的企业应保存更长远的时间，以防范劳动纠纷风险。

三　考勤与工资发放

工资制作及发放流程参见表9-3。

表9-3　工资制作及发放流程

日期	流程	涉及部门及人员
—	开始	—
1日	传递本月新增、调动、离职人事信息	人事专员
2日	制作转正定级表、内部调薪表、离职人员统计表给各相关人员，为新员工开通银行卡	工薪制作专员、财务部
3日	将人员信息录入工资管理信息库或表格中	人事专员
4—10日	回收定级表，汇总报批试用、转正、内调、定级事宜；汇总部门调薪申请，在部门工资包额度内的申请予以汇总报批	工薪主管、部门经理、总经理
11日	福利专员反馈保险基数及保险明细	工薪专员、福利专员
11—14日	汇总各项工薪数据，按要求制作工资，计算所得税，完成当月工薪制作	工薪主管
15日	总经理审核发薪数额，给财务部数据，发放工资	工薪主管、财务部、总经理
16—18日	打印工资条，下发各部门	工薪专员
20日前	归档	工薪专员
—	结束	—
相关说明	—	

转正调薪流程图参见图9-1。

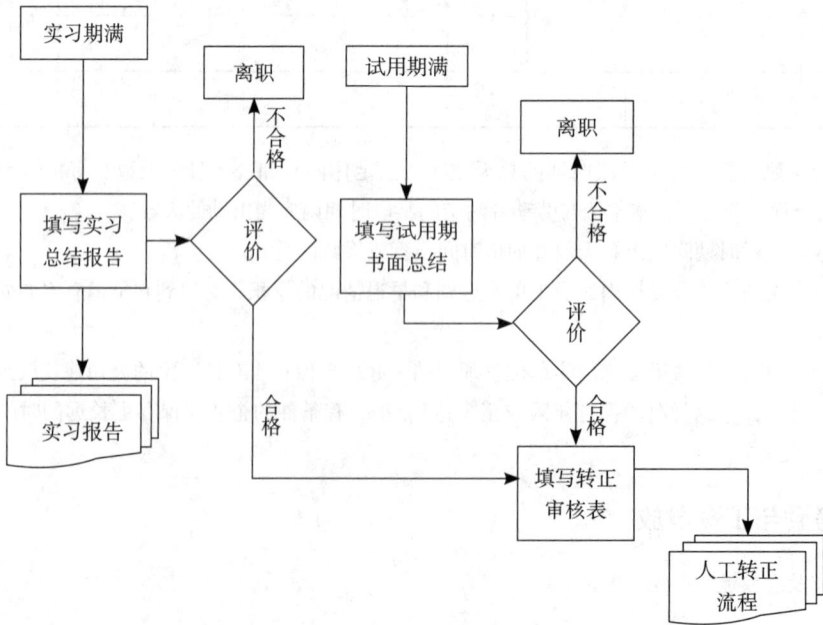

图9-1　转正调薪流程图

员工薪酬调整流程参见图9-2。

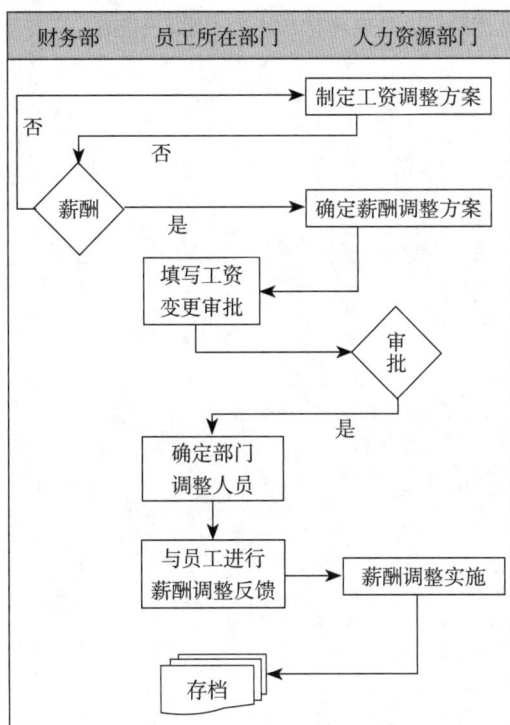

表9-2 员工薪酬调整流程图

温馨提示

考勤管理者的主要职责

考勤管理者的主要职责包括：

（1）认真学习、严格遵守并执行公司的考勤管理制度。

（2）考勤管理者应以身作则，首先自己要遵守规则。

（3）应在上班之前和过程中对所负责员工的出勤情况进行检查。

（4）对考勤内容本着实事求是的原则，如实反映员工的考勤状况。

（5）每月、每季度、每年定期汇总部门的出勤情况，报人力资源部存档。

（6）认真做好日常加班、值班情况的统计和上报工作。

（7）有违反规定的情况及时上报，并落实惩罚规则。

疑难解答

企业的工资策略与企业发展的关系？

当企业处于迅速发展和并购阶段，即以投资促进发展阶段，薪资策略应配合公司的业绩达成量，浮动工资应有高弹性，薪资构成要以绩效为导向。平均工资应高于市场平均工资，绩效奖金应在市场的高中档。

当企业发展至成熟，市场相对稳定，发展战略重在保护利润和保护市场，这时应重视工资管理技巧，工资结构应为以技能为导向和以工作为导向的组合工资。但薪资策略中，高弹性的、以绩效为导向的性质仍要存在。员工的平均工资等于或略高于市场平均工资。

当市场饱和，企业发展速度放缓，呈现衰退或需要向别处投资时，应着重成本控制，员工的平均工资最好不高于市场的平均工资。

第十章　工资、奖金与津贴管理

本章思维导图

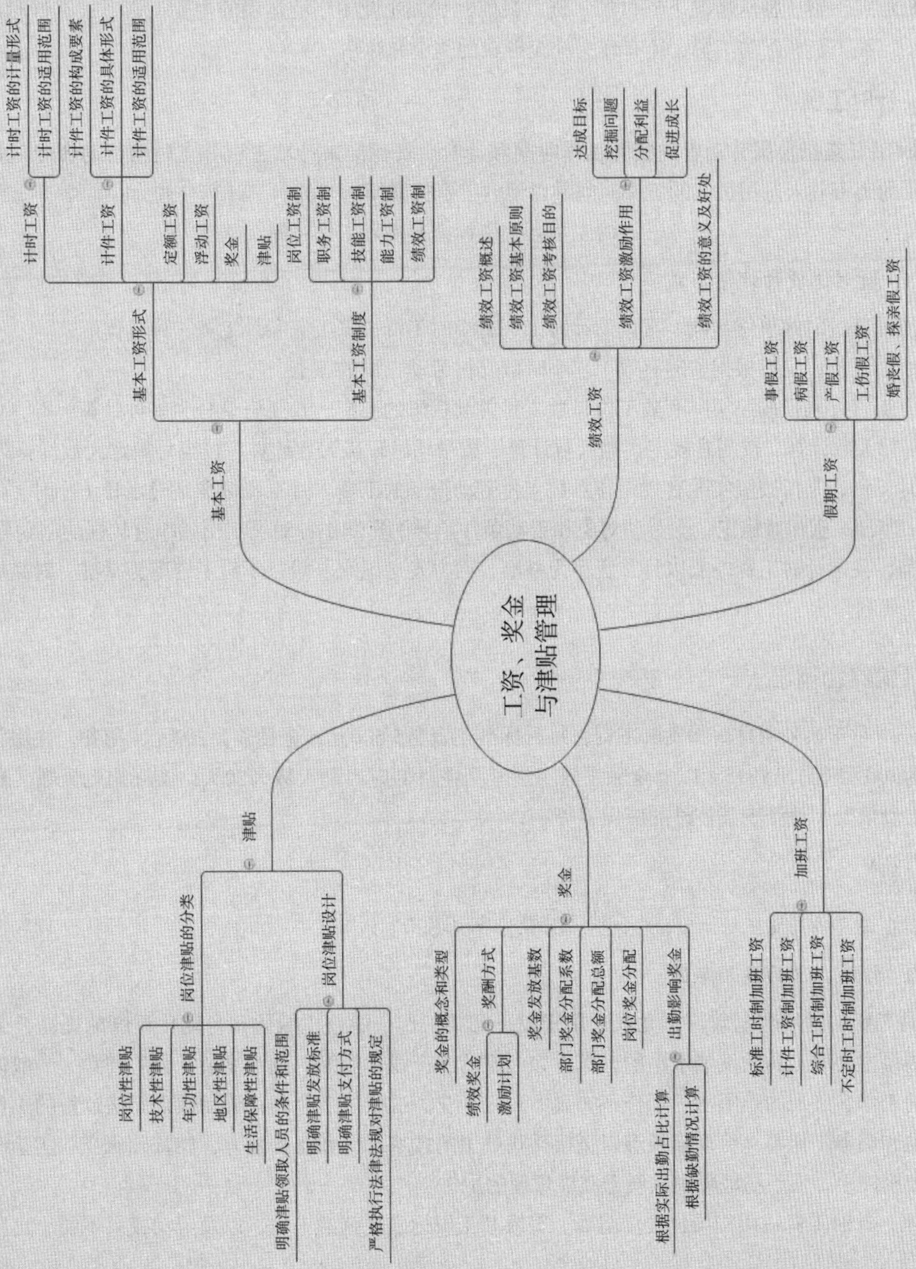

工资、奖金与津贴管理
基本工资
基本工资形式
计时工资
计时工资的计量形式
计时工资的适用范围
计件工资
计件工资的构成要素
计件工资的具体形式
计件工资的适用范围
定额工资
浮动工资
奖金
津贴
基本工资制度
岗位工资制
职务工资制
技能工资制
能力工资制
绩效工资制
绩效工资
绩效工资概述
绩效工资基本原则
绩效工资考核目的
绩效工资激励作用
达成目标
挖掘问题
分配利益
促进成长
绩效工资的意义及好处
假期工资
事假工资
病假工资
产假工资
工伤假工资
婚丧假、探亲假工资
加班工资
标准工时制加班工资
计件工资制加班工资
综合工时制加班工资
不定时工时制加班工资
奖金
奖金的概念和类型
奖酬方式
绩效奖金
激励计划
奖金发放基数
部门奖金分配系数
部门奖金分配总额
岗位奖金分配
出勤影响奖金
根据实际出勤占比计算
根据缺勤情况计算
津贴
岗位津贴的分类
岗位性津贴
技术性津贴
年功性津贴
地区性津贴
生活保障性津贴
岗位津贴设计
明确津贴领取人员的条件和范围
明确津贴发放标准
明确津贴支付方式
严格执行法律法规对津贴的规定

第一节 基本工资

一 基本工资形式

工资形式是对员工实际劳动付出量和相对劳动报酬所得量进行具体计算和支付的方法。根据我国《关于工资总额组成的规定》的规定，工资总额由以下六个部分组成：计时工资、计件工资、奖金、津贴和补贴、加班加点工资、特殊情况下支付的工资。目前，我国企业中广泛运用的主要工资形式有计时工资、计件工资、定额工资和浮动工资，还有作为补充形式的奖金和津贴。

1. 计时工资

计时工资是指根据劳动者的实际工作时间和计时工资标准来计算工资并支付给劳动者劳动报酬的形式，员工的工资收入是用员工的工作时间乘以他的工资标准得出来的。其计算公式为：

$$计时工资＝工资标准×实际工作时间$$

（1）计时工资的计量形式

按照计算的时间单位不同，常用的计时工资有小时工资、日工资和月工资三种具体形式。

①小时工资，是指根据实际有效工作小时数支付劳动报酬的工资。

②日工资，是指按照实际有效工作日数支付劳动报酬的工资。日工资又分为多种计算标准，如按平均月规定出勤天数计算、按当月规定出勤天数计算、按平均月日历天数计算、按当月规定天数计算等。

③月工资，是指按照实际有效工作月数支付劳动报酬的工资。月工资标准是确定日（小时）工资标准的基础，即日工资相对稳定；受劳动对象和劳动条件差异的影响小；对员工出勤率有较强的制约作用。

目前，我国计时工资一般以月工资率为基准，西方发达国家一般以小时工资率为基准，对高级管理人员实行年薪制。

【实例10-1】

某公司对李某采用月薪制发放工资，每月标准工资是5 500元，全勤奖为200元，用餐、住房等所有岗位津贴为300元（月出勤15天以上全额发放）。李某该月的应出勤天数为22天，实际出勤天数为18天，无加班和夜班情况。计算李某该月的应发工资。

分析

李某在该月的应发工资＝5 500÷22×18＋300＝4 800（元）

（2）计时工资的适用范围

计时工资的适用范围较广，尤其适用于以下几类工作：随着机械化和自动化程度的提高，劳动数量和劳动成果主要看工具的发展水平的工作，如大型的生产线作业等；技术复杂、分工细致、一般以团体形式进行的工作，展现的是团队的工作，如大型石化企业、机械制造业等；劳动成果无法计量的工作，如管理、辅助和服务工作等；劳动成果难以直接反映员工的技术水平和业务能力，如基础研究和实验性生产工作；生产规模小、生产场地集中，便于监督管理的工作。

总之，计时工资适用于岗位责任明确、等级和工资标准规范的工作，以及劳动成果不便于直接计量的工作。

2. 计件工资

计件工资是指按照劳动者生产合格产品的数量和预先规定的计件单价计量和支付劳动报酬的一种形式。其计算公式为：

$$工资数额＝计件单价×合格产品的数量$$

温馨提示

不合格品是否支付计件工资

生产过程中会产生不合格品，如果是由于原材料原因造成的，则通常应按照相应的计件单价支付职工工资，如果是职工的生产加工失误造成的，则不付计件工资。

（1）计件工资的构成要素

计件工资的构成要素主要包括以下几方面：

①某项工作的定额要求，即员工从事某项工作的单位时间的劳动定额或工作量要求。劳动定额的水平应该先进合理，如果水平落后则达不到预期的经济效益，而水平过高则会挫伤职工的积极性。

②计件单价的参考标准，从事某项工作的单位时间工资标准，即按小时计算的计时工资标准。

③计件单价，即员工每完成一件合格产品或每一单位量工作时应得的计件工资额。计件单价最基本的计算方法是与工作物等级相应工资标准与产量劳动定额（或工作量）相除而得。

④计件单位，即根据生产特点与生产劳动组织的需要而确定的计量合格产品量（或工作量）和计算计件工资额的基本结算单位，可以有个人计件和集体计件两种形式。

【实例10-2】

周某2020年5月分别参与完成了A、B、C三种产品的生产任务，其中A产品的计件单价为30元/件、B产品的计件单价为40元/件，C产品的计件单价为50元/件，周某共完成A、B、C三种产品的合格品数量分别为38个、50个、22个，由于原材料原因产生的不合格品数量分别为5个、9个、3个，因周某操作原因产生的不合格品数量分别是2个、4个、1个，无其他工资加项。计算周某5月的应发工资。

分析

周某5月的应发计件工资＝30×（38＋5）＋40×（50＋9）＋50×（22＋3）＝4 900（元）

【实例10-3】

某公司某种产品生产班组有甲、乙、丙、丁、戊五名工人，采用集体计件工资法计算工资。3月，该班组生产了9 300件合格商品，每件商品的计件单价为3元，该班组成员的实际出勤天数见表10-1。计算每名工人该月的应发工资。

表10-1　某班组成员3月实际出勤天数

姓名	实际出勤天数（天）
甲	19
乙	20
丙	15
丁	21
戊	18

⚙ **分 析**

集体实际出勤天数＝19＋20＋15＋21＋18＝93（天）

集体实得计件工资总额＝9 300×3＝27 900（元）

工资分配系数＝27 900÷93＝300

甲的应发工资＝19×300＝5 700（元）

乙的应发工资＝20×300＝6 000（元）

丙的应发工资＝15×300＝4 500（元）

丁的应发工资＝21×300＝6 300（元）

戊的应发工资＝18×300＝5 400（元）

（2）计件工资的具体形式

计件工资的具体形式如图10-1所示。

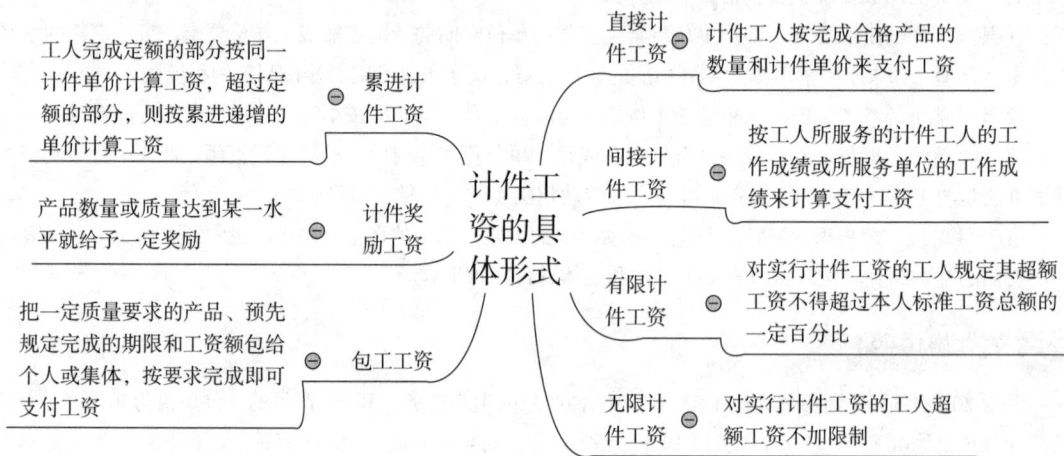

图10-1 计件工资的具体形式

（3）计件工资的适用范围

计件工资比较适合以下性质和特点的工作：

①产品的数量和质量直接与劳动者的技能、劳动熟练程度及努力程度挂钩的工作。

②能够单独计算产品数量、单独检验产品质量和单独反映员工劳动成果，生产的直接目的是增加产品件数的工作。

③生产过程持续、稳定，大批量生产产品的工作。这些工作的劳动定额、计件单价等要素条件相对稳定，易于管理，也可以保证员工对生产工艺的掌握程度。

④管理完善、操作规范的工作。例如，有健全的产品数量统计和质量检验制度，科学的劳动定额和定额考核制度，以及高水平的管理监督人员。但是也有一些工作不适宜采用计件工资制，如对从事质量检验工作的员工，不能依据产品合格率来评定工资，否则助长人为提高产品不合格率的现象。

温馨提示

计时工资与计件工资的区别

1. 计件工资能区别同等级工人因其他因素的不相同所取得的不相同成果，所以在一定条件下，计件工资是一种可以更直接和明显地体现按劳分配原则的较好的工资制度。

2. 在劳动的计量上和付出形式上也不同。计时工资的多少，它只表明劳动者在一定时间内应该提供的劳动量，但它不能准确反映劳动者在生产过程中实际提供的劳动量。计件工资的多少是待劳动者完成生产任务之后才确定的，它能够更准确地反映劳动者付出的劳动。只要计件单价规定得合理，劳动者完成合格产品的数量和工作量越多，得到的工资也就越多。

3. 工资的计算标准的确定所注重对象的差异。计时工资注重员工的原有的知识、经验及技能等，计件工资却只看合格产品的数量。

4. 采用的前提不同。计件工资采用的基础前提是对每件产品的劳动工资率标准生产时间进行事先测算，测算的精确程度对劳动工资率的确定非常重要，如果测算不够精确，必然会导致劳动工资率的偏离，这对员工和企业都是不公平的，所以推行计件绩效制的关键是要掌握产品的标准生产时间。这种方法将员工的报酬与劳动效率相结合，可以激励员工更好地工作，完成产品数量多的员工收入增加，可以使员工更加积极勤奋地工作，提高工作效率。采用计时工资的前提是，能对员工的单位时间的价值进行准确的计算。

3. 定额工资

定额工资是指按照劳动定额完成的情况支付劳动报酬的一种工资形式。

对于定额工资制，可以从以下三个方面理解：

（1）定额工资制是一个广义的概念，它既涉及国家与企业在工资分配方面的关系，又涉及企业对员工个人的分配关系。

（2）定额工资制是专指国家对企业的工资基金实行按某种定额提取的制度。

（3）定额工资制是指企业在劳动者进行多种形式的定额劳动的基础上，按照劳动者完成定额的多少支付相应劳动报酬的企业内部工资分配形式。

相比较而言，第三种认识更符合中国当前企业工资分配的实际情况。

根据这一概念，定额工资制应包括三个组成要素：一是能反映员工劳动量的各种定额，即员工无论从事何种具体形式的劳动，都必须明确具体地规定生产、工作和应完成的数量及质量；二是各种定额都应该有科学准确的计量标准，并能进行严格的考核；三是员工工资的多少取决于其完成定额的多少，完成定额多，其工资就多，完成定额少，其工资就少。

任何一种工资形式，只要具备上述三个要素，即可称之为定额工资制；反之，若缺少任何一个要素，都不能称为定额工资制。

总之，定额工资制并不是特指某一种具体的工资形式，它是对具备上述三个组成要素的多种工资形式的科学概括。从某种意义来说，它是对各种工资形式提出了明确的要求，即企业的工资分配应以定额劳动制度为基础，员工的工资收入应与其完成的定额紧密联系，并随着完成定额的多少而上下浮动。

4. 浮动工资

浮动工资是指劳动者劳动报酬随着企业经营好坏及劳动者劳动贡献大小而上下浮动的一种工资形式。

浮动工资总额通常不包括固定性的津贴和补贴以及特殊情况下支付的工资。企业可以根据需要，选择工资总额中浮动部分的构成。

5. 奖金

奖金是对超额劳动的补贴，以现金方式给予的物质鼓励。奖金作为一种工资形式，其作用是对与生产或工作直接相关的超额劳动给予报酬。奖金是对劳动者在创造超过正常劳动定额以外的社会所需要的劳动成果时，所给予的物质补偿。

【实例10-4】

陈某在一家外贸公司上班，与公司签订了劳动合同。在劳动合同中与公司的规章制度中都明确规定：公司应当按照职工完成任务的情况，依据一定比例向职工发放年终奖，且于年底前付清。

但是元旦过后，公司老板担心陈某拿了年终奖之后就跳槽，导致企业缺人，影响正常业务开展，于是告知陈某年终奖要到过完春节他回公司上班之后才能发放。如果陈某没有按期回公司上班，即视为放弃。随着春节的临近，陈某很是着急，不知道公司的做法是否正确。

你认为为了防止员工跳槽，年终奖能过完年再发吗？

分析

该外贸公司的做法是不正确的。一方面，公司将年终奖拖延到春节上班后发放违法。

《关于工资总额组成的规定》第四条规定："工资总额由下列六个部分组成：（一）计时工资；（二）计件工资；（三）奖金；（四）津贴和补贴；（五）加班加点工资；（六）特殊情况下支付的工资。"

鉴于该案例中所涉年终奖已在劳动合同及规章制度中做了具体规定，意味着其作为"奖金"形式，明确属于工资范畴。

而《中华人民共和国劳动法》第五十条规定："不得克扣或者无故拖欠劳动者的工资。"《工资支付暂行规定》第七条也指出："工资必须在用人单位与劳动者约定的日期支付。如遇节假日或休息日，则应提前在最近的工作日支付。"

《中华人民共和国劳动合同法》第二十九条规定："用人单位与劳动者应当按照劳动合同的约定，全面履行各自的义务。"即依约在"年底前付清"年终奖既是公司的法定义务，也是公司的合同义务，即使公司有正当理由需要变更支付时间，也必须得到员工的同意，更不用说公司出尔反尔的目的只是为了"拴住"员工、避免因为员工跳槽导致人手短缺，具有明显的违法性。

另一方面，如果公司我行我素，陈某可以依法维权。《中华人民共和国劳动合同法》第三十条第二款规定："用人单位拖欠或者未足额支付劳动报酬的，劳动者可以依法向当地人民法院申请支付令，人民法院应当依法发出支付令。"第八十五条也指出，未按照劳动合同的约定或者国家规定及时足额支付劳动者劳动报酬的，可以由劳动行政部门责令限期支付，逾期不支付的，责令用人单位按应付金额50%以上、100%以下的标准向劳动者加付赔偿金。

因此，该外贸公司过完年再发年终奖的操作，是要背负一定的劳动用工风险的。

6. 津贴

津贴是对劳动者在特殊条件下的额外劳动消耗或额外费用支出给予补偿的一种工资形式。主要包括：地区津贴，野外作业津贴，井下津贴，夜班津贴，流动施工津贴，冬季取暖津贴，粮、煤、副食品补贴，高温津贴，职务津贴，放射性或有毒气体津贴等。

二 基本工资制度

企业基本工资制度是指支付给劳动者的基本劳动报酬的形式、标准和方法。它包括各种基本工资制度及增减职工基本工资办法，但不包括奖金、津贴等多种的工资分配形式。主要的工资制度形式一般包括：依据岗位或职务进行支付的工资体系称为岗位工资制或职务工资制；依据技能或能力进行支付的工资体系称为技能工资制或能力工资制；依据以绩效进行支付的工资体系，如计件工资制、提成工资制、承包制等；依据岗位（职务）和技能工资进行支付的工资体系称为岗位技能工资制或职务技能工资制。

1. 岗位工资制

岗位工资制是依据任职者在组织中的岗位确定工资等级和工资标准的一种工资制度。岗位工资制基于这样一个假设：岗位任职要求刚好与任职者能力素质相匹配，如果员工能力超过岗位要求，意味着人才的浪费，如果员工能力不能完全满足岗位要求，则意味着任职者不能胜任岗位工作，无法及时、保质保量地完成岗位工作。

岗位工资制的理念是：不同的岗位将创造不同的价值，因此不同的岗位将给予不同的工资报酬；同时，企业应该将合适的人放在合适的岗位上，使人的能力素质与岗位要求相匹配，对于超过岗位任职要求的能力不给予额外报酬；岗位工资制鼓励员工通过岗位晋升来获得更多的报酬。

2. 职务工资制

职务工资制是简化了的岗位工资制，职务和岗位的区别在于，岗位不仅表达出层级，还表达出工作性质，如人力资源主管、财务部部长等就是岗位，而职务仅仅表达出层级，如主管、经理、科长、处长等。职务工资制在国有企业、事业单位以及政府机构得到广泛的应用。职务工资制只区分等级，事实上和岗位工资具有本质的不同，岗位工资体现不同岗位的差别，岗位价值综合反映了岗位层级、岗位工作性质等多方面因素，是市场导向的工资制度，而职务工资仅仅体现层级，是典型的等级制工资制度。

相对于岗位工资制，职务工资制的最大特点是：根据职务级别定酬，某些人可能没有从事什么岗位工作，但只要到了那个级别就可以享受相应的工资待遇，这是对内部公平的最大挑战。

3. 技能工资制

技能工资制是根据员工所具备的技能而向员工支付工资，技能等级不同，薪酬支付标准不同。技能工资制和能力工资制与岗位工资制、职务工资制不同，技能工资制和能力工资制是基于员工的能力，它不是根据岗位价值的大小来确定员工的报酬，而是根据员工具备的与工作有关的技能和能力的高低来确定其报酬水平。技能通常包括三类：深度技能、广度技能和垂直技能。深度技能是指从事岗位工作有关的知识和技能，深度技能表现在能力的纵向结构上，它强调员工在某项能力上不断提高，鼓励员工成为专家；广度技能是指从事相关岗位工作有关的知识和技能，广度技能表现在能力的横向结构上，它提倡员工掌握更多的技能，鼓励员工成为通才；垂直技能是指员工进行自我管理，掌握与工作有关的计划、领导、团队合作等技能，垂直技能鼓励员工成为更高层次的管理者。

4. 能力工资制

能力工资制是根据员工所具备的能力向员工支付工资，员工能力不同，薪酬支付标准不同。在人力资源开发与管理中，能力多指一种胜任力和胜任特征，是员工具备的能够达成某种特定绩效或者是表现出某种有利于绩效达成的行为能力。

根据能力冰山模型，个人绩效行为能力由知识、技能、自我认知、品质和动机五大要素构成。知识是指个人在某一特定领域拥有的事实型与经验型信息；技能是指结构化地运用知识完成某项具体工作的能力，即对某一特定领域所需技术与知识的掌握情况；自我认知是个人关于自己的身份、人格以及个人价值的自我感知；品质是指个性、身体特征对环境和各种信息所表现出来的持续而稳定的行为特征；动机是指在一个特定领域自然而持续的想法和偏好（如成就、亲和力、影响力），它们将驱动、引导和决定一个人的外在行动。其中，知识和技能是"水面以上的部分"，是外在表现，是容易了解与测量的部分，相对而言也比较容易通过培训来改变和发展；而自我认知、品质和动机是"水面以下的部分"，是内在的、难以测量的部分，它们不太容易通过外界的影响而得到改变，但却对人员的行为与表现起着关键性的作用。

技能工资制和能力工资制真正体现了"以人为本"的理念，给予员工足够的发展空间和舞台，如果员工技能或能力大大超过目前岗位工作要求，将给员工提供更高岗位工作机会，如果没有更高层次岗位空缺，也将给予超出岗位要求的技能和能力额外报酬。

5. 绩效工资制

绩效工资制是以个人业绩为付酬依据的薪酬制度，绩效工资制的核心在于建立公平合理的绩效评估系统。绩效工资制可以应用在任何领域，适用范围很广，尤其在销售、生产等领域更是得到认可，计件工资制、提成工资制也都是绩效工资制。

【实例10-5】

某玩具生产公司在产品生产线上主要实行计件工资分配，包装车间员工每完成一件包装任务计薪0.8元。有时公司为了赶进度，即使员工完成了当日包装任务，也会多安排一个小时的工作时间，并仍按照每件0.8元计薪。

到了年底，部分员工向公司要求支付加班费。公司则认为已经按照计薪标准核发过计件工资了，不应该再支付加班费。

那么，实行计件工资制的员工究竟应不应当获得加班费？

分析

在本案例中，该玩具生产公司错误地认为既然员工的计件单价已经确定，那么无论员工生产多少产品都应当按照这个单价来计算，片面地理解"多劳多得、按劳分配"的原则。也就是说，依照相关法律，用人单位安排劳动者延长工作时间的，应当依法支付加班费，实行计件工资制的员工，当然有理由得到应得的加班费。

但计件工资制的员工想要拿到加班工资，必须满足两个条件：一是在8小时工作日内完成劳动定额；二是在8小时外又延长工作时间工作的。

疑难解答

1. 岗位工资制的实行需要企业具备什么样的管理基础？

岗位工资制的实行需要企业具备一定的管理基础：第一，能将公司岗位划分为合适的序列和层级，能明晰各岗位的责权匹配，同时对各岗位的任职资格有明确的认定；第二，可以识别员工的能力素质，并将合适的人放在合适的岗位上，尽量减少"人才浪费"以及"揠苗助长"的现象。

2. 绩效工资制有没有缺点呢？

（1）导致短视行为。由于绩效工资与员工本期绩效相关，易造成员工只关注当期绩效，从而产生短视行为，可能为了短期利益的提高而忽略组织的长远利益。

（2）影响员工忠诚度。由于保健因素的缺乏，如果绩效工资所占比例过大，固定工资太少或者没有，容易使员工产生不满意；另外，这种工资制度不可避免地会使有的员工被淘汰，员工流动率比较高，这些都会影响员工的忠诚度，影响组织的凝聚力。

3. 实行完全计件工资制会有不好的影响吗？如何解决？

完全计件工资制会使员工对于收入预期不稳定，尤其是当公司产能受限时，员工不能得到基本收入保证，而使员工忠诚度、满意感均较低，导致员工队伍不稳定。在这种情况下，将计件工资制与计时工资制结合，在生产量低于一定数量时给予员工保底工资，超过一定数量后给予计件工资激励，是通常采用的方式。这样一方面给予员工一部分稳定收入，同时还有激励性质收入，能很好地平衡员工的积极性和稳定性。

4. 随着市场的变化，很多时候新员工入职时的工资会和老员工的差不多，老员工总是觉得不公平，这个怎么处理呢？

首先HR应该建立薪酬管理制度，里面包括岗位层级的宽带范围。员工的薪水不是根据入职时间的早晚，而是根据他的价值，入职时需要评估他的岗位、职位，再根据薪酬体系给出相应的额度。同时HR也要给出员工发展通道和晋升的途径，老员工的能力一旦提升，那就需要做晋升、做评估，再对应薪酬体系给予调整。

5. 如果员工工时每月超时很少，一年超时2～3天，这个情况我们如何处理？在换休不可能、当前资金又紧缺的情况下我们如何解决？

积攒调休，留到可以调休的时候调休。

温馨提示

常见的组合工资制

在企业薪酬管理实践中，除了以岗位工资、技能工资、绩效工资中的一个为主要元素外，很多情况下是以两个元素为主，以充分发挥各种工资制度的优点。常见的组合工资制有岗位技能工资制和岗位绩效工资制。

1. 岗位技能工资制

岗位技能工资制是以按劳分配为原则，以劳动技能、劳动责任、劳动强度和劳动条件等基本劳动要素为基础，以岗位工资和技能工资为主要内容的企业基本工资制度。

技能工资主要与劳动技能要素相对应，确定依据是岗位、职务对劳动技能的要求和雇员个人所具备的劳动技能水平。技术工人、管理人员和专业技术人员的技能工资可分为初、中、高三大工资类别，每类又可分为不同的档次和等级。岗位工资与劳动责任、劳动强度、劳动条件三要素相对应，它的确定是依据三项劳动要素评价的总分数，划分几类岗位工资的标准，并设置相应档次，一般采取一岗多薪的方式，视劳动要素的不同，同一岗位的工资也会有所差别。

我国大多数企业在进行岗位技能工资制改革中，除设置技能和岗位两个主要单元外，一般还会加入工龄工资、效益工资、各种津贴等。

2. 岗位绩效工资制

在当前的市场竞争中，岗位绩效工资制得到了广泛应用，为了激励员工，将员工业绩与收入联系起来是很多企业采取的办法。此外，一些事业单位也开始采取岗位绩效工资制。

第二节　绩效工资

一　绩效工资概述

绩效工资有狭义和广义之分，其中广义绩效工资又称绩效加薪、奖励工资或与评估挂钩的工资。

绩效工资从本义上说，应是根据工作成绩和劳动效率来确定的。但在实践中，由于绩效的定量不易操作，所以除了计件工资和佣金制外，更多的是指依据雇员绩效而增发的奖励性工资。绩效工资制度并不是简单意义上的工资与产品数量挂钩的工资形式，而是建立在科学的工资标准和管理程序基础上的工资体系。

绩效工资制可以提高工作绩效，为使它能更好地发挥作用，雇主必须确信能有效地对工作绩效进行评估。

传统的绩效工资制通常是个人绩效，对员工绩效增加认可的形式通常是在每年规定的时间内提高基本薪资。

绩效工资是以对员工绩效的有效考核为基础，实现将工资与考核结果相挂钩的工资制度，它的理论基础就是"以绩取酬"。企业利用绩效工资对员工进行调控，以刺激员工的行为，通过对绩优者和绩劣者收入的调节，鼓励员工追求符合企业要求的行为，激发每个员工的积极性，努力实现企业目标。

二 绩效工资基本原则

绩效工资设计的基本原则是通过激励个人提高绩效而促进组织的绩效。具体来说，就是通过绩效工资传达企业绩效预期的信息，刺激企业中所有的员工来达到它的目的；使企业更关注结果或独具特色的文化与价值观；促进高绩效员工获得高期望薪酬；保证薪酬因员工绩效差异而不同。

三 绩效工资考核目的

（1）考核部门及员工绩效目标的完成情况，为核定实际薪酬提供依据。

（2）对上一考核期间的工作进行总结，为下一期间的绩效改进及个人发展提供指导和帮助。

（3）为公司整体和局部薪酬调整、年度员工职等评定、岗位调整、资历评价等提供重要依据。

（4）提高员工技能和绩效素质，优化人员结构，维持公司人力资源的活力和竞争力。

四 绩效工资激励作用

1. 达成目标

绩效考核本质上是一种过程管理，而不是仅仅对结果的考核。它是将中长期的目标分解成年度、季度、月度指标，不断督促员工实现、完成的过程，有效的绩效考核能帮助企业达成目标。

2. 挖掘问题

绩效考核是一个不断制定计划、执行、改正的循环过程，体现在整个绩效管理环节，包括绩效目标设定、绩效要求达成、绩效实施修正、绩效面谈、绩效改进、再制定目标的循环，这也是一个不断发现问题、改进问题的过程。

3. 分配利益

与利益不挂钩的考核是毫无意义的，员工的工资一般分为两个部分：固定工资和绩效工资。绩效工资的分配与员工的绩效考核得分息息相关，提起考核，员工的第一反应往往是绩效工资的发放。

4. 促进成长

绩效考核的最终目的并不是单纯地进行利益分配，而是促进企业与员工的共同成长。通过考核发现问题、改进问题，找到差距进行提升，最后达到双赢。

五 绩效工资的意义及好处

1. 绩效工资的意义

（1）由于员工的绩效不同而导致其工资收入的不同。绩效工资是每一年都有的浮动薪酬，但不是永久增加的固定薪酬。绩效工资不仅仅局限于流水线工人，它可以适用于任何公司的任何岗位。

（2）绩效工资的目的是找出和奖励绩效好的员工，并且鼓励每一个人都更加努力，以更好的方法去工作。

（3）真正的绩效工资是正规化的，而不是偶尔的一些奖励。

2. 实施绩效工资的好处

（1）将个人收入与其工作绩效直接挂钩，会鼓励员工创造更多的效益，同时又不增加企业的固定成本。

（2）严格的、长期的绩效工资体系，使公司不断地改进员工工作能力、工作方法，提高员工的绩效。

（3）实施绩效工资使绩效好的员工得到了奖励，从而也能获取或保留绩效好的员工。

（4）当经济不景气的时候，虽然没有奖金，但是由于工资成本较低，公司也可以不解雇人或少解雇人。这样，一方面让员工有安全感，增加员工的忠诚度；另一方面，当经济复苏时，公司也有充足的人才储备。

❓ 疑难解答

1. 一般对于新员工的薪资制定以什么为基准呢？

工资体系里，相应的岗位层级里面的宽带范围用低限。如果没有成型的体系，可以按照销售类、技术类、职能类的岗位区分，分别定出一个新员工的入职薪资标准。对社招和校招的员工，可以区别对待。

2. 若员工提出要加薪怎么办呢？

制定薪酬管理制度，把调薪的条件以及流程等定下来，根据制度来做。

3. 绩效工资是归纳在工资里还是作为工资外的一部分？

一般情况下固定工资是不可以直接转成绩效工资的，企业推行绩效考核，意味着薪酬成本的增加，同时也可能带来效率的增加。可以在原来的固定工资里抽取很小的部分，然后额外增加一定的比例共同作为绩效工资。员工考核得到60分，至少可以保证原来的工资不会少，超出60分以上，就可以拿到额外增加的部分工资。不能让员工觉得推行绩效工资和绩效考核就是克扣员工工资。

第三节 假期工资

一 事假工资

事假不属于法定的带薪休假。事假的周期一般是以小时或天为计算单位。关于事假期间职工的待遇，法律和法规没有明确规定，通常是企业和劳动者签订劳动合同时在合同中约定，或者在公司的规章制度中做出明确规定。

对于实行标准计时工资制的组织来说，当月事假应减工资数的计算公式为：

当月事假应减工资＝月标准工资÷当月应出勤天数×事假天数

员工请事假需注意以下事项：

（1）员工请事假时间较长，单位发放工资可以低于最低工资标准。最低工资是指劳动者提供了正常劳动、用人单位支付的工资不得低于的最低工资标准。但是员工事假期间，没有提供劳动，所以可以低于最低工资标准。

（2）企业并不是员工任何类型的事假都要批。员工的事假用人单位批不批准、批准多少天，关键看用人单位内部合法合规的规章制度或与员工签订的劳动合同是否有关于事假的相关规定。若企业已明确规定事假的最长期限和频率，员工应当遵守。

（3）员工请事假必须按照公司的规定。用人单位的规章制度应当对员工如何请事假有清晰明确的规定。员工请事假必须按公司规定的流程，不按照公司规定流程请假的，视该事假无效，可以按照旷工处置。

【实例10-6】

韩某是某公司的行政文员，该公司对行政文员岗位采取标准工时制。公司规章制度规定员工请事假公司不需支付员工工资。韩某的月标准工资为4 800元，无其他的补助或工资。某月，该公司行政人员的应出勤天数为20天，韩某请事假2天。计算韩某该月的应发工资。

分析

韩某该月的应发工资＝月应发工资－当月事假应减工资＝4 800－4 800÷20×2＝4 320（元）

二 病假工资

我国《企业职工患病或非因工负伤医疗期规定》第三条规定：

"企业职工因患病或非因工负伤，需要停止工作医疗时，根据本人实际参加工作年限和在本单位工作年限，给予3个月到24个月的医疗期。

（一）实际工作年限10年以下的，在本单位工作年限5年以下的为3个月；5年以上的为6个月。

（二）实际工作年限10年以上的，在本单位工作年限5年以下的为6个月；5年以上10年以下的为9个月；10年以上15年以下的为12个月；15年以上20年以下的为18个月；20年以上的为24个月。"

劳动部《关于贯彻执行〈中华人民共和国劳动法〉若干问题的意见》第五十九条规定："职工患病或非因工负伤治疗期间，在规定的医疗期间内由企业按有关规定支付其病假工资或疾病救济费，病假工资或疾病救济费可以低于当地最低工资标准支付，但不能低于最低工资标准的80%。"

关于病假工资的具体计算方法，不同省市有单独规定的，按照省市具体规定执行。

三 产假工资

《女职工劳动保护特别规定》第五条规定："用人单位不得因女职工怀孕、生育、哺乳降低其工资、予以辞退、与其解除劳动或者聘用合同。"

第七条规定："女职工生育享受98天产假，其中产前可以休假15天；难产的，增加产假15天；生育多胞胎的，每多生育1个婴儿，可增加产假15天。女职工怀孕未满4个月流产的，享受15天产假；怀孕满4个月流产的，享受42天产假。"

第八条规定："女职工产假期间的生育津贴，对已经参加生育保险的，按照用人单位上年度职工月平均工资的标准由生育保险基金支付；对未参加生育保险的，按照女职工产假前工资的标准由用人单位支付。女职工生育或者流产的医疗费用，按照生育保险规定的项目和标准，对已经参加生育保险的，由生育保险基金支付；对未参加生育保险的，由用人单位支付。"

所以，产假是带薪休假。在不违反《女职工劳动保护特别规定》的前提下，各企业可以根据各地区的规定和本单位的制度给女职工发放相应的产假工资。

【实例10-7】

小微是某公司的正式员工，正常缴纳生育保险已5年多，月标准工资为8 000元，除此之外再无奖金、津贴、补贴等其他收入。某月该公司应出勤天数为20天，前5天小微正常出勤，后15天开始休产假。计算小微该月的应发工资。

分析

小微该月企业部分的应付工资＝8 000÷20×5＝2 000（元）

小微15天产假期间的工资按照用人单位上年度职工月平均工资的标准由生育保险基金支付。

【实例10-8】

杨女士在一家公司运营部工作，签订了3年的劳动合同。劳动合同中规定杨女士月薪5 000元。去年，杨女士发现自己已经怀孕2个月了。公司在得知该消息后，与杨女士协商，以运营部工作量大，经常需要加班为由，将杨女士调岗到行政部当文员。可令杨女士没想到的是，她到文员岗位之后，工资随即被调整为3 500元。公司解释，目前的薪酬管理制度是岗位工资制度，也就是在什么岗位拿什么工资，杨女士拿的3 500元已经是文员岗位中最高的工资。公司秉承"同工同酬"的分配原则，不可能给杨女士原来的工资报酬，不然其他的文员会不满。

听完公司的解释，杨女士想知道公司这样将怀孕女职工进行调岗降薪是否合法。

分析

我国对处于"三期"（孕期、产期、哺乳期）的女职工有很多特别的保护规定，列举如下：

《中华人民共和国劳动合同法》第四十二条规定用人单位不得解除劳动合同的情形中的第四款：女职工在孕期、产期、哺乳期的。

《女职工劳动保护特别规定》第五条规定："用人单位不得因女职工怀孕、生育、哺乳而降低其工资、予以辞退、与其解除劳动或者聘用合同。"

《女职工劳动保护特别规定》第六条规定："女职工在孕期不能适应原劳动的，用人单位应根据医疗机构的证明，予以减轻劳动量或者安排其他能够适应的劳动。"

在本案例中，公司与杨女士协商一致，将其调岗是符合法律规定的。但按新的岗位确定杨女士的工资标准，就是变相降低怀孕女职工的工资，这是违法的。杨女士怀孕属于"特殊保护对象的特殊时期"，她不适用"同工同酬"。杨女士可以提请仲裁，通过诉讼途径维权，要求公司按以前的工资待遇标准支付工资。

四　工伤假工资

工伤假期间的工资待遇，可参照《工伤保险条例》以下规定。

第三十三条规定：

"职工因工作遭受事故伤害或者患职业病需要暂停工作接受工伤医疗的，在停工留薪期内，原工资福利待遇不变，由所在单位按月支付。

停工留薪期一般不超过12个月。伤情严重或者情况特殊，经设区的市级劳动能力鉴定委员会确认，可以适当延长，但延长不得超过12个月。工伤职工评定伤残等级后，停发原待遇，按照有关规定享受伤残待遇。工伤职工在停工留薪期满后仍需治疗的，继续享受工伤医疗待遇。

生活不能自理的工伤职工在停工留薪期需要护理的，由所在单位负责。"

第三十五条规定：

"职工因工致残被鉴定为一级至四级伤残的，保留劳动关系，退出工作岗位，享受以下待遇：

（一）从工伤保险基金按伤残等级支付一次性伤残补助金，标准为：一级伤残为27个月的本人工资，二级伤残为25个月的本人工资，三级伤残为23个月的本人工资，四级伤残为21个月的本人工资。

（二）从工伤保险基金按月支付伤残津贴，标准为：一级伤残为本人工资的90%，二级伤残为本人工资的85%，三级伤残为本人工资的80%，四级伤残为本人工资的75%。伤残津贴实际金额低于当地最低工资标准的，由工伤保险基金补足差额。

（三）工伤职工达到退休年龄并办理退休手续后，停发伤残津贴，按照国家有关规定享受基本养老保险待遇。基本养老保险待遇低于伤残津贴的，由工伤保险基金补足差额。

· 职工因工致残被鉴定为一级至四级伤残的，由用人单位和职工个人以伤残津贴为基数，缴纳基本医疗保险费。"

第三十六条规定：

"职工因工致残被鉴定为五级、六级伤残的，享受以下待遇：

（一）从工伤保险基金按伤残等级支付一次性伤残补助金，标准为：五级伤残为18个月的本人工资，六级伤残为16个月的本人工资。

（二）保留与用人单位的劳动关系，由用人单位安排适当工作。难以安排工作的，由用人单位按月发给伤残津贴，标准为：五级伤残为本人工资的70%，六级伤残为本人工资的60%，并由用人单位按照规定为其缴纳应缴纳的各项社会保险费。伤残津贴实际金额低于当地最低工资标准的，由用人单位补足差额。

经工伤职工本人提出，该职工可以与用人单位解除或者终止劳动关系，由工伤保险基金支付一次性工伤医疗补助金，由用人单位支付一次性伤残就业补助金。一次性工伤医疗补助金和一次性伤残就业补助金的具体标准由省、自治区、直辖市人民政府规定。"

五　婚丧假、探亲假工资

《中华人民共和国劳动法》第五十一条规定："劳动者在法定休假日和婚丧假期间以及依法参加社会活动期间，用人单位应当依法支付工资。"

因此，在职工正常休婚丧假期间，应视同出勤正常计算工资。对于超出法定婚丧假时间标准的假期，单位一般应按照事假计算工资。

根据《国务院关于职工探亲待遇的规定》第五条规定："职工在规定的探亲假期和路程假期内，按照本人的标准工资发给工资。"

因此，职工正常休探亲假期和路程假期间，应视同出勤正常计算工资。对于超出法定探亲假时间标准的假期，单位一般应按照事假计算工资。

第四节　加班工资

加班工资算法可参照《中华人民共和国劳动法》第四十四条规定的内容。

"有下列情形之一的，用人单位应当按照下列标准支付高于劳动者正常工作时间工资的工资报酬：

（一）安排劳动者延长工作时间的，支付不低于工资的150%的工资报酬。

（二）休息日安排劳动者工作又不能安排补休的，支付不低于工资的200%的工资报酬。

（三）法定休假日安排劳动者工作的，支付不低于工资的300%的工资报酬。"

一　标准工时制加班工资

实行标准工时制的组织计算加班工资的公式为：

工作日加班工资＝月工资基数÷21.75（月计薪天数）÷8×150%×加班小时数

双休日加班工资＝月工资基数÷21.75（月计薪天数）÷8×200%×加班小时数

法定休假日加班工资＝月工资基数÷21.75（月计薪天数）÷8×300%×加班小时数

【实例10-9】

某公司实行标准工时制，赵某的月标准工资为5 220元，除此之外再无奖金、津贴、补贴等其他收入。赵某在2020年5月的工作日晚上加班2次，共计加班6小时，某个双休日加班半天（4小时），5月1日法定休假日加班1天。计算赵某该月的工资总额。

分析

赵某该月的加班工资＝5 220÷21.75÷8×150%×6＋5 220÷21.75÷8×200%×4＋5 220÷21.75÷8×300%×8＝1 230（元）

赵某该月的应发工资总额＝5 220＋1 230＝6 450（元）

二　计件工资制加班工资

实行计件工资制时劳动者在完成计件定额任务后，由用人单位安排延长工作时间的，同样应享受加班工资。以上海市为例，根据《上海市企业工资支付办法》的规定，企业依法安排实行计件工资制的劳动者完成计件定额任务后，在法定标准工作时间以外工作的，应当根据工作日150%、双休日200%、法定休假日300%的原则相应调整计件单价。

实行计件工资制的组织计算加班计件单价的公式为：

工作日加班计件单价＝标准单价×150%

双休日加班计件单价＝标准单价×200%

法定休假日加班计件单价＝标准单价×300%

【实例10-10】

某公司生产某产品实行个人计件工资制。该产品的计件单价为55元，在标准工作时间内，每月定额生产100件合格产品。由于某订单的交期提前，生产任务增加，该公司需要每名员工每月至少生产120件合格品才能完成订单。

该年8月，为了完成公司下达的生产任务，张某当月除了完成定额的100件合格品外，经车间主任安排，利用工作日加班多生产了10件合格品，利用双休日加班多生产了5件合格品，利用法定休假日加班多生产了5件合格品。计算张某该月的工资总额。

分析

张某8月的加班计件工资＝10×55×150%＋5×55×200%＋5×55×300%＝2 200（元）

张某8月的应发工资总额＝100×55＋2 200＝7 700（元）

三　综合工时制加班工资

按照劳动部《关于企业实行不定时工作制和综合计算工时工作制的审批办法》和《关于职工工作时间有关问题的复函》规定，经批准实行综合工时制的企业，在综合计算周期内的总实际工作时间不应超过总法定标准工作时间，超过部分应视为延长工作时间并按《中华人民共和国劳动法》第四十四条第一款的规定支付工资报酬，其中法定休假日安排劳动者工作的，按《中华人民共和国劳动法》第四十四条第三款的规定支付工资报酬。并且延长工作时间的小时数平均每月不得超过36小时。

实行综合工时制的组织计算加班工资的公式为：

加班工资＝月工资基数÷21.75（月计薪天数）÷8×150%×超过标准工作时间的小时数＋月工资基数÷21.75（月计薪天数）÷8×300%×法定休假日的加班小时数

【实例10-11】

某公司某类岗位实行综合工时制，徐某是该岗位的一员，月标准工资为5 220元，除此之外无奖金、津贴、补贴等其他收入。今年5月，徐某除了正常出勤外，在工作日加班合计15小时，双休日加班合计8小时，法定休假日加班合计4小时。计算徐某该月的工资总额。

分析

徐某5月的加班工资＝5 220÷21.75÷8×150%×（15＋8）＋5 220÷21.75÷8×300%×4＝1 395（元）

徐某5月的应发工资总额＝5 220＋1 395＝6 615（元）

四 不定时工时制加班工资

一般情况下，对于经过劳动保障部门批准，实行不定时工作制的企业，可以在明确工作量的前提下自主安排工作、休息时间的"不定时工作制"岗位，不需要支付加班费。但需注意的是，如果用人单位在法定休假日安排职工工作的，仍然应当按照不低于本人工资标准的300%支付加班费。

实行不定时工时制的组织计算加班工资的公式为：

加班工资＝月工资基数÷21.75（月计薪天数）÷8×300%×法定休假日的加班小时数

【实例10-12】

某公司一特殊岗位实行不定时工时制，江某是该岗位的一员。江某的上班时间为每天的18：00—22：00，周六日和法定休假日照常上班。江某的月标准工资为5 220元，除此之外无奖金、津贴、补贴等其他收入。

今年10月包含3天法定休假日（国庆节），江某全部按照该岗位每天的工作时间正常出勤。计算江某该月的工资总额。

分析

江某10月份的加班工资＝（5 220÷21.75）÷8×300%×4×3＝1 080（元）

江某10月份的应发工资总额＝5 220＋1 080＝6 300（元）

第五节 奖金

一 奖金的概念和类型

奖金是指为了奖励那些已经超额或超标准完成某些绩效目标的员工，或者为了激励员工去完成某些预定的绩效目标，而在基本工资基础上支付的可变的、具有激励性的报酬。换言之，奖金是企业对员工超额劳动部分或劳动绩效突出部分所支付的奖励性报酬，其支付依据是绩效标准。

从总体奖励报酬的角度来说，奖金可以分为货币化的奖金和非货币化奖励两种类型，而非货币化奖励又可以分为社会强化激励、实物奖励、旅行奖励、象征性奖励、休假奖励五种基本形式。

二　奖酬方式

奖酬方式一般可以分为绩效奖金和激励计划两类。

1. 绩效奖金

绩效奖金包括绩效加薪、一次性奖金、个人特别绩效奖，它是对员工已经完成的绩效进行奖励的方式，如图10-2所示。

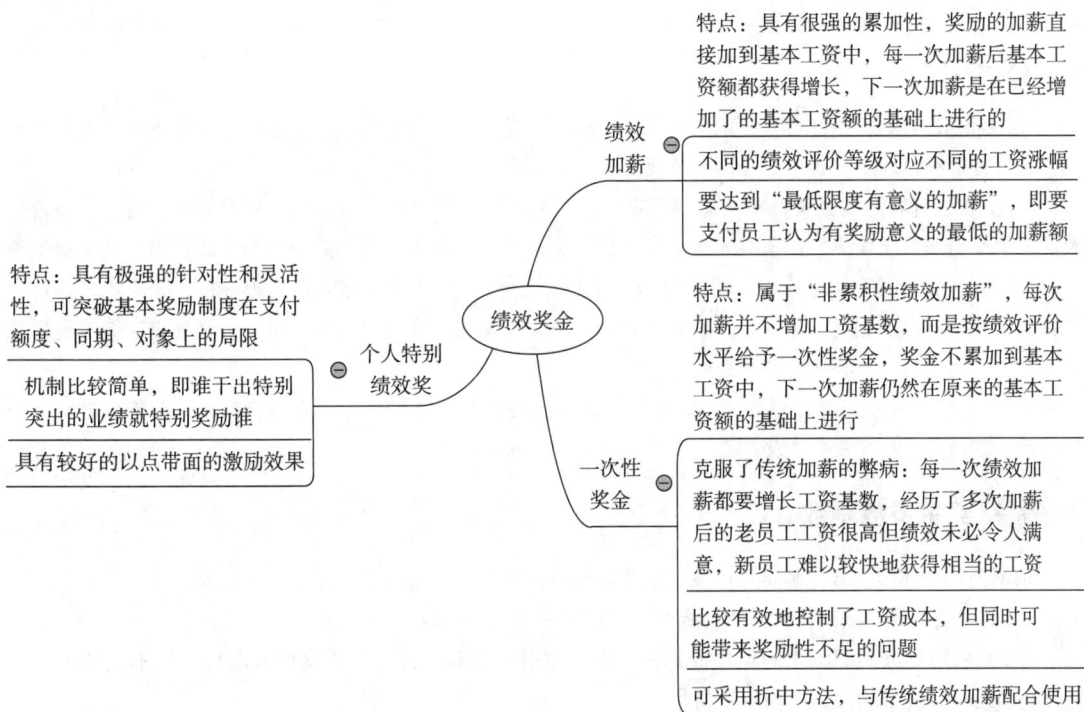

图10-2　绩效奖金

2. 激励计划

激励计划则包括个人激励计划、团队激励计划、组织激励计划，它是作为激励员工实现绩效目标的奖励方式，还可分为长期激励计划和短期激励计划，如图10-3所示。

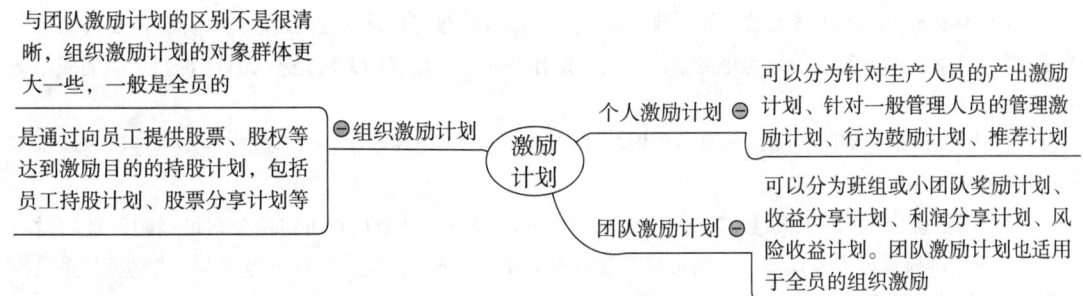

图10-3　激励计划

【实例10-13】

某公司提倡员工开拓思想，为公司的发展提出建设性建议，并承诺给做出特别贡献的员工予以嘉奖。小芳对公司提了建设性的意见，让公司免受200万元的经济损失和可能造成的名誉损失。对此，人力资源部临时决定，私下对小芳进行了表扬，并给小芳1 000元以作奖励，小芳在拿到奖励后不仅没有感到开心，反而对此感到很心寒。并跟其他员工诉说，造成了不良影响。

请结合案例回答下列问题：

（1）小芳为什么感到心寒？

（2）在进行特殊贡献奖的设计时，应注意的事项有哪些？

（3）奖金制度的制定程序有哪些？

分 析

（1）该公司未能完全兑现之前所给与的"嘉奖"的承诺，公司私下表扬的行为，使得小芳做出贡献的价值大打折扣，严重打击了小芳的积极性。

（2）在设计特殊贡献奖时要注意以下事项：①制定标准时要有可操作性，即内容可以测量。如增加利润多少？增加销量多少？降低成本多少？挽回损失多少？②为企业增加的金额（或减少损失的金额）要大。如100万元～500万元为一档，500万元～1 000万元为一档，1 000万元以上为一档。③要明确规定只有在他人或平时无法完成的情况下，该员工却完成时才能获奖。④受奖人数较少，金额较大。⑤颁奖时要大力宣传，使受奖人和其他人均受到鼓励。

（3）①按照企业经营计划的实际完成情况确定奖金总额。②根据企业战略、企业文化等确定奖金分配原则。③确定奖金发放对象及范围。④确定个人奖金计算办法。

三 奖金发放基数

根据公司整体经济效益确定可以发放的奖金数量，奖金发放基数的计算方法有三种：

（1）以公司的净利润作为基数，提取一定比例作为奖金基数。

（2）采用累进利润法来确定提取比例。即规定若干个利润段，在不同的利润段采用不同的提取比例，利润越高，提取的比例也相应越高。

（3）采用利润率分段法来确定提取比例。即规定若干利润率分段，利润率越高，表明公司盈利能力越强，相应地，利润率分段越高则提取的奖金比例也越高。

四 部门奖金分配系数

奖金分配系数的确定过程可以按以下步骤进行：

（1）确定各部门的战略贡献系数。战略贡献系数是指各部门对公司战略贡献的差异，需要公司对各部门的战略贡献能力进行评价。考虑到部门之间的协作与团结，稳妥的方法是不要让各部门之间的战略贡献系数差别太大。

（2）需要设定各部门的绩效等级，根据各部门的年终绩效考核结果，将各部门的绩效等级对应于不同的绩效系数。

（3）需要确定战略贡献系数和部门绩效系数之间的权重。这个权重可以由公司最高领导层商讨决定。常见的比例权重分配方式有：战略贡献系数权重为40%，部门业绩系数权重为60%；战略贡献系数权重为50%，部门业绩系数权重为50%；战略贡献系数权重为60%，部门业绩系数权重为40%。

五 部门奖金分配总额

根据确定后的奖金分配系数，能够计算出部门的奖金分配总额。

将部门所有人员的月基本工资之和乘以部门的奖金分配系数，就可以得到各部门的奖金标准基数。

部门实发奖金额的计算公式为：

$$部门实发奖金额＝公司奖金池的额度×部门奖金标准基数占比$$

其中：

部门奖金标准基数占比＝［（部门所有员工基本工资之和×部门奖金分配系数）÷公司所有的（部门所有员工基本工资×部门奖金分配系数）之和］×100%

【实例10-14】

某公司分A、B、C、D、E五个部门，某年底奖金池的总额为500万元。该公司每个部门的人数、奖金分配系数和所有员工基本工资之和见表10-2。计算各部门的奖金分配总额。

表10-2 各部门人数、奖金分配系数和所有员工基本工资之和

部门	部门人数	部门奖金分配系数	所有员工基本工资之和（元）
A	10	2.0	100 000
B	20	1.8	180 000
C	30	1.5	240 000
D	50	1.2	350 000
E	100	1.0	600 000

分析

A部门的奖金标准基数占比＝［（100 000×2.0）÷（100 000×2.0＋180 000×1.8＋240 000×1.5＋350 000×1.2＋600 000×1.0）］×100%≈10.504 2%

B部门的奖金标准基数占比＝［（180 000×1.8）÷（100 000×2.0＋180 000×1.8＋240 000×1.5＋350 000×1.2＋600 000×1.0）］×100%≈17.016 8%

C部门的奖金标准基数占比＝［（240 000×1.5）÷（100 000×2.0＋180 000×1.8＋240 000×1.5＋350 000×1.2＋600 000×1.0）］×100%≈18.907 6%

D部门的奖金标准基数占比＝［（350 000×1.2）÷（100 000×2.0＋180 000×1.8＋240 000×1.5＋350 000×1.2＋600 000×1.0）］×100%≈22.058 8%

E部门的奖金标准基数占比＝［（600 000×1.0）÷（100 000×2.0＋180 000×1.8＋240 000×1.5＋350 000×1.2＋600 000×1.0）］×100%≈31.512 6%

A部门的奖金总额＝5 000 000×10.504 2%＝525 210（元）

B部门的奖金总额＝5 000 000×17.016 8%＝850 840（元）

C部门的奖金总额＝5 000 000×18.907 6%＝945 380（元）

D部门的奖金总额＝5 000 000×22.058 8%＝1 102 940（元）

E部门的奖金总额＝5 000 000×31.512 6%＝1 575 630（元）

六 岗位奖金分配

公司基于绩效管理体系，得出员工个人的绩效考核结果。一般来说，可以按照20%、70%、10%的比例来界定员工的绩效等级比例。根据情况，将个人的绩效考核结果与个人绩效系数之间形成对应关系。

各岗位考核结果等级与绩效系数及绩效等级比例的关系示例，见表10-3。

表10-3　岗位考核等级、岗位绩效系数与绩效等级比例关系示例

岗位考核等级	岗位绩效系数	绩效等级参考比例
超出期望（A）	1.4/1.5	20%
完成期望（B）	1.1～1.3	
基本完成（C）	1	70%
需努力（D）	0.7～0.9	10%
需改进（E）	0.5/0.6	

将员工岗位绩效系数与员工月基本工资和部门奖金额关联，就可以得出员工个人的年终奖金。

员工个人年终奖金的计算公式为：

员工个人奖金＝部门奖金总额×员工个人奖金标准基数占比

其中：

员工个人奖金标准基数占比＝［（员工基本工资×岗位绩效系数）÷所有（部门员工基本工资×岗位绩效系数）之和］×100%

七　出勤影响奖金

除上述测算员工年终奖金的方法以外，员工的出勤情况对实际能够拿到的年终奖金有较大的影响。具体的影响因素和情况可由公司在合法合规的前提下，在薪酬制度中具体规定，一般有以下两种方式。

1. 根据实际出勤占比计算

这种方式首先需要确定公司在该年的应出勤天数。如果员工实际出勤天数大于或等于应出勤天数，则员工发放全额的年终奖；如果员工实际出勤天数小于应出勤天数，则按照如下公式计算员工的年终奖。

员工应发年终奖＝员工应分配的年终奖×（员工实际出勤天数÷员工应出勤天数×100%）

2. 根据缺勤情况计算

这种方式是规定出员工缺勤情况与年终奖折扣的比例关系，计算员工应发年终奖。

出勤对年终奖金影响的规定应注意以下事项：

（1）不论是根据实际出勤占比还是根据缺勤情况，都需要明确规定产假、工伤假、婚丧假、年休假、探亲假等各类假期分别算作出勤还是缺勤。

（2）为强化员工考勤的管理，员工旷工对年终奖金影响的规定宜严不宜松。

疑难解答

各部门之间分配奖金的差异性，要不要在部门之间进行平衡？如何平衡？

固浮比是反映薪酬结构的重要因素。一般来讲，我们在设计固浮比的时候，首先明确固定工资和浮动工资的总量与外部市场数据是否一致。这里一般关注的是年度总现金的情况（也有公司关注年度总成本）。薪酬管理人员通过薪酬调研数据决定本公司年度总现金的定位，了解外部市场的固浮比的流行趋势，再讨论本公司的薪酬定位。

关于部门之间的固浮比是否需要平衡的问题，还是回到公司的经营战略和薪酬管理战略。如果公司各部门的业务比较接近，不同职位的人员经常流动，那么就可以采用一致的固浮比。如果公司业务单元多，不同业务单元之间的员工很少流动，而且他们对应的外部竞争对手也不一样。这时，可以在不同职位类别选择不同的固浮比。固浮比要接近外部市场的流行趋势，这样有利于人才的保留和激励。

第六节 津贴

一 岗位津贴的分类

津贴按管理层次划分，可以分为两类：一是从制度或法规层面统一制定的津贴；二是企业自主规定的津贴。按照功能的不同划分，可以划分为岗位性津贴、技术性津贴、年功性津贴、地区性津贴和生活保障性津贴五大类。

1. 岗位性津贴

岗位性津贴是指组织为了补偿职工在某些有着特殊劳动条件的岗位上劳动产生的额外消耗而建立的津贴，如高温作业津贴、冷库低温津贴、中夜班津贴、高空作业津贴、井下作业津贴、出差外勤津贴、班（组）长津贴、课时津贴、班主任津贴、科研辅助津贴、殡葬特殊行业津贴、水上作业津贴、废品回收人员岗位津贴等。

2. 技术性津贴

技术性津贴是指组织为了激励职工达到某项技术等级或取得某项技术成果而建立的津贴，如技术工人津贴、技术职务津贴、技术等级津贴、特级教师津贴、科研课题津贴、研究生导师津贴、特殊教育津贴、高级知识分子特殊津贴（政府特殊津贴）等。

3. 年功性津贴

年功性津贴是指组织为了进一步鼓励职工的忠诚度和稳定性而建立的津贴，如工龄津贴、教龄津贴（教师岗位）、护龄津贴（护士岗位）。此类津贴与司龄工资作用重复，所以组织中的司龄工资和年功性津贴通常是择其一使用。

4. 地区性津贴

地区性津贴是指组织为了补偿职工在某些特殊地点工作而产生的额外的生活费用支出或长期背井离乡的情感而建立的津贴，如外派津贴、边远地区津贴、高寒山区津贴、海岛津贴等。

5. 生活保障性津贴

生活保障性津贴是指组织为了保障职工的工资收入和补偿职工部分生活费用而建立的津贴，如服装津贴、伙食津贴、住房津贴、房租津贴、交通津贴、过节津贴、书报津贴、卫生津贴等。

温馨提示

如何区分福利和津贴

常有HR把员工福利和岗位津贴混为一谈。实际上，这两者之间的含义和形式是有本质不同的，主要体现在以下三个方面。

1. 目的作用不同

津贴是组织补偿职工在某种工作环境、工作条件下的身体、物质或生活费用的消耗而额外增加的一种现金工资的补充形式。

福利是组织对员工的一种照顾和激励，福利提供了除基本工资、岗位津贴、绩效工资、提成奖金之外的待遇，是一种对劳动者的间接回报。

2. 实施方式不同

津贴和福利都有法律和法规规定的强制性部分，也有企业自主规定的个性化部分。

岗位津贴通常是以现金形式发放，发放的规则具有一定的固定性，而且最终必然体现在财务成本中。

员工福利除了现金形式之外，更多是以非现金的形式出现的，具有一定的灵活性。员工福利并不一定体现在财务成本中。

3. 法律意义不同

津贴和福利，在计算最低工资时的法律意义有所不同。根据一些国家法律或地方法规的规定，有一些岗位津贴和员工福利不得计入最低工资标准中，除规定之外的岗位津贴可以计入最低工资标准，员工福利的金钱部分可以计入最低工资标准，非金钱的部分不得计入最低工资标准。

二 岗位津贴设计

岗位津贴的设计应体现该薪酬要素的初衷，用人单位要以正确的观念看待岗位津贴，要符合国家的相关政策，避免滥发滥用和平均主义。在设计岗位津贴时，用人单位需要关注以下事项。

1. 明确津贴领取人员的条件和范围

组织在设计岗位津贴时，应体现其补偿性的特点。岗位津贴不应是所有人员平均发放，而应是不同岗位、类别的人员根据不同的条件、环境或范围，享受不同的岗位津贴。岗位津贴应与岗位挂钩，而不应跟从事该岗位的人绑定。

2. 明确津贴发放标准

岗位津贴应有明确的发放标准。也就是说，当某岗位满足某个具体条件时，应当发放什么数量标准的津贴；当岗位不再满足该条件时，则不能发放该津贴。岗位津贴的发放与某岗位是否满足该条件相关。

【实例10-15】

某公司规定，有高空作业要求的岗位，每当有高空作业的工作日，发放300元的高空作业岗位津贴，没有高空作业的工作日则不发放。该岗位员工李某在4月有8天从事高空作业，则其该月高空作业岗位津贴是多少？

分 析

李某4月应发的高空作业岗位津贴＝300×8＝2 400（元）

3. 明确津贴支付方式

岗位津贴支付方式一般是每月随工资一起发放，但是由于某些岗位的特殊性，某些岗位津贴的发放方式具有特殊性，有时可以单独发放，有时可以是完成某项特殊任务后集中发放。用人单位在设计时需要注意津贴的发放方式。

4. 严格执行法律法规对津贴的规定

国家法律以及地方法规、政策对于一些津贴有明确的要求，企业在设计岗位津贴时，应至少满足相关规定的最低要求。

另外，在设计岗位津贴之前，应明确制定岗位津贴的发起、审批、测算、发放等各流程的运行权限。在运行岗位津贴制度的过程中，应加强监督审查工作。

本章思维导图

特殊人员薪酬管理

- **销售人员的薪酬管理**
  - 销售人员概述
    - 销售人员的分类
      - 根据销售职责分类
        - 简单送货型销售人员
        - 简单接单型销售人员
        - 客户关系型销售人员
        - 技术型销售人员
        - 创造型销售人员
      - 根据销售商品流通链中的位置分类
    - 销售人员的特点
      - 销售业绩以监督
      - 工作难以监督
      - 工作业绩不稳定
      - 对工作安定的需求不足
  - 销售人员的薪酬要求
    - 销售人员的薪酬缺乏公平
      - 量化标准不合理
      - 销售定额不合理
      - 薪酬考核体系重视数量，忽视效率
    - 无法专注销售人员的薪酬的影响因素
      - 实现销售人员的薪酬的公平
        - 销售经验
        - 行业特点
        - 市场状况
      - 重视效率
  - 销售人员的薪酬制度
    - 基本薪酬加佣金制
    - 基本薪酬加提成奖金制
    - 基本薪酬加技效挂钩佣金制
    - 基本薪酬加提成加奖金制
- **管理人员的薪酬管理**
  - 管理人员的概念
  - 管理人员的分类
  - 管理人员的薪酬要求
    - 在企业中对管理人员薪酬的要求
    - 如何设计好管理者的薪酬内容
  - 管理人员的薪酬制度
    - 高层管理者的薪酬制度
      - 基本薪酬
      - 绩效奖金
      - 福利待遇
    - 基层管理者的薪酬制度
      - 基本薪酬
      - 绩效奖金
      - 福利与服务
    - 中层管理人员的薪酬制度
- **外派员工的薪酬管理**
  - 外派员工概述
    - 外派员工薪酬的定价方式
      - 母国定价法
      - 当地定价法
      - 谈判法
      - 平衡定价法
      - 一次性支付法
      - 自助餐法
    - 外派员工的薪酬制度
      - 基本薪酬
      - 安全
      - 补贴
      - 福利
- **专业技术人员的薪酬管理**
  - 专业技术人员概述
    - 专业技术人员的概念
    - 专业技术人员的特性
      - 工作和专业技术人员更薪快
      - 智力含量高，知识和技术创造者创造量高，市场价格特殊，需求层次较高相对较高，工作压力大，工作时间无法估算
      - 缺乏长期激励的制度
      - 薪酬设计有体现出专业技术人员的学习需求
      - 企业和专业技术员工对其贡献的目标追求太单一
  - 专业技术人员薪酬的常见问题
  - 专业技术人员的薪酬要求
    - 专业技术人员体现出与内部公平性
    - 合理设计薪酬标准，不能体现企业的发展战略
    - 专业技术成长与薪酬增长相结合
    - 薪酬的设计型体现薪酬结构
    - 关注专业技术人员的个性化需求
  - 专业技术人员的薪酬制度
    - 短期激励和长期激励相结合，满足专业技术人员的个性化需求
    - 合理设计薪酬结构
    - 基本薪酬
    - 奖金
    - 福利与服务

第一节 销售人员的薪酬管理

一 销售人员概述

销售人员业绩的好坏会对公司的经营绩效和长远发展产生直接的影响。销售人员的薪酬主要由基本工资和销售提成两部分组成，且根据不同行业、不同企业的实际情况，可采取不同的薪酬方案。

1. 销售人员的分类

（1）根据销售职责分类

销售职责包括从最简单的到最复杂的所有销售活动，简单的销售活动只需要销售人员保持现有客户并接受客户的订单，创造性的销售活动则要求销售人员寻找潜在客户并使之成为企业的实际客户。根据销售职责可以把销售人员划分为五类：

①简单送货型销售人员，主要负责把客户已购买的产品发送给客户。

②简单接单型销售人员，主要负责把客户的订单转交给企业的生产部门。

③客户关系型销售人员，主要负责在客户中间建立起良好的声誉，使客户满意。

④技术型销售人员，主要负责向客户提供技术方面的服务，提高客户的忠诚度。

⑤创造型销售人员，主要负责寻找产品的潜在客户，并把他们转变为企业的实际客户。

（2）根据在商品流通链中的位置分类

按照销售人员在商品流通链中所处的位置，可以将销售人员分为厂家销售人员和商家销售人员。

①厂家销售人员不直接面对消费者，而是面对商家、面对经销商，其主要工作内容是客户管理，开发新客户和维护老客户，规范价格，维护市场。

②商家销售人员则直接面对顾客，进行店面管理和现场管理。

2. 销售人员的特点

销售人员作为企业员工中相对独立的一个群体，具有以下明显的特点：

（1）工作难以监督

销售人员独立开展销售工作，工作时间自由，单独行动多。管理人员无法全面监督销售人员的行为，销售人员的工作绩效在很大程度上取决于销售人员愿意怎样付出劳动和钻研销售，很难用公式化的硬性规定来约束销售人员的行为，而用科学有效的绩效考核制度作为指导销售人员从事销售活动的指挥棒，能规范销售人员的行为，使销售人员全身心地投入到销售工作中，提高工作效率。

（2）工作业绩不稳定

销售人员的工作业绩受多方面因素的影响，如社会政治环境、社会舆论、流行趋势、季节变化、消费者心理等都会影响客户的购买能力或购买需求，从而影响销售人员的工作业绩，从某种程度上说，销售人员的工作业绩具有不可控性，非常不稳定。

（3）对工作安定的需求不大

销售人员经常想通过跳槽以改变自己的工作环境。他们也试图通过不断地跳槽来找到最适合自己的工作，从而使自己对未来的职业生涯有所规划。

温馨提示

销售人员薪酬管理的原则

1. 激励原则

在企业内部，职务不同、级别不同、销售业绩不同的销售人员之间的薪酬水平应该有一定的差距，并设置相应的薪酬等级。这样销售人员为了获得更高的薪酬水平，会不断提高工作绩效和业绩水平，从而充分发挥薪酬的激励作用。

2. 公平原则

销售经理要为员工创造机会均等、公平竞争的条件，并引导员工把注意力从结果均等转移到机会均等上来。因为如果机会不均等，单纯的收入与贡献比均等不仅不能代表公平，反而会让员工觉得自己受到了不公平的对待，从而产生负面情绪，给企业的长期发展带来负面影响。

3. 战略导向原则

在设计销售人员的薪酬时，一定要与企业的长远发展目标相适应，否则过高的薪酬水平虽然会使得企业在较短的时间内获得较好的业绩，但从长远角度来看，过高的薪酬水平会加重企业的负担且极大地削弱未来的激励效果；反之，过低的薪酬水平表面上看为企业节约了成本，但对长远的业绩而言是十分不利的。

4. 经济性原则

由于基本薪资在大部分销售人员的薪资中占比不高，且产生的激励效果较小，因此这里所指的经济性主要针对销售人员的佣金（或奖金）部分。提高销售人员的佣金水平，可以增强销售人员的竞争意识，同时却也不可避免地导致企业销售费用的上升和销售利润的下降，这一点在销售类企业中尤为明显。因此，佣金水平的高低必须受到经济性原则的制约，即要考虑销售的毛利率大小。此外，行业的性质及成本构成也影响着销售人员佣金水平的高低。

5. 合法性原则

企业在进行薪资设计时必须以遵守法律法规为基础。销售人员的薪酬虽然大部分是绩效薪酬，但是在设计销售人员的薪酬时也必须以劳动法律法规为基础，基本工资不得低于当地的最低工资标准。

二　销售人员薪酬的常见问题

1. 销售成果与业绩挂钩不足

企业由于未充分考虑如何将销售成果和销售业绩挂钩，导致设计的薪酬管理模式未能建立根据销售人员的销售业绩加以考核和奖励等合理机制，这样往往会挫伤销售人员的积极性。如果企业内部销售人员之间的销售业绩差距很大，而薪酬差距却不大，销售人员就会失去奋斗的动力，以致辞职而去，使企业失去那些非常优秀的销售人员。

2. 销售人员的薪酬缺乏公平

销售人员的薪酬缺乏公平性主要表现在以下几方面：

（1）量化指标不合理

销售人员的薪酬政策只对易量化指标考核，这种业绩考核以及相应的薪酬制度在理论上是有显著缺陷的。仅对易量化指标进行的定量业绩考核的优点是便于操作，但因为有些难以定量化的非常重要的定性指标未纳入绩效考核体系，从而使销售人员的实际表现与考核的结果产生一定的背离。这些定性指标主要有顾客满意度、销售人员反馈信息的质量水平等。按现有的考核制度，在其他条件相同的情况下，一个年销售额高的销售人员比一个年销售额低的销售人员的业绩考评结果要好，从而收入也要更高，因此，这种考核方法的缺点是明显的。可见，对销售人员的绩效考核应该采用定量指标与定性指标相结合的方法，对定量指标与定性指标予以分解，赋以权数，然后加权计算，评定绩效考核等级。当然，薪酬计算可能会更复杂而难以在实践中操作。因此，可以采用以下方法来简化薪酬的计算，即销售额决定业绩提成，定性因素部分决定奖金额。

（2）销售定额不合理

在定额考核与非定额考核从定量的业绩考核的通常结果来看，定额考核比非定额考核要好。非定额考核未考虑销售区域、产品线、市场竞争的剧烈程度、宏观经济环境等具体情况，因而显失公平。但如果采用定额考核法，定额制定的合理化将是一个挑战。定额是一个综合了多种因素的结果，因而只能依靠历史数据估计加以测算。

（3）薪酬考核体系重视数量、忽视效率

薪酬考核体系重视数量、忽视效率，必然导致企业发展后劲不足。企业一定要实现从重视数量型经营到效率型经营的转变，而这种转变首先应从销售部门开始，实行效率导向型薪酬管理模式。在其他条件相同的情况下，销售额的多少与市场份额的大小、企业生产能力的利用率高低有一定关系，所以对销售额指标的关注是很自然的。薪酬考核体系的设计不仅要考虑销售定额指标，而且也要考虑利润率指标。

☰ 三 销售人员的薪酬要求

1. 充分考虑销售人员薪酬的影响因素

（1）销售经验

销售经验的多少对销售人员的销售业绩有着非常明显的影响。一个有着丰富销售经验的员工有可能为企业创造更多的销售额。因此，企业在招聘销售人员的时候一般都会优先聘用具有丰富销售经验的应聘者。任何一个销售人员在不同时期、在销售工作中的表现都是有差异的。有丰富销售经验的销售人员在大部分时间会表现得更出色，对于这种对企业贡献大的销售人员，其薪酬自然应该要更高，反之亦然。

（2）行业特点

对于一些需要拥有较高专业技术能力的销售人员的行业，其薪酬水平相对较高。如医药、IT行业的销售工作中包含了一定的技术支持，相比其他行业的销售人员，其岗位进入壁垒高，薪酬也应该提高。

（3）市场供求

销售人员的薪酬水平也受到劳动力市场供求状况的影响。在劳动力市场供不应求时，其薪酬水平会提高；反之，其薪酬水平会下降。一般来说，技术含量高的销售工作，以及高级销售管理人员在市场上较为稀缺，其薪酬水平较高，而普通的销售人员在市场上通常会供过于求，所以其薪酬水平一般较低。

2. 实现销售人员薪酬的公平

根据亚当斯的公平理论可以认识到，公平理论是客观存在的，但其实施过程却是一个相当复杂的问题。因此，在运用公平理论时要注意：公平不是绝对的，它是相对的；要注意对销售人员的公平心理进行疏导，树立正确的公平观；企业应尽量做到公正，尽量减少销售人员严重的不公平感。薪酬是否公平合理，对销售人员的工作积极性和士气影响巨大。销售人员对薪酬的公平感，也就是对薪酬发放是否公正的认识和判断，是设计薪酬制度和进行薪酬管理时要考虑的首要因素。

企业销售人员薪酬公平的实现，应注意以下几个方面：

（1）薪酬制度要有明确一致的原则作为指导，并有统一的、可以说明的标准作为依据。

（2）薪酬制度要有民主性和透明性。当销售人员能够了解和监督薪酬制度的制定和管理，并能对薪酬制度的制定有一定发言权时，就会减少猜疑和误解，不公平感也会显著降低。

（3）企业的高级销售管理人员要为销售人员创造机会均等、公平竞争的条件，并引导销售人员把注意力从结果公平转移到机会公平上来。

【实例11-1】

某IT企业的领导张总制定了一个新的市场开拓计划，并打算让员工王英担此重任。王英销售能力强，虽然来公司时间不长，但是业绩突出，尤其在市场开拓方面获得了上下的一致认可，现在已升为销售部的副经理了。

但是有一天，王英突然递交了辞职报告。张总很疑惑，急忙叫来人事经理了解情况。人事经理说："虽然王英工资很高，但那只是在我们公司。与其他企业的销售经理相比，王英要差上一大截；而且上个月她超额完成了销售任务，却没有得到任何奖励，这是她辞职的主要原因。"

张总的得力助手要辞职，说明该企业的薪酬制度出了什么问题？

分析

该IT企业在进行薪酬管理时，违反了两条原则：一是公平性，二是激励性。

对于薪酬的公平性而言，存在着三个层次，一个是个人，一个是内部，最后一个是外部。个人的公平主要是衡量自己的付出和所得是否公平；内部公平是员工与同事之间相比，付出和所得是否公平；而对外的公平，也可以理解为竞争性，员工会与其他企业相似岗位进行对比。不管是哪一种公平性，如果员工觉得不公平，就会不满意。

而薪酬的激励性在于员工做出了突出的贡献，企业要及时给予奖励，这样才能激励他们下次做出更大的贡献，否则员工会失去奉献的动力。

因此，企业在制定薪酬制度、执行薪酬管理时，一定要注意到这些原则，特别是对于那些优秀人才来讲，更要注意这个方面的相关设计。

3. 重视效率

企业的高级销售管理人员通常可以通过以下指标判断销售人员薪酬的效率：

（1）增长指标。即新市场开拓、新客户的获取以及现有客户的留住率等。

（2）利润指标和客户满意度。该指标直接反映薪酬是否对销售人员起到了激励作用，是否促使他们向客户提供了恰当的产品或服务，从而产生利润。

（3）销售人员流动率。相对稳定的销售人员队伍不仅减轻了企业重置人力的成本，而且减少了企业的经营风险。

四　销售人员的薪酬制度

1. 基本薪酬加佣金制

在这种薪酬制度下，销售人员每月领取一定数额的基本薪酬，然后再按销售业绩领取佣金。这种薪酬制度，一方面为销售人员提供了最基本的薪酬收入，解决了纯佣金制下销售人员因收入不稳定而可能会出现的生活问题；另一方面吸收了佣金制的优点，保留了其激励作用。在基本薪酬加佣金的薪酬计划中，佣金部分的计算可以分成直接佣金和间接佣金两种不同形式。

（1）基本薪酬加直接佣金制

该薪酬方案的设计思路是，每位销售人员每年有一定的基本薪酬，然后再根据每位销售人员的销售业绩计发佣金，佣金的计算方式是销售额的一定百分比。但是，一方面，不同产品的佣金比率是不同的；另一方面，同一产品的佣金比率会随着销售人员的实际销售业绩达到或超过销售目标的程度而有所差异。这种薪酬设计方式实际上是根据50∶50的比例来确定销售人员的基本薪酬和奖励薪酬。

（2）基本薪酬加间接佣金制

在这种薪酬方案中，佣金不是以销售额提成的方式来计算的，而是首先将销售业绩转化为一定的点数，然后再根据点数来计算佣金的数量。具体来说，销售人员有一个年基本薪酬，每个月可以获得佣金。但佣金是根据产品销售数量来确定的，销售人员每销售一单位的某种产品，便可以得到一个点数（销售一单位的不同产品所得到的点数是不同的），然后将这些点数加起来，乘以点数的单价，便可以计算出销售人员应得的佣金数量。

2. 基本薪酬加奖金制

这种薪酬制度与上述第一种薪酬制度有些类似，但也存在一定区别。主要体现在：佣金直接由绩效表现决定，奖金和业绩之间的关系是间接的。虽然该制度也是根据销售额、利润额、销售目标实现率等指标来衡量员工的业绩，然后支付奖金，但通常情况是，销售人员所实现的业绩只有超过了某一销售额，才能获得一定数量的奖金。此外，除了优良的销售业绩，新客户开拓、货款回收速度、市场调查报告、客户投诉状况、企业规章的执行等诸多因素都可以影响到销售人员所得到的奖金数量。

3. 基本薪酬加佣金加奖金制

这种薪酬制度设计的特点在于，它将佣金制和奖金制结合在一起。销售人员除了有每年的基本薪酬之外，每个月还能获得相当于销售额一定比例的佣金。此外，在每个季度，他们还可以根据本人所完成销售额的毛利率情况获得相当于本人当季所得佣金的一定百分比的季度奖金。显然，企业一方面鼓励销售人员实现更高的销售额，另一方面还鼓励他们提高销售的毛利率。

对于一个特定企业而言，它究竟选择哪种薪酬支付方案取决于多方面的因素，如自身所处的行业、公司产品的生命周期、组织以往的做法等。以行业因素来说，保险行业、保健品行业、化妆品行业对于销售人员大多采用"高提成＋低固定"的薪酬模式，甚至实行纯佣金制；而在产品技术含量很高、专业性很强、市场非常狭窄且销售周期又比较长的销售领域中，企业对销售人员的素质及稳定性要求都很高，这时，采用"高固定＋低提成/奖金"的薪酬模式就比较合适。

就产品的生命周期而言，当公司产品刚刚上市，产品没有什么知名度或者知名度很小时，企业最好采取固定薪酬模式，或者采取"高固定＋低提成/奖金"的模式，因为在这一时期，产品销售的风险很高，销售人员的努力很可能得不到足够的市场回报，这时就不能让销售人员来承担风险。如果经过一段时期的努力，产品得到了客户的认可，逐渐在市场上打开了销路，销售的风险逐渐降低，销售额处于增长期，这时企业就可以适当降低销售人员薪酬中的固定部分，提高浮动部分，以鼓励销售人员更积极地去扩大市场份额，增加销售额。随着产品达到成熟期，产品品牌或公司品牌对消费者购买行为产生的作用比销售人员的说服工作更为重要，这时企业又可以将销售人员的薪酬方案改回到"高固定＋低浮动"的模式。

？ 疑难解答

1. 如何规划销售人员的薪酬结构？

薪酬结构分为两个层面。一个层面是站在总体薪酬的角度看待薪酬结构。从这个层面说，销售人员的薪酬结构涉及薪酬和福利的比例关系，涉及现金薪酬和非现金薪酬的比例关系等。另外一个层面就是年度总现金里面的固浮比。

不管规划什么样的薪酬结构，薪酬管理人员首先需要回答的问题是：公司的薪酬管理战略是什么？如果公司重视薪酬、轻视福利，在薪酬部分就会有更多的预算；如果公司重视销售人员的个人业绩导向，浮动薪酬就会占据更大的比例。

2. 零售行业应如何制定高效的销售激励措施？

由于行业的特性，零售行业可以考虑采用以佣金为主的激励模式。当然，如果公司更关注销售人员的团队合作、销售持久性等，也可以采用销售奖金的模式。

3. 宽带薪酬的带宽设置几个档次比较合适？专业技术人员如果实行宽带薪酬，如何设置带宽和考核？对于他们的横向和纵向晋升如何设置比较合理？对于销售人员，在他们现有薪酬的基础上能否实行星级考核？

横向和纵向晋升指的是员工发展的双通道，即专业方向和管理方向。走专业方向就按上文所述给出层级，到了一定的层级，比如资深××，就可以同时有主管××、经理××的层级可以走。

薪酬层级的设置要根据公司规模来定，一般中等规模的企业设置1～15层比较合适，比如包括从市场价值最低的岗位到总经理。专业技术类岗位可以设为助理、技术员、助理××、工程师、高级××、资深××、专家等。

温馨提示

销售人员薪酬"瓜分制"

所谓瓜分制是指企业将全体销售人员视为一个整体，先确定所有销售人员的收入总和，按个人完成的销售额占总销售额的比例来确定每个员工的报酬，从而瓜分收入总额。

瓜分制的好处：可以保证销售团队的团结性、鼓励内部竞争、提高工作效率；可以保证绩效较差的员工的收入不至于太低、带动团队一起进步。缺点在于：如果瓜分制实施不当，则容易出现恶性竞争，不利于部门之间的内部协调。

需要注意的是，团队至少需要有5个以上的成员才能实行瓜分制，且管理者需要对销售过程和分配过程进行必要的监管，否则容易出现作弊行为。

第二节　管理人员的薪酬管理

一　管理人员概述

1. 管理人员的概念

管理人员一般是指中、基层管理人员，也就是在企业中从事中层、基础管理工作的管理人员，他们往往在企业中起到一个承上启下的作用。

管理者是管理行为过程的主体，管理者一般由拥有相应的权力和责任，具有一定的管理能力，从事现实管理活动的人或人群组成。管理者及其管理技能在组织管理活动中起决定性作用。管理者通过协调和监视其他人的工作来完成组织活动中的目标。

2. 管理人员的分类

企业中的管理者一般分为三个不同的等级：高层管理人员、中层管理人员与基层管理人员。高层管理人员是指对整个组织的管理负有全面责任的人，他们的主要职责是制定组织的总目标、总战略，掌握组织的大政方针，并评价整个组织的绩效。中层管理人员是指处于高层管理人员和基层管理人员之间的一个或若干个中间层次的管理人员，他们的主要职责是贯彻执行高层管理人员所制定的重大决策，监督和协调基层管理人员的工作。相对于高层管理人员与中层管理人员而言，在一个单位，基层管理人员通常是指在生产、教学、科研一线，承担管理任务的人员。基层劳动纪律的管理是基层管理人员最重要的日常管理工作。高层管理者就是企业的经营者。

二 管理人员的薪酬要求

企业中的管理者一般通过对企业内部活动的监督与指导来实现企业的经营计划和目标。基层管理者有很大的职位晋升空间，在其薪酬的管理上也应该更加关注短期绩效的激励；而中层管理者的晋升空间相对小于基层管理者，因此在薪酬设计时应该相应提高绩效薪酬在其薪酬构成中的比例。

1. 在企业中对管理人员薪酬的要求

（1）企业中管理者的基本工资需求要高于企业普通的员工。这些人员对于薪酬有明显的高标准，由于他们在企业的身份和地位，导致他们对自己和对自己参与的工作更加有信心，与此同时，他们追求更高的权力和更大的自我实现，他们还能对自己追求高薪的行为加以理性的控制。

（2）企业中层管理人员薪酬的制定要和其经济利益和绩效相互联系，才能提高每个部门的绩效，乃至扩大到整个企业的绩效，通过相关的奖金设定的激励可以增强企业中层管理人员管理的部门的协作。除了高薪以外，他们还对于企业环境和个人发展等方面有着特殊的要求，同时他们还要求有多种的培训和提高机会，所以企业要为他们设计多种培训方案以实现他们的要求。

2. 如何设计好管理人员的薪酬内容

（1）对岗位相关职责进行确定。对于行政序列、技术序列和生产序列等的岗位确定要建立在明确的职务等级序列之上，同时还要规范各个岗位的相关设置，把岗位设置和规范的职务序列相结合，在岗位上体现职务等级，这样就可以对每个经营人员的相关岗位进行全面的工作分析，以明确其职责和资格。

（2）在岗位职责明确的基础之上，企业要对每个管理岗位进行工作分析，以组织内管理岗位的特点为研究对象，进行工作职责、任务、要求、环境等信息的收集和整理，确定工作的任务和资格。

（3）人力资源部门要进行薪酬市场的调查和确定。对于企业管理人员，要对相关类型企业和相关岗位进行研究和分析，确定他们的流向，这样的调查和研究不仅包括薪酬增长情况的分析和薪酬结构对比等因素，同时还要对薪酬数据、奖金和福利等情况进行掌握，这样才能保证企业经营人员不会跳槽。

（4）企业管理人员的区别薪酬体系，指的是要在同一职级之上对于薪酬进行确定。既要满足工资起伏不大的要求，同时还要进行同级同酬结构的确保工作。区别薪酬体系建立的基础是绩效工资，绩效工资的发放可以按照岗位工资的相关比例情况进行，有奖有罚，实现长效的考核与激励体系。

（5）对管理人员还要提供培训、拓展、进修等机会，这些作为隐形福利会深受管理者的喜爱，同时还满足了他们实现自我价值的需要。这样一来，企业和员工实现共赢，企业的管理人员流动程度将会降低，给企业发展带来内动力。

三 管理人员的薪酬制度

1. 高层管理者的薪酬制度

经营者薪酬计划是指公司对经营者的薪金、奖酬及其相关事宜做出的制度安排，是经营者激励机制在物质上的具体体现，包括薪酬构成、计量依据、支付标准、支付方式等基本内容。作为企业组织结构的最高层管理者，经营者的比例往往很低，甚至不到员工总数的1%。他们密切关注企业面临的外部环境，为达到企业的战略经营目标努力获取各种外部资源。经营者往往掌控着组织的整体经营状况，并担负着企业发展的责任。

温馨提示

高层管理人员的"金色降落伞"

金色降落伞是指雇佣合同中按照公司控制权变动条款，对失去工作中的管理人员进行补偿的分离规定。"金色"意味着补偿是丰厚的，而"降落伞"意味着高管可以在并购的变动中平稳过渡，以消除或弥补高层管理人员退休前后物质利益和心理角色方面的巨大反差。例如，有些国企废除高层管理人员硬性退休制度，使得业绩良好的高层管理人员在达到退休年龄时，可以自由选择去留；允许高层管理人员退休后在企业董事会担任董事或高级顾问等。

---

2. 基层管理人员的薪酬制度

企业在设计基层管理人员的薪酬结构时，以基本薪酬＋绩效奖金＋福利的模式为主，这也是一种通用的薪酬结构模式。对于三者之间的比例协调，应当视企业所处行业、地域和经济环境等情况来决定。

（1）基本薪酬

基层管理人员的基本薪酬水平除了要考虑当地的薪酬整体情况以及行业的竞争力外，主要根据管理者的工作年限、管理能力、管理幅度、管理难度、管理业绩和管理职责来确定。其比例一般占整体薪酬水平的60%左右，不反映员工的绩效完成情况。基本薪酬主要是对基层管理人员的生活起到一个保障的作用，在激励员工方面的作用不是十分明显。

（2）绩效奖金

基层管理人员的绩效直接与其管理部门的产量增加、质量提高等工作完成情况相挂钩。基层管理人员的绩效奖金一定要反映其完成业绩的能力，以发挥奖金的激励作用，激励其进一步提高业绩水平；同时还不能使基层管理人员与员工之间产生过大的差距，这样不利于管理者与员工之间距离的拉近，会阻碍管理活动的进行。但是由于绩效奖金一般是和部门阶段性的业绩完成情况相关，虽然激励的作用明显，但是作用的周期并不是很长，所以还需要辅助其他形式的激励措施。

（3）福利待遇

对于基层管理人员来说，其工作比较忙碌而单一，因此在考虑其福利计划时可以为其增加一些物质性的福利项目。也可以为其提供种类层次多种多样的"自助式的福利套餐"，由其根据自己的需求选择组合方式，决定自己的福利待遇。同时由于基层管理人员在工作时要时刻面对基层的员工，在履行管理职责时容易发生冲突，尤其是在被管理者素质较低时，有可能出现一些危及自身安全的情况。所以可以在基层管理人员的福利项目中增加一些保障性的福利，如人身伤害险等。企业还可以为基层管理人员提供一些培训学习、外出考察和交流的机会，在提高其管理技能的同时，也有利于其增加晋升机会。

上述这种通用的薪酬管理模式在使用上具有一定的优势：

（1）薪酬中固定工资与员工的管理能力和经验相联系，具有较好的保健功能，增加了员工的稳定感和安全感。

（2）绩效工资部分有效地激励员工完成工作目标，在稳定团队的同时最大限度地追求了企业整体绩效提升的平衡，具有明显的激励功能。

（3）员工福利比较灵活，可以满足员工对于物质之外的需求，有利于稳定员工，降低人员流失。

这些优势是这种管理模式广泛应用于基层管理人员薪酬结构的前提，但是需要注意的是，在实施这种薪酬结构前，一定要有一套相应的岗位评价体系作为薪酬水平确定的依据，同时岗位工资要灵活调整，适应市场不断提高的薪酬水平与生活水平。

管理人员的薪酬结构设计在众多的薪酬体系中比较复杂，因为位于不同管理序列的管理人员薪酬结构差别很大。基层管理人员是企业发展的中坚力量，一定要重视科学的薪酬结构对其积极工作的激励作用。薪酬结构比薪酬总额更重要，企业也只有合理设计基层管理人员的薪酬结构，才能更好地激发基层管理人员的工作积极性和主观能动性，从而为企业创造更多的利益。

3. 中层管理人员的薪酬制度

中层管理人员的薪酬管理也主要由基本薪酬＋绩效奖金＋福利待遇构成。不同的是，由于中层管理人员的工作特性和职位要求的差异，在设计中层管理人员薪酬各部分的组成时，要更加注重长期绩效奖金在薪酬管理中的重要地位。

（1）基本薪酬

中层管理人员的基本薪酬水平除了受到企业规模、经营状况、其他员工的薪酬水平等因素的影响外，还受到企业层级结构的制约。因此，中层管理人员的基本薪酬通常要高于基层管理人员，但又要低于高层管理者或者说是经营者的基本薪酬。

（2）绩效奖金

根据马斯洛需求层次理论及赫茨伯格的双因素理论可知，在通过基本薪酬满足员工物质生活的基本需求外，还必须通过适当的绩效奖金激励员工的工作积极性。与基层管理者不同的是，中层管理者的绩效奖金除短期奖金外，还应该注重长期激励。

（3）福利与服务

由于中层管理人员在企业层级中的等级较高，因此在福利待遇的设计上可以给予中层管理人员优待。例如，除所有员工都有的节日福利外，在满足国家法律法规的基础上，中高层管理人员可以享受更长的带薪年假、全家免费出国旅游、国外学习深造等福利待遇。

第三节　专业技术人员的薪酬管理

一　专业技术人员概述

1. 专业技术人员的概念

专业技术工作一般是指利用既有的知识和经验来解决组织经营过程中所遇到的各种技术或管理问题，帮助企业实现其经营目标的工作。其中，知识一般是指通过正式学习掌握的知识。因此，现代的专业技术工作大多是以脑力劳动型为主，需要特定员工在工作过程中充分发挥自己的积极性和主动性，利用已掌握的知识和工作经验做出决策或进行创新。

根据美国《公平劳动标准法》的界定，专业技术人员是指那些受过科研方面或智力方面的专门训练，而且工作时间分配在管理事务上的部分不超过20%的人。联合国教科文组织根据成员国，特别是对发展中国家开展科技统计工作的需要，对专业技术人员做出界定：专业技术人员是指从事专业技术工作和专业技术管理工作的人员，即企事业单位中已经聘任专业技术职务，从事专业技术工作和专业技术管理工作的人员，以及未聘任专业技术职务，现在专业技术岗位上工作的人员。总的来说，专业技术类的职位大致可以划分为以下三类：

（1）需要在特定领域具有一定造诣的工作职位，如律师。

（2）需要有创新精神和创造力的职位，如艺术家和设计人员。

（3）需要具备经营知识和市场洞察力的职位，如财务人员。

综上所述，我们可以把专业技术人员定义为具有专门的技术知识、经验或者持有专业技术资格证书的人员，如工程师、会计师、律师、科学家、经济学家等均属于此类。

温馨提示

专业技术人员的技术水平认定渠道

1. 各种社会性的专业技术协会，如会计师协会、建筑师协会、人力资源管理学会等。这些学会或协会可以通过考试以及专业技术认定的方式来确定专业技术人员是否达到了某种专业技术等级。

2. 企业自身。很多企业根据自己的需要为本企业的专业技术人员评定内部"头衔"。由于不同的企业对专业技术人员的技术水平要求不同，且专业技术人员在不同的企业中发挥作用的方式也存在很大差异，因此，各企业要根据自身的管理需要评定专业技术人员的技术资格等级，尤其是当企业中的专业技术人员类型比较单一，但是技术层次相差很大的时候。

3. 外部劳动力市场。专业技术人员通常会通过流动找到一份与自己的技术和能力最为匹配的工作并获得相应的收入。

2. 专业技术人员的特殊性

（1）智力含量高，知识和技术更新快

专业技术人员是掌握企业关键人力资本的群体，他们的劳动属于脑力劳动，产出的产品往往具有极高的技术含量，且对企业的发展至关重要。同时，由于市场环境变化和技术更新换代十分迅速，专业技术人员需要不断地学习新的知识和技术以适应产品不断变化的需求。

（2）工作专业化程度高或者创造性强，业绩不易衡量

一般来说，专业技术人员从事的工作都具有一定的技术壁垒，外行人员难以轻易进入其领域，他们从事的工作难度大，付出的脑力劳动多，管理者很难监督他们的工作绩效，因为其业绩往往要经过很长的一段时间才会显示出来。另外，管理者也很难确定具体、详细的评价指标。一般来说，技术人员面对的问题往往是非程序化的，需要依靠自身的丰富经验和专业技术来解决不同的问题。

（3）市场价格高，需求层次相对较高

各类专业技术人员是市场上的稀缺资源，是市场中各类企业争夺的焦点，通常具有较高的市场价格。一般来说，专业技术人员的受教育程度都较高，相对于其他群体而言，他们所追求的薪酬回报也较高，不仅仅是在物质层面的报酬，也有在精神层面的报酬，如自我价值的实现等。

（4）工作压力大，工作时间无法估算

工作项目一旦确定，专业技术人员往往会连续地、高强度地工作。除此之外，他们还面临着竞争压力，这种压力可能是来自公司外部的竞争对手的压力，也可能是来自公司内部同一项目不同小组的压力。同时，他们的工作时间并不仅限于在公司的正常工作时间，除了加班以外，为了保持思维的连贯性，需要连续利用自己的私人时间开展工作。

二 专业技术人员薪酬的常见问题

专业技术人员薪酬设计的关键是如何在一定的工作期限内评价专业技术人员对企业所做的贡献。除此之外,合理的薪酬设计还要体现出对专业技术人员的激励问题。因此,专业技术人员的薪酬设计要充分结合专业技术人员的特征来考虑。但由于专业技术人员工作的特殊性,对专业技术人员的薪酬管理还要处理好一些内在的矛盾问题。具体问题如下。

1. 企业和专业技术员工对其贡献的目标追求不同

专业技术人员在企业中经常遇到追求技术本身的完美性和企业追求利润等目标的矛盾。企业希望一种性能并不是很稳定的产品尽快抢占市场,而专业技术人员却希望该产品的稳定性更强一些;或者专业技术人员可能希望研制一种技术含量高的产品,而较少关注产品的市场前景,但企业对产品的技术含量就不是十分感兴趣,更加关注的是新产品的盈利价值。由于企业与员工对贡献衡量的标准认识不同,导致对薪酬公平性的理解有偏差,降低了薪酬对员工的激励作用。

2. 缺乏长期激励制度,薪酬的结构形式单一

从企业的实际状况来看,对管理类、生产类以及营销类人员来说,以对企业的短期贡献为基础的基本薪酬方式在现阶段是比较适用的。企业为了调动员工的积极性,鼓励员工多做贡献,通常把奖金作为重要的激励手段。事先以合同或规章制度的形式为员工确定一个短期的绩效目标和奖励标准,期末通过考核来决定发放奖金的数额。与生产或营销类的员工相比,专业技术人员的工作结果在很多时候不容易在短期内显现出来,从一个产品的初期立项、研发、测试到后期的销售并创造利润,需要一定的时间。而在初期阶段,企业看不到专业技术人员带来的贡献,若企业忽视专业技术工作的长期影响力,仅以短期工作绩效来决定员工的薪酬,会造成专业技术人员过度关注"短平快"的项目,而放弃能为企业带来长期利益的项目。

3. 薪酬没有体现出专业技术人员承担的学习费用

专业技术人员往往需要花费大量的时间和金钱学习新的理论和各种专业知识。而这部分投资又很难在短期内直接在工作绩效中体现出来。如果企业薪酬体现不出对员工本身人力资本投入的补偿,就会影响员工学习的积极性。

4. 专业技术人员薪酬未能体现出内部公平性

技术的开发工作,关键是要看开发产品的时间性以及市场的销售状况。专业技术开发人员从事的工作内容基本相同,但是他们在工作中投入的时间和精力却存在很大差异。因此,简单地根据他们所从事的工作来确定其薪酬水平,很难体现不同专业技术人员对企业所做出的贡献差别。但很多企业的专业技术人员的薪酬很平均,仅仅按职称、资历或者学历来确定,体现不出专业技术人员的价值。因此,在专业技术人员的薪酬设计过程中,有效区分不同专业技术人员的技术水平非常重要。

5. 薪酬结构不合理,不能有效满足需求

企业中员工的类型很多,不同层次、不同类型的员工对薪酬结构的要求有较大的差异。尤其是专业技术人员,由于受教育程度、工作性质和环境等方面的不同,他们具有独特的价值观,自主意识较强,更多地关注薪酬的内在激励性。大多数的专业技术人员都是风险回避型的,而且对专业技术的认同程度高,期望得到较高及稳定的收入。另外,除了工作条件和工作环境之外,专业技术人员会比较看重企业提供的继续教育和培训的机会。

三　专业技术人员的薪酬要求

现代企业将薪酬视为激励劳动效率的主要杠杆，不仅注重利用工资、奖金、福利等物质报酬激励劳动者，而且注重利用岗位的多样性、工作的挑战性、取得的成就、得到的认可、承担的责任、获取的新技巧和事业发展的机会等精神报酬从内部激励劳动者，从而使薪酬管理过程成为劳动者的激励过程。因此，对于专业技术人员的薪酬，应着重从以下几个方面来考虑。

1. 合理设计薪酬标准，体现出企业的发展战略

专业技术人员的薪酬设计必须解决企业的基本矛盾，即专业技术人员管理与企业发展战略之间的矛盾、企业发展与员工发展之间的矛盾。它强调企业设计薪酬时必须从企业战略的角度和专业技术人员的角度进行分析，制定的薪酬政策和制度必须体现企业发展战略和专业技术人员目标的要求。企业的薪酬不仅仅只是一种制度，它更是一种机制，合理的薪酬制度驱动那些有利于企业发展战略和调动专业技术人员积极性的因素的成长和提高，同时使那些不利于企业发展战略的因素得到有效的遏制和淘汰。

2. 专业技术成长与薪酬增长相挂钩

专业技术的成长与薪酬增长相挂钩为企业的专业技术人员开辟了一条薪资增长渠道，增加了增薪机会，改变了过去那种单纯依靠管理职位晋升实现增资的局面。另外，专业技术人员的技术职务晋升速度通过规定专业技术职务任职资格来调整，与学历紧密挂钩，学历越高，晋升速度越快，薪酬增长越快；学历越低，晋升速度越慢，薪酬增长也越慢。还要考虑到专业技术人员放弃专业技术进入管理阶层的问题，企业应在薪酬方面为专业技术人员寻求不同的晋升路线：一种是专业技术工作转变为管理工作，另一种是继续从事专业技术工作。无论是哪一条路线，专业技术人员都可以拥有薪酬增加的机会。

3. 薪酬的设计要体现出内部公平

相对公平是公平理论在薪酬设计中的运用，它强调企业在设计薪酬时要"一碗水端平"。一方面，企业专业技术人员之间的薪酬标准、尺度应是一致的；另一方面，对于技术人员比较多的一些企业来说，对技术类人员实行以技能为基础的基本薪酬确定方式可能比较合理，也比较有利。但在实行技能工资制的情况下，企业必须制定出明确的技能等级评价以及再评价的方案，而不能搞成变相的论资排辈。单纯依赖国家的职称评定系统来界定技术类人员技能等级的做法，已适应不了企业人力资源管理的需要，企业必须自行研究制定适用于本企业的技能资格等级标准并定期进行评价和重新评价，这样才能保证技能工资制真正落到实处。

4. 短期激励和长期激励相结合，关注员工的长期发展

专业技术人员的工作周期在很多时候比较长，而且其工作结果对企业的影响也是滞后的，甚至有时根本就显现不出来。所以，对他们的评价和激励不能以短期的利润为重要依据。对于有突出贡献的专业技术人员，应该给予一定金额的一次性奖励，或按其成果所创造的利润进行提成。为了解决短期的激励存在不足的问题，可以采取股票期权制，逐渐完善长期激励机制。企业给予员工股票的目的在于鼓励人才与企业共存亡，彼此倾向于订立长远的契约关系。通过股票期权制度，优秀专业技术人才可以获得相当可观的回报。同时，由于股票期权制度具有延期支付的特点，如果员工在合同期满之前离开公司，他就会丧失本来可以获得的期权，这样就加大了专业技术人员离职的机会成本。

5. 合理设计薪酬结构，满足专业技术人员的个性化需求

合理的薪酬结构应该能体现出各层职工的个性要求。大多数的专业技术人员都是风险回避型的，而且对专业技术的认同程度高，期望得到较高且稳定的收入，以潜心于专业研究。因此，专业技术人员的基本

薪酬应当在薪酬总额中占较大的比重，并且处于劳动力市场的领先地位，至少不应低于竞争对手支付的水平。另外，专业技术人员除了对工作条件和工作环境会比较看重外，可能更看重的是继续受教育和接受培训的机会。因此，针对专业技术人员的薪酬应体现出对这种机会的提供，并把知识水平和能力的提高作为加薪的依据。

【实例11-2】

高新技术企业X公司的技术经理包某，认为公司的工资低，而且没有发展前途，加上自己的技术水平不错，于是通过猎头公司准备跳槽。X公司认为包某走了之后，也不会对公司有太大影响，于是同意了包某的离职申请。包某熟悉行业的产品要求，技术能力过硬，很快被竞争对手录用。包某到了新公司，被任命为技术总监，工资待遇得到了很大的提升。

包某的离职给X公司的技术团队带来了不好的示范作用，技术人员的离职申请越来越多，引起了总经理的重视。公司人力资源部通过沟通了解，技术人员普遍反映岗位工资低，绩效奖金少，公司的开发任务重，没有项目奖金。此外，大家的工作沟通少，配合度低，工作没有积极性。

X公司如何应对技术人员不满工资待遇而陆续离职？

分析

在本案例中，我们可以看出X公司在人力资源管理以及薪酬管理中存在以下问题：

1. 漠视骨干离开

对于一家高新技术企业来说，技术经理肯定是公司的骨干员工。放任这样的人才离开公司，而且还让其加盟了竞争对手，总经理还认为这对公司没有太大的影响，可想而知这家企业对于人才这一块根本就不重视。

2. 技术人员工资低，结构不合理

技术人员工资低，特别是低于市场或者竞争对手，这家公司是肯定留不住人的。而且技术人员绩效奖金少，没有项目提成，这就谈不上对员工有任何的激励，再加上工作任务重，员工肯定有怨言。

3. 工作氛围差，缺少发展通道

包某作为技术经理不仅觉得工资低，更重要的是没有发展前途，在X公司向上发展的通道可能已经被堵死了，因此才会选择跳槽。而且技术团队之间的工作沟通少，工作氛围差，人心浮动，再加上包某的示范作用，因此X公司的技术人员纷纷选择离职。

针对以上问题，X公司在人力资源管理和薪酬管理上可以进行如下改进：

1. 树立重视人才的思想

X公司的高层领导应该认真检视一下自己，尽快统一思想，提高对于人才特别是骨干人才的重视程度。

2. 完善技术人员的薪酬结构

技术人员的薪酬结构不能按照普通员工的那样进行处理，他们这个群体属于知识型员工，工作有其特殊性，工作压力大且成果难以测量，但是对于企业特别是高新技术企业来讲重要性不言而喻。因此，X公司要完善技术人员的薪酬结构。首先，要做好薪酬调查工作，技术人员的工资水平至少不能低于市场平均水平或者竞争对手的工资水平；其次，设立一定的绩效奖金，X公司为技术人员设立相应的绩效考核制度，根据技术人员工作项目完成的情况进行考核，然后发放绩效奖金；再次，为技术人员增设项目提成，可以按照项目销售额的一定比例进行提成，这样可以增强对于技术人员的长期激励；最后，可以为骨干的技术人员提供员工持股计划，如干股奖励或者期权奖励，这样可以把员工个人发展与企业的发展紧密联系在一起，同时也能降低骨干人才的离职意愿。

3．为技术人员设置双重的职业发展通道

双重的职业发展通道，一个是管理通道，另一个是专业技术通道，这样可以给技术人员一个向上的发展空间和机会，让他们能充分地展示自己的才能。

4．增强了解和沟通，打造团队凝聚力

X公司的HR应该多组织一些活动，来增强技术团队成员之间的了解，加强他们之间的沟通，进而提高整个团队的凝聚力。

四　专业技术人员的薪酬制度

1．基本薪酬与加薪

专业技术人员的基本薪酬往往取决于他们所掌握的专业知识与技术的广度与深度以及他们运用这些知识与技术的熟练程度，而不是他们所从事的具体工作岗位的重要性。在基本薪酬一定的情况下，专业技术人员的加薪主要取决于他们的专业知识和技能的积累程度以及运用这些专业知识和技能的熟练水平的提高。因此，通过接受各种培训以及获得相应的学习机会提高自身的知识水平和能力，是专业技术人员获得加薪的一个主要途径。由于在知识水平一定的情况下，专业技术人员的工作经验是其生产率的一个很好的预测变量，因此，专业技术人员的薪酬随着工作年限的延长而上升的情况是很常见的。此外，专业技术人员的绩效评价结果对他们的加薪也会有一定的影响。

2．奖金

在专业技术人员的薪酬体系中，奖金的重要性不是很大，而在很多时候，他们的这种专业知识和技能本身是有明确的市场价值的。因此，专业技术人员通常可能获得较高的基本薪酬，即使有一定的奖金发放，但奖金所占的比例通常也比较小。一种可能的例外是，对从事技术或产品研发的专业技术人员，以及研发出为企业带来较多利润的新产品的专业技术人员或专业技术人员团队，企业往往会给予一定金额的一次性奖励，或者让他们分享新产品上市后一段时期内所产生的利润。

3．福利与服务

在专业技术人员比较多的企业中，企业除了尽力为专业技术人员的工作提供各种物质条件上的便利之外，还会尽量为员工提供一些在国内外进修深造的机会，为他们参加各种学术活动提供费用和时间上的便利。企业这样做，一方面是为了满足员工个人发展的需求，提高其对组织的忠诚度；另一方面是要使他们有机会吸收新的科技知识，接触本学科的前沿问题，学习其他企业同类人员的科研方法，同时建立企业间的技术合作关系，从而为员工个人和企业的未来发展创造条件。

第四节　外派员工的薪酬管理

一　外派员工概述

一般来说，跨国公司在配置人力资源时有三种策略：一是人力资源国际化策略，即不考虑员工的国籍，注重企业内部员工的工作能力与职位要求的匹配度；二是人力资源本土化策略，即帮助管理当地子公司的雇佣人员的国籍需与海外子公司所在的国家一致；三是人力资源母国化策略，即在世界各地的子公司中的重要管理职位都由母国总部所派遣的人员担任。这里所要探讨的是第三种人员，即跨国公司中的母国外派人员。

在不同的文化环境中，企业对外派员工的理解是不同的。对于欧洲和日本的多数企业来说，由于国内市场份额在企业的总销售额中所占比例很小，因此，员工被企业派驻到国外也就被本土员工视作职业生涯的一种常态，在多数情况下，这甚至成为一种相当有趣的挑战以及获得晋升的必备条件。而对于那些产品的国内销售份额占比较大的一些国家，如美国、加拿大、中国的企业来说，国内市场才是最重要的市场，员工们会把外派理解成远离企业经营的主流，去为企业做出一些新的尝试，而尝试的结果是成功还是失败似乎并不那么重要。在这样的企业里，外派任务通常会被交付到那些具有一定冒险精神、对目标国家比较了解或者已经有一定外派经验的个别员工手中。

一般来说，外派员工是指那些因为短期使命而被派至国外工作的员工，任期一般为1～5年。

温馨提示

异地派遣的优劣势

异地派遣的优劣势见表11-1。

表11-1　异地派遣的优劣势

影响对象	优势	劣势
公司	①弥补公司某个地区、某个城市的人才不足 ②增加内部人员的交流机会 ③贯彻企业文化理念，保持统一的内部管理水平	①容易使公司内部出现"裙带"关系 ②公司的薪酬福利成本较高
员工	①拓宽职业发展路径，增加工作轮换的机会 ②积累不同区域的工作经验 ③工作内容丰富	①异地生活上的不适应 ②员工回到派出地时，不容易得到妥善安置

二　外派员工薪酬的定价方式

人力资源管理者会考察不同的薪酬方案，组合或创新出一套适合本企业外派人员的薪酬制度，目前主流的外派人员的薪酬定价方案有六种：母国定价法、当地定价法、谈判法、平衡定价法、一次性支付法和自助餐法。

1. 母国定价法

母国定价法是指按照本国的国内（即跨国公司的母国）标准来确定外派员工的基薪，尤其是针对那些在国外工作一段时间以后就会返回母公司的员工。采用这种定价方式的好处在于能够维持外派人员在本国发展的延续性，使得员工在外派期满后能更快地适应本国母公司的薪酬制度。但这种薪酬方式的劣势也很明显：（1）外派员工与当地员工的薪酬差距可能会比较大，不利于保持公司内部管理的公平性；（2）如果外派国的薪酬水平普遍高于本国的薪酬水平，那么在这种定价方式下，企业对外派人员的激励效果较弱。

2. 当地定价法

当地定价法是指向处于类似职位的外派员工支付与东道国员工数量相同的薪酬，该方法有利于保持公司内部管理的公平性。

当地定价法适合长期的外派工作者，其优越性在以下两种情况中尤为明显：一是当员工从一个国家永久性地迁移到另外一个国家时；二是员工会在东道国度过余下的职业生涯时。当地定价法有利于增强员工对企业内部公平状况的认同感，保持企业员工的稳定性。但是，当企业把员工从生活水平较高的国家派往生活水平较低的国家时，采取此种方法会使员工产生不满；相反，若把员工从生活水平较低的国家派往生活水平较高的国家时，采取此种方法比较合适，但公司要考虑购买力的问题，虽然工资水平可能提高，但是物价水平也会随之提高。因而采取这种方式时，企业要时刻注意调整外派员工的工资水平，使之与当地的物价水平尽可能平衡，让员工能尽快适应当地的薪酬环境。

3. 谈判法

谈判法主要是针对那些外派需求较小的企业，通常外派人员的数量较少，因此，多为本地的管理者通过谈判的方式与即将外派的员工确定薪酬。一般来说，采用谈判的方式来确定外派人员的薪酬，简化了操作，降低了管理成本，而且因为外派人员参与制定薪酬标准，因此从心理层面上看，谈判法更容易被外派人员接受。但此种方法的缺点是，如果公司与处在相同环境下的两名外派员工之间的谈判结果存在很大差距，那么，就会挫伤薪酬水平较低一方的工作积极性，且损害公司与员工之间的信任关系，降低员工对组织的忠诚度。

4. 平衡定价法

平衡定价法的关键在于平衡，通过给员工支付一定数量的薪酬，确保员工在东道国享受到与母国相同或相近的生活水平，并使其薪酬水平、薪酬结构与母国同事始终具有一定的可比性。在此种方法下，员工的经济实力和购买力基本上不会受到什么损失，同时还可以确保员工在企业内部实现最大限度的流动性。这种方法操作起来较为复杂，管理成本高，只适用于那些工作变动性很高，不是长期在同一地点工作的外派员工。另一种情况是，子公司的员工来自世界各地，为了统一标准，这些公司通常将这些非当地员工的工资按照某一国家的制度来统一确定（通常按子公司的母国标准），从而方便管理工资制度。

5. 一次性支付法

一次性支付法是指在员工的基本薪酬和各种奖金之外附加一笔额外的补贴。这笔费用通常是一次性付清的，员工可以随意地支配，员工可以利用这笔费用在派出地维持稳定的生活水平，且不管员工如何选择都不会对其既有的薪酬造成任何影响，从而保证外派人员安心在派出地工作。与平衡定价法相比，一次性支付法的优点在于它可以最大限度地重现员工在母国时所享受到的薪酬水平，因此能够更好地满足外派员工对外派前后生活水平持平的要求。但是，计算一次性支付的具体额度就成为一个相当棘手的问题。

6. 自助餐法

自助餐法是指企业向员工提供各种不同的薪酬组合供员工自己选择，也就是在薪酬总量一定的情况下，外派员工可以选择自己认为最理想的薪酬构成及其相应的薪酬水平。因此，自助餐法与一次性支付法在很大程度上具有共通之处，但相比较而言，自助餐法是一种更为开放的体系，它赋予员工更多的自主权，因此也就更容易起到激励员工的作用。

温馨提示

不同的外派员工薪酬确定方式比较

几种不同的外派员工的薪酬确定方式比较见表11-2。

表11-2　不同的外派员工薪酬确定方式比较

定价方式	适用对象	优势	劣势
母国定价法	外派人员执行短期外派任务	管理简单、减少外派员工回国后的不适应	不利于子公司内部的公平性管理

（续上表）

定价方式	适用对象	优势	劣势
当地定价法	外派人员执行长期性的外派任务	管理简单、外派员工和当地员工之间的薪酬的公平程度相当	外派员工与当地员工之间的经济状况可能存在较大的差距，通常需要借助谈判来弥补
谈判法	外派人员较少或企业需要临时紧急外派人员	管理简单	外派员工数量一旦增多，管理难度和管理成本会大幅增加
平衡定价法	有经验的中高层外派管理人员	维持公司内部薪酬的平衡性，便于员工在企业内部流动	管理难度较大，在一定程度上会损害外派人员的收入
一次性支付法	仅适用于执行短期任务（少于3年）且会回国的外派员工	和平衡定价法相比，更有利于维持与国内薪酬水平之间的平衡性，不会损害外派人员的经济收入	汇率的变动使其无法适用于所有的外派员工，只能适用于外派期较短的员工
自助餐法	高层外派管理人员，薪酬收入较高的外派人员	外派人员拥有一定自主权，更容易让员工接受	如果这一类人员数量较多，在管理上难度较大

三 外派员工的薪酬制度

一般来说，外派员工的薪酬体系由基本薪酬、奖金、补贴和福利这四个部分组成。

1. 基本薪酬

外派员工的基本薪酬是其在派出地生活的基本保障，必须慎重对待。首先，外派员工的基本薪酬应该在派出地具有一定的竞争力，以保证外派员工能过上较好的生活。其次，外派员工的基本薪酬应该和在国内与其所在职位相似的同事处于同一个薪酬等级上，以保证企业内部薪酬的公平性，避免挫伤员工积极性。但由于外派员工在国外工作，他们所面临的问题也会和在国内时不同，因此，在确定外派员工的薪酬时，一定要参考多方面的信息，并且经常进行调整。

2. 奖金

在管理外派员工时，企业需要考虑到外派员工身处于全新的工作环境中，为了使他们保持与在国内时一样的工作状态，企业需要发放一些奖金以激励外派员工在国外努力工作。另外，也有一些公司将薪酬确定为一个奖金总额，称为工作变动资金，分别在外派工作开始和结束时发放。这种薪酬的激励作用在那些不停变换工作地点的员工身上体现得尤为明显。

3. 补贴

发放补贴的目的是使外派员工在外派国时与在国内时的工作环境和生活环境相差不大，对他们的生活成本进行补偿，从而使他们在外派地能维持和在国内时基本相同的生活水平。一般来说，企业为外派员工提供的基本补贴通常与税收、住房、教育成本、生活费用、利率差异等有一定的关系。

4. 福利

对于外派期限一定的员工，公司需为他们解决的主要福利问题是员工养老金的管理。按母国制度管理外派员工的养老金与按母国制度确定员工的基本薪酬是一致的，这种管理方法同样也适用于其他员工福利的管理等。跨国公司通常会承担外派员工的多种费用，如负责员工在子公司所在地的安置费用，负责其财物的运送和保管等。另外，母公司还提供休假和特殊假期等假期福利，如在艰苦地区工作的驻外人员通常能获得额外的休假费用和疗养假期。

【实例11-3】

M公司为一家外资公司，拟向国际派遣员工，试为其制订一份薪酬福利计划。

分析

M公司国际派遣员工的薪酬福利计划参见表11-3。

表11-3　M公司国际派遣员工的薪酬福利计划

调动类型	基本薪酬	奖金	福利/补贴
一般调动	一般不进行调整。员工可以根据个人情况将基本薪酬分成不同比例在两个国家领取	考虑员工会返回派出城市，一般不进行调整	①正常的社保、公积金在派出城市/国家缴纳 ②派出国继续发放正常的福利补贴 ③海外津贴（城市指数）/艰苦补贴 ④一次性安家费 ⑤往返搬家费 ⑥临时酒店住宿（15/30天）/临时餐饮补贴 ⑦住房补贴（根据城市类别/员工级别/家庭） ⑧探亲假 ⑨探亲费用报销/签证申请费用 ⑩交通补贴/配车（司机）子女教育费 ⑪员工语言培训 ⑫海外医疗/安全保险
特殊调动	—	为特殊的项目或者特殊的业务设定项目/业务完成奖	①增加艰苦补贴，或者配车 ②增加探亲假 ③增加探亲频率 ④增加特殊保险

疑难解答

1. 对于复杂的国际员工派遣，公司如何进行有效的管理？

为了解决复杂的国际派遣问题，公司可以从战略层面、组织层面和操作层面进行管理。

战略层面：国际派遣战略属于公司人力资源战略的一部分，应该和公司的业务发展战略保持一致。公司应该在全球制定统一的国际派遣战略。同时，考虑到各个国家或者地区情况的复杂性，公司应该制定统一的管理制度，确保员工在不同国家之间流动的时候能够获得比较公平的待遇。

组织层面：全球性外资企业一般会有统一的组织机构来管理国际派遣员工。这样的机构一般被称为国际外派管理中心，由总部统一管理，确保总部的政策能够在各个区域、各个国家得到统一管理。

操作层面：操作流程的标准化是整合性外派管理的重点。操作流程里涉及不同的角色，如员工、员工在派出国和派驻国的经理、员工在派出国和派驻国的主管HR，以及国际外派管理中心人员等。

2. 开展国际外派工作时，公司是不是必须建立一个国际外派管理中心？

对于国际外派工作的管理，各公司可根据自身规模以及运营状况采用不同的模式，并非一定要建立统一的国际外派中心。很多公司最初都是由派出国和派驻国的HR、业务经理制定国际外派员工的薪酬福利政策。随着公司不断扩大规模，才逐步建立统一的国际外派管理部门。

3. 公司应该重视国际派遣员工的回国安置问题吗?

很多跨国公司拥有比较完善的国际派遣管理组织、制度、流程。但是,公司往往会忽视员工在外派期结束之后,返回派出国的安置问题。

公司对于国际派遣员工的安置,特别是员工返回到母国家之后的工作安置,是特别重要的。一方面,员工国际派遣时间越长,原业务、职位、工作环境的变化越大,特别是高级管理职位的变动更大,员工回国后会因为不适应或者产生落差而离职。另一方面,由于国际派遣带来的自身价值的"增值",员工会在回国之后的半年之内,寻找外部的就业机会。从这个角度说,员工国际调动时间越久、职位越高,员工在回国后的半年之内越容易离职。

温馨提示

国际派遣管理最为复杂的原因

在异地派遣管理工作中,国际派遣的管理方式最为复杂,主要原因在于以下几点。

1. 各个国家税制管理不统一。员工在另外一个国家工作,产生的各种税务问题,既要符合所在国家的税务要求,又要考虑母国家(派出国家)的税务要求。由于各个国家税制管理标准不统一,势必对员工的税后收入产生影响。

2. 各个国家薪酬福利实践习惯不同。虽然员工是在一个集团内部调动,但是会遇到不同国家的薪酬结构不同的情况。这就给薪酬管理人员平衡员工在派出国、派驻国之间的薪酬福利提出了挑战。

3. 各个国家语言文化的差异。对于语言文化的差异给员工造成的影响,有一个非常贴切的英文词汇"Culture Shock(文化冲击)"。可以想象员工在另外的国家生活,势必会感受到文化、价值观、家庭生活等诸多不便。

4. 各个国家在外国人用工的签证管理上各有不同。有些国家对于这种国际派遣的用工形式审批非常严格。即便是员工已经到了派驻国工作,也需要接受某种审核。

5. 其他方面的困难,如派驻国环境气候的问题、社会政治、宗教因素等。有些员工由于不了解派驻国的宗教信仰,无意中触犯了某些"约定俗成"的习惯,给自己和公司带来了很大麻烦。

本章思维导图

员工福利管理

- 员工福利的基本内容
  - 福利对企业和员工的影响
    - 福利的概念
    - 福利的特点
  - 福利对企业的影响
    - 福利可享受国家的税收优惠政策、提高企业成本支出的有效性
    - 员工福利是一种很好地起到吸引提高员工工作效率的作用
    - 福利设计可以起到激励员工的作用
    - 税收的优惠
  - 福利对员工的影响
    - 集体购买的优惠或规模经济效应
    - 员工的偏好
    - 平等利归属的需要
  - 员工福利存在的普遍问题
    - 对福利的认识不清晰
    - 福利成本居高不下
    - 福利的回报性不高
    - 福利制度缺乏灵活性和针对性

- 员工福利的类型
  - 法定保险福利
    - 基本养老保险
      - 统一企业和职工个人的缴费比例
      - 统一个人账户的规模
      - 统一基本养老金的计发办法
    - 基本医疗保险
    - 失业保险
    - 工伤保险
    - 生育保险
    - 住房公积金
  - 员工补充保险福利
    - 企业年金
      - 企业年金的分类
      - 我国企业年金计划的框架
    - 团体人寿保险
    - 补充医疗保险计划
      - 补充医疗保险的意义
      - 我国补充医疗保险的模式
  - 非工作日福利
    - 公休假日和法定假日
    - 事薪休假
    - 病假

- 员工福利模式的选择与员工福利计划的制定
  - 企业员工福利模式的选择
    - 市场领先型模式
    - 市场匹配型模式
    - 市场落后型模式
    - 经济型福利模式
    - 非经济型福利模式
    - 固定福利模式
    - 弹性福利模式
    - 福利模式的选择
      - 确定员工福利计划的水平
      - 确定员工福利项目的内容
      - 确定员工福利计划的灵活性
  - 员工福利计划的制定
    - 福利总量的选择
      - 总体的薪酬战略目标
      - 企业的发展特点
      - 员工队伍的特点
    - 福利构成的确定

  - 弹性福利制度
    - 弹性福利计划的类型
      - 套餐式员工福利
      - 附加型弹性福利
      - 核心加选择型弹性福利
    - 弹性福利计划的设计原则
      - 设计要符合企业的支付能力
      - 做好充分的需求调查，调动员工参与的积极性
      - 清晰界定不同项目之间的关系
    - 弹性福利计划的制定
    - 弹性福利计划的实施
      - 福利沟通
      - 福利监控

第一节 员工福利的基本内容

一 福利的概念

对于福利的概念，不同国家的不同学者有着不同的界定。按照现代薪酬的概念，员工福利被界定为总报酬的一部分，它不是按工作时间给付的，是支付给全体或一部分员工的报酬（如法定保险项目、带薪休假等）。尽管对于员工福利的定义有所不同，但总体来看其含义基本相似，都是指企业依据国家的相关法律、法规以及企业自身情况为员工提供的各种非货币报酬与服务，包括各种社会保险项目、企业补充保险项目以及其他补贴制度，增加集体福利设施和举办文体活动等，从而为员工提供生活方便，减轻员工生活负担，丰富员工的文化生活。它是企业支付给员工的工资之外的报酬，对维持劳动力再生产，满足员工对物质和文化生活多层次的需要，实现企业留住、吸引和激励人才的组织目标，起着十分重要的作用。

温馨提示

福利的发展历史

员工福利是伴随着工业化的发展和产业工人的增加逐渐兴起的，它的发展历史可以追溯到19世纪初甚至更早时期的欧洲和北美，政府通过雇佣标准和事故赔偿立法等劳动力市场的规制措施，要求企业为员工的福利承担更多的责任。

19世纪80年代，德国政府相继颁布了一系列社会保险法令，如1883年的《工人疾病保险法》、1884年的《工伤事故保险法》和1889年的《老年和残障保险法》，这标志着世界上第一个社会保险体系的建立。英国政府于1906年颁布了《工人补偿法》，1911年制定了全面、综合的《工资工时法》。后者主要条款包括：每周40小时工时，每小时最低工资40美分；禁止使用16岁以下童工，在危险性行业中，禁止使用18岁以下工人；企业安排员工加班，必须按工资标准的150%向员工支付加班费等。

20世纪40年代，员工福利在工业化国家得到迅速发展。第二次世界大战时期，美国联邦政府采取工资物价稳定政策，严格限制工资的增长，即使如此，对公司福利部分的开支也未加限制。由于战争状态的不稳定性，为了招募和保留人才，许多公司甚至增加了养老金、人寿保险和医疗保障计划这类福利措施。

20世纪中叶以来，随着企业员工福利项目的增加和水平的提高，企业员工的福利支出不断增加。以美国为例，其员工福利除了法定的养老保险、失业保险、工伤保险等，还有很多补充福利，如搬家费、利润分享、住房补贴、企业年金等。

二 福利的特点

与基本工资、绩效工资和奖金相比，福利具有明显的特点：

（1）稳定性。福利项目相对比较稳定，和企业薪酬的其他部分相比，福利具有更大的稳定性。一般在确定以后，很难更改或取消。

（2）潜在性。福利消费具有一定的潜在性。基本工资、绩效工资以及奖金是员工能拿到手中的货币支付工资，而福利则是员工所消费或享受到的物质或者服务。所以，员工可能会低估企业的福利成本，并抱怨其某些要求得不到满足。同样，管理人员也可能无法意识到福利的成本及其作用。

（3）延迟性。福利中的很多项目是免税的或者税收是延迟的。这种免税或者税收延迟无形中就减少了企业的开支，使企业能把更多的资金花在改进工作效率或者改善工作条件、提高员工的福利水平上。

正是福利在上述三个方面的重要特征，决定了被称为间接薪酬的福利作为企业总薪酬的一个重要组成部分，在企业的薪酬系统中发挥着自己独特的作用。

> **温馨提示**
>
> **福利与工资有什么关系**
>
> 工资和福利共同构成了薪酬体系，这两者既有区别又有联系。
>
> 1. 区别
>
> （1）产生的效用不同。工资对于员工的生活水平起决定性作用，而福利则是在此基础上起到一种保障和提高的作用。
>
> （2）支付依据不同。工资是按劳付酬，或按能力、业绩支付，不同岗位的员工以及同一岗位不同员工之间均存在着工资差别；而福利则在很大程度上是按需支付。
>
> （3）支付形式不同。工资具有即期现金支付的特点，而福利则多以实物和延期支付为主。
>
> （4）费用来源不同。工资来源于直接的劳动再生产费用，而福利则来源于间接的劳动生产费用。
>
> （5）列支渠道不同。工资从成本中列支，而有些福利项目从利润中支付，不计入成本，享有税收优惠。
>
> 此外，工资具有个别性、稳定性，而福利则具有集体性和随机性。
>
> 2. 联系
>
> （1）工资和福利同属员工的劳动所得，属于劳动报酬的范畴。
>
> （2）两者均具有经济保障功能。
>
> （3）两者都要在一定程度上受到政府法律法规的约束。
>
> （4）两者均具有一些弹性项目，可以依据经济条件的变化而做出调整，以满足不同的员工需求。

三　福利对企业和员工的影响

1. 福利对企业的影响

（1）福利可享受国家的税收优惠政策，提高企业成本支出的有效性

员工福利计划所受到的税收待遇往往要比货币薪酬所受到的税收待遇更优惠。为员工所提供的同等价值的福利比在货币薪酬上所支出的同等货币能够产生更大的潜在价值。对企业来说，虽然用于现金报酬和大多数员工福利项目的开支都可以列为成本开支而不必纳税，但是增加员工的现金报酬会导致企业必须缴纳的社会保险费用上升，而用来购买或举办大多数员工福利项目的成本却可以享受免税待遇。企业将一定的收入以福利的形式而不是现金的形式提供给员工更具有成本方面的优势。

（2）福利是一种很好的吸引和保留员工的工具

有吸引力的员工福利计划既能帮助组织招聘到高素质的员工，同时又能保证已经被雇佣来的高素质员工能够继续留在组织中工作。福利计划有助于营造和谐的企业文化，强化员工的忠诚度。组织通过福利的形式，为员工提供各种照顾，会让员工感觉到企业和员工之间不仅仅是一种单纯的经济契约关系，从而在雇佣关系中增加一种类似家庭关系的感情成分，提高员工的工作满意度，或者减少员工的不满情绪。

（3）员工福利可以起到提高员工工作效率的作用

企业为员工提供诸如体检、保健等项目，可以预防职工患病；为员工提供各种休闲或者休假的福利，可以使员工保持良好的精神状态，能够全身心地投入到工作中去。因此，有效的员工福利项目，既可以减少企业的开支，又能够达到保障员工权益、提高工作效率的目的。

（4）福利设计可以起到激励员工的作用

企业在设计福利制度的时候，可以适当地考虑差别因素。在设计时，可以将员工享受的福利水平与职位评价、绩效考核结合起来，对不同职位和不同绩效表现的员工提供有差异的福利。这样，福利就可以在一定程度上起到激励的作用，从而有利于企业实现人力资源管理的战略目标。

2. 员工福利对员工的影响

（1）税收的优惠

福利不仅对企业来说存在税收优惠，对员工来说也同样如此。以福利形式所获得的收入往往无须缴纳个人收入所得税；即使需要缴税，往往也不是在现期，而是等到员工退休以后。到那个时候，员工的总体收入水平就会比他们在工作的时候低，从而所面临的税收水平会更低。这样，他们还是能够享受到一定的税收优惠。因此，在企业薪酬成本一定的情况下，员工直接从企业获得福利，与自己用拿到手的薪酬收入再去购买福利相比，其成本要低许多，节省的那一部分就相当于所缴纳的税金。

（2）集体购买的优惠或规模经济效应

员工福利中的许多内容是员工工作或生活所必需的，即员工福利具有其自身的实际价值。即使企业不为员工提供这些福利，员工自己也要花钱去购买。而在许多商品和服务的购买方面，集体购买显然比个人购买更具有价格方面的优势。代表较大员工群体的企业可以因规模经济而以较低的费率购买保险，企业在代表员工与保险服务提供商或者医疗服务提供商进行谈判时，其谈判力量显然比单个员工更强。此外，企业还可以以较低的成本为员工提供某些项目的服务，因为它可以将固定成本分散到较多的员工身上，从而降低每位员工所承担的成本。如果每位员工自己去购买某种福利，则福利的成本可能会很高。

（3）员工的偏好

从经济学的角度来说，大多数劳动者都是风险规避型的，他们在收入方面会追求收入稳定性，不希望收入存在风险波动。与基本薪酬和浮动薪酬相比，福利的稳定性无疑更大。这样，那些追求稳定和安全感的员工会对福利比较感兴趣。即使对同一个人来说，在其职业生涯的不同阶段，他们对福利的偏好也是不同的。对于有孩子的中年人以及接近退休的老人来说，福利的吸引力通常比较大。

（4）平等和归属的需要

员工在一个企业中工作的时候并不只有经济方面的需要，他们还产生心理方面的需要，比如受到尊重和公平对待以及有归属感的需要等。直接薪酬更为偏重员工的能力和业绩，而福利则可以满足员工在平等和归属等其他方面的一些需要。事实上，福利水平的高低会直接影响到一家企业内部的雇佣关系的性质。在力图培养企业和员工之间的长期雇佣关系的企业中，福利的项目往往比较多，福利水平相对来说也会比较高。

四 员工福利存在的普遍问题

1. 对福利的认识不清晰

在实践中，到底企业应当提供何种福利，员工应当享受何种福利，大家的认识都很模糊。从企业的角度来说，什么样的福利能够满足员工的需求？员工的哪些福利应当由企业来满足？哪些应当由社会保障系统、其他系统或成员自己来满足？如何保持企业福利制度的连续性？企业应当在福利项目中承担多大的成本？这些问题始终困扰着企业。很多时候企业只是在被动地制定福利方案，对于这些福利方案存在的合理性及其实施效果却并不是很清楚。从员工的角度来说，他们只知道自己对某些福利存在需求，但并不清楚企业是否应当满足自己这方面的需求。大多数员工对企业所提供的福利的种类、期限以及适用范围是模糊不清、一知半解的。

2. 福利成本居高不下

福利的成本几乎是每一家企业都会遇到的问题。福利开支对企业的人工成本影响非常大，许多企业都在千方百计地压缩福利成本和预算。一方面，存在福利总成本过高的问题；另一方面，还存在企业的福利成本增长过快的问题。一种情况是企业在实施福利的初期，没有预见到福利发展到一定阶段之后，给企业所带来的成本可能是非常高的。由于在初期设计福利的时候没有考虑到未来的风险，所以导致后来企业越来越不堪重负。另一种情况是由于外界环境变化所致。

3. 福利的回报性不高

许多企业明显感到自己在福利方面付出了很大的代价，但是没有得到相应的回报。一方面，员工将享受福利看成是自己的一种既定权利或正当利益，对企业所提供的福利越来越不满足；另一方面，企业看到自己的经济负担越来越重，管理方面的麻烦也越来越多，但是并没有什么明显的收益。造成这种情况的一个重要原因可能是企业的福利缺少计划性。此外，员工的道德风险也是一个不可忽视的问题。

4. 福利制度缺乏灵活性和针对性

传统的福利制度大多是针对传统的工作方式和家庭模式的，随着劳动力队伍构成的变化，不同文化层次、不同收入层次的员工对福利的需求产生了较大的差异。而传统的福利制度则相对固定和死板，对有些人会出现重复保险的问题，对另一些人则存在保险不足的问题，并且很难满足多样化和人性化的福利需求。企业一旦制定了某种福利计划，这种福利计划就会对所有的员工开放。这样，一方面有可能会出现企业花了很多钱实行某种福利，但是这种福利对于一些员工来说没有价值的情况；另一方面又可能会出现企业由于担心福利成本增加而放弃某种福利，结果导致对某种福利具有很高需求的员工无法享受这种福利的情况。

【实例12-1】

W企业的规模不是很大，但生产的产品质量不错，一年的销售额不少，利润率也不低。新官上任，老板要你将公司的福利打理一下，原因是公司"花了很多钱，但讨不到员工欢心"。公司实行车贴，但是没车的员工怨声载道；公司实行幼儿免费入托，可是没有小孩或小孩不上幼儿园的员工又颇有微词；逢年过节，公司统一给员工送的礼物也引起不少员工的不满，认为不如"红包、奖金"实惠。福利"众口难调"，如何打理才能让员工对公司福利满意呢？

分析

我们可以看出，造成员工怨声载道的根本原因是"这个福利不是我想要的"。具体可以采取以下办法：（1）提升福利支出的透明度并大力宣传，可以在年底给出每个员工的福利报告总结，让员工清楚公司在他身上花了多少钱；（2）强化和改善预防性健康福利和保健福利，因为除了带薪休假和"五险一金"之外，健康类福利是员工最关心的福利；（3）引入弹性福利机制。

弹性福利的核心在于赋予员工对福利的选择权和决定权，员工有决定参加或不参加某项福利项目的权利；在特定的福利项目中，员工有福利品选择的权利，比如中秋节福利中员工可以有多种选择，不是只有月饼；员工有在企业给予福利的基础上自费升级的权利，比如体检时可以自费升级检查项目更多的套餐。

【实例12-2】

张俊生是某国企的人力资源部主管。几年前，他入职到该企业，当时企业效益不错，福利也多，不用掏钱可以分到吃不完的粮油，上下班免费接送，有的职工甚至还可以外出旅游度假。能在这样的企业工作，他觉得荣耀和自豪，并产生一种内在的归属感。而近几年，他发现一些单位技术骨干不断跳槽，流入一家工资高出3倍的其他同行企业。对员工满意度进行调查，近七成的职工对单位的福利不再感兴趣，而是倾向拥有较高工资。张俊生意识到，要单位拿出同样高工资留住人才是不现实的，而福利对员工的激励功能明显减弱，有无福利一个样，福利多少也一个样。作为人力资源部门主管，该不该向领导提出建议，取消一部分没用的福利呢？张俊生很是困惑，请你来帮其分析并提出解决思路。

分析

福利是否有用呢？说福利没用，是对的。因为，无论企业和员工看来，花费在福利上的投资大于产出，福利没有起到它应有的激励作用，没有调动起员工对企业的凝聚力和对工作的积极性。然而，说福利没用，又不正确。当企业确实取消福利时，员工会感到曾经拥有的东西不再拥有，失去了许多，对企业的离心力将加大，可能导致更多的员工流失。因此，在激烈的市场竞争中，小规模的企业在不能满足员工高工资需要的前提下，要挽留住自己的员工，激发员工的积极性，除非花费心思做好员工福利外，还有什么更好的办法呢？上述案例中，张俊生作为人力资源部门的主管，不应当考虑是不是砍掉某项具体的没用的福利，而应当首先审视自己单位的福利在管理上是不是出现了问题。错误的福利企业在福利管理方面常常犯以下几种错误：

1. 搞平均福利。不管什么性质的福利，分配搞平均主义，人人有份，没有份额差别，没有工作好坏，不讲对工作的贡献大小。表面上看好像公平，其实本质上反而损害了公平。

2. 搞秘密福利。有的福利不让大部分员工知悉，只在小范围内的人员中发放。大部分员工也根本没有渠道去了解还有什么特殊的福利，只在不小心碰见的员工大包小包从单位往家搬送时，才恍然大悟。

3. 搞职务福利。把福利与担任职务挂起钩来，不问工作绩效的实际贡献。只要在这个位子上，你就可以享有通信、私车或者住房等方面的一定级别待遇，即使犯个错免了职也可以仍然保留原职级福利，想当然地认为，工作干好了都是领导做出了大成绩，福利自然也就当先了。有如此的官本位福利，出现跑官要官现象不足为怪。

4. 搞关系福利。因为福利有利可图，所以成为极少数管理人员拉拢关系的筹码。和我关系不错，就给你分配点福利，大关系大福利，小关系小福利。福利还成了一种交易，以此福利换彼福利。要想得到一个度假指标，没有几层关系是不行的。本是大家的福利，却被少数人演变成私人的福利。

福利失去激励作用，罪不在本身，应当归责于我们的管理者，没有深刻地认识福利的功能，没有下功夫去研究福利如何管理，更没有随着环境形势的变化，及时地去改善我们在福利管理上存在的不适应地方。如何强化福利的激励作用呢？

1. 福利政策正确导向。企业采取福利措施，目标是使员工行为与企业行为保持高度一致，有效地将广大员工团结在一起，群心群力，实现企业利润最大化。福利从本质上讲又是一种补充性报酬，既然是报酬，应当以员工支付合理劳动为对价。因此，企业的福利政策要涵盖福利设定的目标和相应的对员工行为的要求两方面内容，具备对员工的认识和行为进行正确导向的功能。一项企业福利政策，应当向员工表达和传递以下信息：

（1）员工福利与企业绩效相挂钩。

（2）员工福利与个人工作表现及贡献相挂钩。

2. 履行告知义务。企业应当采取恰当的传播渠道，将企业的福利政策告诉所有员工，例如可以将福利政策写进员工手册。一定要让员工清楚企业有什么福利，不同的福利对自己的要求是什么，明确自己应该朝什么方向去努力。这是企业应尽的义务，也是尊重员工知情权的需要。

3. 区分福利层次。要按对企业贡献程度，将福利设定不同的等级层次。要规定什么样的福利属于保障性福利，是全体员工都应该享有的；什么样的福利属于绩效性福利，只有工作绩效达到时才能享有，而且达到不同的绩效，享受不同的绩效福利。

4. 适时增减福利项目。企业绩效随着市场环境变化会有起落，企业的福利一定要及时反映企业绩效的变化。企业绩效转好，应当适时地增加一些新的福利项目；企业绩效下降，也要相应地暂时性裁减部分福利项目。通过员工福利变化，要让员工感知企业生存的变化，取得员工对企业的认同感，培养员工和企业生命息息相关的潜意识。

5. 特色福利。企业必须搞自己的特色福利，有特色才有吸引力。企业有能力增加福利投入时，可以本着"人无我有、人有我精"的原则，设定福利项目。如果在福利投入既定不变的情况下，则要秉着"集中使用投资"的原则，创新一些不同于别的企业的福利项目，保持福利的新颖特征。

6. 自助式分配。不同员工有不同的需要，福利分配应当充分尊重员工的需要，采取"自助餐"式的福利分配方式是最好的选择，对员工和企业两全其美。员工可以发挥主动性，尽己所需，企业不用强迫，收效显著。不过这种方式需要企业有能力提供可选择的多样化方案。

7. 公正兑现。一方面，要求企业管理者说到做到，言行一致，对员工的许诺在时机成熟时一定要兑现。不能当企业绩效不好时取消员工福利，要求员工理解；而当企业绩效见增时，对员工的呼声却充耳不闻。另一方面，企业奖励员工福利时，要让其他员工心服口服，让他们了解该项福利确确实实就是该员工应当享有的。可以将享有特别福利的员工名单进行公示。

疑难解答

1. 福利高的企业就是好企业吗？

众所周知，企业是一个盈利机构，是靠利润来支撑的，没有利润，别说福利了，连生存下去都只能是妄想。现代管理学之父彼得·德鲁克说过：企业的首要任务是盈利，不能盈利的企业是犯罪。所以，企业提供高福利的终极目的是提升盈利能力，而不是搞慈善。如果不能提高盈利能力，高福利注定不长久。

那么，企业靠什么才能盈利？市场经济条件下，能让企业盈利的一定是优质的产品和服务。这些都是依靠优秀人才才有可能做到的。所以，企业应当抓住经营的根本问题，而不是所谓的高福利。

2. 小型企业中薪酬与福利管理如何规范化？

做一个薪酬体系，设定职级、岗位，根据市场的相应薪酬数据，分别设定出一个范围或者一个额度。流程管理上也需要规定由谁来制定薪酬标准、谁来提出薪资调整、谁来确定等。以及要做好薪酬管理，比如明确什么情况下可以调薪、调薪的条件等。

第二节 员工福利的类型

福利自身包含的项目较多，从不同的角度可以对福利进行多种分类。通常依据福利项目的提供是否具有法律强制力，可以分为法定福利和企业补充福利。法定福利主要包括基本养老保险、基本医疗保险、工伤保险、失业保险、生育保险和住房公积金。企业补充福利是在国家强制之外由企业提供的福利项目，种类繁多，包括补充养老和医疗保险、住房福利、带薪休假以及其他各种服务项目。

依据福利选择的灵活性，可以分为固定福利和弹性福利。固定福利设定后，员工没有选择的余地，而在弹性福利计划下，员工可以根据自己的偏好在一定范围内灵活选择。

根据福利的表现形式，可以分为经济性福利和非经济性福利。前者包括企业支付的各种保险项目、住房补贴等；后者主要表现为培训机会、职业生涯设计、良好的工作环境等。

一　法定保险福利

所谓法定福利，是由国家相关法律和法规规定的福利内容。国家法定福利具有强制性，任何企业都必须执行。《中华人民共和国劳动法》第七十六条明确规定：“用人单位应当创造条件，改善集体福利，提高劳动者的福利待遇。”我国目前的法定福利主要包括社会保险和法定休假。

1. 基本养老保险

养老保险是国家和社会根据一定的法律和法规，为劳动者或全体社会成员建立的老年收入保障制度，是在劳动者达到国家规定的解除劳动义务的劳动年龄或因年老丧失劳动能力退出劳动岗位后，为解决其基本生活保障问题所做的一项强制性的制度安排。1997年，国务院颁布了《国务院关于建立统一的企业职工基本养老保险制度的决定》（以下简称《决定》），该《决定》的出台，标志着我国新型社会养老保险体系的正式确立。《决定》按照社会统筹与个人账户相结合的原则，从以下三个方面统一了企业职工基本养老保险制度。

（1）统一企业和职工个人的缴费比例

企业缴费比例一般不得超过企业工资总额的20%，具体比例由各省、自治区、直辖市人民政府确定；个人缴费比例在1997年不低于本人缴费工资的4%，1998年起每两年提高1个百分点，最终达到本人缴费工资的8%。

（2）统一个人账户的规模

按本人缴费工资的11%为每个职工建立基本养老保险个人账户，个人缴费全部记入个人账户，其余部分从企业缴费中划入。随着个人缴费比例的提高，企业划入的部分应降至3%。

（3）统一基本养老金的计发办法

基本养老金包括基础养老金和个人账户养老金两部分，基础养老金月标准为省、自治区、直辖市或地（市）上年度职工月平均工资的20%，个人账户养老金月标准为本人账户储存额除以120。

在《决定》实施的过程中，对于跨地区流动就业的劳动者，尤其是流动性较强的农民工来说，在不同地区参保，缴费年限不能累计计算，基本养老保险关系无法顺畅地转移接续，使其在进入养老阶段时利益受损甚至无法得到保障，降低了这些劳动者参保缴费的积极性。为了切实保障参加城镇企业职工基本养老保险人员的合法权益，各省（区、市）陆续出台了养老保险省级统筹办法，城镇职工和农民工在本省内城市间流动就业，基本可以实现养老保险关系转移接续。为了保证参保人员跨省流动并在城镇就业时基本养老保险关系的顺畅转移接续，2009年12月，国务院召开会议通过了人力资源和社会保障部、财政部关于《城镇企业职工基本养老保险关系转移接续暂行办法》（以下简称《暂行办法》），并于2010年1月1日起实施。《暂行办法》规定，包括农民工在内的参加城镇企业职工基本养老保险的所有人员，其基本养老保险关系可在跨省就业时随同转移；在转移个人账户储存额的同时，还转移部分单位缴费；参保人员在各地的缴费年限合并计算，个人账户储存额累计计算，对农民工一视同仁。为了避免参保人员因办理转续关系而在两地往返奔波，《暂行办法》规定了统一的办理流程，参保人员离开就业地，由社保经办机构发给参保缴费凭证；在新就业地参保，只需提出转续关系的书面申请，转入和转出地社保经办机构为其协调办理审核、确认和跨地区转续手续。国家将建立全国统一的社保机构信息库和基本养老保险参保缴费信息查询服务系统，发行全国通用的社会保障卡。

2. 基本医疗保险

医疗保险是指由国家立法规定并强制实施的，为了分担疾病风险带来的经济损失而设立的一项社会保险制度，由国家、用人单位和个人集资（缴保险费）建立医疗保险基金，在个人生病或受到伤害后，由社会医疗保险机构给予一定的物质帮助。1998年，国务院颁布的《国务院关于建立城镇职工基本医疗保险制度的决定》，奠定了新时期职工医疗保险制度的框架。

新的医疗保险制度的内容主要包括：基本医疗保险费实施职工和企业共同负担的原则；基本医疗保险基金实行社会统筹与个人账户相结合；用人单位缴费率为职工工资总额的6%左右，职工缴费率为本人工资收入的2%。职工个人缴纳的保险费全部记入个人账户；用人单位缴纳的保险费一部分用于建立统筹基金，一部分划入个人账户；划定统筹基金和个人账户各自的支付范围，确定统筹基金的起付标准和最高支付限额，起付标准原则上控制在当地职工年平均工资的10%左右，最高支付限额原则上控制在当地职工年平均工资的4倍左右。起付标准以下的医疗费用，从个人账户中支付或由个人自付。起付标准以上、最高支付限额以下的医疗费用，主要从统筹基金中支付，个人也要负担一定的比例。

为了进一步做好农民工的医疗保障工作，人力资源和社会保障部于2006年颁发了《关于开展农民工参加医疗保险专项扩面行动的通知》，以省会城市和大中城市为重点，以农民工比较集中的加工制造业、建筑业、采掘业和服务业等行业为重点，以与城镇用人单位建立劳动关系的农民工为重点，以解决农民工大病医疗保障为重点，积极将农民工纳入医疗保险制度范围

3. 失业保险

失业保险是指国家通过立法强制实行，集中建立失业保险基金，对因失业而暂时中断生活来源的劳动者提供物质帮助，维持基本生活的社会保障制度。1999年，国务院颁布了《失业保险条例》，这是我国目前执行的失业保险制度的法律依据。

《失业保险条例》的主要内容包括：第一，失业保险的覆盖范围是所有城镇企业、事业单位的失业职工，即包括国有企业、城镇集体企业、外商投资企业、城镇私营企业以及其他城镇企业的职工。第二，失业保险基金由单位和职工共同缴纳，单位按照本单位工资总额的2%缴纳失业保险费，职工按照本人工资的1%缴纳失业保险费。第三，失业保险基金的支出范围包括失业保险金、领取失业保险金期间的医疗补助金、丧葬补助金和抚恤金、接受职业培训和职业介绍的补贴等。第四，享受失业保险待遇的条件为：参加失业保险，单位和本人已按规定缴费满1年的；非自愿性失业的；已办理失业登记，并有求职要求的。第五，领取失业保险金的期限根据缴费时间的长短来确定，最长为24个月，最短为12个月。第六，失业保险金的标准按照低于当地最低工资标准、高于城市居民最低生活保障标准的水平，由省、自治区、直辖市人民政府规定。第七，由各地劳动保障行政部门负责失业保险的管理工作。

4. 工伤保险

工伤保险是国家依法建立的，对在生产、工作等经济活动中遭受事故伤害和从事有损健康的工作从而患职业性疾病的劳动者及其家属提供医疗救治、生活保障、经济补偿、医疗和职业康复等物质帮助的一种社会保障制度。我国现行的工伤保险制度是按照劳动部1996年颁发的《企业职工工伤保险试行办法》实施的。国务院于2003年4月16日颁布了《工伤保险条例》（以下简称《条例》），自2004年1月1日起施行。2010年12月《条例》根据《国务院关于修改〈工伤保险条例〉的决定》进行修订。这说明工伤保险已经从部委规章上升到国务院法规的高度，工伤保险被正式纳入法律体系。

《条例》的主要内容包括：第一，工伤保险基金由用人单位缴纳的工伤保险费、工伤保险基金的利息和依法纳入工伤保险基金的其他资金构成。用人单位应当按时缴纳工伤保险费。职工个人不缴纳工伤保险费。第二，规定了认定工伤的七种情形，其中既包括在工作时间、工作场所内因工作原因受到事故伤害的情形，也包括患职业病，职工因工外出受到伤害以及职工上下班途中受到非本人主要责任的交通事故或者机动车事故伤害的情形等。除此之外，还规定了三种视同工伤的情形，规定视同工伤的职工享受同等的工伤保险待遇。为了防止工伤认定的扩大化，损害广大职工的利益，《条例》规定了不得认定为工伤或者视同工伤的三种情形。第三，进行工伤认定的机构是劳动保障行政部门。第四，职工发生工伤，经治疗伤情相对稳定后存在残疾、影响劳动能力的，应当进行劳动能力鉴定。劳动能力鉴定是指劳动功能障碍程度和生活自理障碍程度的等级鉴定。劳动能力障碍分为十级，生活自理障碍分为三级。劳动能力鉴定标准由国务院社会保险行政部门会同国务院卫生行政部门等制定。第五，《条例》对工伤保险待遇做了具体的规定：对于受一般工伤的职工，可从工伤保险基金中支付治疗费用，享受医疗费、康复治疗费、辅助工具费用、停工留薪、护理费等费用的核销；对于工伤致残者，规定享受伤残待遇，分为不同的伤残等级，分别享受不同的伤残津贴和待遇；对于职工因工死亡，享受丧葬补助费、供养亲属抚恤金和一次性工亡补助金等待遇；职工因工外出期间发生事故或者在抢险救灾中下落不明的，从事故发生当月起3个月内照发工资，从第4个月起停发工资，由工伤保险基金向其供养亲属按月支付供养亲属抚恤金，生活有困难的，可以预支一次性工亡补助金的50%。

5. 生育保险

生育保险是国家通过立法筹集保险基金，对怀孕、分娩、生育子女期间暂时丧失劳动能力的女职工给予一定的经济补偿、医疗服务和生育休假福利的一项社会保险制度。其宗旨在于帮助她们恢复劳动能力，重返工作岗位。1994年，原劳动部颁布《企业职工生育保险试行办法》（以下简称《办法》），这是一部与中国经济体制转型相适应的生育保险规章。

《办法》规定：第一，生育保险的实施范围是所有城镇企业及其职工。第二，生育保险实行社会统筹。参加统筹的企业按照规定的比例缴纳生育保险费，职工个人不缴纳。具体缴费比例由地方政府确定，但最高不超过企业职工工资总额的1%。第三，参保职工享受生育津贴和生育医疗服务。生育津贴按照本企业上年度职工月平均工资计发，以《女职工劳动保护特别规定》订立的产假时间为限期。生育医疗待遇包括妊娠、分娩全过程。女职工生育期间的检查费、接生费、手术费、住院费和药费均由生育保险基金支付。

6. 住房公积金

针对计划经济时代的住房制度弊端，国务院于1980年6月宣布实行住房商品化。经过住房制度改革，取消福利分房后，购买商品房成为城镇居民解决住房问题的重要途径。在住房商品化与市场化改革过程中，为了保证职工具有购买住房的支付能力，国家通过立法规定强制企业实施住房公积金制度。1999年4月，国务院颁布的《住房公积金管理条例》（以下简称《条例》）对公积金的建立、运作、管理、使用与实施均做了详细的规定。根据《条例》的执行情况，国务院于2002年3月24日、2019年3月24日进行了进一步的修订。

《条例》指出，住房公积金，是指国家机关、国有企业、城镇集体企业、外商投资企业、城镇私营企业及其他城镇企业、事业单位、民办非企业单位、社会团体（以下统称单位）及其在职职工缴存的长期住房储金。住房公积金为职工和单位共同缴款，缴存比例均不得低于职工上一年度月平均工资的5%；有条件的城市，可以适当提高缴存比例。直辖市和省、自治区人民政府所在地的市以及其他设区的市，应当成立住房公积金管理委员会，作为住房公积金管理的决策机构。直辖市和省、自治区人民政府所在地的市以及其他设区的市，应设立住房公积金管理中心，负责住房公积金的管理运作。

《条例》规定了住房公积金专项用途，应当用于职工购买、建造、翻建、大修自住住房，任何单位和个人不得挪作他用。职工有下列情形之一的，可以提取职工住房公积金账户内的储存余额：第一，购买、建造、翻建、大修自住住房的；第二，离休、退休的；第三，完全丧失劳动能力，并与单位终止劳动关系的；第四，户口迁出所在的市、县或者出境定居的；第五，偿还购房贷款本息的；第六，房租超出家庭工资收入的规定比例的。单位除在住房公积金缴费上承担强制性义务，还需要为员工在住房公积金管理中心办理缴存和支取手续，为员工代扣代缴费用。住房公积金制度是依据国家的政策法令建立起来的，由国家承办、由单位与个人共同缴费的强制性住房储蓄计划。住房公积金计划在税收、存贷款利率上享受政策优惠：单位和个人分别在不超过职工本人上一年度月平均工资12%的幅度内缴存住房公积金，单位缴纳的住房公积金可在成本中列支，个人缴纳部分免交个人所得税；住房公积金存款能享受较高的利率；建立住房公积金的职工，在购买、建造、翻建、大修自住住房时可申请住房公积金贷款，贷款利率通常低于市场贷款利率。

二　员工补充保险福利

员工补充保险福利主要包括企业年金和补充医疗保险项目。

1. 企业年金

企业年金也称企业补充养老保险、私人养老金、职业年金计划等，是企业及其职工在依法参加国家基本养老保险的基础上，在国家的相关法律法规框架内，根据本企业特点自愿建立的补充养老保险计划，是员工福利制度的重要组成部分。企业年金作为老年收入（主要是社会养老保险金）的一个补充来源，已经成为养老保险体系中的一个重要支柱。而对于企业来说，它已经成为人力资源管理战略福利体系的一个重要组成部分，是延期支付的工资收入。大多数发达国家都建立了企业年金制度，有些国家甚至通过立法把企业年金变成了国家强制性的养老金制度。

（1）企业年金的分类

依据不同的标准，企业年金可以划分为不同的类型。根据创立主体不同，可分为由单个企业创立的企业年金计划与由多个企业创立的企业年金计划；根据供款主体不同，可分为个人单方缴费年金计划、企业单方缴费年金计划、个人与企业联合缴费年金计划；根据筹资方式不同，可分为现收现付制、积累制及部分积累制；根据缴费和受益关系的不同，可分为待遇确定型、缴费确定型及混合型年金计划。

（2）我国企业年金计划的框架

企业年金计划包括以下内容：参加人员范围、资金筹集方式、职工企业年金个人账户管理方式、基金管理方式、计发办法和支付方式、支付企业年金待遇的条件、组织管理和监督方式、中止缴费的条件、双方约定的其他事项。企业年金方案适用于企业试用期满的职工。

根据2018年2月1日开始实施的《企业年金办法》与2011年5月开始施行的《企业年金基金管理办法》的规定，企业和职工建立企业年金，应当依法参加基本养老保险并履行缴费义务，企业具有相应的经济负担能力。建立企业年金，企业应当与职工一方通过集体协商确定，并制定企业年金方案。企业年金方案应当提交职工代表大会或者全体职工讨论通过。企业年金计划应覆盖企业试用期满的职工，在坚持"效率优先、兼顾公平"的同时，防止方案歧视。

我国企业年金计划属于缴费确定型，实行完全积累，为每个参加企业年金的职工建立个人账户。职工在达到国家规定的退休年龄或者完全丧失劳动能力时，可以从本人企业年金个人账户中按月、分次或者一次性领取企业年金，也可以将本人企业年金个人账户资金全部或者部分购买商业养老保险产品，依据保险合同领取待遇并享受相应的继承权。企业缴费、企业与职工缴费有上限约束，企业缴费每年不超过本企业职工工资总额的8%。企业和职工个人缴费合计不超过本企业职工工资总额的12%。具体所需费用，由企业和职工一方协商确定。我国企业年金由下列各项组成：企业缴费、职工个人缴费、企业年金基金投资运营收益。企业年金基金采用信托模式管理，管理的治理结构主要是确定两种法律关系：一是委托人与受托人之间建立的信托关系，企业及其职工作为委托人，将基金财产委托给受托人管理。委托之后企业和职工拥有基金管理的决策权和知情权，受托人承担基金财产的实际管理职责。二是受托人与账户管理人、托管人和投资管理人等专业机构之间建立的委托合同关系，各管理机构按合同和受托人要求提供账户管理、基金托管或投资管理服务。

2. 团体人寿保险

团体人寿保险是由企业为员工提供的集体保险福利项目，是市场经济国家比较常见的一种企业福利形式。团体人寿保险的特点是：

（1）要求投保团体必须是依法成立的组织，要有自身的专业活动。

（2）投保团体中参加保险的人数必须达到规定的标准。

（3）团体寿险的被保险人不能自由选择投保金额，这样做是为了防止体质差、危险大的人选择较高的保险金额。

（4）由于参加的人数多，相对于个人来讲，可以以较低的价格购买到相同的保险产品。

（5）保障范围比较广泛。

3. 补充医疗保险计划

由于国家的基本医疗保险只能满足参保人的基本医疗需求，超过基本医疗保险范围的医疗需求可以通过其他形式的医疗保险予以满足。补充医疗保险是我国建立多层次医疗保障的重要组成部分。与基本医疗保险不同，补充医疗保险不是通过国家立法强制实施的，而是由用人单位和个人自愿参加的。

（1）补充医疗保险的意义

①补充基本医疗保险的不足，负担封顶线以上的医疗费用开支。基本医疗保险只保证基本医疗，统筹基金不支付封顶线（社会平均工资的4倍）以上的费用，无法防范高额大病风险，客观上为企业建立补充医疗保险留下了空间。

②保证企业职工队伍稳定，增强企业的凝聚力和竞争力。补充医疗保险能够提高员工的医疗保险待遇，减轻个人的经济负担，解除员工医药费用负担过重的后顾之忧，提高员工对企业的满意度。

③适应不同群体的需求，建立多层次医疗保障制度。补充医疗保险可以为不同收入水平、不同需求的员工提供不同的医疗服务，给予一定的社会保障，为建立、健全员工多层次、多形式的医疗保障服务体系提供支持。

（2）我国补充医疗保险的模式

目前我国的补充医疗保险主要有三种模式：社会保险机构经办的职工补充医疗保险、商业保险公司经办的职工补充医疗保险以及工会组织开展的职工补充医疗保险。

中国职工保险互助会是全国总工会主办的、以从事职工互助合作保险为主要内容的全国性社团组织，其业务范围是在职工自筹资金、自愿参加的基础上开展与职工生、老、病、死、伤、残或发生意外灾害、伤害等特殊困难有关的保险活动。职工互助保险现已开办的险种有：在职职工住院医疗互助保障计划、在职职工重大疾病互助保障计划、在职职工子女意外伤害互助保障计划、在职职工意外伤害互助保障计划和在职女职工特殊疾病互助保障计划，凡工会会员都可通过所在单位工会，以团体的形式加入中国职工保险互助会。

三　非工作日福利

1. 公休假日和法定假日

目前我国实行每周休息两天的公休日制度。2013年12月公布《国务院关于修改〈全国年节及纪念日放假办法〉的决定》，并于2014年1月1日起施行。修订后的全体公民放假的节日为：新年，放假1天（1月1日）；春节，放假3天（农历正月初一、初二、初三）；清明节，放假1天（农历清明当日）；劳动节，放假1天（5月1日）；端午节，放假1天（农历端午当日）；中秋节，放假1天（农历中秋当日）；国庆节，放假3天（10月1日、2日、3日）。在公休日和法定假日加班的员工，应享受相当于基本工资2倍和3倍的津贴补助。

2. 带薪休假

带薪休假是指员工工作满一定年限后，可以带薪休假一定的时间。《中华人民共和国劳动法》第四十五条规定："国家实行带薪年休假制度。劳动者连续工作一年以上的，享受带薪年休假。"

3. 病假

员工因为身体疾病不能正常工作时，应当享有病假。通常情况下，员工请病假要出示医院的诊断证明。大多数企业的病假政策是：员工在规定的病假期内能够享受正常的薪资待遇。

第三节　弹性福利计划

一　弹性福利制度

一般来说，企业需要建立一套完整的福利制度在本单位中推行。在统一的制度下，所有员工都享受着同样的福利待遇。但在实践中，不同的员工期望企业提供或者所看重的福利可能是不一样的。因此，越来越多的企业开始采用一种新的福利制度，即灵活性福利制度。所谓灵活性福利制度，是指企业在考虑员工需要的基础上，设计一套员工可以有限度地自主选择福利项目的制度。当然，企业所设计的福利项目必须符合国家、地方有关政策和法规规定，灵活地让员工有条件地在预先设定的福利项目中进行选择，从而最大限度地满足不同员工在不同方面的福利需求。

实行灵活性福利制度后，员工可以自主地选择更能满足自己需要的福利项目，无形中就增加了福利对员工的价值。同时，由于给了员工自由选择的权利，在一定程度上让员工感觉到自己被企业所尊重，进而激发员工为企业的发展服务的潜能。对企业而言，由于这种福利制度能提高员工的满意度，进而也会提高企业的竞争力。但不足的是，这种制度设计起来难度比较大，管理的难度和费用都比较高。

二　弹性福利计划的类型

1. 套餐式员工福利

套餐式员工福利计划比较简单，容易操作，其目的是保证员工具有更多的选择权和满足员工不同的偏好。企业为员工提供不同的福利组合项目，员工可以根据自己的需要挑选适合自己的组合。

2. 附加型弹性福利

附加型弹性福利计划是指企业在原有的福利计划之外，增加一些员工可以自由选择的福利项目。企业可以根据当前员工的薪酬水平，在原有福利的基础上，为每位员工增加一部分福利认购限额。在这部分限额内，员工可以选择适合自己的福利项目，甚至可以折现。

3. 核心加选择型弹性福利

这种福利计划由核心福利项目和选择福利项目组成。其中，核心福利项目是所有员工都享有的基本福利，不能随意选择；选择福利项目包括所有可以自由选择的项目，并附有购买价格，每个员工都有一个福利限额，如果总值超过了所拥有的限额，差额就要折成现金由员工支付。

总之，弹性福利计划的类型多种多样。在实践中，各个企业的弹性福利计划都有其各自的特点，但最根本的一点是，企业在设计福利时，更多地考虑到了员工需求的差异性，从而试图从制度设计上更好地满足员工的需求，提高福利的效用。

三 弹性福利计划的设计原则

1. 设计要符合企业的支付能力

弹性福利计划在设计的初始阶段，要通盘考虑企业的整体支付能力，弹性福利在增加员工的选择权的同时，也增加了企业对福利成本的控制难度。因此，实施弹性福利计划要根据企业的实际情况，确定弹性福利的方案，保障计划的顺利运转。

2. 做好充分的需求调查，调动员工参与的积极性

弹性福利计划设计的出发点是满足员工的多样化需求，因此在福利项目组合的设计上，要最大限度地征求员工的意见，根据员工的需求变化不断调整和更新福利内容，形成一种良性的互动，提高员工对福利设计的关注度，最大限度地发挥福利的作用。

3. 清晰界定不同项目之间的关系

要弄清楚一笔奖金和一天的额外休假或者一定量的实物之间的换算关系，而且这种估算要当作企业的管理成本来计算，在估值的时候要客观反映福利项目的价值，否则，很多福利项目就会无人选择，造成设计上的浪费。

四 弹性福利计划的制定

不同企业应根据自身的战略与业务目标、赢利状况以及人力资源战略与理念，制定符合本企业的福利制度。弹性福利计划的具体制定方法如下。

首先，应该了解员工的需求。一般采用调查问卷的方式对员工进行调查，从而掌握员工的具体需要。调查对于把握员工的需要，设计出有针对性的福利计划是很有帮助的。由于调查出来的需求可能会是各种各样的，企业就需要选择切实可行的措施作为员工的可选福利，如员工进修补助、教育训练、子女教育补助、托儿补助、伙食津贴、住宿津贴、购房利息补助、交通补助、购车利息补助、旅游补助、团体保险、健康检查、生日礼金、节日贺礼、结婚礼金、生育补助、带薪假期等。

其次，对所有的福利项目进行明码标价。不同的福利项目或者福利项目的不同级别其价格是不同的，应明确以货币的形式标记出来，以便于计算和选择。当然，也可以用点数的形式来标记。

最后，除了政府规定的必须设立的福利项目（如养老保险、医疗保险等）之外，其他福利项目并非无限度供给，而应依据员工的职等制定每个人福利费用的预算，职等越高福利越高。员工根据自己的额度，

在可选福利项目中自由组合，选择自己所需要的福利项目。有些公司会为某些福利项目设定一定的条件，有些公司也会将员工业绩与福利联系起来。企业通过弹性福利计划，能够使高昂的福利投入获得应有的回报。

弹性福利计划的基本思想是让员工对自己的福利组合计划进行选择，但这种选择会受两个方面的制约：一是企业必须制定总成本约束线；二是每一种福利组合中都必须包括一些非选择项目，如社会保险、工伤保险以及失业保险等法定福利计划。

因此，在制定企业的福利计划时，不仅要考虑现在市场上流行什么样的福利计划，更要对自己的组织进行深入的分析，知道组织的价值观是什么、组织的目标是什么、组织的员工队伍是如何构成的，以及未来组织要经历什么样的变革等。具体分析的内容包括：

（1）提供什么样的福利

在考虑到底设立什么样的福利计划时，企业应着重从以下几个方面入手进行分析：了解国家立法；开展福利调查；做好企业的福利规划与分析；对企业的财务状况进行分析；了解集体谈判对员工福利的影响。

（2）为谁提供福利

如果组织仅仅希望保留某些特定的员工群体，而对其他员工群体的去留并不十分关心，那么，不同的员工群体就有可能会得到不同的福利组合。这是成本/福利问题的延伸——福利支出和组织的其他支出一样，应该为组织创造价值。大多数企业至少都有两种以上的福利组合，一种适用于管理人员，另一种适用于其他普通员工。很多组织对普通员工也进行分门别类的对待，如对销售类员工和技术类员工的福利待遇区别对待。出于对福利成本的考虑，很多企业还有雇用非全日制员工来代替雇用全日制员工的做法。

五　弹性福利计划的实施

在弹性福利计划的实施过程中，企业应当加强福利的沟通与监控。

1. 福利沟通

定期向员工公布有关福利的信息，包括福利计划的适用范围、福利水平以及福利计划对每个员工的价值和组织提供这些福利的成本。编写福利手册，解释企业提供给员工的各项福利计划。在小规模的员工群体中做福利报告。建立网络化的福利管理系统，可以在公司组建的内部局域网上发布福利信息，也可以开辟专门的福利板块，与员工进行有关福利问题的双向交流，从而减少因沟通不畅导致的种种福利待遇纠纷或不满。

2. 福利监控

（1）有关福利的法律经常会发生变化，企业需要关注这些法律规定，检查自己是否适合某些法律法规的规定。

（2）员工的需要和偏好也会随着员工队伍构成的不断变化以及员工自身职业生涯的发展阶段的变化而处于不断变化之中。

（3）与对外部市场的直接薪酬状况变化类似，对其他企业的福利实践的了解，也是企业在劳动力市场上竞争的一种重要手段。

（4）对企业而言，最复杂的问题在于由外部组织提供的福利的成本所发生的变化。

第四节　员工福利模式的选择与员工福利计划的制定

一　企业员工福利模式的选择

员工福利计划的设计是保证福利制度发挥作用的重要环节，由于福利支出在企业中已成为一项重要的开支，而且员工福利的激励作用也逐渐受到重视，因此，任何企业都不可能、也不应该盲目实施员工福利，而应当根据企业的情况和员工的特点向员工提供福利，这样才能保证福利制度的持续性和有效性。企业设计员工福利时要重点考虑提供员工福利的目的、提供的水平、提供的项目内容以及企业福利制度的管理。在福利计划的制定中，要考虑企业的外部环境和内部环境，要根据国家法律法规的要求以及市场环境的变化制定和调整福利计划，同时要考虑企业自身的特点，依据企业的实际情况来制定符合实际需要的福利计划。

由于员工福利计划在设计时受到诸多因素的影响，因此在制定员工福利计划之前，就需要根据实际情况选择适当的员工福利模式。员工福利计划模式在分类上也有多种角度，通常可以从福利提供的水平、福利项目的内容以及福利提供的灵活性这几个角度来进行划分。

1. 确定员工福利计划的水平

按照企业所提供的员工福利的水平不同，可以将员工福利计划划分为市场领先型、市场匹配型和市场落后型三种模式。

（1）市场领先型模式

市场领先型模式是指企业向员工提供的福利在整体水平上高于本地区或者本行业大多数企业的水平，换言之，企业的整体福利是高于市场平均水平的。较高的福利水平意味着员工能够从企业那里获得较多的经济收入，这就可以为企业人力资源管理活动的实施提供有力的支持。这种模式的缺点在于会给企业的经营带来一定的压力，尤其是在那些人工成本占企业总体成本比例较高的企业，这种压力会更加明显。如果企业无法获得足够的收入和利润，那么较高的福利水平就会成为企业的一种负担，甚至会影响企业正常的运转。

（2）市场匹配型模式

市场匹配型模式是指按照市场的平均水平来确定本企业的福利水平，即企业向员工提供的福利在整体水平上与本地区或者本行业大多数企业的水平大致相当。与市场领先型模式相比，市场匹配型模式由于是按照市场平均水平来提供福利的，在福利水平上并不像前者那样具有较强的外部竞争性，因此在吸引优秀人才、保持员工队伍稳定等方面也不像前者那样具有明显的优势。而且，由于要按照市场平均水平来提供福利，因此企业需要随时监控外部市场的福利状况，要根据市场水平的变化及时调整自身的福利水平，这就相应地增加了福利的管理成本。但是，这种模式的实施可以使企业福利水平的决策变得相对简单，市场平均水平决定了企业的福利水平，就降低了决策的难度。此外，与市场领先型模式相比，市场匹配型模式可以减少企业的福利支出，从而减轻了企业经营的压力。

（3）市场落后型模式

市场落后型模式是指企业以低于市场平均水平的标准来确定本企业的福利水平，即企业向员工提供的福利在整体水平上低于本地区或者本行业大多数企业的水平。虽然从成本支出的角度来看，采取市场落后型的福利计划模式可以明显地降低企业的福利支出，从而减少企业的人工成本开支，但这种模式的问题在于，由于福利水平低于其他企业，因此员工从企业获得的经济收入相对就会减少，这样企业在吸引优秀人才方面就会处于劣势。此外，较低的福利水平也不利于稳定现有的员工队伍，往往会导致较高的员工流失率。

2. 确定员工福利项目的内容

按企业提供项目的内容可以将企业的福利划分为经济型福利模式和非经济型福利模式。

（1）经济型福利模式

经济型福利模式是指企业主要以直接发放实物的形式或者以货币、准货币的形式来向员工提供福利。由于企业采用团购方式以实物形式发放福利，在采购价格上有一定的优势，这样在同样的成本支出条件下，员工就可以享受到更多的福利待遇。这种方式的弊端在于，实物的发放不能很好地满足员工的不同需要，同时，由于需要配备人员进行采购和发放，因此也提高了实物发放的成本。相比较而言，以货币形式发放福利具有一些优势。首先，由于不需要企业再来直接发放物品或者提供服务，这样就大大降低了福利管理的复杂程度，减轻了企业的管理负担，节约了管理成本。其次，在这种模式中，福利是以货币形式提供给员工的，员工可以根据自身的实际情况来购买自己最需要的物品和服务，从而能够更好地满足员工不同的需求。最后，以货币的形式向员工提供福利，除了可以满足员工较低层次的需求，还可以满足他们较高层次的需求。

（2）非经济型福利模式

非经济型福利模式是指企业通过培训机会、职业生涯设计、精神激励和创造良好的工作环境等方式向员工提供福利。非经济型福利的优点在于成本低，有利于培养员工的责任感和主人翁意识，但它也有自身的局限性，需要配合经济型福利来共同发挥作用。

3. 确定员工福利计划的灵活性

依据福利提供的灵活性，可以将企业福利划分为固定福利模式和弹性福利模式。

（1）固定福利模式

在这种模式下，员工所享受的福利待遇是一致的，没有选择的余地。这种福利模式的好处在于设计比较简单，管理成本较低。但是这种模式由于没有考虑不同员工的需求，因此会导致员工对福利制度的满意度较低。

（2）弹性福利模式

弹性福利模式是指企业在福利的总额控制下，员工可以根据自己的喜好选择不同的福利项目组合。这种模式的优点在于，可以在一定程度上满足员工的不同需要，提高员工的满意度。其缺点在于，设计相对复杂，管理成本相对较高。

【实例12-3】

年终，某公司提供给员工两种备选的福利方案：方案一是每人发放600元过节费，随工资一起汇入员工的工资卡中；方案二是每人可以在6种价值300元的不同物品中选择一样，这6种物品都是耐用品，如烤箱、微波炉、蚕丝被、料理机、茶具等。那么，选择哪种福利发放方式更优呢？

分析

从价值上看，方案一的财务成本虽然是方案二的2倍，但方案一给员工的感受太弱，很容易忘记公司曾发过这600元的年终福利。到了年底，员工置办年货、走亲访友，有着大量的消费需求，在一波购置之后，很少有员工会想到这里面哪一件是用公司的600元年终福利购置的。尤其是在网络购物和电子支付已经如此发达的时代，消费越来越少会动用到现金，银行卡里的钱对于人们来说更多感受到的只是数字的变化。

而方案二，对于员工来说，感受会更深刻，具体原因如下。

1. 面临着选择

有选择就意味着员工可以选择对个体来说最缺的或者最有价值的选项。有选择同样意味着有纠结，而这种纠结并不是坏事。因为纠结，员工想得就更多，想得越多，印象就越深刻，感受也越深刻。

2. 时刻被提醒

可选的都是耐用品，这类商品的使用期限一般至少5年，如果平时用得少，则使用期限更长。这类物品摆在家里，员工用到的时候会想到这是公司曾经发的福利；不用的时候，无意中瞥见了，也会想起自己曾经是经过一番思考和沟通之后选择的公司福利，进一步增强员工的感受。

3. 感觉被尊重

通过这种选择的过程，员工会感受到公司是理解自己的，同时给了自己选择的机会。与方案一的被动接受不同，员工在整个过程中是积极主动参与的，会感受到自己的决定能够换来一个感官上的直接反馈。

因此，方案二比方案一节省了一半的费用，达到的效果却比方案一好很多倍，这正是组织在发放福利时需要考虑的方式。

二 员工福利计划的制定

企业为了设计一套高效的福利方案，需要在以下两个领域基于本身的实际情况做出有效选择。

1. 福利总量的选择

福利总量的选择往往涉及它与整体薪酬其他部分的比例，即它和基本薪酬、奖励薪酬的比例。一个致力于提供工作安全感和长期雇佣机会的企业，其福利支出可能占总薪酬的很大一部分。一旦决定了福利总量，接下来就可以编制福利预算，确定各福利构成部分的成本额。

2. 福利构成的确定

当要确定整套福利方案中应包括哪些项目时，至少要考虑三个问题：总体的薪酬战略、企业的发展目标和员工队伍的特点。

（1）总体的薪酬战略

企业应基于有利于吸引优秀员工加盟的总的薪酬战略来选择福利构成，管理者应在制定福利方案时密切关注在人才市场上和本企业争夺人才的对手，以及它给员工提供什么类型的福利。

（2）企业的发展目标

福利构成应随企业发展目标的不同而有所变化。例如，某企业的组织目标可能是吸引敢于冒险和富有创新精神的青年员工，那它就可能决定不给员工提供失业保险或退休福利。

（3）员工队伍的特点

企业员工队伍的结构和特点，在确定福利构成时也应该予以特别关注。例如，某公司的大部分员工由青年妇女组成，那么，照顾婴幼儿之类的福利就显得很重要；而如果员工的文化程度普遍较高，那么，福利的构成中就应当增加一些文化方面的服务项目等。

疑难解答

关于员工薪酬福利问题，合理有效的员工福利如何设计？

福利方面，要根据公司现阶段情况来设计。在一定预算下，先提供政策要求的福利，即首先要合规；然后做好员工调研，按照关注度排序，根据预算来设定。

本章思维导图

第一节 我国薪酬管理法律法规概述

一 我国薪酬立法的主要原则

1. 按劳分配原则

按劳分配是我国薪酬立法的基本原则，贯穿我国薪酬法律法规的始终。按劳分配，即在生产资料公有制的前提下，用人单位根据劳动者提供的劳动数量和质量（并非指劳动的优劣程度，而是指劳动的复杂程度）进行分配，劳动者获得与其劳动相匹配的劳动报酬，多劳多得，少劳少得。按劳分配原则有助于调动劳动者的工作积极性，促使劳动者努力提高自身职业技术水平，为社会创造更多的财富。

需要说明的是，按劳分配不是我国目前唯一的分配原则。在社会主义初级阶段，我国坚持以公有制为主体、多种所有制经济共同发展的基本经济制度，这决定了我国必须坚持以按劳分配为主体、多种分配方式并存的分配制度。虽然我国强调按劳分配这项基本原则，但并不排斥其他的分配方式，只是必须坚持按劳分配的主导地位。在我国的薪酬法律法规中，只要是合法的分配方式，都会受到法律的保护。

2. 同工同酬原则

同工同酬，即用人单位对于从事同种类工作，技术和劳动熟练程度相同的劳动者，不论性别、年龄、民族、种族、区域等非劳动能力因素的差别，只要劳动者提供了相同的劳动量，就能获得相同的劳动报酬。《中华人民共和国劳动法》第四十六条第一款规定："工资分配应当遵循按劳分配原则，实行同工同酬。"该规定强调在贯彻按劳分配原则的前提下，保证每一位付出相同劳动量的劳动者获得同等的劳动报酬。同工同酬原则遵循了公民在法律面前一律平等的原则，同时体现了我国司法为实现社会公平正义而做出的努力。

值得注意的是，《中华人民共和国宪法》第四十八条第二款规定："国家保护妇女的权利和利益，实行男女同工同酬，培养和选拔妇女干部。"这从国家根本大法的层面强调了男女同工同酬的原则性与重要性。这是对妇女合法权益的保护，并且彻底否定了过去妇女受歧视的现象。

3. 工资水平在经济发展的基础上逐步提高的原则

《中华人民共和国劳动法》第四十六条第二款规定："工资水平在经济发展的基础上逐步提高。国家对工资总量实行宏观调控。"工资水平，即在一定区域和一定时间内全体劳动者平均收入的高低程度。生产决定分配，一个地区工资水平的高低由该地区的经济发展水平决定。同时，分配影响消费和生产，如果劳动者收入不高，消费水平就会降低，从而影响生产发展，最终影响社会整体的经济效益。因此，坚持工资水平在经济发展的基础上逐步提高的原则，既有利于提高劳动者的收入，也有利于经济的良好运行。这是我国薪酬立法的重要原则之一。

二 我国薪酬管理的主要法律法规

目前，我国涉及薪酬管理的法律、法规和政策文件有很多，主要包括《中华人民共和国劳动法》（以下简称《劳动法》）、《中华人民共和国劳动合同法》（以下简称《劳动合同法》）、《工资支付暂行规定》、《最低工资规定》、《中华人民共和国社会保险法》（以下简称《社会保险法》）、《住房公积金管理条例》、《中华人民共和国个人所得税法》（以下简称《个人所得税法》）等。

1. 《劳动法》与《劳动合同法》

《劳动法》是调整劳动关系以及与劳动关系密切联系的其他社会关系的法律规范的总称。《劳动法》

是国家为了保护劳动者的合法权益，调整劳动关系，建立和维护适应社会主义市场经济的劳动制度，促进经济发展和社会进步而制定的法律。《劳动合同法》是关于劳动合同的法律规范的总称，有广义和狭义之分。广义的《劳动合同法》一般是指所有有关于劳动合同的法律规范的总称；狭义的《劳动合同法》就是指我国现行的《劳动合同法》。《劳动法》与《劳动合同法》都是由全国人民代表大会常务委员会制定的，两法在法律层级上是平行关系，在内容上是总分关系。

（1）《劳动法》

我国现行的《劳动法》于1994年7月5日由第八届全国人民代表大会常务委员会第八次会议通过，自1995年1月1日起施行，并于2009年和2018年分别进行了修正。《劳动法》共有十三章，内容涵盖总则、促进就业、劳动合同和集体合同、工作时间和休息休假、工资、劳动安全卫生、女职工和未成年工特殊保护、职业培训、社会保险和福利、劳动争议、监督检查、法律责任和附则等内容，《劳动法》的制定是为了保护劳动者的合法权益。

（2）《劳动合同法》

我国现行的《劳动合同法》于2007年6月29日由第十届全国人民代表大会常务委员会第二十八次会议修订通过，自2008年1月1日起施行，并于2012年修正。《劳动合同法》是为了完善劳动合同制度，明确劳动合同双方当事人的权利和义务，保护劳动者的合法权益，构建和发展和谐稳定的劳动关系而制定的法律。《劳动合同法》共有八章，内容涵盖总则、劳动合同的订立、劳动合同的履行和变更、劳动合同的解除和终止、特别规定、监督检查、法律责任和附则等内容，进一步从法律层面完善了劳动合同制度。

2. 《工资支付暂行规定》与《最低工资规定》

工资法规，是关于职工参加工作取得劳动报酬的法律规范，主要包括职工的最低工资标准、工资等级制度、工资形式、奖励工资制度、津贴制度、特殊情况下工资支付办法和工资的保障等内容。我国目前尚未制定《工资法》，只有与工资相关的法规文件，其中较为重要的是《工资支付暂行条例》和《最低工资规定》。前者是为了保护劳动者通过劳动获得劳动报酬的权利，规范用人单位的工资支付行为；后者则是为了维护劳动者取得劳动报酬的合法权益，保障劳动者个人及其家庭成员的基本生活。

（1）《工资支付暂行规定》

《工资支付暂行规定》于1994年12月6日由劳动部发布，自1995年1月1日起执行。该规定共有二十条内容，内容涵盖工资的概念、工资支付范围、工资支付方式、工资支付时间、工资支付标准、法律责任、监督、救济等方面。1995年，根据该规定的有关问题，颁布了补充规定，对按劳动合同规定的标准、加班加点的工资支付、克扣、无故拖欠和特殊人员的工资支付等问题进行了进一步解释说明。

（2）《最低工资规定》

《最低工资规定》于2003年12月30日经劳动和社会保障部第七次部务会议通过，自2004年3月1日起施行。该规定共十五条内容，涵盖适用范围、最低工资标准概念、监督检查、最低工资标准分类、最低工资标准方案的确定和调整、法律责任、救济等方面。该规定明确了用人单位应依法支付的最低劳动报酬，以确保劳动者取得劳动报酬的合法权益。

3. 《社会保险法》

社会保障制度是国家通过立法制定的社会保险、救助、补贴等一系列制度的总称，其作用是保障社会全体成员基本生存与生活需要。社会保险制度是社会保障制度的一个重要组成部分，是由法律规定的、按照某种确定的规则实施的社会保险政策和措施体系。社会保险是为暂时或永久性丧失劳动能力、暂时失去劳动岗位或因健康原因造成损失的人口提供收入或补偿的一种社会经济制度，主要项目包括养老保险、医疗保险、失业保险、工伤保险和生育保险。我国立法部门配合制定相应的社会保险法律规范，以保证社会保险制度真正贯彻落实。

我国目前关于社会保险方面的法律法规主要是《社会保险法》。现行的《社会保险法》于2010年10月28日由第十一届全国人民代表大会常务委员会第十七次会议通过，自2011年7月1日起施行，并于2018年修正。《社会保险法》共有十二章，内容涵盖总则、基本养老保险、基本医疗保险、工伤保险、失业保险、生育保险、社会保险费征缴、社会保险基金、社会保险经办、社会保险监督、法律责任和附则等方面。《社会保险法》为保障与改善民生、维护公民参加社会保险和享受社会保险待遇的合法权益提供了法律依据，同时也促进了社会主义和谐社会的建设。

4.《住房公积金管理条例》

住房公积金，是指国家机关和事业单位、国有企业、城镇集体企业、外商投资企业、城镇私营企业及其他城镇企业和事业单位、民办非企业单位、社会团体及其在职职工，对等缴存的长期住房储蓄。为了加强对住房公积金的管理，我国各级政府出台了相应的政策，包括国家政策和地方政策，以维护住房公积金所有者的合法权益，促进城镇住房建设，提高城镇居民的居住水平，其中较为重要的是《住房公积金管理条例》。

我国现行的《住房公积金管理条例》于1999年4月3日发布并施行，并于2002年修订。2019年3月24日，国务院公布《国务院关于修改部分行政法规的决定》，这一文件对《住房公积金管理条例》的第十三条、第十四条、第十五条中涉及办理主体需到现场办理事项或提交纸质材料等内容进行了修订。《住房公积金管理条例》共有四十七条，内容涵盖总则、机构及其职责、缴存、提取和使用、监督、罚则和附则等内容。

第二节 我国有关工资的法律规定

一 工资的一般性规定

1. 工资的法定概念

我国薪酬法律法规中的工资，是指雇主或者法定用人单位依据法律规定或行业规定，或根据与员工之间的约定，以货币形式对员工的劳动所支付的报酬。根据《关于工资总额组成的规定》，用人单位工资总额的组成包括计时工资、计件工资、奖金、津贴和补贴、加班加点工资、特殊情况下支付的工资六个部分。

（1）计时工资

计时工资，即按计时工资标准（包括地区生活费补贴）和工作时间支付给个人的劳动报酬，包括：①对已做工作按计时工资标准支付的工资；②实行结构工资制的单位支付给职工的基础工资和职务（岗位）工资；③新参加工作职工的见习工资（学徒的生活费）；④运动员体育津贴。

（2）计件工资

计件工资，是指对已做工作按计件单价支付的劳动报酬，包括：①实行超额累进计件、直接无限计件、限额计件、超定额计件等工资制，按劳动部门或主管部门批准的定额和计件单价支付给个人的工资；

②按工作任务包干方法支付给个人的工资；③按营业额提成或利润提成办法支付给个人的工资。

（3）奖金

奖金，即支付给职工的超额劳动报酬和增收节支的劳动报酬，包括：①生产奖；②节约奖；③劳动竞赛奖；④机关、事业单位的奖励工资；⑤其他奖金。

（4）津贴和补贴

津贴和补贴，是指为了补偿职工特殊或额外的劳动消耗和因其他特殊原因支付给职工的津贴，以及为了保证职工工资水平不受物价影响支付给职工的物价补贴。其中，津贴包括补偿职工特殊或额外劳动消耗的津贴、保健性津贴、技术性津贴、年功性津贴及其他津贴。物价补贴则包括为保证职工工资水平不受物价上涨或变动影响而支付的各种补贴。

（5）加班加点工资

加班加点工资，是指按规定支付的加班工资和加点工资。

【实例13-1】

某互联网公司人力资源部以口头通知，要求员工强制实行"996工作制"，即员工早9点上班、晚9点下班，每周工作6天，不能请假，并且没有任何补贴和加班费。消息一出，很多公司员工都表达了不满。

但公司辩称这是一种企业文化，"提倡"员工加班、"鼓励"员工全情投入、高效产出。

那么，"996工作制"到底是怎么回事？违不违法？

分析

我国《劳动法》第三十六条规定："国家实行劳动者每日工作时间不超过八小时、平均每周工作时间不超过四十四小时的工时制度。"第四十一条规定："用人单位由于生产经营需要，经与工会和劳动者协商后可以延长工作时间，一般每日不得超过一小时；因特殊原因需要延长工作时间的，在保障劳动者身体健康的条件下延长工作时间每日不得超过三小时，但是每月不得超过三十六小时。"根据上述规定，按照每天8小时的工作时间计算，早上9点上班，一般中午休息1小时，员工下班时间应为下午6点；若晚餐休息时间按1小时计算，19点到21点即为当日的加班时间。这么算下来，员工在周一至周六每天均需加班2小时，与"平均每周工作时间不超过四十四小时""每月加班时间不得超过三十六小时"的法律规定明显不符。也就是说，公司强制实行"996工作制"是违反法律规定的。对于违反法律规定的强制加班要求，劳动者有权拒绝。

另外，若是单位安排员工延长工作时间，则属于法律意义上的加班，单位应当根据法律规定支付加班费或予以调休；但若是员工出于自愿加班的，则不属于法律意义上的加班，单位也无须支付加班费。如果企业利用"鼓励"的模式变相强制员工加班，如公司因员工拒绝加班而对员工降职、降薪、处罚、辞退的，员工可以向劳动保障行政部门投诉或申请劳动仲裁，从而维护自身的合法权益。

（6）特殊情况下支付的工资

①根据国家法律、法规和政策规定，因病、工伤、产假、计划生育假、婚丧假、事假、探亲假、定期休假、停工学习、执行国家或社会义务等原因按计时工资标准或计时工资标准的一定比例支付的工资。

②附加工资、保留工资。

另外，下列各项不列入工资总额的范围，按照国家规定另行统计。

①根据国务院发布的有关规定颁发的发明创造奖、自然科学奖、科学技术进步奖和支付的合理化建议和技术改进奖以及支付给运动员、教练员的奖金。

②有关劳动保险和职工福利方面的各项费用。

③有关离休、退休、退职人员待遇的各项支出。

④劳动保护的各项支出。

⑤稿费、讲课费及其他专门工作报酬。

⑥出差伙食补助费、误餐补助、调动工作的旅费和安家费。

⑦对自带工具、牲畜来企业工作职工所支付的工具、牲畜等的补偿费用。

⑧实行租赁经营单位的承租人的风险性补偿收入。

⑨对购买本企业股票和债券的职工所支付的股息（包括股金分红）和利息。

⑩劳动合同制职工解除劳动合同时由企业支付的医疗补助费、生活补助费等。

⑪因录用临时工而在工资以外向提供劳动力单位支付的手续费或管理费。

⑫支付给家庭工人的加工费和按加工订货办法支付给承包单位的发包费用。

⑬支付给参加企业劳动的在校学生的补贴。

⑭计划生育独生子女补贴。

2. 工资总额的管理

依照《全民所有制企业工资总额管理暂行规定》，企业工资总额管理包括企业工资总额的确定、使用、宏观调控和检查监督。企业工资总额的管理，实行国家宏观调控、分级分类管理、企业自主分配的体制，并遵循以下几个原则：

（1）坚持企业工资总额与企业经济效益相联系的原则，正确处理国家、企业和职工的分配关系，在国民经济发展、企业经济效益提高的基础上保证三者利益的共同增进，兼顾效率与公平。

（2）坚持企业工资总额的增长幅度低于经济效益（依据实现税利计算）增长幅度，职工实际平均工资增长幅度低于劳动生产率（依据不变价的人均净产值计算）增长幅度的原则。

（3）贯彻按劳分配原则，把职工个人的劳动所得与其劳动成果联系起来，克服平均主义。

（4）坚持把工资宏观管好，微观搞活。在保障国家所有权的前提下，落实企业工资分配自主权。

3. 基本工资制度

根据国家统计局《关于工资总额组成的规定》若干具体范围的解释，基本工资（标准工资）是根据劳动合同约定或国家及企业规章制度规定的工资标准计算的工资（包括实行结构工资制的基础工资、职务工资和工龄津贴）。基本工资制度，即用人单位依法确定的工资总额、工资标准、工资水平、工资形式和工资增长办法等一系列规则的总称。由此可知，用人单位在这方面拥有较大的自主决定权，因此目前存在较多不同的基本工资制度，如岗位工资制、技能工资制、绩效工资制等。

二 用人单位的工资分配自主权

用人单位的工资分配自主权是企业经营管理自主权的重要组成部分，是企业在遵守相关法律法规和工资制度的前提下，从经营收入中提取工资总额并将其分配给职工个人的自主权。我国《劳动法》第四十七条规定，"用人单位根据本单位的生产经营特点和经济效益，依法自主确定本单位的工资分配方式和工资水平"，从法律层面确定了用人单位的这一权利。影响用人单位工资分配的因素主要有用人单位的经济效益、用人单位的生产经营特点、劳动生产率和劳动力市场供需状况等。

需要明确的是，在社会主义市场经济中，享有工资分配自主权是市场主体依法自主经营、自负盈亏的必要条件和重要表现。因而，工资分配自主权的主体应限于从事生产经营活动和具有经济效益目标的用人单位，其中主要是企业和个体经济组织以及实行企业化管理的事业组织。实行全额拨款和差额拨款的事业组织只对工资总额的一定部分享有工资分配自主权。

三　最低工资保障制度

为了维护劳动者取得劳动报酬的合法权益，保障劳动者个人及其家庭成员的基本生活，我国《劳动法》第四十八条第一款规定："国家实行最低工资保障制度。最低工资的具体标准由省、自治区、直辖市人民政府规定，报国务院备案。"最低工资保障制度的实施可能会提高企业的人力成本，但是企业出于经济性考虑会采取减少劳动力雇佣、增加劳动者有效劳动时间等方式，增加单位劳动力的产出，或者通过提高劳动生产率的方式增加单位劳动时间的产出，以部分抵消成本上升对企业效益的负面影响。从总体上看，最低工资标准的提升对劳动者就业具有积极作用，同时还有利于促进企业提高劳动生产率。

1. 最低工资标准的法定概念

依照《最低工资规定》第三条规定，最低工资标准，即劳动者在法定工作时间或依法签订的劳动合同约定的工作时间内提供了正常劳动的前提下，用人单位依法应支付的最低劳动报酬。正常劳动，是指劳动者按依法签订的劳动合同约定，在法定工作时间或劳动合同约定的工作时间内从事的劳动。劳动者依法享受带薪年休假、探亲假、婚丧假、生育（产）假、节育手术假等国家规定的假期间，以及法定工作时间内依法参加社会活动期间，视为提供了正常劳动。

第五条规定，最低工资标准一般采取月最低工资标准和小时最低工资标准的形式。月最低工资标准适用于全日制就业劳动者，小时最低工资标准适用于非全日制就业劳动者。

2. 最低工资标准的实施

依照《最低工资规定》第十二条规定，在劳动者提供正常劳动的情况下，用人单位应支付给劳动者的工资在剔除下列各项以后，不得低于当地最低工资标准：①延长工作时间工资；②中班、夜班、高温、低温、井下、有毒有害等特殊工作环境、条件下的津贴；③法律、法规和国家规定的劳动者福利待遇等。实行计件工资或提成工资等工资形式的用人单位，在科学合理的劳动定额基础上，其支付劳动者的工资不得低于相应的最低工资标准。劳动者由于本人原因造成在法定工作时间内或依法签订的劳动合同约定的工作时间内未提供正常劳动的，不适用于本条规定。

3. 最低工资标准的确定和调整

我国《劳动法》第四十八条第二款规定："用人单位支付劳动者的工资不得低于当地最低工资标准。"最低工资标准是由政府确定的，但省、自治区、直辖市范围内的不同行政区域可以有不同的最低工资标准。

确定和调整月最低工资标准，应当综合参考当地就业者及其赡养人口的最低生活费用、城镇居民消费价格指数、职工个人缴纳的社会保险费和住房公积金、职工平均工资、经济发展水平、就业状况等因素。小时最低工资标准的确定和调整，应在颁布的月最低工资标准的基础上，考虑单位应缴纳的基本养老保险费和基本医疗保险费因素，同时还应适当考虑非全日制劳动者在工作稳定性、劳动条件和劳动强度、福利等方面与全日制就业人员之间的差异。最低工资标准发布实施后，如果该地区的相关因素发生了变化，那么就应当对最低工资标准进行适时调整。最低工资标准每两年至少调整一次。

用人单位应在最低工资标准发布后10日内将该标准向本单位全体劳动者公示。

特别需要注意的是，2016年教育部等五个部门联合颁布的《职业学校学生实习管理规定》明确提出顶岗实习学生报酬底线，从而避免"廉价劳动力"现象发生。实习单位参考本单位相同岗位的报酬标准和顶岗实习学生的工作量、工作强度、工作时间等因素，合理确定顶岗实习报酬，原则上不低于本单位相同岗位试用期工资标准的80%，并按照实习协议约定，以货币形式及时、足额地支付给学生。

4. 最低工资标准实施的保障与监督

（1）最低工资标准实施的保障

我国通过法律法规保障最低工资标准的执行。从正面角度分析，我国《劳动法》第四十八条第二款规定"用人单位支付劳动者的工资不得低于当地最低工资标准"，以及《最低工资规定》第十一条规定"用人单位应在最低工资标准发布后10日内将该标准向本单位全体劳动者公示"，其意义在于积极引导用人单位严格执行最低工资标准。从负面角度分析，根据《最低工资规定》，若用人单位违反该规定第十一条的，劳动保障行政部门将责令其限期改正；违反该规定第十二条的，由劳动保障行政部门责令其限期补发所欠劳动者工资，并可责令其按所欠工资的1~5倍支付劳动者赔偿金。通过明确的罚则条款，警醒用人单位要依法行事。

同时，《最低工资规定》也明确指出，若劳动者与用人单位之间就执行最低工资标准发生争议，按劳动争议处理有关规定处理。

（2）最低工资标准实施的监督

县级以上地方人民政府劳动保障行政部门负责对本行政区域内用人单位执行最低工资标准的情况进行监督检查。各级工会组织依法对最低工资标准执行情况进行监督，发现用人单位支付劳动者工资违反本规定的，有权要求当地劳动保障行政部门处理。

四 工资支付制度

我国的工资支付制度主要是指用人单位必须按照《劳动法》《工资支付暂行规定》及与工资支付相关的法律法规和制度的规定，通过与职工大会、职工代表大会或者其他形式协商制定的内部制度。工资支付制度必须告知本单位全体劳动者，同时抄报当地劳动行政部门备案。依照《工资支付暂行规定》，工资支付主要包括工资支付的方式、工资支付的标准、工资支付的保障与监督等内容。

1. 工资支付的方式

（1）一般情况下的工资支付

我国《劳动法》第五十条规定："工资应当以货币形式按月支付给劳动者本人。不得克扣或者无故拖欠劳动者的工资。"以下对相关重要概念做具体解释。

①以货币形式，即工资应当以法定货币支付，不得以实物或有价证券替代货币支付。

②按月支付，即工资至少每月支付一次。实行周、日、小时工资制的可按周、日、小时支付工资。

③支付给劳动者本人，即用人单位应将工资支付给劳动者本人。若劳动者本人因故不能领取工资，可由其亲属或委托他人代领。用人单位必须书面记录支付劳动者工资的数额、时间、领取者的姓名以及签字，并保存两年以上备查。用人单位在支付工资时应向劳动者提供一份其个人的工资清单。用人单位也可委托银行代发工资。

④不得无故拖欠，即用人单位若无正当理由，工资必须在用人单位与劳动者约定的日期支付。如遇节假日或休息日，则应提前在最近的工作日支付。

需要注意的是，无故拖欠不包括：用人单位遇到非人力所能抗拒的自然灾害、战争等原因，无法按时支付工资；用人单位确因生产经营困难、资金周转受到影响，在征得本单位工会同意后，可暂时延期支付劳动者工资，延期时间的最长限制可由各省、自治区、直辖市劳动行政部门根据各地情况确定。

其他情况下拖欠工资均属无故拖欠。

（2）特殊情况下的工资支付

依照《工资支付暂行规定》，特殊情况下的工资支付主要包括以下几种情况。

①对完成一次性临时劳动或某项具体工作的劳动者，用人单位应按有关协议或合同规定在其完成劳动任务后即支付工资。

②劳动关系双方依法解除或终止劳动合同时，用人单位应在解除或终止劳动合同时一次付清劳动者工资。

③用人单位依法破产时，劳动者有权获得其工资，在破产清偿中用人单位应按《中华人民共和国企业破产法》规定的清偿顺序，首先支付尚未付的本单位劳动者的工资。

2. 工资支付的标准

（1）按劳动合同规定的标准

按劳动合同规定的标准，即指劳动合同规定的劳动者本人所在的岗位（职位）相对应的工资标准。一般情况下，用人单位支付给劳动者的工资应按照劳动合同规定的标准执行。此外，下列这些情况也应按照劳动合同规定的标准支付工资。

①劳动者在法定工作时间内依法参加社会活动期间，其中的社会活动包括依法行使选举权或被选举权，当选代表出席乡（镇）、区以上政府、党派、工会、青年团、妇女联合会等组织召开的会议，出任人民法庭证明人，出席劳动模范、先进工作者大会，《工会法》规定的不脱产工会基层委员会委员因工会活动占用的生产或工作时间，其他依法参加的社会活动。

②劳动者在依法享受法定节假日、年休假、探亲假、婚假、丧假期间。

③非因劳动者原因造成单位停工、停产在一个工资支付周期内的。

（2）特殊情况下的支付标准

依照《工资支付暂行规定》，特殊情况下的支付标准主要以下几种。

①非因劳动者原因造成单位停工、停产超过一个工资支付周期的，若劳动者提供了正常劳动，则支付给劳动者的劳动报酬不得低于当地的最低工资标准；若劳动者没有提供正常劳动，应按国家有关规定办理。

②用人单位在劳动者完成劳动定额或规定的工作任务后，根据实际需要安排劳动者在法定标准工作时间以外工作的，应按以下标准支付工资：用人单位依法安排劳动者在法定标准工作时间以外延长工作时间的，按照不低于劳动合同规定的劳动者本人小时工资标准的150%支付劳动者工资；用人单位依法安排劳动者在休息日工作，而又不能安排补休的，按照不低于劳动合同规定的劳动者本人日或小时工资标准的200%支付劳动者工资；用人单位依法安排劳动者在法定休假日工作的，按照不低于劳动合同规定的劳动者本人日或小时工资标准的300%支付劳动者工资。实行计件工资的劳动者，在完成计件定额任务后，由用人单位安排延长工作时间的，应根据上述规定的原则，分别按照不低于其本人法定工作时间计件单价的150%、200%、300%支付其工资。经劳动行政部门批准实行综合计算工时工作制的，其综合计算工作时间超过法定标准工作时间的部分，应视为延长工作时间，并应按《工资支付暂行规定》支付劳动者延长工作时间的工资。实行不定时工时制度的劳动者，不执行上述规定。

③因劳动者本人原因给用人单位造成经济损失的，用人单位可按照劳动合同的约定要求其赔偿经济损失。经济损失的赔偿，可从劳动者本人的工资中扣除。但每月扣除的部分不得超过劳动者当月工资的20%。若扣除后的剩余工资部分低于当地月最低工资标准，则按最低工资标准支付。

④劳动者受行政处分后仍在原单位工作（如留用察看、降级等）或受刑事处分后重新就业的；或劳动者受刑事处分期间，如收容审查、拘留（羁押）、缓刑、监外执行或劳动教养期间，其待遇按国家有关规定执行。

⑤学徒工、熟练工、大中专毕业生在学徒期、熟练期、见习期、试用期及转正定级后的工资待遇由用

人单位自主确定。

⑥新就业复员军人的工资待遇由用人单位自主确定；分配到企业的军队转业干部的工资待遇，按国家有关规定执行。

3. 工资支付的保障与监督

各级劳动行政部门有权监察用人单位工资支付的情况。用人单位有下列侵害劳动者合法权益行为的，由劳动行政部门责令其支付劳动者工资和经济补偿，并可责令其支付赔偿金。

（1）克扣或者无故拖欠劳动者工资的。

（2）拒不支付劳动者延长工作时间工资的。

（3）低于当地最低工资标准支付劳动者工资的。

经济补偿和赔偿金的标准，按国家有关规定执行。若劳动者与用人单位因工资支付发生劳动争议的，当事人可依法向劳动争议仲裁机关申请仲裁。对仲裁裁决不服的，还可以向人民法院提起诉讼。

【实例13-2】

沈某在2016年、2017年、2018年和2019年分别与某公司签订了4份劳动合同，合同约定了双方相关的权利和义务。2019年年底，劳动合同履行期限届满后，公司没有与他续签劳动合同，他继续在公司工作到2020年6月。2020年6月初，学习了《劳动法》后，沈某才明白，像他这种情况在公司干满一年，如果公司迟迟没有签订劳动合同，有理由让公司支付1年的双倍工资。按照这一规定，他向公司领导递交了支付双倍工资的申请，而公司领导说，如果他想继续在公司干，可以续签劳动合同，但不能拿双倍工资，他对公司的说法不认可，于是拒签劳动合同，后来公司以他拒绝签订劳动合同为由，与其终止了劳动关系，他与公司多次交涉未果。

沈某认为，公司没有与他及时签订劳动合同违反了劳动法，就应该支付双倍工资。该公司则认为，沈某的劳动合同到期后，并未及时找公司领导续签劳动合同，也没有尽到提醒的义务，如果沈某执意要求支付双倍工资，只能与其解除劳动关系。

你认为沈某应该向公司讨要双倍工资吗？

分析

该公司以沈某未在劳动合同到期后及时续签劳动合同为由终止劳动关系是没有任何法律依据的。因为依据《劳动合同法》第十条规定，建立劳动关系应当订立书面劳动合同，已建立劳动关系但未同时订立书面劳动合同的，应当自用工之日起一个月内订立书面劳动合同。因此，与劳动者签订书面合同是用人单位的法定义务，用人单位不能将自己的义务转嫁到劳动者身上。该公司在合同到期后并未书面通知沈某续订劳动合同，因此沈某可以向该公司主张双倍工资赔偿。

第三节 我国有关社保的法律规定

一 社会保险

我国有关法律规定，中华人民共和国境内的用人单位和劳动者必须依法参加社会保险，缴纳社会保险费，并且有权查询缴费记录、个人权益记录，要求社会保险经办机构提供社会保险咨询等相关服务。缴费单位、缴费个人应当按时足额缴纳社会保险费。劳动者有权监督本单位为其缴费的情况。征缴的社会保险费纳入社会保险基金，专款专用，任何单位和个人不得挪用。

劳动者在下列情形下，依法享受社会保险待遇：①退休；②患病、负伤；③因工伤残或者患职业病；④失业；⑤生育。劳动者享受的社会保险金必须按时足额支付。劳动者死亡后，其遗属依法享受遗属津贴。

【实例13-3】

郑女士与某物业管理公司签订了劳动合同，被安排在酒店担任清洁工一职。她本人不想参加本市的职工社保，向公司提出了这样的申请并与公司签订了自愿放弃购买社保的协议。为此，该物业管理公司就没为郑女士办理社会保险，而将每月缴纳的社保费用以补贴的形式发给郑女士。

但是后来，郑女士因为突发脑溢血花去了近8万元的医疗费，因其本人确实无力承担，向公司申请支付相关医疗费。该公司认为，双方之间已经签订了自愿放弃购买社保的协议，拒绝支付经济补偿。

后经法院审理认为，双方之间的协议违反了法律的强制性规定而无效，故判决该公司全部赔偿郑女士相应的医疗费损失。

作为HR，你是如何看待与员工签订自愿放弃购买社保协议的？

分析

现在大多数的企业法律意识比较强，都会和员工签订劳动合同和购买保险。但是，有些工资比较低的岗位，如清洁工、保安等，他们往往愿意和单位约定不缴纳职工社保，并与单位签订自愿放弃购买社保的协议，单位还将缴纳社保的钱以补贴的形式直接发给员工，这样的做法看起来没什么问题，实际上是存在着法律风险的。

因为这样的协议是不被法律承认的，不具有法律效力，企业为员工购买职工社保，属于强制性规定，不能由任何形式和约定免除这样的业务。

有法律专家解释，用人单位与劳动者约定无须办理社会保险手续或将社会保险费直接支付给劳动者，劳动者事后反悔并明确要求用人单位为其办理社会保险手续及缴纳社会保险费的，如用人单位在合理期限内拒不办理，劳动者以此为由解除劳动合同并请求用人单位支付经济补偿，应予支持。因此，员工与用人单位签订关于不购买社保的自愿协议，不具有法律效力。

所以，作为HR来讲，一定要专业，了解并熟悉掌握与劳动相关的法律规定，才能帮助企业规避这样的用工风险。

1. 社会保险费征缴

（1）社会保险登记

根据《社会保险法》规定，用人单位应当自成立之日起30日内凭营业执照、登记证书或者单位印章，向当地社会保险经办机构申请办理社会保险登记。社会保险经办机构应当自收到申请之日起15日内予以审核，发给社会保险登记证件。用人单位的社会保险登记事项发生变更或者用人单位依法终止的，应当自变更或者终止之日起30日内，到社会保险经办机构办理变更或者注销社会保险登记。

用人单位应当自用工之日起30日内为其职工向社会保险经办机构申请办理社会保险登记。未办理社会保险登记的，由社会保险经办机构核定其应当缴纳的社会保险费。

（2）社会保险费缴纳

根据《社会保险法》规定，用人单位应当自行申报、按时足额缴纳社会保险费，非因不可抗力等法定事由不得缓缴、减免。职工应当缴纳的社会保险费由用人单位代扣代缴，用人单位应当按月将缴纳社会保险费的明细情况告知本人。

用人单位未按规定申报应当缴纳的社会保险费数额的，按照该单位上月缴费额的110%确定应当缴纳数额；缴费单位补办申报手续后，由社会保险费征收机构按照规定结算。用人单位未按时足额缴纳社会保险费的，由社会保险费征收机构责令其限期缴纳或者补足。用人单位逾期仍未缴纳或者补足社会保险费的，社会保险费征收机构可以向银行和其他金融机构查询其存款账户，并可以申请县级以上有关行政部门作出划拨社会保险费的决定，书面通知其开户银行或者其他金融机构划拨社会保险费。用人单位账户余额少于应当缴纳的社会保险费的，社会保险费征收机构可以要求该用人单位提供担保，签订延期缴费协议。用人单位未足额缴纳社会保险费且未提供担保的，社会保险费征收机构可以申请人民法院扣押、查封、拍卖其价值相当于应当缴纳社会保险费的财产，以拍卖所得抵缴社会保险费。

2. 社会保险基金管理

根据《社会保险法》规定，社会保险基金包括基本养老保险基金、基本医疗保险基金、工伤保险基金、失业保险基金和生育保险基金。除基本医疗保险基金与生育保险基金合并建账及核算外，其他各项社会保险基金按照社会保险险种分别建账，分账核算。社会保险基金执行国家统一的会计制度。社会保险基金专款专用，任何组织和个人不得侵占或者挪用。

【实例13-4】

李军于2019年5月3日入职某电子商务公司，双方签订了书面的劳动合同，其中约定试用期3个月。入职后，李军按公司要求递交了保证书，其中写道："本人在试用期内，自愿放弃购买社会保险，本人保证，试用期内如发生工伤、医疗等相关事故，均由我自己承担。"

7月28日，李军离职。随后，李军诉至法院，要求电子商务公司补缴在职期间的社会保险。法院判决该公司补缴李军2019年5月至7月的社会保险费。

那么，试用期要给员工买社保吗？法院判决适用的法律法规是什么？

分析

试用期内用人单位也要为职工按规定参保缴费。但是，一些用人单位为了"降低"用工成本，"节约"开支，通过变相强迫或"协议"的方式，让员工放弃在试用期内参加社保，转正后才让参加。然而，用人单位的这一行为是违反劳动法规定的。

首先，参加社会保险是用人单位和员工的法定义务。《劳动法》第七十二条规定："用人单位和劳动者必须依法参加社会保险，缴纳社会保险费。"《社会保险法》第四条规定："中华人民共和国境内的用人单位和个人依法缴纳社会保险费……"可见，参加社保并缴纳社保费是所有用人单位和员工的法定强制性义务，不可放弃。

其次，用人单位应当为试用期员工参加社保。这里所说的"员工"，既包括正式录用的员工，也包括试用期员工。《社会保险法》第五十八条第一款规定："用人单位应当自用工之日起三十日内为其职工向社会保险经办机构申请办理社会保险登记……"《劳动合同法》第十七条第一款第七项规定："劳动合同应当具备以下条款……（七）社会保险……"《劳动法合同》第三十八条第一款第三项规定："用人单位有下列情形之一的，劳动者可以解除劳动合同……（三）未依法为劳动者缴纳社会保险费的……"

最后，员工签署的自愿放弃参加社保协议书，不具有法律效力。参加社保是所有用人单位和员工不可放弃的法定义务，据此，员工所签署的自愿放弃参保的协议书、承诺书、申请书、保证书、声明等，因违反法律法规强制性规定而不具有法律效力。

在本案例中，李军虽向公司递交了放弃试用期内参加社保的保证书，然而，因该保证书违反法律法规强制性规定而不具有法律效力，公司依然需为李军补缴社保费。法院认定事实清楚，适用法律法规正确。

二　基本养老保险的一般性规定

1. 基本养老保险的缴纳与管理

（1）基本养老保险费的缴纳

根据《社会保险法》的规定，职工应当参加基本养老保险，由用人单位和职工共同缴纳基本养老保险费。《社会保险费征缴暂行条例》规定，基本养老保险费的征缴范围包括国有企业、城镇集体企业、外商投资企业、城镇私营企业和其他城镇企业及其职工，实行企业化管理的事业单位及其职工。

基本养老保险实行社会统筹与个人账户相结合，基本养老保险基金由用人单位和个人缴费以及政府补贴等组成。用人单位应当按照国家规定的本单位职工工资总额的比例缴纳基本养老保险费，记入基本养老保险统筹基金。职工应当按照国家规定的本人工资的比例缴纳基本养老保险费，记入个人账户。国有企业、事业单位职工参加基本养老保险前，视同缴费年限期间应当缴纳的基本养老保险费由政府承担。

（2）基本养老保险金的管理

基本养老保险金根据个人累计缴费年限、缴费工资、当地职工平均工资、个人账户金额、城镇人口平均预期寿命等因素确定。国家建立基本养老金正常调整机制，根据职工平均工资增长、物价上涨情况，适时提高基本养老保险待遇水平。

个人跨统筹地区就业的，其基本养老保险关系随本人转移，缴费年限累计计算。个人达到法定退休年龄时，基本养老金分段计算、统一支付。

2. 基本养老保险待遇

根据《社会保险法》规定，参加基本养老保险的个人，达到法定退休年龄时累计缴费满15年的，按月领取基本养老金。参加基本养老保险的个人，达到法定退休年龄时累计缴费不足15年的，可以缴费至满15年，按月领取基本养老金；也可以转入新型农村社会养老保险或者城镇居民社会养老保险，按照国务院规定享受相应的养老保险待遇。基本养老金由统筹养老金和个人账户养老金组成。个人账户不得提前支取，记账利率不得低于银行定期存款利率，免征利息税。

参加基本养老保险的个人，因病或者非因工死亡的，个人账户余额可以继承，其遗属可以领取丧葬补助金和抚恤金；在未达到法定退休年龄时因病或者非因工致残完全丧失劳动能力的，可以领取病残津贴，所需资金从基本养老保险基金中支付。基本养老保险基金出现支付不足时，政府给予补贴。

三　基本医疗保险的一般性规定

1. 基本医疗保险的缴纳与管理

根据《社会保险法》的规定，职工应当参加职工基本医疗保险，由用人单位和职工按照国家规定共同缴纳基本医疗保险费。《社会保险费征缴暂行条例》规定，基本医疗保险费的征缴范围包括国有企业、城镇集体企业、外商投资企业、城镇私营企业和其他城镇企业及其职工；国家机关及其工作人员；事业单位及其职工；民办非企业单位及其职工；社会团体及其专职人员。

个人跨统筹地区就业的，其基本医疗保险关系随本人转移，缴费年限累计计算。

2. 基本医疗保险待遇

根据《社会保险法》的规定，职工基本医疗保险、新型农村合作医疗和城镇居民基本医疗保险的待遇标准按照国家规定执行。参加职工基本医疗保险的个人，达到法定退休年龄时累计缴费达到国家规定年限的，退休后不再缴纳基本医疗保险费，按照国家规定享受基本医疗保险待遇；未达到国家规定年限的，可以缴费至国家规定年限。

参保人员医疗费用中应当由基本医疗保险基金支付的部分,由社会保险经办机构与医疗机构、药品经营单位直接结算。社会保险行政部门和卫生行政部门应当建立异地就医医疗费用结算制度,方便参保人员享受基本医疗保险待遇。符合基本医疗保险药品目录、诊疗项目、医疗服务设施标准以及急诊、抢救的医疗费用,按照国家规定从基本医疗保险基金中支付。但下列医疗费用不纳入基本医疗保险基金支付范围:①应当从工伤保险基金中支付的;②应当由第三人负担的;③应当由公共卫生负担的;④在境外就医的。若医疗费用依法应当由第三人负担,第三人不支付或者无法确定第三人的,由基本医疗保险基金先行支付。基本医疗保险基金先行支付后,有权向第三人追偿。

四 工伤保险的一般性规定

根据《社会保险法》的规定,职工应当参加工伤保险,由用人单位缴纳工伤保险费,职工不缴纳工伤保险费,即工伤保险实行雇主责任制,由用人单位单方缴费,职工个人不承担缴费义务。《工伤保险条例》规定,中华人民共和国境内的企业、事业单位、社会团体、民办非企业单位、基金会、律师事务所、会计师事务所等组织和有雇工的个体工商户应当参加工伤保险,为本单位全部职工或者雇工缴纳工伤保险费。中华人民共和国境内的企业、事业单位、社会团体、民办非企业单位、基金会、律师事务所、会计师事务所等组织的职工和个体工商户的雇工,均有享受工伤保险待遇的权利。

国家根据不同行业的工伤风险程度确定行业的差别费率,并根据使用工伤保险基金、工伤发生率等情况在每个行业内确定费率档次。行业差别费率和行业内费率档次由国务院社会保险行政部门制定,报国务院批准后公布施行。社会保险经办机构根据用人单位使用工伤保险基金、工伤发生率和所属行业费率档次等情况,确定用人单位缴费费率。用人单位应当按照本单位职工工资总额,根据社会保险经办机构确定的费率缴纳工伤保险费。

1. 工伤保险基金

根据《工伤保险条例》,工伤保险基金由用人单位缴纳的工伤保险费、工伤保险基金的利息和依法纳入工伤保险基金的其他资金构成。

（1）工伤保险费缴纳

用人单位应当按时缴纳工伤保险费。职工个人不缴纳工伤保险费。用人单位缴纳工伤保险费的数额为本单位职工工资总额乘以单位缴费费率之积。对难以按照工资总额缴纳工伤保险费的行业,其缴纳工伤保险费的具体方式由国务院社会保险行政部门规定。

（2）工伤保险基金管理

工伤保险基金逐步实行省级统筹。跨地区、生产流动性较大的行业,可以采取相对集中的方式异地参加统筹地区的工伤保险。

工伤保险基金存入社会保障基金财政专户,用于工伤保险待遇、劳动能力鉴定、工伤预防的宣传、培训等费用,以及法律、法规规定的用于工伤保险的其他费用的支付。工伤保险基金应当留有一定比例的储备金,用于统筹地区重大事故的工伤保险待遇支付;储备金不足支付的,由统筹地区的人民政府垫付。任何单位或者个人不得将工伤保险基金用于投资运营、兴建或者改建办公场所、发放奖金,或者挪作其他用途。

2. 工伤认定

根据《社会保险法》的规定,职工因工作原因受到事故伤害或者患职业病,且经工伤认定的,享受工伤保险待遇;其中,经劳动能力鉴定委员会鉴定为丧失劳动能力的,享受伤残待遇。工伤认定和劳动能力鉴定应当简捷、方便。

（1）认定为工伤的情形

①职工有下列情形之一的，应当认定为工伤：在工作时间和工作场所内，因工作原因受到事故伤害的；工作时间前后在工作场所内，从事与工作有关的预备性或者收尾性工作时受到事故伤害的；在工作时间和工作场所内，因履行工作职责受到暴力等意外伤害的；患职业病的；因工外出期间，由于工作原因受到伤害或者发生事故下落不明的；在上下班途中，受到非本人主要责任的交通事故或者城市轨道交通、客运轮渡、火车事故伤害的；法律、行政法规规定应当认定为工伤的其他情形。

【实例13-5】

张强应聘到一家公司从事保安工作。公司经理表示，试用期为一个月，月薪3 000元。如果能胜任工作，再签劳动合同，缴纳五险一金。张强一想，反正自己还没有找到工作，现在这个先做着也不错，就欣然同意了。

但万万没想到，张强在上班第一天厂区巡逻时不慎摔倒了，头部受伤，鲜血直流。公司立即安排他送医院治疗，经查是皮外伤，包扎后回家休息，后来他又到门诊治疗了两次，先后花了医疗费2 000余元。

之后，公司方面表示，张强在试用期内受伤，单位可以报销医疗费。但是张强显然不能胜任保安这份工作，单位决定不予转正，也不会支付其上班的工资。

张强认为公司不能以自己不符合录用条件解除劳动关系，公司应该支付补偿金，同时他认为自己是上班时受的伤，应该享受工伤待遇。于是，张强申请劳动仲裁，仲裁委审理后裁定企业给付张强停工留薪期工资、一次性工伤待遇共计5 000元。

你认为试用期上班第一天就受伤，算工伤吗？

分析

《工伤保险条例》第三十三条规定："职工因工作遭受事故伤害或者患职业病需要暂停工作接受工伤医疗的，在停工留薪期内，原工资福利待遇不变，由所在单位按月支付。"同时，张强是在试用期内受的伤，虽然企业没为其缴纳工伤保险，但应当按照工伤标准给付工伤待遇。依据《劳动合同法》规定，试用期包含在劳动合同期限内。劳动者上岗后，如果用人单位没有为其缴纳工伤保险，一旦在试用期内发生工伤，所有的工伤待遇就得由用人单位买单。因此，单位录用劳动者，一定要签订劳动合同，并为职工缴纳工伤保险后再上岗，以避免类似事件发生。

②职工有下列情形之一的，视同工伤：在工作时间和工作岗位，突发疾病死亡或者在48小时之内经抢救无效死亡的；在抢险救灾等维护国家利益、公共利益活动中受到伤害的；职工原在军队服役，因战、因公负伤致残，已取得革命伤残军人证，到用人单位后旧伤复发的。

（2）不认定为工伤的情形

根据《社会保险法》的规定，职工因下列情形之一导致本人在工作中伤亡的，不认定为工伤：故意犯罪；醉酒或者吸毒；自残或者自杀；法律、行政法规规定的其他情形。

（3）工伤认定申请

根据《工伤保险条例》，职工发生事故伤害或者按照职业病防治法规定被诊断、鉴定为职业病，所在单位应当自事故伤害发生之日或者被诊断、鉴定为职业病之日起30日内，向统筹地区社会保险行政部门提出工伤认定申请。遇有特殊情况，经报社会保险行政部门同意，申请时限可以适当延长。用人单位未按规定提出工伤认定申请的，工伤职工或者其近亲属、工会组织在事故伤害发生之日或者被诊断、鉴定为职业病之日起一年内，可以直接向用人单位所在地统筹地区社会保险行政部门提出工伤认定申请。用人单位未在规定的时限内提交工伤认定申请，在此期间发生符合本条例规定的工伤待遇等有关费用由该用人单位负担。

【实例13-6】

赵勇是某公司的一名操作工。2019年年底，其所在公司发出《2019年会活动》的通知。通知中说明年会中有一系列的员工节目，并且做出了相应的规定和安排，要求在岗职工积极参与，赵勇被安排参与其中一个节目。2019年12月26日下午，在公司排练时，由于舞台混乱，赵勇不慎从台上摔下，造成左手骨折住院15天。事后，赵勇向单位提出工伤认定申请，公司以"非本职工作原因受伤"为由拒绝为其申请。赵勇出院后，遂以个人名义向人社局提出工伤认定申请。经调查取证后，最终，人社局对赵勇所受伤害作出认定为工伤的决定。

公司和人社局对赵勇工伤认定申请意见不同，你觉得哪个是对的呢？参加年会活动受伤算工伤吗？

分析

公司认为赵勇是在参加公司组织的文艺活动中受的伤与其本职工作无关，不能认定为工伤，遂不给赵勇申请工伤，并且停发了赵勇在养伤期间的相关待遇。人社局认为，单位组织活动是为了缓解职工工作压力，职工在用人单位组织的文艺活动中受伤，应按工伤处理。

在本案例中，赵勇参加单位的文艺活动是单位安排的一项工作，根据《工伤保险条例》第十四条第一款"在工作时间和工作场所内，因工作原因受到事故伤害的"的规定，赵勇是在特定的工作时间、工作地点，因特定的工作原因而受伤，应认定为工伤。

3. 工伤保险待遇

根据《社会保险法》的规定，因工伤发生的下列费用，按照国家规定从工伤保险基金中支付：

（1）治疗工伤的医疗费用和康复费用；

（2）住院伙食补助费；

（3）到统筹地区以外就医的交通食宿费；

（4）安装配置伤残辅助器具所需费用；

（5）生活不能自理的，经劳动能力鉴定委员会确认的生活护理费；

（6）一次性伤残补助金和一至四级伤残职工按月领取的伤残津贴；

（7）终止或者解除劳动合同时，应当享受的一次性医疗补助金；

（8）因工死亡的，其遗属领取的丧葬补助金、供养亲属抚恤金和因工死亡补助金；

（9）劳动能力鉴定费。

因工伤发生的下列费用，按照国家规定由用人单位支付：

（1）治疗工伤期间的工资福利；

（2）五级、六级伤残职工按月领取的伤残津贴；

（3）终止或者解除劳动合同时，应当享受的一次性伤残就业补助金。

若职工所在用人单位未依法缴纳工伤保险费，一旦发生工伤事故，则由用人单位支付工伤保险待遇。用人单位不支付的，从工伤保险基金中先行支付。从工伤保险基金中先行支付的工伤保险待遇应当由用人单位偿还。

工伤职工有下列情形之一的，停止享受工伤保险待遇：

（1）丧失享受待遇条件的；

（2）拒不接受劳动能力鉴定的；

（3）拒绝治疗的。

工伤职工符合领取基本养老金条件的，停发伤残津贴，享受基本养老保险待遇。基本养老保险待遇低于伤残津贴的，从工伤保险基金中补足差额。

五　失业保险的一般性规定

根据《社会保险法》的规定，职工应当参加失业保险，由用人单位和职工按照国家规定共同缴纳失业保险费。《社会保险费征缴暂行条例》规定，失业保险费的征缴范围为：国有企业、城镇集体企业、外商投资企业、城镇私营企业和其他城镇企业及其职工、事业单位及其职工。

用人单位应当及时为失业人员出具终止或者解除劳动关系的证明，并将失业人员的名单自终止或者解除劳动关系之日起15日内告知社会保险经办机构。

职工跨统筹地区就业的，其失业保险关系随本人转移，缴费年限累计计算。失业保险金的标准，由省、自治区、直辖市人民政府确定，不得低于城市居民最低生活保障标准。

1. 失业保险基金

《失业保险条例》规定，失业保险基金由下列各项构成：①城镇企业事业单位、城镇企业事业单位职工缴纳的失业保险费；②失业保险基金的利息；③财政补贴；④依法纳入失业保险基金的其他资金。

（1）失业保险费缴纳

依据《失业保险条例》，城镇企业事业单位按照本单位工资总额的2%缴纳失业保险费。城镇企业事业单位职工按照本人工资的1%缴纳失业保险费。城镇企业事业单位招用的农民合同制工人本人不缴纳失业保险费。

（2）失业保险基金支出

《失业保险条例》规定，失业保险基金用于下列支出：

①失业保险金；

②领取失业保险金期间的医疗补助金；

③领取失业保险金期间死亡的失业人员的丧葬补助金和其供养的配偶、直系亲属的抚恤金；

④领取失业保险金期间接受职业培训、职业介绍的补贴，补贴的办法和标准由省、自治区、直辖市人民政府规定；

⑤国务院规定或者批准的与失业保险有关的其他费用。

2. 失业保险待遇

（1）失业保险金标准

按照《失业保险条例》，失业保险金的标准，按照低于当地最低工资标准、高于城市居民最低生活保障标准的水平，由省、自治区、直辖市人民政府确定。

（2）失业保险金领取

根据《社会保险法》的规定，失业人员失业前用人单位和本人累计缴费满1年不足5年的，领取失业保险金的期限最长为12个月；累计缴费满5年不足10年的，领取失业保险金的期限最长为18个月；累计缴费10年以上的，领取失业保险金的期限最长为24个月。重新就业后，再次失业的，缴费时间重新计算，领取失业保险金的期限与前次失业应当领取而尚未领取的失业保险金的期限合并计算，最长不超过24个月。

用人单位应当及时为失业人员出具终止或者解除劳动关系的证明，告知其按照规定享受失业保险待遇的权利，并将失业人员的名单自终止或者解除劳动关系之日起15日内报社会保险经办机构备案。失业人员应当持本单位为其出具的终止或者解除劳动关系的证明，及时到指定的公共就业服务机构办理失业登记。失业人员凭失业登记证明和个人身份证明，到社会保险经办机构办理领取失业保险金的手续。失业保险金领取期限自办理失业登记之日起计算。

失业人员符合下列条件的，可从失业保险基金中领取失业保险金：

①失业前用人单位和本人已经缴纳失业保险费满一年的；

②非因本人意愿中断就业的；

③已经进行失业登记并有求职要求的。

失业人员在领取失业保险金期间，按照规定同时享受其他失业保险待遇。失业保险金由社会保险经办机构按月发放。

失业人员在领取失业保险金期间，参加职工基本医疗保险，享受基本医疗保险待遇。失业人员在领取失业保险金期间患病就医的，可以按照规定向社会保险经办机构申请领取医疗补助金。

失业人员在领取失业保险金期间死亡的，其家属可持失业人员死亡证明、领取人身份证明、与失业人员的关系证明，按规定向经办机构领取一次性丧葬补助金和其供养配偶、直系亲属的抚恤金。失业人员当月尚未领取的失业保险金可由其家属一并领取。死亡的失业人员同时符合领取基本养老保险、工伤保险、失业保险丧葬补助金和抚恤金条件的，其遗属只能选择领取其中的一项。

失业人员在领取失业保险金期间有下列情形之一的，停止领取失业保险金，并同时停止享受其他失业保险待遇：

①重新就业的；

②应征服兵役的；

③移居境外的；

④享受基本养老保险待遇的；

⑤无正当理由，拒不接受当地人民政府指定部门或者机构介绍的适当工作或者提供的培训的。

六　生育保险的一般性规定

1. 生育保险缴纳

根据《社会保险法》的规定，职工应当参加生育保险，由用人单位按照国家规定缴纳生育保险费，职工不缴纳生育保险费。

2. 生育保险待遇

根据《社会保险法》的规定，用人单位已经缴纳生育保险费的，其职工享受生育保险待遇；职工未就业配偶按照国家规定享受生育医疗费用待遇，所需资金从生育保险基金中支付。

生育保险待遇包括生育医疗费用和生育津贴。生育医疗费用包括下列各项：

（1）生育的医疗费用；

（2）计划生育的医疗费用；

（3）法律、法规规定的其他项目费用。

生育津贴按照职工所在用人单位上年度职工月平均工资计发。

职工有下列情形之一的，可以按照国家规定享受生育津贴：

（1）女职工生育享受产假；

（2）享受计划生育手术休假；

（3）法律、法规规定的其他情形。

3. 生育保险实施新规

2019年3月，国务院办公厅颁布的《关于全面推进生育保险和职工基本医疗保险合并实施的意见》指出，全面推进生育保险和职工基本医疗保险（以下统称"两项保险"）合并实施，实现参保同步登记、基金合并运行、征缴管理一致、监督管理统一、经办服务一体化。该意见明确了"保留险种、保障待遇、统一管理、降低成本"两项保险合并实施的总体要求，明确了"四统一、两确保"的政策措施。

（1）统一参保登记。参加职工基本医疗保险的在职职工同步参加生育保险。

（2）统一基金征缴和管理。生育保险基金并入职工基本医疗保险基金，统一征缴，统筹层次一致。按照用人单位参加生育保险和职工基本医疗保险的缴费比例之和确定新的用人单位职工基本医疗保险费率，个人不缴纳生育保险费。

（3）统一医疗服务管理。生育保险和职工基本医疗保险两项保险合并实施后实行统一定点医疗服务管理，执行基本医疗保险、工伤保险、生育保险药品目录以及基本医疗保险诊疗项目和医疗服务设施范围。生育医疗费用原则上实行医疗保险经办机构与定点医疗机构直接结算。

（4）统一经办和信息服务。经办管理统一由基本医疗保险经办机构负责，实行信息系统一体化运行。

（5）确保职工生育期间生育保险待遇不变。参保人员生育医疗费用、生育津贴等各项生育保险待遇按现行法律法规执行，所需资金从职工基本医疗保险基金中支付。

（6）确保制度可持续。各地要增强基金统筹共济能力，增强风险防范意识和制度保障能力，合理引导预期，完善生育保险监测指标，根据生育保险支出需求建立费率动态调整机制。

同时，要求各地要高度重视生育保险和职工基本医疗保险合并实施工作，根据当地生育保险和职工基本医疗保险参保人群差异、基金支付能力、待遇保障水平等因素进行综合分析和研究，周密组织实施，确保参保人员相关待遇不降低、基金收支平衡，保证平稳过渡。各省（自治区、直辖市）要加强工作部署，督促指导各统筹地区加快落实，2019年年底前实现两项保险合并实施。

七　残疾人就业保障金的一般性规定

1. 残疾人就业保障金的缴纳

残疾人就业保障金简称残保金，是为保障残疾人权益，由未按规定安排残疾人就业的机关、团体、企业、事业单位和民办非企业单位缴纳的资金。由用人单位所在地的地方税务局负责征收，没有分设地方税务局的地方，由国家税务局负责征收。

2. 残疾人就业保障金的征收标准

（1）人数要求

用人单位安排残疾人就业的比例不得低于本单位在职职工总数的1.5%，具体比例由各省、自治区、直辖市人民政府根据本地区的实际情况而定。用人单位安排残疾人就业达不到所在地省、自治区、直辖市人民政府规定比例的，应当缴纳残保金。

（2）雇佣要求

用人单位将残疾人录用为在编人员或依法与就业年龄段内的残疾人签订一年以上（含一年）劳动合同（服务协议），且实际支付的工资不低于当地最低工资标准，并足额缴纳社会保险费的，方可计入用人单位所安排的残疾人就业人数。

用人单位安排一名持有《中华人民共和国残疾人证》（1～2级）或《中华人民共和国残疾军人证》（1～3级）的人员就业的，按照安排两名残疾人就业计算。

用人单位跨地区招用残疾人的，应当计入所安排的残疾人就业人数。

（3）费用计算

保障金按上年度用人单位安排残疾人就业未达到规定比例的差额人数和本单位在职职工年平均工资之积计算缴纳。计算公式为：

保障金年缴纳额＝（上年度用人单位在职职工人数×所在地省、自治区、直辖市人民政府规定的安排残疾人就业比例－上年用人单位实际安排的残疾人及就业人数）×上年用人单位在职职工年平均工资

3. 残疾人就业保障金的使用管理

残疾人就业保障金纳入地方一般公共预算统筹安排，主要用于支持残疾人就业和保障残疾人生活，支持方向包括以下几个方面。

（1）残疾人职业培训、职业教育和职业康复支出。

（2）残疾人就业服务机构提供残疾人就业服务和组织职工职业技能竞赛（含展能活动）支出。补贴用人单位安排残疾人就业所需设施社保购置、改造和支持性服务费用、补贴辅助性就业机构建设和运行费用。

（3）残疾人从事个体经营、自主创业、灵活就业的经营场所租赁、启动资金、设施设备购置补贴和小额贷款贴息、各种形式就业残疾人的社会保险缴费补贴和用人单位岗位补贴。扶持农村残疾人从事种植、养殖、手工业及其他形式生产劳动。

（4）奖励超比例安排残疾人就业的用人单位，以及为安排残疾人就业做出显著成绩的单位或个人。

（5）对从事公益性岗位就业、辅助性就业、灵活就业，收入达不到当地最低工资标准、生活确有困难的残疾人的救济补贴。

（6）经地方人民政府及其财政部门批准用于促进残疾人就业和保障困难残疾人、重度残疾人生活等其他支出。

疑难解答

1. 员工不想交社会保险，单位就可以不给员工交吗？

企业如果不给员工缴社会保险，哪怕员工是自愿的，也是违法的，而且双方在私下签订的任何协议都没有法律效力。企业承担的社会保险部分并不全都是"员工"的，大部分属于统筹金，不归个人所有。

2. 社会保险是员工应享有的权利吗？

缴纳社会保险其实不是"权利"，而是劳动者和企业的"社会责任"，只不过在其中劳动者个人享有一定的保障权利。换句话说，劳动者和企业方都没有"舍弃自我权利，免除对方责任"的权利，即就算员工自愿放弃，企业依然要承担责任。

3. 社会保险与薪酬之间是什么关系？

社会保险应该按照职工的实际收入缴纳，职工的工资低于当地社会平均工资60%的，按照社平工资的60%缴纳，高于社平工资300%的，按照社平工资的300%缴纳，介于两者之间的，按照实际工资缴纳。对于缴费基数填报，《社会保险法》明确规定，企业如果不按时足额缴纳，将受到处罚。

4. 什么是社会保险月缴费基数？

职工个人以本人上年度工资收入总额的月平均数作为本年度月缴费基数，其中：新进本单位的人员以职工本人起薪当月的足月工资收入作为缴费基数；参保单位以本单位全部参保职工月缴费基数之和作为单位的月缴费基数。

5. 什么是职工上年度工资收入总额?

职工的上年度工资收入总额是指职工在上一年的1月1日至12月31日整个年度内所取得的货币收入,包括计时工资、计件工资、奖金、国家规定可列入工资总额的津贴和补贴、加班加点工资、特殊情况下支付的工资。

第四节　我国有关住房公积金的法律规定

一　住房公积金的一般性规定

1. 住房公积金法定概念

依据《住房公积金管理条例》,住房公积金是指国家机关、国有企业、城镇集体企业、外商投资企业、城镇私营企业及其他城镇企业、事业单位、民办非企业单位、社会团体及其在职职工缴存的长期住房储金。

职工个人缴存的住房公积金和职工所在单位为职工缴存的住房公积金,属于职工个人所有。住房公积金应当用于职工购买、建造、翻建、大修自住住房,任何单位和个人不得挪作他用。

2. 住房公积金法规修订

目前,我国仍在使用2002年修改施行的《住房公积金管理条例》,但国情早已发生变化。因此,为了进一步加强对住房公积金的管理,2015年,住房城乡建设部起草了《住房公积金管理条例(修订送审稿)》并报请国务院审议,国务院法制办就该文件公开征求意见。但征求意见期过去了,到目前为止新修订的条例仍没有正式出台。2019年3月24日《国务院关于修改部分行政法规的决定》修订了《住房公积金管理条例》中的部分条款,主要是针对条例当中的第十三条第二款、第十四条、第十五条进行了修订。需要注意的是,此次修订是以2002年版本为基础的,因此2002年《住房公积金管理条例》仍然有效。

二　住房公积金的缴存与使用

1. 住房公积金缴存

根据《住房公积金管理条例》,职工和单位住房公积金的缴存比例均不得低于职工上一年度月平均工资的5%;有条件的城市,可以适当提高缴存比例。具体缴存比例由住房公积金管理委员会拟订,经本级人民政府审核后,报省、自治区、直辖市人民政府批准。住房公积金自存入职工住房公积金账户之日起按照国家规定的利率计息。

（1）对单位的规定

根据《住房公积金管理条例》,单位应当向住房公积金管理中心办理住房公积金缴存登记,并为本单位职工办理住房公积金账户设立手续。每个职工只能有一个住房公积金账户。

新设立的单位应当自设立之日起30日内向住房公积金管理中心办理住房公积金缴存登记,并自登记之日起20日内,为本单位职工办理住房公积金账户设立手续。单位合并、分立、撤销、解散或者破产的,应当自发生上述情况之日起30日内由原单位或者清算组织向住房公积金管理中心办理变更登记或者注销登记,并自办妥变更登记或者注销登记之日起20日内,为本单位职工办理住房公积金账户转移或者封存手续。

单位录用职工的,应当自录用之日起30日内向住房公积金管理中心办理缴存登记,并办理职工住房公积金账户的设立或者转移手续。单位与职工终止劳动关系的，单位应当自劳动关系终止之日起30日内向住房公积金管理中心办理变更登记，并办理职工住房公积金账户转移或者封存手续。

单位为职工缴存的住房公积金的月缴存额为职工本人上一年度月平均工资乘以单位住房公积金缴存比例。单位新调入的职工从调入单位发放工资之日起缴存住房公积金，月缴存额为职工本人当月工资乘以职工住房公积金缴存比例。

职工个人缴存的住房公积金，由所在单位每月从其工资中代扣代缴。单位应当于每月发放职工工资之日起5日内将单位缴存的和为职工代缴的住房公积金汇缴到住房公积金专户内，由受委托银行计入职工住房公积金账户。

单位应当按时、足额缴存住房公积金，不得逾期缴存或者少缴。对缴存住房公积金确有困难的单位，经本单位职工代表大会或者工会讨论通过，并经住房公积金管理中心审核，报住房公积金管理委员会批准后，可以降低缴存比例或者缓缴；待单位经济效益好转后，再提高缴存比例或者补缴缓缴。

单位为职工缴存的住房公积金，按照下列规定列支：①机关在预算中列支；②事业单位由财政部门核定收支后，在预算或者费用中列支；③企业在成本中列支。

（2）对职工的规定

根据《住房公积金管理条例》，职工住房公积金的月缴存额为职工本人上一年度月平均工资乘以职工住房公积金缴存比例。新参加工作的职工从参加工作的第二个月开始缴存住房公积金，月缴存额为职工本人当月工资乘以职工住房公积金缴存比例。

2. 住房公积金提取使用

（1）住房公积金提取的分类

住房公积金提取是指缴存人按照公积金提取的要求，到办理公积金提取的相关部门办理公积金提取手续，将公积金账户内的部分或全部金额提取到个人银行账户的行为。办理公积金提取，需提前到指定银行申领公积金联名卡，提取的公积金将直接转入联名卡储蓄账户中。

住房公积金提取可分为约定提取、部分提取和销户提取三种类型。

①约定提取。住房公积金约定提取是指因购买、建造、翻建、大修自住住房及偿还住房贷款本息等情况而办理公积金提取的职工及其配偶，向公积金管理中心提出相关申请，按照申请时填写的约定时间，由公积金管理中心按时将提取的公积金转入职工本人的公积金联名卡储蓄账户中。

②部分提取。住房公积金部分提取是指公积金的缴存人按照公积金部分提取的要求，申办公积金的部分提取。最高可提取额为账户总金额减10元。

③销户提取。第一，符合住房公积金提取中销户提取的条件有以下几个：a. 离退休：应当提供离退休证或劳动部门的相关证明、提取人身份证；b. 户口迁出本市：应当提供公安部门出具的户口迁出证明、提取人身份证；c. 出国定居：应当提供户口注销证明；d. 丧失劳动能力且解除劳动合同：应当提供劳动部门提供的职工丧失劳动能力鉴定及单位解除劳动合同证明、提取人身份证；e. 进城务工人员与单位解除劳动关系：应当提供户口证明和解除劳动关系的证明；f. 职工在职期间被判处死刑、无期徒刑或有期徒刑刑期期满时达到国家法定退休年龄：应当提供人民法院判决书；g. 职工死亡或者被宣告死亡：应当提供职工死亡证明，若其继承人、受遗赠人提取，还需提供公证部门对该继承权或受遗赠权出具的公证书或人民法院作出的判决书、裁定书或调解书。第二，公积金提取中销户提取的办理：公积金提取的销户公积金提取和银行账户的销户取款相类似，办理销户提取时按公积金提取中销户提取的要求，填写销户提取申请书，然后到公积金提取的管理部门办理即可。

（2）住房公积金的提取条件

职工在职期间可以提取住房公积金，不过提取是有要求的。根据《住房公积金管理条例》第五条，住房公积金应当用于职工购买、建造、翻建、大修自住住房，任何单位和个人不得挪作他用。

根据《住房公积金管理条例》第二十四条，职工有下列情形之一的，可以提取职工住房公积金账户内的存储余额：

①购买、建造、翻建、大修自住住房的；

②离休、退休的；

③完全丧失劳动能力，并与单位终止劳动关系的；

④出境定居的；

⑤偿还购房贷款本息的；

⑥房租超出家庭工资收入规定比例的。

依照上述②、③、④项规定提取职工住房公积金的，应当同时注销职工住房公积金账户。职工死亡或者被宣告死亡的，职工的继承人、受遗赠人可以提取职工住房公积金账户内的存储余额；无继承人也无受遗赠人的，职工住房公积金账户内的存储余额纳入住房公积金的增值收益。

职工提取住房公积金账户内的存储余额的，所在单位应当予以核实，并出具提取证明。职工应当持提取证明向住房公积金管理中心申请提取住房公积金。住房公积金管理中心应当自受理申请之日起3日内作出准予提取或者不准提取的决定，并通知申请人；准予提取的，由受委托银行办理支付手续。

（3）住房公积金的提取流程

住房公积金提取的具体流程如图13-1所示。

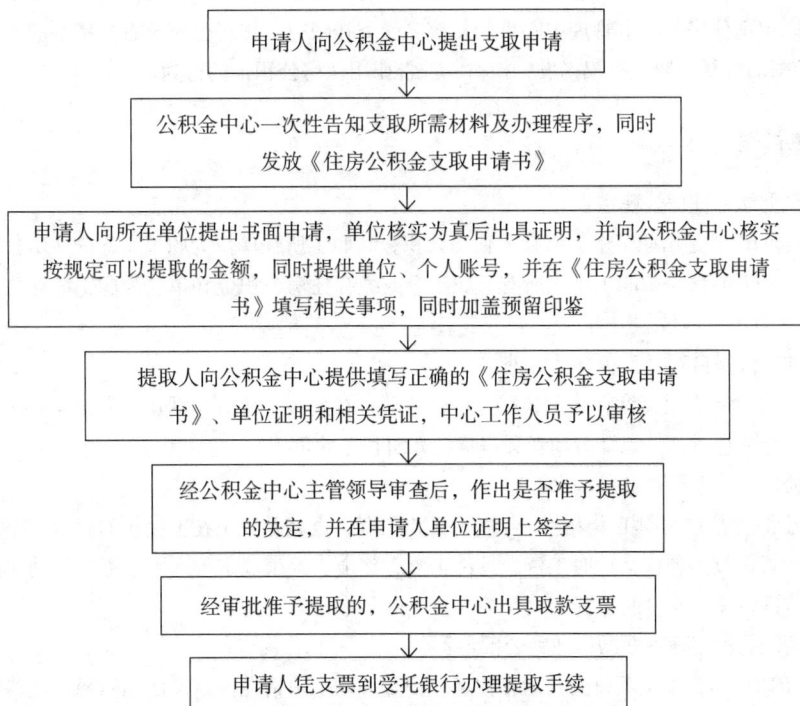

申请人向公积金中心提出支取申请

公积金中心一次性告知支取所需材料及办理程序，同时发放《住房公积金支取申请书》

申请人向所在单位提出书面申请，单位核实为真后出具证明，并向公积金中心核实按规定可以提取的金额，同时提供单位、个人账号，并在《住房公积金支取申请书》填写相关事项，同时加盖预留印鉴

提取人向公积金中心提供填写正确的《住房公积金支取申请书》、单位证明和相关凭证，中心工作人员予以审核

经公积金中心主管领导审查后，作出是否准予提取的决定，并在申请人单位证明上签字

经审批准予提取的，公积金中心出具取款支票

申请人凭支票到受托银行办理提取手续

图13-1　住房公积金提取流程

三 住房公积金的管理与监督

1. 住房公积金管理

根据《住房公积金管理条例》，住房公积金管理中心在保证住房公积金提取和贷款的前提下，经住房公积金管理委员会批准，可以将住房公积金用于购买国债。住房公积金的增值收益应当存入住房公积金管理中心在受委托银行开立的住房公积金增值收益专户，用于建立住房公积金贷款风险准备金、住房公积金管理中心的管理费用和建设城市廉租住房的补充资金。

住房公积金管理中心的管理费用，由住房公积金管理中心按照规定的标准编制全年预算支出总额，报本级人民政府财政部门批准后，从住房公积金增值收益中上交本级财政，由本级财政拨付。住房公积金管理中心的管理费用标准，由省、自治区、直辖市人民政府建设行政主管部门会同同级财政部门按照略高于国家规定的事业单位费用标准制定。

2. 住房公积金监督

根据《住房公积金管理条例》，地方有关人民政府财政部门应当加强对本行政区域内住房公积金归集、提取和使用情况的监督，并向本级人民政府的住房公积金管理委员会通报。

住房公积金管理中心和职工有权督促单位按时履行下列义务：

（1）住房公积金的缴存登记或者变更、注销登记。

（2）住房公积金账户的设立、转移或者封存。

（3）足额缴存住房公积金。

职工、单位有权查询本人、本单位住房公积金的缴存、提取情况，住房公积金管理中心、受委托银行不得拒绝。职工、单位对住房公积金账户内的存储余额有异议的，可以申请受委托银行复核；对复核结果有异议的，可以申请住房公积金管理中心重新复核。受委托银行、住房公积金管理中心应当自收到申请之日起5日内给予书面答复。职工有权揭发、检举、控告挪用住房公积金的行为。

疑难解答

1. 为什么要缴存住房公积金？

住房公积金的构成是由职工个人缴存的住房公积金和职工所在单位为职工缴存的住房公积金两部分组成的，它是职工个人的钱，归职工个人所有。职工个人缴存住房公积金和单位为职工缴存住房公积金都是一种法定义务。

2. 缴存住房公积金对员工有什么好处？

用人单位和劳动者在足额缴存住房公积金后，劳动者在购买、建造、翻建、大修自住住房时可享受到政策性住房公积金低息贷款，减轻劳动者买房贷款方面利息的负担。

3. 住房公积金的缴费基数是多少？

住房公积金缴存基数为职工本人上一年度月平均工资，也就是职工在上一年的1月1日至12月31日整个年度内所取得的货币收入，包括计时工资、计件工资、奖金、国家规定可列入工资总额的津贴和补贴、加班加点工资及特殊情况下支付的工资。

4. 停薪留职的员工要不要缴存住房公积金？

职工停薪留职期间，单位不再为其缴存住房公积金。职工申请在停薪留职期间缴存住房公积金的，由职工本人自行出资缴存。缴存的工资基数按该职工停薪留职上一年度月平均工资计算。职工恢复在职工作并重新领取工资后，单位继续为其缴存住房公积金，但停薪留职期间的住房公积金单位不需补缴。

第五节　我国个人所得税和经济补偿的相关法规

一　个人所得税的一般性规定

1. 个人所得税法定概念

《个人所得税法》规定，在中国境内有住所，或者无住所而一个纳税年度内在中国境内居住累计满183天的个人，为居民个人。居民个人从中国境内和境外取得的所得，依照本法规定缴纳个人所得税。在中国境内无住所又不居住，或者无住所而一个纳税年度内在中国境内居住累计不满183天的个人，为非居民个人。非居民个人从中国境内取得的所得，依照本法规定缴纳个人所得税。纳税年度，自公历1月1日起至12月31日止。

应当缴纳个人所得税的个人所得包括：

（1）工资、薪金所得；

（2）劳务报酬所得；

（3）稿酬所得；

（4）特许权使用费所得；

（5）经营所得；

（6）利息、股息、红利所得；

（7）财产租赁所得；

（8）财产转让所得；

（9）偶然所得。

居民个人取得前款第（1）项至第（4）项所得（以下称综合所得），按纳税年度合并计算个人所得税；非居民个人取得前款第（1）项至第（4）项所得，按月或者按次分项计算个人所得税。纳税人取得第（5）项至第（9）项所得，依照本法规定分别计算个人所得税。

2. 个人所得税应纳税所得额计算

（1）个人所得税的税率

①综合所得，适用3%～45%的超额累进税率，见表13-1。

表13-1　个人所得税税率表一（综合所得适用）

级数	全年应纳税所得额	税率（％）
1	不超过36 000元的	3
2	超过36 000元至144 000元的部分	10
3	超过144 000元至300 000元的部分	20
4	超过300 000元至420 000元的部分	25
5	超过420 000元至660 000元的部分	30
6	超过660 000元至960 000元的部分	35
7	超过960 000元的部分	45

注1：本表所称全年应纳税所得额是指依照《个人所得税法》第六条的规定，居民个人取得综合所得以每一纳税年度收入额减除费用6万元以及专项扣除、专项附加扣除和依法确定的其他扣除后的余额。

注2：非居民个人取得工资、薪金所得，劳务报酬所得，稿酬所得和特许权使用费所得，依照本表按月换算后计算应纳税额。

②经营所得，适用5%～35%的超额累进税率，见表13-2。

表13-2　个人所得税税率表二（经营所得适用）

级数	全年应纳税所得额	税率（%）
1	不超过30 000元的	5
2	超过30 000元至90 000元的部分	10
3	超过90 000元至300 000元的部分	20
4	超过300 000元至500 000元的部分	30
5	超过500 000元的部分	35

注：本表所称全年应纳税所得额是指依照《个人所得税法》第六条的规定，以每一纳税年度的收入总额减除成本、费用以及损失后的余额。

③利息、股息、红利所得，财产租赁所得，财产转让所得和偶然所得，适用比例税率，税率为20%。

（2）免征个人所得税的情形

根据《个人所得税法》，下列各项个人所得免征个人所得税：

①省级人民政府、国务院部委和中国人民解放军军以上单位，以及外国组织、国际组织颁发的科学、教育、技术、文化、卫生、体育、环境保护等方面的奖金；

②国债和国家发行的金融债券利息；

③按照国家统一规定发给的补贴、津贴；

④福利费、抚恤金、救济金；

⑤保险赔款；

⑥军人的转业费、复员费、退役金；

⑦按照国家统一规定发给干部、职工的安家费、退职费、基本养老金或者退休费、离休费、离休生活补助费；

⑧依照有关法律规定应予免税的各国驻华使馆、领事馆的外交代表、领事官员和其他人员的所得；

⑨中国政府参加的国际公约、签订的协议中规定免税的所得；

⑩国务院规定的其他免税所得。

免税规定，由国务院报全国人民代表大会常务委员会备案。

（3）减征个人所得税的情形

根据《个人所得税法》，有下列情形之一的可以减征个人所得税，具体幅度和期限，由省、自治区、直辖市人民政府规定，并报同级人民代表大会常务委员会备案：

①残疾、孤老人员和烈属的所得；

②因自然灾害遭受重大损失的。

国务院可以规定其他减税情形，报全国人民代表大会常务委员会备案。

（4）应纳税所得额的计算

①居民个人的综合所得，以每一纳税年度的收入额减除费用6万元以及专项扣除、专项附加扣除和依法确定的其他扣除后的余额，为应纳税所得额。换言之，个税起征点确定为每月5 000元。

②非居民个人的工资、薪金所得，以每月收入额减除费用5 000元后的余额为应纳税所得额；劳务报

酬所得、稿酬所得、特许权使用费所得，以每次收入额为应纳税所得额。

③经营所得，以每一纳税年度的收入总额减除成本、费用以及损失后的余额，为应纳税所得额。

④财产租赁所得，每次收入不超过4 000元的，减除费用800元；4 000元以上的，减除20%的费用，其余额为应纳税所得额。

⑤财产转让所得，以转让财产的收入额减除财产原值和合理费用后的余额，为应纳税所得额。

⑥利息、股息、红利所得和偶然所得，以每次收入额为应纳税所得额。

劳务报酬所得、稿酬所得、特许权使用费所得以收入减除20%的费用后的余额为收入额。稿酬所得的收入额减按70%计算。

个人将其所得对教育、扶贫、济困等公益慈善事业进行捐赠，捐赠额未超过纳税人申报的应纳税所得额30%的部分，可以从其应纳税所得额中扣除；国务院规定对公益慈善事业捐赠实行全额税前扣除的，从其规定。

第①项规定的专项扣除，包括居民个人按照国家规定的范围和标准缴纳的基本养老保险、基本医疗保险、失业保险等社会保险费和住房公积金等；专项附加扣除，包括子女教育、继续教育、大病医疗、住房贷款利息或者住房租金、赡养老人等支出，具体范围、标准和实施步骤由国务院确定，并报全国人民代表大会常务委员会备案。

居民个人从中国境外取得的所得，可以从其应纳税额中抵免已在境外缴纳的个人所得税税额，但抵免额不得超过该纳税人境外所得依照本法规定计算的应纳税额。

（5）纳税调整

根据《个人所得税法》，有下列情形之一的，税务机关有权按照合理方法进行纳税调整：

①个人与其关联方之间的业务往来不符合独立交易原则而减少本人或者其关联方应纳税额，且无正当理由；

②居民个人控制的，或者居民个人和居民企业共同控制的设立在实际税负明显偏低的国家（地区）的企业，无合理经营需要，对应当归属于居民个人的利润不作分配或者减少分配；

③个人实施其他不具有合理商业目的的安排而获取不当税收利益。

税务机关依照前款规定作出纳税调整，需要补征税款的，应当补征税款并依法加收利息。

2020年3月31日，国家税务总局发布《2019年度个人所得税综合所得年度汇算办税指引》。如果纳税人属于需要退税的情形，是否办理年度汇算申请退税是纳税人的权利，无须承担任何责任。如纳税人需要补税（符合规定的免予汇算情形除外），未依法办理综合所得年度汇算的，可能面临税务行政处罚，并记入个人纳税信用档案。

㊁ 经济补偿的一般性规定

经济补偿，即用人单位依照法律法规，与劳动者解除或终止劳动合同时，应当支付给劳动者经济上的补助。关于经济补偿，我国《劳动法》《劳动合同法》等法律法规当中都有条款提及，主要规定如下。

1. 给予经济补偿的主要情形

用人单位应当给予劳动者经济补偿的情形既包括以下情形，也包括法律、行政法规规定的其他情形。

（1）用人单位提出解除劳动合同

用人单位向劳动者提出解除劳动合同并与劳动者协商一致解除劳动合同的，用人单位应根据劳动者在本单位工作年限，每满一年发给相当于一个月工资的经济补偿金，最多不超过12个月。工作时间不满一年的按一年的标准发给经济补偿金。

（2）用人单位经营不善

用人单位因濒临破产进行法定整顿期间或者生产经营状况发生严重困难而裁减人员的，用人单位按被裁减人员在本单位工作的年限支付经济补偿金，在本单位工作的时间每满一年，发给相当于一个月工资的经济补偿金。用人单位因被依法宣告破产，或因被吊销营业执照、责令关闭、撤销，或因决定提前解散，而与劳动者终止劳动合同的，用人单位也应当向劳动者支付经济补偿。

（3）不能胜任工作

因下列情形之一，用人单位与劳动者解除劳动合同的，用人单位应当依照国家有关规定给予经济补偿。

①劳动者患病或者非因工负伤，经劳动鉴定委员会确认不能从事原工作，也不能从事用人单位另行安排的工作而解除劳动合同的，用人单位应按其在本单位的工作年限，每满一年发给相当于一个月工资的经济补偿金，同时还应发给不低于6个月工资的医疗补助费。

②劳动者不能胜任工作，经过培训或者调整工作岗位仍不能胜任工作，由用人单位解除劳动合同的，用人单位应按其在本单位工作的年限，工作时间每满一年，发给相当于一个月工资的经济补偿金，最多不超过12个月。

③劳动合同订立时所依据的客观情况发生重大变化，致使原劳动合同无法履行，经当事人协商不能就变更劳动合同达成协议，由用人单位解除劳动合同的，用人单位按劳动者在本单位工作的年限，工作时间每满一年发给相当于一个月工资的经济补偿金。

（4）用人单位侵权

用人单位有下列侵害劳动者合法权益情形之一的，由劳动行政部门责令支付劳动者的工资报酬、经济补偿，并可以责令支付赔偿金：

①克扣或者无故拖欠劳动者工资的；

②拒不支付劳动者延长工作时间工资报酬的；

③低于当地最低工资标准支付劳动者工资的；

④解除劳动合同后，未依照《劳动法》规定给予劳动者经济补偿的。

用人单位因有下列情形之一，劳动者与用人单位解除劳动合同的，用人单位应当向劳动者支付经济补偿：

①未按照劳动合同约定提供劳动保护或者劳动条件的；

②未及时足额支付劳动报酬的；

③未依法为劳动者缴纳社会保险费的；

④用人单位的规章制度违反法律、法规的规定，损害劳动者权益的；

⑤因以欺诈、胁迫的手段或者乘人之危，使对方在违背真实意思的情况下订立或者变更劳动合同致使劳动合同无效的；

⑥法律、行政法规规定劳动者可以解除劳动合同的其他情形。

（5）竞业限制

竞业限制是《劳动合同法》的重要内容，根据本法第二十三条、二十四条的规定，它是用人单位对负有保守用人单位商业秘密的劳动者，在劳动合同、知识产权权利归属协议或技术保密协议中约定的竞业限制条款。具体来说，是指用人单位和知悉本单位商业秘密或者其他对本单位经营有重大影响的劳动者在终止或解除劳动合同后，该劳动者一定期限内不得在生产同类产品、经营同类业务或与原单位有其他竞争关系的用人单位任职，也不得自己生产与原单位有竞争关系的同类产品或经营同类业务。限制时间由当事人事先约定，但不得超过两年。竞业限制条款在劳动合同中为延迟生效条款，也就是劳动合同的其他条款法律约束力终结后，该条款开始生效。

根据《劳动合同法》第二十三条，用人单位与劳动者可以在劳动合同中约定保守用人单位的商业秘密和与知识产权相关的保密事项。对负有保密义务的劳动者，用人单位可以在劳动合同或者保密协议中与劳动者约定竞业限制条款，并约定在解除或者终止劳动合同后，在竞业限制期限内按月给予劳动者经济补偿。劳动者违反竞业限制约定的，应当按照约定向用人单位支付违约金。

【实例13-7】

2018年3月，王志入职A公司，担任高级工程师一职。作为公司的核心技术骨干，王志与公司在签订的劳动合同附加条款中规定了竞业限制的相关内容。该竞业限制协议中规定一旦王志离职，必须履行两年的禁止期限，A公司在期限内按月支付给王志竞业限制补偿金，金额总计为25万元；若王志违约，则需向A公司支付违约金50万元。

2019年5月，王志以个人发展为由向A公司提出离职申请。公司批准其申请之后，开始向王志按约支付补偿金。可是让A公司没想到的是，仅仅6个月之后，就发现王志已经入职了他们的竞争对手B公司。

A公司随即向当地的劳动争议仲裁委员会提出仲裁申请，并最后诉至法院。

在法院庭审中，A公司提出了三点诉讼请求：

（1）要求王志返还已经领取的竞业限制补偿金；

（2）要求王志向公司支付违约金；

（3）要求王志继续履行竞业限制业务。

法院经过审理之后，认为王志在离职前担任A公司高级工程师一职，并与公司约定了两年期限的竞业限制。王志在离职后，A公司按约定支付王志竞业限制补偿金，因此这份竞业限制协议是合法有效的。同时，A公司与B公司之间存在竞争关系。根据A公司提供的证据可以证实，王志入职了B公司。因此，法院作出如下判决：

（1）王志在B公司从事的相关业务活动构成了对竞业限制协议的违反，根据约定，王志需要向A公司支付违约金50万元；

（2）王志违反了竞业限制协议，丧失了获取补偿金的合理理由，需要返还A公司竞业限制补偿金；

（3）目前，王志尚处在竞业限制期限之内，王志仍需履行竞业限制业务，不得在B公司继续工作。

对法院的这一判决，你有什么看法？

分析

《最高人民法院关于审理劳动争议案件适用法律若干问题的解释（一）》中第四十条规定："劳动者违反竞业限制约定，向用人单位支付违约金后，用人单位要求劳动者按照约定继续履行竞业限制义务的，人民法院应予支持。"

通过该案例我们能够明白，只要竞业限制协议是合法有效的，遵守协议约定是第一位的。

温馨提示

关于竞业限制的注意事项

1. 竞业限制的对象不能扩大。《劳动合同法》第二十四条中规定了竞业限制的人员限于用人单位的高级管理人员、高级技术人员和其他负有保密义务的人员。超出了这个范围，竞业限制协议是无效的。

2. 竞业限制补偿金的标准。《最高人民法院关于审理劳动争议案件适用法律若干问题的解释（一）》第三十六条规定："当事人在劳动合同或者保密协议中约定了竞业限制，但未约定解除或者终止劳动合同后给予劳动者经济补偿，劳动者履行了竞业限制义务，要求用人单位按照劳动者在劳动合同解除或者终止前十二个月平均工资的30%按月支付经济补偿的，人民法院应予支持。前款规定的月平均工资的30%低于劳动合同履行地最低工资标准的，按照劳动合同履行地最低工资标准支付。"

3. 若企业没有按照约定向员工支付相应的补偿金，按《最高人民法院关于审理劳动争议案件适用法律若干问题的解释（一）》第三十八条规定："当事人在劳动合同或者保密协议中约定了竞业限制和经济补偿，劳动合同解除或者终止后，因用人单位的原因导致三个月未支付经济补偿，劳动者请求解除竞业限制约定的，人民法院应予支持。"

（6）劳动合同期满

除用人单位维持或者提高劳动合同约定条件续订劳动合同，劳动者不同意续订的情形外，因劳动合同期满而终止固定期限劳动合同的，用人单位应当向劳动者支付经济补偿。

（7）法律责任

用人单位有下列情形之一的，由劳动行政部门责令限期支付劳动报酬、加班费或者经济补偿；劳动报酬低于当地最低工资标准的，应当支付其差额部分；逾期不支付的，责令用人单位按应付金额50%以上100%以下的标准向劳动者加付赔偿金：

①未按照劳动合同的约定或者国家规定及时足额支付劳动者劳动报酬的；

②低于当地最低工资标准支付劳动者工资的；

③安排加班不支付加班费的；

④解除或者终止劳动合同，未依照《劳动合同法》规定向劳动者支付经济补偿的。

对不具备合法经营资格的用人单位的违法犯罪行为，依法追究法律责任；劳动者已经付出劳动的，该单位或者其出资人应当依照本法有关规定向劳动者支付劳动报酬、经济补偿、赔偿金；给劳动者造成损害的，应当承担赔偿责任。

需要注意的是，在非全日制用工情况下，双方当事人任何一方都可以随时通知对方终止用工，且用人单位不必因终止用工而向劳动者支付经济补偿。

2. 经济补偿标准

根据《劳动合同法》第四十七条、四十八条规定：经济补偿按劳动者在本单位工作的年限，每满一年支付一个月工资的标准向劳动者支付。6个月以上不满一年的，按一年计算；不满6个月的，向劳动者支付半个月工资的经济补偿。劳动者月工资（指劳动者在劳动合同解除或者终止前12个月的平均工资）高于用人单位所在直辖市、设区的市级人民政府公布的本地区上年度职工月平均工资3倍的，向其支付经济补偿的标准按职工月平均工资3倍的数额支付，向其支付经济补偿的年限最高不超过12年。用人单位违反《劳动合同法》规定解除或者终止劳动合同的，应当依照前述规定的经济补偿标准的2倍向劳动者支付赔偿金。

【实例13-8】

张某是某食品销售公司的职工，入职后，张某与公司连续签订2次固定期限的劳动合同，后来张某又主动与公司签订了3年的合同，后因公司与客户终止了合作关系，公司就以客观的条件变化为由，单方面与张某解除劳动合同关系，且没有支付经济补偿金。之后张某将该情况反映到当地的劳动仲裁部门，以公司单方面解除劳动合同为由，要求公司赔偿自应当订立无固定期限劳动合同之日起每月支付2倍的工资。并要求公司再赔偿一笔经济补偿金。

请根据所学知识，对该案例进行评析。

分析

根据我国《劳动法》相关规定，用人单位与劳动者连续签订2次固定期限劳动合同，除劳动者主动提出签订固定期限劳动合同，用人单位须与劳动者签订无固定期限劳动合同。本案例中，劳动者以单方面解除劳动合同为由，要求公司赔偿自应当订立无固定期限劳动合同之日起每月支付2倍的工资。用人单位如有证据证明劳动者主动提出签订3年固定期限劳动合同，则不予支持赔偿；若无证据证明，则劳动者以单方面解除劳动合同为由要求公司支付经济补偿金，应予支持。综上所述，用人单位须向劳动者支付经济补偿金。

疑难解答

怎样支付保密协议的薪资？

保密是约定的义务，无时间限制，无须支付补偿。只有竞业限制才有时间限制，不能超过两年，并且有补偿金，每个地方的规定不同，具体标准也不同。

对负有保密义务的劳动者，用人单位可以在劳动合同或者保密协议中与劳动者约定竞业限制条款，并约定在解除或者终止劳动合同后，在竞业限制期限内按月给予劳动者经济补偿。劳动者违反竞业限制约定的，应当按照约定向用人单位支付违约金。

附录1　普通员工岗位工资表

薪级（元） 岗位			1	2	3	4	5	6	7	8	9	10	11	12
			1 000	1 500	2 000	2 500	3 000	3 500	4 000	4 500	5 000	5 500	6 000	7 000
业务部门	营销系统	区负责人												
		省负责人												
		销售代表/助理												
	制造部	主管												
		专员												
		助理												
职能部门	财务部会计													
	财务部出纳													
	人力资源主管													
	人力资源专员													
	行政后勤类人员													
	企划类专员													
	信息系统人员													
	开发技术人员													

附录2　管理人员岗位工资表

薪级（元） 岗位			13	14	15	16	17	18	19	20	21	22
			9 000	10 000	12 000	14 000	18 000	20 000	25 000	28 000	30 000	35 000
高层	销售副总											
	行政副总											
	总经理助理											
中层	业务部门	销售部经理										
		市场部经理										
		制造部经理										

（续上表）

岗位		薪级（元）	13	14	15	16	17	18	19	20	21	22
			9 000	10 000	12 000	14 000	18 000	20 000	25 000	28 000	30 000	35 000
中层	职能部门	财务部经理										
		人力资源部经理										
		行政部门经理										
		开发部经理										

附录3　新员工工资核定表

姓名		工号		所属部门	
所在岗位		年龄		入司时间	
学历		资格证书		外语水平	
工作经验	相关经验_____年，非相关经验_____年				
能力特点评价					
试用期工作表现评价					
要求待遇					
岗位定级					
试用期待遇					
试用期时间					
转正后待遇					
人力资源部意见					
主管领导审批					

附录4　员工工资等级核定表

姓名			部门			职务		
	说明	1	2	3	4	5	权重	点数
评定标准	学历	初中	高中	大专	本科	硕士以上		
	工作年限	1~3年	3~5年	5~8年	8~10年	10年以上		
	职称	—	—	初级	中级	高级以上		
	专业技能	—	具备	强	高超	专家		
	考评成绩	—	差	中	良	优		

（续上表）

原等级		原评定点数			
本年点数		职务津贴		合计	
编制人员		审核人员		批准人员	
编制日期		审核日期		批准日期	

附录5　公司内部人员薪金变动申请表

姓名：		部门：		岗位及职务：	
年龄：		学历：		入职时间：	
调整原因：		（ ）岗位调整（ ）职位变动（ ）考核调整			
具体变动情况					
岗位工资由原		元人民币升（降）至		元人民币	
职务工资由原		元人民币升（降）至		元人民币	
岗位津贴由原		元人民币升（降）至		元人民币	
出差补助由原		元人民币升（降）至		元人民币	
手机费额度由原		元人民币升（降）至		元人民币	
总薪金由原		元人民币升（降）至		元人民币	
职位等级由		级　　变更为		级	
部门意见：					
主管副总意见：					
人力资源部意见：					
总经理审批：					
财务部备案记录： 从＿＿＿年＿＿月＿＿日起开始执行 薪金变动情况通知员工＿＿＿＿此表存档于＿＿＿＿					

附录6　工薪调整人员面谈表

部门			面谈时间	年　月　日
面谈人	姓名：	岗位：	其他参与人姓名、职位：	
面谈对象	姓名：	岗位：		
面谈内容				
针对以上内容，面谈对象的认识： 面谈人总体评价与建议：				

（续上表）

面谈对象对人力资源工作的建议与需求：
面谈结果：　　□完全或基本达成一致　　　　　　□存在分歧 分歧点：
面谈对象签字：　　　　　　　　　　　　　　面谈人签字：

附录7　员工薪金单

薪酬发放周期（发放周期为＿＿月＿＿日—＿＿月＿＿日，本月工作日为＿＿天）

职员姓名		部门名称		岗位	
员工编号		岗位定级		工龄	
1. 基本工资类					
基本工资		岗位工资		职务工资	
劳动保护费		津贴		伙食补贴	
加班小时		加班工资		值班补贴	
2. 奖金类					
季度奖金		年终奖金		月度奖金	
项目奖金		业绩提成		特别奖励	
3. 扣款类					
事假天数		病假天数		迟到天数	
事假扣款		病假扣款		迟到扣款	
产假天数		违纪扣款			
产假扣款		财务扣款			
4. 保险税收类					
养老保险		医疗保险		工伤保险	
失业保险		住房公积金		补充保险	
意外保险		所得税			
合计					
应发合计		应扣合计			
应税合计		上月尾数			
本月实发					

附录8　员工工资记录表

姓名	工号	岗位	工资核定						调整记录		备注
			岗位定级	基本工资	职务工资	年终奖金	岗位补贴	补助	调整时间	调整原因	
编制人员			审核人员				批准人员				
编制日期			审核日期				批准日期				

附录9　员工工薪福利申请单

姓名		部门	
岗位/职务		工作年限	

教育背景：

工作经验：

岗位职责及重要性：

薪酬建议：

岗位定级：　　　　　个人定级：　　　　　月薪：

奖金计算方法（请选择）：

年薪制

季度奖金

计件制

业绩提成制

项目奖金

其他

（续上表）

福利组合：
保险：养老、失业、工伤、医疗、生育、补充医疗、意外、综合、企业年金 　股权： 　补贴：手机、出差、交通、伙食 　津贴：高温、采购 　补助：误餐 　其他福利：

部门负责人		部门主管领导	

附录10　离岗人员工资结算单

部门		岗位		姓名		办理日期	
岗位固定工资	元	出勤天数	天（　月　日—　月　日）			工资	元
平时加班	小时	公休加班	小时	法定加班	小时	加班费	元
年终奖	元	补贴	元	其他金额（注：　　）			元
合计金额（大写）	人民币　　　　　　　仟　佰　拾　元　角　分					金额（小写）	元
扣款	项目				金额		元
	项目				金额		元
	项目				金额		元
	项目				金额		元
扣款后应发金额		元	应缴税金		元	税后合计	元
实发金额（大写）	人民币　　　　　　仟　佰　拾　元　角　分				实发工资（小写）		元
部门经理		结算办理人		领款人			
审核		结算账号		日期			